헌법과 사회복지법제

이 준 일

세창출판사

이 도서의 국립중앙도서관 출판시도서목록(CIP)은 e-CIP 홈페이지(http://www.nl.go.kr/ecip)에서 이용하실 수 있습니다.(CIP제어번호: CIP 2010002889)

헌법과 사회복지법제

인간다운 삶에 대한
헌법적 요청과 법률적 실현,
그리고
사회복지법제에 대한 사법적 심사가능성

Do what is just and right.

Rescue from the hand of his oppressor

the one who has been robbed.

Do no wrong or violence

to the alien, the fatherless or the widow,

and do not shed innocent blood in this place.

Jeremiah 22:3

머 리 말

세상의 중심인 뉴욕에서 어느 광고의 문구처럼 할 수 없는 것은 아무것도 없어 보인다(Impossible is nothing). 하지만 그 세상은 자본주의 세상이므로 정확하게 말하자면 돈이 있어야 할 수 없는 것은 아무것도 없다(Impossible is nothing with money). 감동적인 뮤지컬도, 메이저리거의 멋진 플레이도 돈이 없다면 그저 그림의 떡일 뿐이다. 세계 최고의 의료진이 버티고 있어도 의료보험에 들 처지가 되지 못하는 가난한 자들은 아프면 꾹 참아 내거나 앉아서 죽음을 기다려야만 한다. 돈 없는 자유는 허세이거나 환상에 지나지 않는다. 자유도 시장의 지배를 받고, 시장에서는 어떤 자유도 돈을 필요로 한다.

거의 모든 자유에 돈이 요구된다는 사실은 일상적 경험에서도 확인할 수 있다. 돈 없으면 심지어 양심도, 신앙도 팔아야 하고, 학문도 예술도 돈 없는 자에게는 부자들의 유희에 지나지 않는다. 물론 급하게 돈을 써야 하는 자유가 있다. 생계, 의료, 주거, 교육 따위와 관련된 자유가 그런 자유에 속한다. 맨해튼(Manhattan) 5번가에 즐비한 명품가게에서 무엇이든 사서 입을 수 있는 자유, 롱아일랜드(Long Island) 해변에 줄지어 선 수백만 달러짜리의 어떤 집도 살 수 있는 자유, 매사추세츠(Massachusetts)주에 등록금만 수만 달러를 내야 하는 어떤 사립중 · 고등하교라도 갈 수 있는 자유를 지금 말하는 것이 아니다. 단지 인간으로서 생활하는 데 필요한 최소한의 먹을거리와 입을 것을 살 수 있는 자유, 비와 바람을 막을 수 있는 거처에서 지낼 수 있는 자유, 아플 때 병원에 갈 수 있는 자유를 말하고 있을 뿐이다.

한국 헌법은 다행히도 사회적 기본권을 보장하고 있다. 사회적 기본권이 헌법상 보장된 권리인 한에서 사회적 기본권을 침해하는 입법은 위헌이다. 사회적 기본권은 이를 구체화하는 입법을 감시하고 통제하는 기준이 되기 때문이다. 이러한 단순한 사실을 확인하기 위해 이 책을 세상에 내놓는다. 물론 사회적 기본권을 구체적으로 형성하는 입법의 위헌성을 판단하는 명확한 기준을 제시하기는 쉽지 않다. 사회적 기본권을 구체화하는 사회복지법제는 대부분 국가재정과 관련된 경제정책적 판단이 요구되기 때문이다. 그럼에도 불구하고 사회복지법제도 헌법적 평가의 대상이 되어야 한다는 막연한 신념을 구체적으로 논증하기 위해 버거운 작업을 시작하였다. 이 책의 출판에 기꺼이 동의해준 세창출판사에 감사하고, 출판을 위해 수고해준 나의 조교 이승택, 유철희와 고려대 헌법전공 대학원생 정다영에게 이 자리를 빌려 감사의 말을 전한다.

2010년 여름

자본주의의 중심, 뉴욕이 가까운 서재에서

이 준 일

차 례

제1장 | 합헌적 사회복지법체계의 구성을 위한 헌법원리적 기초

제3장 | 한국 사회복지법체계의 헌법합치적 재구성

제4장 | 결　론

1

합헌적 사회복지법체계의 구성을 위한 헌법원리적 기초

제1절 사회적 기본권

헌법에 합치하는 사회복지법체계의 구성을 위한 헌법원리적 기초로서 우선 헌법상 보장된 사회적 기본권이 논의되어야 한다. 사회복지법제는 헌법적 권리로서 이미 헌법에 존재하기는 하지만 아직은 그 내용이 불확정적인 사회적 기본권을 구체적으로 형성하는 법규범으로 이해될 수 있기 때문이다. 헌법상 보장된 사회적 기본권은 국민에게 국가를 상대로 일정한 급부(benefits)를 요구할 수 있는 적극적 권리를 보장한다.[1] 또한 사회적 기본권에 대한 헌법적 보장으로 국가는 국민에게 일정한 급부를 제공해야 할 적극적 의무[2]를 부담하게 된다. 이처럼 헌법상 보장된 사회적 기본권의 보호영역으로서 국민에 의해 요구될 수 있는 급부의 내용 또는 헌법적 의무로서 국가에 의해 제공되어야 할 급부의 내용은 사회복지법제에서 구체적으로 형성된다.

I. 사회적 기본권의 근거로서 인간존엄

1. 인간존엄의 정당화

모든 기본권의 최종적 근거는 인간존엄이다. '인간은 존엄하다'는 명제를 궁극적 근거로 하여 인간의 모든 자유와 권리가 도출될 수 있다는 뜻이다. 따라서 인간의 자유와 권리 가운데 하나인 사회적 기본권도 인간존엄으로부터 도

1) 물론 사회적 기본권이 이러한 내용을 보장하는지에 대해서는 논란이 있다. 이에 대해서는 나중에 다시 논의하기로 한다.

2) 국민에게 일정한 급부를 제공해야 할 '적극적' 의무는 국민의 자유를 침해하지 않아야 할 '소극적' 의무와 대칭되는 개념이다.

출된다. 다시 말해 인간이 존엄한 존재가 되기 위해서는 사회적 기본권이 보장되어야 한다. 그렇다면 이제 물음은 '인간은 왜 존엄한가'로 향한다. 다양한 근거가 제시되지만 '인간은 존엄하다'는 명제에 대해서는 '보편적 합의'가 존재한다고 본다. 하지만 보편적 타당성을 가진 명제가 대부분 그렇듯이 인간의 존엄에 관한 보편적 명제도 매우 일반적이고 추상적이다. 그만큼 인간존엄은 다양한 형태의 개별적이고 구체적인 내용으로 채워질 수 있다. 심지어 서로 모순되는 내용까지도 인간존엄에 포함될 가능성이 있다.

2. 인간존엄의 구체화

일반적이고 추상적인 인간존엄의 내용은 인간존엄을 실현하기 위한 '다양한 조건들'로 구체화된다. 인간존엄을 구체화할 수 있는 수많은 조건들이 존재하지만 보편적으로 인정되는 조건은 '자유'와 '평등'이다. 인간존엄을 실현하기 위해서는 적어도 자유와 평등이 반드시 보장되어야 한다는 뜻이다. 인간존엄을 실현하는 최소한의 필수적 조건인 자유와 평등은 '일반적 권리'의 형태로 보장될 수도 있지만 자유와 평등을 각각 구체화하는 '개별적 권리'의 형태로 존재할 수도 있다.

(1) 인간존엄을 구체화하는 조건 하나: 자유

인간존엄을 실현하기 위해서는 무엇보다도 '자유'가 보장되어야 한다. 그런데 법적으로 보장된 자유는 우선적으로 '형식적' 자유다. 형식적 자유는 자신이 원하는 대로 스스로 결정(decision-making)할 수 있는 자유를 의미한다. 따라서 자신이 원하면(하고 싶으면) 하고, 원하지 않으면(하기 싫으면) 하지 않기로 자기 스스로 결정할 수 있는 자유를 의미한다. 이처럼 형식적 자유의 본질은 '자기결정권'이다. 그러므로 형식적 자유를 제약하는 것은 타인에 의한 결정, 무엇보다도 법적 규범(legal norm)의 결정이다. 다시 말해 원하는 것(하고 싶은 것)을 하지 못하게 법적으로 금지하는 결정(to forbid legally) 또는 원하지 않는 것(하기 싫은 것)을 하도록 법적으로 명령하는 결정(to obligate legally)은 형식적 자유를 제약하는 행위가 된다. 법적 금지나 명령은 '법적 의무'(legal obligation)라는 상위개념에 포괄되므로 법적 의무의 부과는 자유에 대한 제약을 의미한다. 따라서 형식적 자유로서 법적 자유를 소극적으로 정의하면 '의무 없는 상태'(state without obligation)가 된다.

결국 인간의 존엄을 실현하기 위해서는 무엇보다도 인간에게 가능한 한 의무(금지/명령) 없는 상태가 보장되어야 한다.

(2) 인간존엄을 구체화하는 조건 둘: 평등

인간존엄은 평등의 보장을 통해서도 실현된다. 자유와 마찬가지로 평등도 우선적으로 '형식적' 의미의 평등으로 보장된다.[3)] 형식적 평등은 '같은 것은 같게, 다른 것은 다르게'라는 상대적 평등의 요청으로 구체화된다. 이러한 요청에 따르면 같은(동일한) 대상에 대해서는 같은(평등한) 대우를 해야 하고, 다른(상이한) 대상에 대해서는 다른(불평등한) 대우를 해야 한다. 따라서 평등의 핵심은 같고 다름에 관한 '비교'(comparison)에 있다. 문제는 일정한 대상들을 비교하면서 같은 것과 다른 것을 가를 수 있는 기준(criteria)이 불명확하다는 점이다. 비교대상의 같고 다름은 모든 비교주체와 독립적으로 존재하는 단일한 '객관적'(objective) 기준에 따라 판단되기보다 각각의 비교주체가 가지는 다양한 '주관적'(subjective) 기준에 따라 판단되기 때문이다. 물론 비교대상의 같고 다름에 대하여 보편적으로 인정될 수 있는 판단이 가능하지만 이것은 객관적 비교기준이 존재하기 때문이 아니라 각각의 비교주체가 다른 비교주체의 주관적 기준에 '동의'함으로써 비교기준에 대한 '합의'가 형성되기 때문이다. 따라서 비교대상의 같고 다름에 대한 판단은 비교주체의 주관적 기준이 충족해야 하는 '합리성'(reasonability)에 의존한다. 다시 말해 비교대상의 같고 다름에 관한 비교주체의 주관적 기준 및 그에 기초한 판단은 다른 사람들이 합리적인 것이라고 동의할 수 있을 때에만 인정될 수 있다. 이처럼 형식적 평등의 본질은 비교대상을 판단하는 다양한 주관적 기준에 대한 합리성을 요구한다는 데 있다. 따라서 합리적인 비교기준에 따라 비교되어 다른 사람과 같거나 다르다고 대우받을 경우에만 비로소 인간존엄은 실현된다고 말할 수 있다.

---

3) 평등의 의미에 대해서는 이미 많은 논문들을 통해 충분히 논의하였다. 예를 들어 이준일, "평등원칙," 「안암법학」 제8호 3면 이하; 같은 이, "소수자와 평등원칙," 「헌법학연구」(한국헌법학회) 제8집 제4호(2002), 223면 이하 등 참조.

3. 사회적 기본권의 기초로서 사실적 자유 및 사실적 평등

(1) 사실적 자유로서 사회적 기본권

1) 사실적 자유의 개념

'사실적'(de facto) 자유는 '법적'(de jure) 자유와 대칭되는 개념이다. 왜냐하면 '형식적'(formal) 자유를 내용으로 하는 법적 자유와는 달리 사실적 자유는 '실질적'(material) 자유를 내용으로 하기 때문이다. 여기서 실질적 자유는 자신이 하기로 결정했을 때 실제로 할 수 있는 자유 및 하지 않기로 결정했을 때 실제로 하지 않을 수 있는 자유를 의미한다. 어떤 장소로 여행하기로 결정했다면 여행에 필요한 비용이 마련되어 있어서 실제로 여행할 수 있는 자유, 지금 살고 있는 집에서 이사하지 않기로 결정했다면 그 집을 계속해서 전세 또는 임대하는데 필요한 비용이 마련되어 있어서 실제로 이사하지 않을 수 있는 자유가 실질적 자유다. 따라서 실질적 자유는 형식적 자유를 실제적으로 행사할 수 있는 '현실적 여건'이 충족되었을 때 보장된다. 이러한 현실적 여건 가운데 가장 본질적인 것은 '물질적 · 재정적 여건'이다.[4] 다시 말해 실질적 자유를 내용으로 하는 사실적 자유는 형식적 자유를 실현하기 위한 물질적 · 재정적 여건이 충족된 상태에서 개인이 향유하는 주관적 지위를 의미한다. 그러므로 사실적 자유를 제약하는 것은 물질적 · 재정적 여건이다. 예를 들어 어떤 장소로 여행하기로 결정했는데 여행비용이 없거나 어떤 집으로 이사하기로 결정했는데 전세비나 임대료가 없으면 사실적 자유는 제약을 당한다. 이 점에서 사실적 자유는 법적 금지나 법적 명령과 같은 법적 의무에 의해 제약당하는 법적 자유와 구분된다. 아무튼 자유가 보장될 때 실현되는 인간존엄은 형식적 자유뿐만 아니라 사실적 자유가 모두 보장되는 경우에만 최대로 실현될 수 있다.

2) 사회적 기본권의 개념과 대상범위

사회적 기본권은 바로 이러한 사실적 자유를 본질로 한다.[5] 따라서 인간존엄이 실현되기 위한 필수적 조건에는 사회적 기본권이 포함되어야 한다. 사실적

---

4) 물질적 · 재정적 여건 외에 자유를 실현하는 현실적 여건으로 문화적 여건을 들 수 있다. 특정한 사회를 지배하는 가치나 관습 또는 제도 등이 자유를 실현하는 현실적 여건이 되는 것이다.

5) 사회적 기본권의 개념에 대한 이러한 정의는 이준일, "사회적 기본권," 「헌법학연구」(한국헌법학회) 제10집 제1호(2004), 454면; 같은 이, 「헌법학강의」(2008), 858면 이하 참조.

자유로 이해되는 사회적 기본권은 형식적 자유를 실현하기 위한 물질적 · 재정적 여건을 충족시켜 주도록 요구하는 권리를 의미한다. 이로써 사회적 기본권은 실현되기 위하여 물질적 · 재정적 여건이 필요한 '모든' 형식적 자유와 관련될 수 있다. 다시 말해 종교 · 학문 · 예술의 자유와 같은 정신적 · 문화적 자유의 경우에도 사회적 기본권의 대상이 될 수 있다. 하지만 사회적 기본권의 대상이 되는 것은 우선적으로 물질적 · 재정적 여건과 '밀접하게 관련을 맺는' 형식적 자유다. 예를 들어 생계, 주택, 의료, 교육과 관련된 자유는 물질적 · 재정적 여건과 밀접하게 연관되어 있다. 무엇을 먹거나 입을 것인지, 어떤 주택에 살 것인지, 어떠한 병원에 갈 것인지, 어떤 학교에 갈 것인지보다 더 중요한 것은 먹고, 입고, 주택을 사고, 병원에 가고, 학교에 가는 데 들어가는 '경제적 비용'이다. 또한 그보다 먼저 먹고 입을 것이 공급되어야 하고, 주택이나 병원 또는 학교가 설치되어야 하는 것이 중요하다. 따라서 사회적 기본권을 생존에 필수적인 대상(의 · 식 · 주)들로 한정하여 '생존권'으로 부르는 견해[6]가 완전히 틀린 말은 아니다. 하지만 사회적 기본권의 대상을 오로지 생존에 필수적인 대상으로만 국한하는 것, 그리고 그러한 의미에서 사회적 기본권을 단순하게 생존권으로만 부르는 것은 대단히 잘못된 것이다.

사회적 기본권의 본질을 사실적 자유로 이해하는 경우에 사회적 기본권의 대상에는 흔히 시장에서 공급(판매)되고 수요(구매)되는 모든 재화와 서비스가 포함될 수 있다. 이런 대상들과 관련된 자유는 물질적 · 재정적 여건이 제공되지 않으면 충분하게 실현될 수 없기 때문이다. 따라서 시장에 충분한 공급이 이루어지고, 개인에게 충분한 자력만 제공된다면 시장에서 얼마든지 구입할 수 있는 모든 대상들이 사회적 기본권의 대상이 된다.[7] 따라서 사회적 기본권의 대상은 생존에 필수적인 식품, 의류, 주택, 의료서비스 등에 한정될 필요가 없다. 같은 맥락에서 사회적 기본권을 생존을 위한 최소한의 급부를 요구하는 '생존권'으로

---

6) '생존권'이라는 용어를 사용한다고 해서 반드시 그 대상을 물질적인 것에 국한하는 것은 아니다. 대표적인 예로 김철수, 「헌법학개론」(2007), 935면 이하 참조. 반면에 일반적인 사회적 기본권으로 볼 수 있는 '인간다운 생활을 할 권리'를 '물질적인 최저생활권'으로 이해하면서 그 내용을 '물질적인 궁핍으로부터의 해방'으로 해석하는 견해는 명시적으로 '생존권'이라는 용어를 사용하고 있지는 않지만 사회적 기본권의 의미를 오로지 생존권으로 국한하고 있다고 보인다. 허영, 「한국헌법론」(2009), 517면 이하 참조.

7) 이러한 의미에서 사회적 기본권의 대상을 이해하는 것에 대해서는 이준일, "사회적 기본권," 「헌법학연구」(한국헌법학회) 제10집 제1호(2004), 456면; 같은 이, 「헌법학강의」(2008), 859면 참조.

지칭할 이유도 없다. 시장에서 유통될 수 있는 것들이라면 사회적 기본권의 대상이 되기 때문에 교육, 학문, 예술, 스포츠, 엔터테인먼트뿐만 아니라 사법서비스나 복리후생 또는 보험까지지도 사회적 기본권의 대상이 된다. 같은 맥락에서 일반적인 사회적 기본권으로 이해될 수 있는 '인간다운 생활을 할 권리'(헌법 제34조 제1항)[8]의 내용을 '인간의 존엄성유지에 상응하는 건강하고 문화적인 생활'로 넓게 이해함으로써 그 대상(보호)영역을 문화영역까지 확대하는 견해[9]는 전적으로 타당하다. 반면에 인간다운 생활을 할 권리의 대상영역을 오로지 '물질적인' 것에 국한시키는 견해[10]에는 찬성할 수 없다. 한편 판례는 인간다운 생활을 할 권리를 입법적 지침(행위규범)으로 보는지 아니면 사법적 기준(통제규범)으로 보는지에 따라 그 대상영역을 달리 이해하기도 하지만[11] 적어도 사법적 기준으로서 인간다운 생활을 할 권리의 대상영역을 생존에 필요한 최소한의 물질적인 것에 국한시키는 입장은 확고한 것으로 보인다.[12]

3) 사회적 기본권의 대상선택과 실현정도

인간존엄을 실현하기 위한 조건으로서 사실적 자유를 본질로 하는 사회적 기본권의 대상이 시장에서 유통될 수 있는 모든 대상을 포함한다고 하더라도

---

8) 헌법 제34조 제1항에서 보장되고 있는 '인간다운 생활을 할 권리'가 '일반적인 사회적 기본권'으로 이해될 수 있다는 점에 대해서는 아래에서 다시 자세하게 설명한다.

9) 권영성, 「헌법학원론」(2008), 653면; 김철수, 「헌법학개론」(2007), 951면 참조.

10) 정종섭(2009), 735면; 허영(2009), 517면 이하 참조.

11) 예를 들어 헌재결 1997. 5. 29. 94헌마33: 모든 국민은 인간다운 생활을 할 권리를 가지며 국가는 생활능력 없는 국민을 보호할 의무가 있다는 헌법의 규정은 모든 국가기관을 기속하지만, 그 기속의 의미는 적극적 · 형성적 활동을 하는 입법부 또는 행정부의 경우와 헌법재판에 의한 사법적 통제기능을 하는 헌법재판소에 있어서 동일하지 아니하다. 위와 같은 헌법의 규정이, 입법부나 행정부에 대하여는 국민소득, 국가의 재정능력과 정책 등을 고려하여 가능한 범위 안에서 최대한으로 모든 국민이 물질적인 최저생활을 넘어서 **인간의 존엄성에 맞는 건강하고 문화적인 생활**을 누릴 수 있도록 하여야 한다는 행위의 지침, 즉 **행위규범**으로서 작용하지만, 헌법재판에 있어서는 다른 국가기관 즉 입법부나 행정부가 국민으로 하여금 인간다운 생활을 영위하도록 하기 위하여 **객관적으로 필요한 최소한의 조치**를 취할 의무를 다하였는지를 기준으로 국가기관의 행위의 합헌성을 심사하여야 한다는 **통제규범**으로 작용하는 것이다(강조는 필자). 그밖에 같은 취지의 결정으로 헌재결 2001. 4. 26. 2000헌마390; 2009. 11. 26. 2007헌마734도 참조.

12) 대표적으로 헌재결 1995. 7. 21. 93헌가14 및 2000. 6. 1. 98헌마216: '인간다운 생활을 할 권리'는 여타 사회적 기본권에 관한 헌법규범들의 이념적인 목표를 제시하고 있는 동시에 국민이 인간적 **생존의 최소한**을 확보하는 데 있어서 필요한 최소한의 재화를 국가에게 요구할 수 있는 권리를 내용으로 하고 있다. 국가의 사회복지·사회보장증진의 의무도 국가에게 **물질적 궁핍**이나 각종 재난으로부터 국민을 보호할 대책을 세울 의무를 부과함으로써, 결국 '인간다운 생활을 할 권리'의 실현을 위한 수단적인 성격을 갖는다고 할 것이다(강조는 필자).

국가의 경제수준이나 재정규모에 따라 사회적 기본권의 대상으로서 실제적으로 법률상 보장되기 위해 선택되는 대상은 제한될 수밖에 없다. 하지만 사회적 기본권의 대상에 대한 제한은 법률을 제정하는 입법자(의회)가 결정할 문제이지 헌법적 수준에서부터 사회적 기본권의 대상을 제한할 필요는 없다. 또한 선택된 사회적 기본권의 대상들이 어느 정도로 실현될 것인지도 법률을 제정하는 입법자가 국가의 경제수준이나 재정규모에 따라 결정할 뿐이고, 헌법적 차원에서부터 사회적 기본권의 실현정도를 확정적으로 제한할 필요성은 없다. 따라서 헌법에서 보장된 사회적 기본권의 대상을 오로지 생존에 필수적인 '물질적인' 것만으로, 그리고 그 실현정도마저 '최저생활' 또는 '최소한'으로 제한해버리는 견해[13]는 받아들이기 어렵다. 사회적 기본권의 실현정도는 가능한 한 최대한 실현되도록 헌법상 요구되기 때문이다.

4) 사회적 기본권의 법적 성격

사회적 기본권의 대상영역과 실현정도가 법률에서 구체화된다고 하더라도 사회적 기본권은 '헌법적 권리'이지 법률적 권리가 아니다. 따라서 사회적 기본권은 단지 국가에 대해서 의무를 부과하는 데 지나지 않는 객관적 규범일 뿐만 아니라 헌법상 보장된 '주관적 권리'이고, 법률에 의해서 비로소 구체적 권리로 변하는 추상적 권리가 아니라 그 자체로 법적 효력(구속력)을 가지는 '구체적 권리'이다.[14] 물론 다른 기본권과 마찬가지로 사회적 기본권이 구체적으로 실현되기 위해서는 다른 기본권과 헌법적 법익 및 공공의 이익을 함께 고려하여 합리적으로 형량하는 과정이 필요하다. 그렇지만 이러한 형량의 과정을 통해서 사회적 기본권이 비로소 구체적 권리가 되는 것이 아니라 이미 형량되기 전부터 헌법상 보장된 구체적 권리로서 존재한다. 다만, 형량되기 전의 사회적 기본권은 확정적 권리가 아니라 '잠정적(prima facie) 권리'의 상태로 보장될 뿐이다. 그럼에도 불구하고 판례는 사회적 기본권을 법률에 의해서 비로소 형성되는 추상적

---

13) 정종섭(2009), 736면; 허영(2009), 517면 이하 참조. 한편 사회적 기본권의 대상을 물질적인 것에 국한하지는 않지만 그 실현정도는 '최저한도'로 한정하는 견해도 있다. 김철수, 「헌법학개론」(2007), 951면 참조.

14) 같은 취지의 견해로 정종섭, 「헌법학원론」(2009), 736면; 허영, 「한국헌법론」(2009), 520면 참조. 다만, 이러한 견해는 인간다운 생활을 할 권리의 내용을 '물질적인 최저생활권'으로 이해하기 때문에 이것을 구체적 권리로 이해하는 데는 어려움이 없어 보인다. 따라서 이 견해에 따라 인간다운 생활을 할 권리의 내용에 포함되지 않는 '문화적 최저생활권'은 구체적 권리에 포함되지 않는다는 점을 기억할 필요가 있다.

권리로 이해하는 것으로 보인다.[15] 아무튼 사회적 기본권을 헌법적 권리이면서 구체적 권리이지만 잠정적 권리로 구성하는 모델은 기본권을 원칙(priciple, Prinzip)으로 이해하는 알렉시(R. Alexy)에게서 찾을 수 있다. 알렉시는 기본권을 이해하는 방식을 다음과 같이 8가지로 구분하였다.[16]

[사회적 기본권에 관한 8가지 입장]

법적 구속력 인정				법적 구속력 부인			
주관적 권리		객관적 의무		주관적 권리		객관적 의무	
원 칙	규 칙	원 칙	규 칙	원 칙	규 칙	원 칙	규 칙

사회적 기본권을 주관적 권리로 인정하게 되면 이 권리를 침해당한 경우에 재판(헌법재판)을 통해서 구제받을 수 있게 된다. 따라서 헌법상 보장된 기본권을 침해당한 경우에 권리를 구제받을 수 있는 절차인 헌법소원을 통해서 사회적 기본권에 대한 침해를 구제받을 수 있게 된다. 사회적 기본권은 국가의 적극적 급부를 요구할 수 있는 급부권이므로 이러한 권리에 대한 침해는 '급부의 불이

15) 대표적으로 헌재결 1999. 4. 29. 97헌마333 및 2001. 9. 27. 2000헌마342: 사회적 기본권의 성격을 가지는 사회보장수급권은 국가에 대하여 적극적으로 급부를 요구하는 것이므로 헌법규정만으로는 이를 실현할 수 없고, 법률에 의한 형성을 필요로 한다. 사회보장수급권의 구체적 내용, 즉 수급요건, 수급권자의 범위, 급여금액 등은 법률에 의하여 비로소 확정된다.
 또한 헌재결 2000. 6. 1. 98헌마216 및 2003. 5. 15. 2002헌마90: 헌법상의 사회보장권은 그에 관한 수급요건, 수급자의 범위, 수급액 등 구체적인 사항이 법률에 규정됨으로써 비로소 구체적인 법적 권리로 형성되는 것이다.
 그리고 헌재결 2003. 7. 24. 2002헌바51: 인간다운 생활을 할 권리의 법적 성질에 비추어 볼 때 그 법규범력이 미치는 범위는 '최소한의 물질적 생존'의 보장에 필요한 급부에의 요구권으로 한정될 뿐, 그것으로부터 그 이상의 급부를 내용으로 하는 구체적 권리가 직접 도출되어 나오는 것은 아니라고 할 수 있고, 한편 헌법 제34조 제2항, 제6항을 보더라도 이들 규정은 단지 사회보장·사회복지의 증진 등과 같은 국가활동의 목표를 제시하거나 이를 위한 객관적 의무만을 국가에 부과하고 있을 뿐, 개인에게 국가에 대하여 사회보장·사회복지 또는 재해예방 등과 관련한 적극적 급부의 청구권을 부여하고 있다거나 그것에 관한 입법적 위임을 하고 있다고 보기 어렵다. … 요컨대 사회보장수급권은 헌법 제34조 제1항 및 제2항 등으로부터 개인에게 직접 주어지는 헌법적 차원의 권리라거나 사회적 기본권의 하나라고 볼 수는 없고, 다만 위와 같은 사회보장·사회복지 증진의무를 포섭하는 이념적 지표로서의 인간다운 생활을 할 권리를 실현하기 위하여 입법자가 입법재량권을 행사하여 제정하는 사회보장입법에 그 수급요건, 수급자의 범위, 수급액 등 구체적인 사항이 규정될 때 비로소 형성되는 법률적 차원의 권리에 불과하다 할 것이다(강조는 필자).

16) Robert Alexy, Theorie der Grundrechte, Frankfurt/M. 456면 이하[한국어판: 로베르트 알렉시 저/이준일 역, 「기본권이론」(2007), 582면 이하] 및 이준일, "사회적 기본권," 「헌법학연구」(한국헌법학회), 465면; 같은 이, 「헌법학강의」(2008), 866면 이하 참조.

행'이라는 부작위의 형태로 발생한다. 따라서 사회적 기본권을 침해당한 자는 '입법부작위에 대한 헌법소원'을 청구할 수 있다. 하지만 현실적으로 우리 헌법재판소는 입법부작위에 대한 헌법소원을 각하하는 경향이 있다. 헌법상의 입법의무가 있음에도 불구하고 어떠한 입법도 하지 않는 '진정입법부작위'의 경우에는 '국가에게 입법의무가 없다'는 이유로 각하하고, 헌법상 요구되는 입법의무에 따라 입법을 했지만 그것이 불완전(양적 일부불이행)하거나 불충분(질적 일부불이행)한 '부진정입법부작위'의 경우에는 '적극적인 헌법소원을 하라'는 취지로 각하를 하기 때문이다.[17] 여기서 우선 헌법재판소는 사회적 기본권에 대한 입법부작위 헌법소원에서 사회적 기본권이 주관적 권리로서 가지는 성격을 인정할 필요가 있다. 이에 따라 진정입법부자위에 대한 헌법소원의 형태인 경우에는 국가에게 의무가 없다고 각하하지 말고, 사회적 기본권으로부터 도출되는 국가의 의무를 인정하여 사회적 기본권에 대한 침해 여부를 적극적으로 심사해야 한다. 또한 부진정입법부작위에 대한 헌법소원의 형태인 경우에도 사회적 기본권을 적극적으로 고려하여 형량함으로써 충분하고 완전한 입법이 되었는지에 대해서 심사해야 한다.

사회적 기본권에 대해서 주관적 권리로서의 성격을 인정해야 하는 요청은 입법자에게도 요구된다. 헌법재판소는 기본권이 침해당한 경우에야 비로소 사후적으로 개입하지만 입법자는 기본권을 실현하고 구체화하는 단계에서부터 개입한다는 점에서 입법자가 사회적 기본권을 주관적 권리로 인정하는 것은 더 중요한 의미를 갖는다. 사회적 기본권이 주관적 권리로 인정됨으로써 입법자는 입법을 통해 기본권을 실현하고 구체화하면서 사회적 기본권을 독립적이고 동등한 비중을 가진 기본권으로서 다른 기본권과 헌법적 법익 및 입법자가 추구하는 공익과 함께 고려해야만 한다. 이에 따라 입법자가 사회적 기본권을 고려하는 경우에는 기본권의 실현 및 구체화의 결과가 사회적 기본권을 고려하지 않은 경우의 결과와는 전혀 다르게 나올 수 있다.

5) 사회적 기본권의 주체

사회적 기본권을 사실적 자유로 이해한다면 '사실적 자유를 필요로 하는 모든 주체'는 사회적 기본권의 주체가 될 수 있다. 따라서 사회적 기본권을 생

17) 진정입법부작위와 부진정입법부작위의 구분에 대해서는 이준일, 「헌법학강의」(2008), 1232면 이하 참조

존에 필수적인 최소한의 물질적인 것으로 국한하여 오로지 그런 것들을 필요로 하는 주체들인 '사회적 약자'(minorities)만을 사회적 기본권의 주체로 한정할 필요는 없다. 물론 생존에 필수적인 최소한의 물질적인 것들조차 향유하지 못하는 사회적 약자들이 사회적 기본권을 '우선적으로' 보장받아야 할 주체들임은 틀림없다. 하지만 앞서 강조한 것처럼 사회적 기본권의 대상과 실현정도는 입법자가 경제수준이나 재정규모에 따라 결정할 수 있는 것이므로 국가의 경제수준이나 재정규모에 따라 사회적 기본권이 보장되는 주체의 범위도 달리 결정될 수 있다. 이러한 결정과정에서 입법자는 사회적 기본권을 우선적으로 보장해야 할 주체를 선택할 수 있고, 대부분의 경우에 우선적으로 사회적 약자들이 사회적 기본권을 보장받게 된다는 점은 분명하다. 그럼에도 불구하고 사회적 기본권의 본질을 사실적 자유로 이해하는 한 사실적 자유를 필요로 하는 모든 주체가 사회적 기본권의 주체이지 오로지 사실적 자유를 긴급하게 필요로 하는 사회적 약자만이 사회적 기본권의 주체라고 말할 수는 없다.

물론 사회적 기본권의 주체를 이렇게 넓게 이해하는 경우에 사회적 기본권이 요구되었던 역사적 맥락(자본주의의 모순으로 인한 사회적 약자의 탄생)이 충분히 반영되지 못하고, 자칫 사회적 기본권이 더 시급하게 필요한 사회적 약자들에 대한 보호가 희생될 가능성도 배제할 수는 없다. 하지만 사회적 기본권은 오로지 역사적 맥락에서만 이해될 필요는 없고, 전체 기본권체계의 맥락에서 사회적 기본권의 의미를 재구성할 필요가 있다. 그렇다면 사회적 기본권이 보장되어야 하는 모든 주체들 가운데 사회적 약자가 우선적으로 보호받을 수 있도록 배려하면서도 사회적 기본권의 다른 주체들도 함께 고려될 수 있도록 제도를 구성하는 것이 필요하다.

같은 맥락에서 사회적 기본권의 주체에는 외국인도 포함될 수 있다. 외국인에게도 형식적 자유가 보장되고, 따라서 형식적 자유의 실현을 위한 물질적 · 재정적 기초로서 사실적 자유가 보장될 필요가 있기 때문이다. 특히 생활능력이 없는 가난한 외국인에 대해서는 생존에 필수적인 최소한의 물질적인 것은 보장되어야 하므로 외국인에게도 사회적 기본권이 보장되어야 한다는 사실은 분명하다. 다만 국민의 경우에도 사회적 기본권의 주체를 선택하는 과정에서 국가의 경제수준이나 재정규모가 고려되는 것처럼 입법자가 경제수준이나 재정규모를 고려하여 국민을 외국인보다 우대할 가능성을 배제할 수는 없다. 국민은 외국인과 비교하여 기본의무를 포함하여 각종의 의무를 더 많이 부담하고 있기 때문이다.

(2) 사실적 평등으로서 사회적 기본권

자유와 함께 인간존엄을 실현하는 또 하나의 조건으로서 평등은 법적 평등뿐만 아니라 사실적 평등을 포함한다.[18] 법적 평등이 '기회(가능성)'의 평등이라면 사실적 평등은 '결과'의 평등을 의미한다. 평등은 단순한 기회의 평등을 넘어 실제적인 결과의 평등까지도 그 내용으로 포괄해야만 한다. 평등한 기회를 제공해도 불평등한 결과가 초래되는 것은 평등한 기회를 제공받는 주체들이 처한 '현실적 여건'의 불평등에서 기인한다. 사실적 자유에서 문제가 된 현실적 여건과 마찬가지로 사실적 평등에서 문제가 되는 현실적 여건에서도 본질적 요소는 물질적 · 재정적 여건이다. 여기서 인간의 존엄을 실현하기 위한 현실적 여건, 특히 물질적 · 재정적 여건이 문제될 때 사실적 자유로서 사회적 기본권으로 접근할 수도 있지만 사실적 평등으로 접근할 수도 있음을 확인할 수 있다.

다만, 앞서 언급한 바와 같이 사회적 기본권은 주관적 권리인지, 또한 구체적 권리인지에 대해서 팽팽한 논란이 있다. 따라서 사회적 기본권에서 문제되는 자유실현의 물질적 · 재정적 여건은 평등권으로 주장될 때 더욱 확실하게 구체적인 주관적 권리로서 인정될 수 있다.[19] 그렇지만 비록 평등에 근거하여 평등대우를 주장할 수도 있고, 불평등(차별)대우를 주장할 수도 있을지 모르지만 평등은 잠정적으로 평등대우에 유리한 원칙으로서 보장된다. 다시 말해 평등에 근거해서는 원칙적으로 평등대우가 요청되고, 합리적 근거가 있는 경우에만 불평등대우가 허용되거나 요청된다. 따라서 사실적 평등의 경우에도 역차별을 발생시키기 때문에 원칙적으로 법적 평등이 요청되고, 사실적 평등은 합리적 근거가 있는 경우에만 허용되거나 요청된다. 이것은 사실적 평등을 주장하는 쪽에서 먼저 자신의 주장을 논증해야 할 부담을 지게 된다는 뜻이다. 그래서 자유실현을 위한 물질적 · 재정적 여건의 보장에 대해서 사실적 평등을 근거로 주장하는 경우에는 논증부담을 져야 하는 불이익을 감수할 수밖에 없다.

(3) 소 결

자유와 평등은 인간의 존엄을 실현하기 위한 최소한의 필수적 조건이다.

18) 사실적 평등에 대해서는 이준일, 「헌법학강의」, 498면 이하; 같은 이, 「차별금지법」(2007), 39면 이하 참조.

19) 개인의 물질적 · 재정적 조건을 평등권으로 주장할 때의 장점에 대해서는 이준일, 「차별금지법」(2007), 42면 이하 참조.

이러한 자유와 평등은 법적(형식적) 측면과 함께 사실적(실질적) 측면을 모두 포함한다. 따라서 인간의 존엄을 충분하게 실현하기 위해서는 '법적' 자유 및 평등과 더불어 '사실적' 자유 및 평등이 보장되어야 한다. 이 가운데 사실적 자유가 사회적 기본권의 본질을 이룬다. 물론 사회적 기본권은 사실적 평등과도 밀접하게 관련을 맺는다. 그렇지만 자유와 평등은 구조적으로 구분될 수 있다는 점에서 사회적 기본권은 우선적으로 사실적 자유로서 논의되어야 한다. 결국 사실적 자유로 이해될 수 있는 사회적 기본권은 인간의 존엄을 실현하기 위해서 필수적으로 보장되어야 하는 권리임에 틀림없다.

II. 사회적 기본권의 근거로서 일반적 자유

1. 일반적 자유권의 실정법적 근거로서 행복추구권

사회적 기본권을 사실적 자유로 이해하는 경우에 자유권에 관한 헌법규정은 사회적 기본권의 근거가 될 수 있다. 현행 헌법은 행복추구권을 규정함으로써 일반적 자유권을 보장하고 있다는 것이 학설[20]과 판례[21]의 대체적인 의견이다. 하지만 일반적 자유권인 행복추구권과 함께 개별적 기본권(헌법 제12조에서 제37조 제1항까지의 기본권)을 열거하고 있는 현행 헌법체계에서 모든 사회적 기본권의 직접적 근거를 행복추구권에서 도출하는 것은 문제가 있다. 헌법은 제12조에서부터 개별적 기본권을 열거하고 있기 때문에 개별적인 사회적 기본권은 관련된 헌법규정을 직접적인 근거로 삼아야 한다. 아무튼 일반적 자유권을 보장하는 행복추구권은 사회적 기본권의 간접적인(보충적인) 근거가 될 수는 있다. 헌법이 인간존엄을 보장하면서 그 구체적인 조건으로 (일반적인) 형식적 자유를 보장한 것은 그러한 형식적 자유를 실현하기 위한 물질적·재정적 기초를 보장함으로써 실질적 자유까지도 보장하도록 요구하고 있다고 해석할 수 있기 때문이다.

20) 이준일, 「헌법학강의」(2008), 475면 이하 참조.

21) 헌재결 1991. 6. 3. 89헌마204; 1998. 5. 28. 96헌가5; 1998. 10. 29. 97헌마345 참조.

2. 일반적 인격권과 일반적 행동자유권의 구분

행복추구권에 의해 보장되는 일반적 자유권은 일반적 인격권과 일반적 행동자유권으로 구분된다. 일반적 인격권은 인격적 가치가 있는 일정한 '상태', 예를 들어 생명, 명예, 초상, 성명 등을 보장하고, 일반적 행동자유권은 인격을 발현하기 위한 다양한 형태의 '행동'에 관한 자유를 보장한다. 이러한 일반적 인격권이나 일반적 행동자유권은 비록 일반적인 권리이기는 하지만 사회적 기본권의 직접적인 근거가 될 수는 없다. 일반적 인격권과 일반적 행동자유권도 일차적으로 형식적 자유에 정향되어 있기 때문이다. 하지만 일반적 자유권으로서 행복추구권이 사실적 자유를 본질로 하는 사회적 기본권의 간접적인 근거가 될 수 있다면 행복추구권에서 도출되는 일반적 인격권이나 일반적 행동자유권도 사회적 기본권의 간접적인 근거로서 인용될 수는 있다.

3. 일반적 자유의 물질적 토대로서 일반적 사회권

행복추구권에 의해 일반적인 자유권이 보장되고, 이 자유권은 법적(형식적) 자유에 국한되기 때문에 사실적 자유로서 사회적 기본권에 대해서도 일반적 권리가 필요하다. 일반적 권리가 보장되면 이것을 근거로 개별적 권리를 도출할 수 있다. 일반적 권리가 보장된다고 하더라도 이를 구체화하는 개별적 권리들의 '내용'은 구체적으로 확인할 필요가 있지만 일반적 권리의 보장으로 적어도 개별적 권리의 '존재' 자체는 확인할 필요가 없다. 따라서 사회적 기본권에 관한 일반적 권리가 규정되어 있으면 이를 구체화하는 다양한 개별적인 사회적 기본권을 논증하는 데 부담을 줄일 수 있는 장점이 있다. 그렇다면 행복추구권을 규정하여 법적 자유에 관한 일반적 권리를 보장하고 있는 현행 헌법체계에서 사실적 자유에 관한 일반적 권리가 불필요하다고 단정할 수는 없다. 여기서 법적 자유를 실현하기 위한 물적 토대로서 사실적 자유에 관한 일반적 권리가 어떤 규정으로부터 도출될 수 있는지가 문제될 수 있다.

III. 일반적 사회권으로서 인간다운 생활을 할 권리

1. 인간다운 생활을 할 권리의 의미

현행 헌법은 제31조에서부터 제36조에서 사회적 기본권을 보장하고 있다. 헌법 체계상 행복추구권이라는 일반적 자유권을 보장한 뒤에 그 아래에서는 개별적 기본권을 보장하고 있는 것으로 이해되기 때문에 사회적 기본권들의 경우에도 모두 다 개별적 기본권에 포함시킬 수 있을 것으로 보인다. 하지만 사회적 기본권들 가운데 독특한 성격을 가지는 기본권이 있는데 제34조 제1항의 '인간다운 생활을 할 권리'가 그것이다. 제31조와 제33조의 근로(노동), 제32조의 교육, 제35조의 환경과 주택, 제36조의 보건과 모성이 보여주는 것과는 달리 '인간다운 생활'이라는 매우 추상적이고 일반적인 개념을 사용하고 있기 때문이다. 또한 그에 상응하는 국가의 의무로서 제34조 제2항에 규정된 '사회보장' 또는 '사회복지'의 증진도 매우 추상적이고 일반적이다. 따라서 체계적 해석상 문제가 전혀 없는 것은 아니지만 '인간다운 생활을 할 권리'는 일반적인 사회적 기본권으로 이해될 수 있다.[22]

2. 일반적 사회권과 개별적 사회권

(1) 일반적 사회권과 개별적 사회권의 관계

'인간다운 생활을 할 권리'를 일반적인 사회적 기본권(일반적 사회권)으로 이해할 수 있다면 다른 사회적 기본권들은 개별적인 사회적 기본권(개별적 사회권)으로 이해된다. 일반적 기본권은 개별적 기본권을 개념적으로 완벽하게 포괄할 필요도 없고, 또한 포괄할 수 있는 것도 아니다. 일반적 기본권과는 독립적으로 개별적 기본권이 존재해야 하는 필요성이 있고, 일반적 기본권이 존재한다고 해도 이로부터 도출될 수 있는 모든 개별적 기본권을 미리 추정할 수 있는 것도 아니기 때문이다. 그렇지만 일반적 기본권이 존재하면 개별적 기본권을 논증하

---

22) '인간다운 생활을 할 권리'를 '주생존권적 기본권'으로 이해하면서 다른 개별적인 생존권적 기본권이 이로부터 파생된다고 보는 견해는 필자의 견해와 완전히 동일한 것은 아니지만 기본적인 취지에는 동의할 수 있다. 김철수, 「헌법학개론」(2007), 951면 참조.

는 데 용이하다는 장점이 있다. 일반적 기본권은 인간존엄을 실질적 기준으로 삼아 다양한 개별적 기본권들로 구체화된다. 이러한 구체화과정에서 일반적 기본권은 개별적 기본권으로 가는 '중간단계'로서 역할을 하게 된다. 일반적인 사회권도 인간존엄이라는 극도로 일반적이고 추상적인 개념에서 개별적인 사회권을 도출하기 위한 중간단계가 된다(인간존엄 → 일반적 사회권 → 개별적 사회권).

헌법제정자는 헌법을 제정할 당시부터 개별적 기본권으로 구체화할 수 있는 권리들을 헌법에 명시적으로 열거하였다. 하지만 구체화될 수 있는 모든 개별적 기본권을 명시적으로 열거하는 것은 애초에 불가능하므로 헌법제정자는 제37조 제1항을 두어 이른바 '열거되지 않은 권리'를 보장하고 있다. 따라서 사회적 기본권의 경우에도 헌법에 명시적으로 '열거된 개별적 사회권'뿐만 아니라 '열거되지 않은 개별적 사회권'으로 구체화된다. 여기서 '일반적 사회권'은 '열거되지 않은 개별적 사회권'을 도출하기 위한 직접적 또는 간접적 근거가 된다(일반적 사회권 → 열거된 사회권 + 열거되지 않은 사회권). 열거되지 않은 개별적 사회권이 열거된 개별적 사회권과 동일한 수준의 일반성 · 추상성을 갖지 못한 경우에는 직접적 근거로 일반적 사회권이 인용될 수 있다. 반면에 열거되지 않은 개별적 사회권이 열거된 개별적 사회권과 동일한 수준의 일반성 · 추상성을 가진 경우에는 헌법 제37조 제1항이 직접적인 근거로서, 그리고 일반적 사회권은 단지 간접적인 근거로서만 인용될 수 있다. 따라서 단지 인간존엄만을 보장하는 것보다 일반적 사회권을 함께 보장하는 것이 열거되지 않은 개별적 사회권을 도출하는 데 유리하게 된다.

(2) 개별적 사회권의 유형 및 상호관계

현행 헌법은 사회적 기본권의 개별적인 대상으로 교육(제31조), 환경(제35조), 주택(제35조), 보건(의료), 모성(제36조)을 열거하고 있다. 이런 대상들은 대표적으로 시장에 충분하게 공급되고, 개인에게 충분한 자력만 보장된다면 개인들이 얼마든지 시장에서도 구입할 수 있는 것들에 해당한다. 따라서 교육권, 환경권, 주거권,[23] 보건권,[24] 모성권은 '열거된 개별적 사회권'으로 분류할 수 있다. 반

23) 헌법재판소는 주거권을 주거와 관련된 국가의 의무로 이해하는 듯하다. 헌재결 2009. 11. 26. 2008헌바133: 국가는 주택개발정책 등을 통하여 모든 국민이 쾌적한 주거생활을 할 수 있도록 노력하여야 한다(헌법 제35조 제3항). 이에 국가는 적극적으로 주택을 개발하여 국민에게 공급하고 국민이 건강하고 쾌적한 생활을 영위할 수 있는 주거환경을 조성하여 줄 의무가 있다. 따라서 국가나 공공기관이 스스로 국민이 필요로 하는 주택을 건축하여 공급할 뿐만 아

면에 근로(노동)는 사회적 기본권의 대상이 될 수 있는 조건에 잘 맞지 않는다. 여기서 근로의 본질적 성격을 올바로 규정할 필요가 있다. 근로는 임금을 대가로 제공된다. 다시 말해 시장에서 근로를 팔아서 근로자는 임금을 획득한다. 바로 이 임금이 자유를 실현하기 위한 물질적·재정적 기초가 된다. 그러므로 근로권은 그 자체가 사회적 기본권의 대상이라기보다 사회적 기본권의 대상을 구입할 수 있는 물질적·재정적 여건을 획득하는 수단이 된다. 다시 말해 국가는 형식적 자유를 실현하기 위한 물질적·재정적 기초를 국민에게 직접적으로 제공할 수도 있지만 국민에게 근로기회(일자리)를 제공하여 그로부터 임금을 획득하게 함으로써 그러한 물질적·재정적 기초로 사용하도록 할 수도 있다. 한편 같은 맥락에서 본질적으로 자유권의 성격을 가지는 노동3권도 그 자체로 사회적 기본권은 아니지만 사회적 기본권과 밀접한 관련을 맺는다.[25)]노동3권은 근로의 목적인 임금 및 다른 근로조건에 관한 합의를 사용자로부터 얻어낼 수 있는 중요한 수단이기 때문이다. 이처럼 근로권과 노동3권은 사회적 기본권과 밀접하게 관련을 맺는 개별적 기본권으로 분류할 수 있다.

그밖에도 일반적 사회권으로서 '인간다운 생활을 할 권리'에 근거하여 미처 열거되지 못한 다양한 개별적인 사회권을 도출해낼 수 있다. 대표적으로 생계에 관한 권리(국민기초생활수급권)가 도출될 수 있다. 그리고 각종의 공공부조, 사회보험, 사회복지서비스에 관한 권리들도 개별적 사회권으로 도출할 수 있다.

(3) 개별적 사회권에 대한 헌법적 보장의 연혁

1948년의 건국헌법에서는 개별적인 사회적 기본권으로서 ① 교육권(제16조), ② 근로권(제17조), ③ 노동3권 및 이익분배균점권(제18조), ④ 생활무능력자의 권리(제19조), ⑤ 혼인의 순결 및 가족의 건강에 관한 권리(제20조)를 보장하였다. 이러한 내용은 1960년의 제4차 개정 헌법까지 그대로 유지되었다. 그러다가 1962년의 제5차 개정 헌법에서 근로자의 이익분배균점권이 삭제되고, 인간다운

니라 사경제주체인 민간기업이 대단위 택지를 개발하여 주택을 건축하여 공급할 수 있도록 지원할 필요가 있다(강조는 필자).

24) 헌재결 1995. 4. 20. 91헌바11 및 2009. 11. 26. 2007헌마734: 헌법 제36조 제3항이 규정하고 있는 국민의 보건에 관한 권리는 국민이 자신의 건강을 유지하는 데 필요한 국가적 급부와 배려를 요구할 수 있는 권리를 말하는 것으로서, 국가는 국민의 건강을 소극적으로 침해하여서는 아니 될 의무를 부담하는 것에서 한걸음 더 나아가 적극적으로 국민의 보건을 위한 정책을 수립하고 시행하여야 할 의무를 부담한다는 것을 의미한다.

25) 헌재결 1998. 2. 27. 94헌바13 참조.

생활을 할 권리(제30조)와 보건권(제31조)이 추가되었다. 인간다운 생활을 할 권리의 명시적 규정은 사회적 기본권에 대한 강조로 이해될 수 있다. 이와 동일한 내용이 1969년의 제6차 개정 헌법과 1972년의 제7차 개정 헌법에서도 변함없이 유지되었다. 그리고 1980년 제8차 개정 헌법에서 환경권(제35조 제1항)이 추가되었고, 1987년 현행 헌법에서 주거권(제35조 제2항)과 모성에 관한 권리(제36조 제2항)가 추가되었다(아래 [표 1.1.3.1] 참조).[26]

[표 1.1.3.1] 한국 헌법의 역사에서 사회적 기본권(I)

건국헌법 (1948. 7. 17.)	교육권(§16), 근로권(§17), 노동3권 및 이익분배균점권(§18), 생활무능력자의 권리(§19), 혼인의 순결 및 가족의 건강에 관한 권리(§20)
제1차 개정 헌법 (1952. 7. 7.)	위와 같음
제2차 개정 헌법 (1954. 11. 29.)	위와 같음
제3차 개정 헌법 (1960. 6. 15.)	위와 같음
제4차 개정 헌법 (1960. 11. 29.)	위와 같음
제5차 개정 헌법 (1962. 12. 26.)	교육권(§27), 근로권(§28), 노동3권(§29), 인간다운 생활을 할 권리(§30), 혼인의 순결과 보건에 관한 권리(§31)
제6차 개정 헌법 (1969. 10. 21.)	위와 같음
제7차 개정 헌법 (1972. 12. 27.)	위와 같음
제8차 개정 헌법 (1980. 10. 27.)	교육권(§29), 근로권(§30), 노동3권(§31), 인간다운 생활을 할 권리(§32), 환경권(§33), 혼인과 가족에 관한 권리 및 보건권(§34)
제9차 개정 헌법 (1987. 10. 29.)	교육권(§31), 근로권(§32), 노동3권(§33), 인간다운 생활을 할 권리(§34), 환경권 및 주거권(§35), 혼인과 가족에 관한 관리, 모성에 관한 권리 및 보건권(§36)

결국 건국헌법에서부터 현행 헌법에 이르기까지 계속적으로 보장된 개별적인 사회적 기본권으로는 ① 교육권(무상교육권), ② 근로권(여성과 연소자의 근로보호권), ③ 노동3권, ④ 생활무능력자의 보호권, ⑤ 혼인과 가족에 관한 권리를 들 수 있다. 한편 국가의 고용증진의무 및 인간다운 생활을 할 권리, 국가의 사

26) 헌법개정에 따른 사회복지법제의 역사에 대해서는 정우열/손능수, "한국 사회복지행정의 역사적 변천과정에 관한 연구: 조선구호령 제정 이후의 구빈행정을 중심으로," 「한국행정사학지」(한국행정사학회) 제22호(2008), 201면 이하 참조.

회보장증진의무, 보건권은 1962년 헌법에서부터, 평생교육권 및 국가의 적정임금보장, 인간존엄성을 보장하는 근로조건, 국가유공자의 우선근로기회제공에 관한 의무는 1980년 헌법에서부터, 국가의 평생교육진흥의무, 최저임금제보장의무, 여성·노인·청소년의 복지증진의무, 장애인보호의무 및 주거권과 모성권은 1987년 현행 헌법에서부터 규정되었다(아래 [표 1.1.3.2] 참조).

전체적으로 볼 때 개별적인 사회적 기본권은 기본권(국민의 권리)장에 규정되어 있음에도 불구하고 모두 다 '권리'라는 양식으로 규정된 것은 아니다. 권리임("… 권리를 가진다")이 분명하게 드러나 있지 않거나[27] 단지 국가의 의무라는 양식(예: "국가는 … 의무를 진다",[28] "국가는 … 노력할 의무를 진다",[29] "국가는 … 하여야 한다",[30] "국가는 … 노력하여야 한다"[31])으로 규정된 것도 있고, 심지어 국가의 의무라는 의미조차 명확하게 드러나지 않는 것도 있다. 따라서 개별적인 사회적 기본권의 주관적 권리성을 명확하게 표현하기 위해서라도 '권리를 가진다'는 표현양식으로 규정될 필요가 있다.

---

27) 대표적인 예로 제32조 제4항의 여성근로보호권(여자의 근로는 특별한 보호를 받으며, 고용·임금 및 근로조건에 있어서 부당한 차별을 받지 아니한다), 동조 제5항의 연소자근로보호권(연소자의 근로는 특별한 보호를 받는다), 제34조 제5항의 생활무능력자 복지권(신체장애자 및 질병·노령 기타의 사유로 생활능력이 없는 국민은 법률이 정하는 바에 의하여 국가의 보호를 받는다), 제36조 제3항의 보건권(모든 국민은 보건에 관하여 국가의 보호를 받는다)을 들 수 있다.

28) 예를 들어 제34조 제4항의 노인·청소년 복지권(국가는 노인과 청소년의 복지향상을 위한 정책을 실시할 의무를 진다)이 있다.

29) 예를 들어 제34조 제2항의 사회보장수급권(국가는 사회보장·사회복지의 증진에 노력할 의무를 진다)이 있다.

30) 예를 들어 제31조 제5항의 평생교육권(국가는 평생교육을 진흥하여야 한다), 제32조 제1항의 최저임금청구권(국가는 … 법률이 정하는 바에 의하여 최저임금제를 시행하여야 한다)이 있다.

31) 예를 들어 제32조 제1항의 근로기회청구권 및 적정임금청구권(국가는 사회적·경제적 방법으로 근로자의 고용의 증진과 적정임금의 보장에 노력하여야 하며), 제34조 제3항의 여성복지권(국가는 여자의 복지와 권익의 향상을 위하여 노력하여야 한다), 동조 제6항의 재해예방·보호권(국가는 재해를 예방하고 그 위험으로부터 국민을 보호하기 위하여 노력하여야 한다), 제35조 제3항의 주거권(국가는 주택개발정책 등을 통하여 모든 국민이 쾌적한 주거생활을 할 수 있도록 노력하여야 한다), 제36조 제2항의 모성권(국가는 모성의 보호를 위하여 노력하여야 한다)이 있다.

[표 1.1.3.2] 한국 헌법의 역사에서 사회적 기본권(II)

현행헌법 (1987)	건국헌법 (1948)	1차 개헌 (1952)	2차 개헌 (1954)	3차 개헌 (1960)	4차 개헌 (1960)	5차 개헌 (1962)	6차 개헌 (1969)	7차 개헌 (1972)	8차 개헌 (1980)
교육권	O	O	O	O	O	O	O	O	O
무상의무교육	O	O	O	O	O	O	O	O	O
평생교육	×	×	×	×	×	×	×	×	O
근로권	O	O	O	O	O	O	O	O	O
고용증진	×	×	×	×	×	O	O	O	O
적정임금보장	×	×	×	×	×	×	×	×	O
최저임금제	×	×	×	×	×	×	×	×	×
인간존엄성보장 근로조건	×	×	×	×	×	×	×	×	O
여성근로보호	O	O	O	O	O	O	O	O	O
연소자근로보호	O	O	O	O	O	O	O	O	O
국가유공자 우선근로기회제공	×	×	×	×	×	×	×	×	O
노동3권	O	O	O	O	O	O	O	O	O
인간다운 생활권	×	×	×	×	×	O	O	O	O
사회보장/사회복지 증진	×	×	×	×	×	O	O	O	O
여성의 복지	×	×	×	×	×	×	×	×	×
노인의 복지	×	×	×	×	×	×	×	×	×
청소년의 복지	×	×	×	×	×	×	×	×	×
장애인의 보호	×	×	×	×	×	×	×	×	×
생활무능력자의 보호	O	O	O	O	O	O	O	O	O
환경권	×	×	×	×	×	×	×	×	O
주거권	×	×	×	×	×	×	×	×	×
혼인과 가족에 관한 권리	O	O	O	O	O	O	O	O	O
모성권	×	×	×	×	×	×	×	×	×
보건권	×	×	×	×	×	O	O	O	O

제2절 사회복지주의

I. 용 어

1. 사회국가, 복지국가 또는 사회복지국가

'사회국가'(Sozialstaat)[1]라는 용어와 함께 '복지국가'(welfare state),[2] 그리고 양자를 묶어서 '사회복지국가'라는 용어도 사용된다. 일반적으로 사회국가는 최소한의 기준에도 못 미치는 삶의 조건들을 적어도 그러한 기준 정도까지 충족시켜주는 원리로, 복지국가는 구성원들에게 요구되는 평균적 삶의 조건을 더 향상시켜주는 원리로 이해되기도 한다. 따라서 사회국가보다는 복지국가가 상대적으로 높은 수순의 삶의 질(quality of life)을 지향하는 것으로 보이기도 한다. 또한 사회국가가 보호하려는 대상(가난한 자)의 범위보다 복지국가가 보호하려는 대상의 범위가 넓은 것으로 이해된다. 하지만 사회국가나 복지국가가 보장해야 하는 사회적 기본권의 대상과 실현정도 및 주체를 어떻게 이해하는지에 따라 양자를 구분하는 경계는 모호해질 수 있다.

한편 사회국가와 복지국가를 구분하는 학설들은 전자는 국가의 '부분적' 개입을 과제로 하는 반면에 후자는 국가의 '전면적' 개입을 과제로 한다고 한다. 하지만 복지국가라고 해서 개인의 생활영역에 문자 그대로 '전면적으로' 개입하는 것은 가능하지 않기 때문에 사회국가와 복지국가에 요구되는 국가의 개입은 '정도의 차이'에 지나지 않고, 실제로도 명칭과 상관없이 국가의 경제수준이나

---

1) 사회국가 개념의 연혁과 내용에 대한 자세한 설명으로 김상겸, "사회국가원리에 관한 고찰 -독일 기본법상의 전개과정과 논의를 중심으로-," 「헌법학연구」(한국헌법학회) 제7권 제1호(2001), 126면 이하 참조.

2) 복지국가라는 용어를 선호하는 견해로 전광석, "헌법재판소가 바라 본 복지국가원리," 「공법연구」(한국공법학회) 제34집 제1호 제1권(2006), 227면 이하 참조.

재정규모에 따라 개입의 정도를 달리한다고 볼 수 있다. 따라서 국가의 개입정도를 가지고 사회국가와 복지국가를 구분하는 것은 무의미하다고 보인다.

2. 헌법규정

헌법 제34조 제2항은 국가에 대해서 '사회보장' 또는 '사회복지'의 의무를 부과하고 있다. 여기서 사회보장(social security)은 빈곤, 질병, 장애, 노령, 사망, 퇴직, 실직 등과 같은 위험으로부터 사회구성원을 보호하는 제도나 정책 또는 프로그램과 같은 안전장치를 의미하고, 사회복지(social welfare)는 사회구성원의 삶의 질을 향상시키는 정책이나 서비스 또는 시설과 같은 복리후생장치를 의미한다. 사회보장과 사회복지를 엄격하게 구분하면 전자에는 빈곤한 사람들에 대한 공공부조(public assistance)나 사회적 위험에 대비한 사회보험(social insurance)이 포함되고, 후자에는 복지서비스(welfare services)나 복지시설이 포함된다. 따라서 사회보장은 사회국가와, 사회복지는 복지국가와 쉽게 연결될 수 있다.

하지만 사회보장과 사회복지는 동일한 의미로 사용되기도 하고, 사회복지를 넓은 의미로 이해하면 사회보장도 사회복지에 포함될 수 있다.[3] 또한 헌법은 사회국가와 복지국가를 병렬적으로 열거함으로써 명확하게 구분하지 않고 있다. 그러므로 오히려 사회국가와 복지국가를 하나로 묶는 '사회복지국가'라는 용어가 헌법적 근거를 가지고 있다. 그리고 앞서 언급한 것처럼 사회국가나 복지국가의 차이가 '질적 차이'가 아니라 '양적 차이'에 지나지 않는다면 양자를 묶어서 부르는 것도 무리는 없다고 보인다. 더욱이 사회적 기본권의 대상과 실현정도는 최소한의 물질적인 것에 국한되지 않고, 사회적 기본권의 주체도 가난한 자에 한정되지 않기 때문에 사회적 기본권을 보장해야 하는 국가는 사회보장과 사회복지를 엄격하게 구분했을 때 양자의 과제를 동시에 실현해야 한다. 따라서 이하에서는 '사회복지국가'라는 용어를 사용하기로 한다. 그리고 이러한 사회복지국가가 지향하는 국가원리를 '사회복지주의'로 지칭하기로 한다.

3) 물론 사회적 기본권을 '사회보장을 받을 권리'로 이해하면서 이러한 권리에는 '인간다운 생활을 누리는 데 필요한 복지서비스를 국가로부터 보장받을 권리인 사회보장을 받을 권리'도 포함된다고 보는 견해는 오히려 사회보장을 사회복지까지 포함하는 넓은 개념으로 사용한다. 이재명, "사회보장을 받을 권리에 관한 연구," 「헌법학연구」(한국헌법학회) 제11권 제2호(2005), 392면 참조. 또한 헌법의 사회국가원리를 구체화하는 법률의 체계를 '사회보장법'으로 이해하는 견해도 같은 취지다. 이달휴, "헌법상의 사회보장법의 이념," 「헌법학연구」(한국헌법학회) 제6권 제2호(2000), 205면 이하 참조.

II. 사회복지주의의 내용

1. 사회적 기본권의 보장에 관한 국가적 과제

국가의 궁극적인 존재목적은 국민의 기본권을 보장하고 실현하는 데 있다. 국민의 기본권을 보장하고 실현하기 위한 목적에서 비로소 국가가 존재하게 된 것이지 국민의 기본권과 상관없이 국가가 먼저 존재한 것은 아니다. 따라서 국가에 대해서는 기본권의 하나인 사회적 기본권을 보장하고 실현해야 하는 헌법적 과제도 부과된다.[4] 이러한 사회복지국가적 과제를 수행하기 위하여 국가는 사회의 영역에 깊숙이 개입할 수 있다. 심지어 사회의 구성원들은 사회적 기본권에 근거하여 국가에 대해서 자신들의 삶의 영역에 개입하도록 요구하기도 한다. 따라서 사회복지국가에서 사회와 국가는 밀접하게 결합되면서 사회는 국가에 대해서 개입을 요구하고, 국가는 사회에 적극적으로 개입하게 된다.

2. 사회복지국가와 법치국가

(1) 구 분

법치국가(Rechtsstaat)는 법(法)에 의해 통치(治)하는 국가(國家)를 의미한다.[5] 법에 의한 통치는 국가의 통치를 정당화하는 '근거'뿐만 아니라 국가의 통치에 '한계'를 설정한다. 다시 말해 국가는 법의 형식으로 통치할 수 있지만 법의 형식이 필요한 경우에 국한해서만 통치할 수 있다. 이로써 국가는 오로지 법이 필요한 경우로만 한정되어 법의 형식으로 사회에 개입할 수 있게 된다. 이것은 법치국가 안에서 사회와 국가는 원칙적으로 분리되어 있고, 예외적으로 법이 필요한 경우에 국한되어 국가가 사회에 개입할 수 있음을 의미한다. 다시 말해 법이 필요한 경우가 아니라면 국가는 사회에 대해서 일정한 거리를 둔 채 개입하지 말아야 하고, 오로지 법이 필요한 경우에만 국가는 사회와의 거리를 좁혀

---

4) 사회적 기본권을 보장하고 실현해야 하는 국가의 헌법적 과제는 '국가의 사회적 의무'로 이해되기도 하는데 이에 대한 자세한 설명은 정극원, "국가의 사회적 의무," 「헌법학연구」(한국헌법학회) 제10권 제3호(2004), 157면 이하 참조.

5) 법치국가의 의미에 대해서는 표명환, "현대헌법의 기본원리로서 법치국가원칙," 「헌법학연구」(한국헌법학회) 제7권 제3호(2001), 332면 이하 참조.

사회에 개입할 수 있다는 뜻이다. 이 점에서 사회에 대한 국가의 '원칙적 개입'으로 인해 사회와 국가가 결합되는 사회복지국가와 사회에 대한 국가의 '원칙적 불개입'으로 인해 사회와 국가가 분리되는 법치국가는 구분된다.

법치국가에 대해서는 국민의 기본권을 보장하기 위하여 원칙적으로 사회에 개입하지 않아야 되는 과제가 부과되는 반면에 사회복지국가에 대해서는 국민의 기본권을 보장하기 위하여 원칙적으로 사회에 개입해야 하는 과제가 부과된다. 왜냐하면 법치국가 안에서는 국가에 대해서 가능한 한 개입하지 않도록 요구할 수 있는 소극적(negative) 지위로서 **방어권**이 강조되지만 사회복지국가 안에서는 국가에 대해서 가능한 한 개입하도록 요구할 수 있는 적극적(positive) 지위로서 **급부권**이 강조되기 때문이다. 방어권이 강조되는 법치국가에서 국가는 국민의 형식적 자유와 권리를 상호 조정하거나 공공질서를 유지하기 위해 필요한 최소한의 경우에만 사회에 개입할 수 있지만 급부권이 강조되는 사회복지국가에서 국가는 국민의 실질적 자유와 권리를 보장하고 공공복리를 실현하기 위하여 필요하다면 최대한 사회에 개입해야 한다.

(2) 실질적 법치국가와 사회적 법치국가

법치국가는 형식적 법치국가와 실질적 법치국가로 구분된다. 형식적 법치국가에서는 법규범의 형식만이 중요하다면 실질적 법치국가에서는 법규범의 실질인 '정당성(legitimacy)'이 중요하다. 여기서 실질적 법치국가는 세 가지의 의미로 이해될 수 있다.[6] 첫째, 법의 형식으로 통치하는 형식적 법치국가는 법규범의 **'내용적 정당성'**을 충족시킴으로써 실질적 법치국가가 되도록 요구받는다. 법규범의 내용적 정당성은 법규범의 내용이 국민의 기본권을 침해하지 않을 뿐만 아니라 존중함으로써 실현된다. 따라서 형식적 법치국가는 무엇보다도 국민의 기본권을 존중하는 내용의 법규범에 의해 통치함으로써 실질적 법치국가가 될 수 있다. 이러한 의미에서 실질적 법치국가는 **헌법국가**를 의미한다.

둘째, 법의 형식으로 통치하는 형식적 법치국가는 법규범의 **'절차적 정당성'**을 충족시킴으로써 실질적 법치국가가 되도록 요구받는다. 법규범의 절차적 정당성은 법규범이 제정되는 절차(입법절차)에서 민주주의의 내용들[7]이 보장됨으로

6) 실질적 법치국가의 세 가지 의미에 대해서는 이준일, "세 가지 국가원리의 관계," 「안암법학」(안암법학회) 제23호, 6면 이하 참조.

7) 민주주의의 내용에 대해서는 이준일, 「헌법학강의」(2008), 176면 이하 참조.

써 실현된다. 따라서 형식적 법치국가는 통치의 형식인 법규범이 민주적 절차에 따라 제정되게 함으로써 실질적 법치국가가 될 수 있다. 이러한 의미에서 실질적 법치국가는 민주적 법치국가를 의미한다.

셋째, 법의 형식으로 통치하는 형식적 법치국가는 법규범의 '현실적 정당성'을 충족시킴으로써 실질적 법치국가가 되도록 요구받는다. 법규범의 현실적 정당성은 국민의 기본권을 실현하기 위한 물적 토대를 보장함으로써 실현된다. 따라서 형식적 법치국가는 법규범에 의해 보장된 국민의 기본권을 실현하기 위한 물질적·재정적 여건을 충족시킴으로써 실질적 법치국가가 될 수 있다. 이러한 의미에서 실질적 법치국가는 사회적 법치국가를 의미한다.

(3) 사회복지국가와 법치국가의 충돌

사회적 법치국가로 이해된 실질적 법치국가 안에서 사회복지국가와 법치국가는 이상적으로 결합될 수 있다. 다시 말해 사회적 법치국가를 통해 사회복지국가와 법치국가는 상호 보완하는 관계를 형성하게 된다. 하지만 앞서 언급한 바와 같이 국가의 원칙적 개입이 요구되고 적극적 지위가 강조되는 사회복지국가와 국가의 원칙적 불개입이 요구되고 소극적 지위가 강조되는 법치국가는 서로 충돌할 수 있다. 특정한 집단의 적극적 지위(사회적 기본권)를 실현하기 위하여 국가가 적극적으로 개입하게 되면 국가의 원칙적 불개입으로 실현될 수 있는 다른 집단의 소극적 지위(법적 자유)를 제한하게 된다. 예를 들어 노동자의 노동3권을 보장하기 위하여 사용자의 자유를 제약해야 하고, 사회적 약자를 위한 사회보험을 실시하려면 사회적 강자들의 재산권을 제약해야 한다.

(4) 사회복지국가와 법치국가의 화해

사회복지국가와 법치국가의 충돌을 해소하여 사회적 법치국가로 결합시키기 위하여 여러 가지 대안이 제시될 수 있다.

첫째, 사회복지국가적 과제를 실현함으로써 보호되는 대상국민과 법치국가적 과제를 실현함으로써 보호되는 대상국민을 절대적으로 구분하는 오류를 피해야 한다. 따라서 사회복지국가적 과제는 오로지 노동자(proletariat)계급을 위하여 실현되고, 법치국가적 과제는 오로지 중산시민(bourgeois)계급을 위하여 실현된다는 방식의 이해는 대단히 곤란하다. 역사적으로 볼 때 사회복지국가에 대한 요청이 노동자계급을 위하여, 법치국가에 대한 요청이 중산시민계급을 위하여 요구되었다는 점을 완전히 부인할 수는 없다. 하지만 방어권을 중심으로 한 자유주의적 시민적 기본권에 대한 법치국가적 보장이 노동자계급에게도 중요한 것처럼 그러한 기본권의 물적 토대를 구축하도록 요구하는 사회권에 대한 사회복지국가적 보장은 중산시민계급에게도 중요한 의미를 갖는다. 따라서 법치국가가 보장하고 실현해야 하는 기본권과 사회복지국가가 보장하고 실현해야 하는 기본권을 대상국민에 따라 이분법적으로 구분하는 것은 시대착오적인 주장에 지나지 않는다. 게다가 보호되는 대상국민에 대한 이분법적 구분은 사회복지국가와 법치국가를 영원히 화해할 수 없는 대립적 길항관계로 설정함으로써 헌법상 요구되는 국가원리의 체계조화적인 해석가능성을 봉쇄해 버린다.

둘째, 사회복지국가와 법치국가는 민주주의적 과제가 실현됨으로써 결합될 수 있다. 민주주의는 모든 국민의 참여를 통해 국가의사(정책)를 결정하도록 요구한다. 모든 국민의 참여를 통해 결정된 국가의사는 모든 국민의 이해관계가 반영된 사회적 합의를 의미한다. 따라서 구체적 사안에서 사회복지국가적 과제와 관련된 국민집단의 이해관계와 법치국가적 과제와 관련된 국민집단의 이해관계는 오로지 민주적 절차 안에서만 합리적으로 조정될 수 있다. 물론 대의제로 구체화되는 민주적 절차에서 특정한 집단이 전혀 대표되지 않거나(non-represented) 과소 대표되는(under-represented) 문제가 발생할 수 있다. 전혀 대표되지 않거나 과소 대표되는 사회적 약자의 이익을 보호하기 위해서는 헌법국가적 과제가 강조된다. 이러한 헌법국가적 과제는 사회적 약자의 기본권을 보호해야 하는 헌법재판소의 적극적 역할을 통해 실현될 수 있다. 하지만 소수의 헌법재판관을 통해 사회적 약자의 기본권이 보호되는 데 대해서는 후견주의(paternalism)나 반다수결(counter-majority)을 근거로 한 비판이 가해진다. 아무튼 민주주의와 헌법주의가 이상적으로 실현되는 민주적 헌법국가 안에서 사회복지국가적 과제와 법치국가적 과제도 이상적으로 실현될 수 있을 것으로 기대된다.

III. 사회복지주의와 경제질서

1. 경제질서의 유형

경제질서는 흔히 두 가지 이념형(ideal type)으로 구분된다. 첫째는 자율적인 가격결정기구로서 시장을 전제로 하는 '자본주의적 시장경제질서'이고, 둘째는 국가의 계획과 통제를 핵심으로 하는 '사회주의적 계획경제질서'이다. 물론 이러한 이념형들은 현실에서 서로 결합되면서 다양한 형태의 '혼합된 경제질서'를 만들어낸다. 자본주의적 시장경제질서를 기본으로 하면서 국가의 계획과 통제를 가미한다든지 사회주의적 계획경제질서를 기본으로 하면서 시장의 자율성을 가미하는 식으로 혼합된 경제질서가 형성된다. 결국 자본주의적 시장경제질서든 사회주의적 계획경제질서든 현실적으로는 혼합된 경제질서로 운영되고, 중요한 것은 무엇이 원칙이고 무엇이 예외인지가 될 뿐이다. 어쨌든 혼합된 경제질서일 수밖에 없는 현실의 경제질서가 사회복지주의와 어떻게 결합될 수 있는지 하는 점이 중요하다.

2. 한국헌법의 경제질서로서 혼합된 경제질서

한국헌법의 경제질서는 자본주의적 시장경제질서를 기본으로 하면서도 필요한 경우에 국가가 개입하여 규제하고 조정하는 혼합된 경제질서에 해당한다. 이것은 자본주의 모델과 사회주의 모델의 이분법적 이념형을 기초로 하면 한국헌법이 자본주의적 시장경제질서를 원칙으로 하면서 사회주의적 계획경제질서의 본질적 요소인 국가의 규제와 소성을 예외적으로 인정하고 있음을 의미한다.

(1) 헌법규정

헌법 제119조 제1항에 따르면 '개인과 기업의 경제상의 자유와 창의를 존중'하는 자본주의적 시장경제질서가 대한민국 경제질서의 '기본'을 이룬다. 한편 동조 제2항에서는 시장에 대한 국가의 규제와 조정의 근거를 규정한다: "국가는 균형있는 국민경제의 성장 및 안정과 적정한 소득의 분배를 유지하고, 시장의 지배와 경제력의 남용을 방지하며, 경제주체간의 조화를 통한 경제의 민주화를 위하여 경제에 관한 규제와 조정을 할 수 있다."

(2) 해 석 론

헌법 제119조 제1항에 규정된 자본주의적 시장경제질서와 동조 제2항에 규정된 국가의 규제 · 조정은 '원칙과 예외의 관계'에 있다는 해석도 가능하지만 원칙적으로 '동등한 관계'에 있다는 해석도 가능하다.[8] 양자를 원칙과 예외의 관계로 이해하는 경우에 제1항을 원칙으로 볼 수도 있고, 제2항을 원칙으로 볼 수도 있다. 하지만 헌법의 문언으로 볼 때 제1항이 '기본'이 되기 때문에 제2항을 원칙으로 보기에는 무리가 있다. 그럼에도 불구하고 제2항을 원칙으로 보는 해석론이 전혀 불가능한 것은 아니다.

우선 양자의 관계를 원칙과 예외의 관계로 보는 해석론에서 제1항을 원칙으로 보는 견해에 따르면 자본주의적 시장경제질서라는 원칙에 대한 국가의 규제 · 조정이라는 예외를 인정하기 위해서는 합리적인 근거가 제시되어야 한다. 이것은 시장의 자율성이 원칙적으로 우월하기 때문에 국가가 규제와 조정을 통해 시장에 개입해야 된다고 주장하는 쪽에서 합리적인 근거를 제시해야 하는 논증부담을 지게 된다는 뜻이다. 또한 제시되는 근거에 대해서 요구되는 합리성의 정도에 따라서 '강한' 합리성을 요구하는 해석론과 '약한' 합리성을 요구하는 해석론이 구분될 수 있다. 국가의 규제 · 조정에 대한 강한 합리성을 요구하는 해석론에 따르면 시장에 대한 국가의 개입은 극히 예외적인 경우로 제한될 수 밖에 없다. 반면에 국가의 규제 · 조정에 대한 약한 합리성을 요구하는 해석론은 시장에 대한 국가의 개입을 대부분 정당한 것으로 인정할 가능성이 높다.

한편 제2항을 원칙으로 보는 견해에 따르면 시장의 자율성은 예외적으로만 인정되므로 시장의 자율성을 주장하는 쪽에서 합리적인 근거를 제시해야만 하는 논증부담을 진다. 이 경우에도 약한 합리성 또는 강한 합리성이 요구될 수 있다. 근거의 합리성 정도에 따라 극히 예외적으로만 시장의 자율성이 인정될 수도 있고, 대체적으로 시장의 자율성이 인정될 수도 있다. 여기서 국가의 규제 · 조정을 원칙으로 하면서 예외적인 시장의 자율성에 대해서 강한 합리성을 요구하게 되면 시장의 자율성을 원칙으로 하면서 예외적인 국가의 규제 · 조정에 대해서 약한 합리성을 요구하는 주장과 거리가 좁혀지고, 국가의 규제 · 조정을 원칙으로 하면서 예외적인 시장의 자율성에 대해서 약한 합리성을 요구하게 되면 시장의 자율성을 원칙으로 하면서 예외적인 국가의 규제 · 조정에 대해서 강한 합리성을 요구하는 주장과 거리가 좁혀지게 된다는 사실을 확인하게 된다.

다음으로 양자가 동등한 비중을 가지는 관계로 이해하는 해석론에 따르면 자본주의적 시장경제질서를 원칙으로 주장하든 국가의 규제와 조정을 원칙으로 주

8) 경제조항에 대한 해석론과 현행 규정방식의 문제점에 대해서는 김성수, "헌법상 경제조항에 대한 개정론," 「공법연구」(한국공법학회) 제34집 제4호 제2권(2006), 188면 이하, 특히 196면 이하 참조.

[표 1.2.3.1] 헌법 제119조 제1항과 제2항의 관계에 대한 해석론

<table>
<tr><th colspan="4">원칙과 예외의 관계(모델1)</th><th colspan="2" rowspan="2">동등한 관계(모델2)</th></tr>
<tr><th colspan="2">제1항 원칙(모델1-1):
시장의 자율성 강조</th><th colspan="2">제2항 원칙(모델1-2):
국가의 개입 강조</th></tr>
<tr><td>국가개입에 대한 강한 합리성 요구 (모델1-1-1)</td><td>국가개입에 대한 약한 합리성 요구 (모델1-1-2)</td><td>시장자율에 대한 강한 합리성 요구 (모델1-2-1)</td><td>시장자율에 대한 약한 합리성 요구 (모델1-2-2)</td><td>강한 합리성 (모델2-1)</td><td>약한 합리성 (모델2-2)</td></tr>
</table>

장하든 논증부담과 관련된 유리함 또는 불리함은 없다. 양자의 우열관계는 오로지 각각의 우월성에 대한 합리성에 따라 결정된다. 따라서 자본주의적 시장경제질서에 대한 요청이 우월해야 하는 합리적 근거가 존재하거나 국가의 규제 · 조정에 대한 요청이 우월해야 하는 합리적 근거가 존재하게 되면 각각의 요청이 개별적인 사안마다 우월하게 된다. 물론 양자의 동등한 관계를 주장하는 해석론의 경우에도 요구되는 합리성의 정도에 따라 강한 합리성이나 약한 합리성이 요구될 수 있다.

(3) 시장의 자율성과 시장에 대한 국가개입의 목적과 한계

문언을 근거로 할 때 한국헌법의 경제질서는 시장의 자율성을 핵심으로 하는 자본주의적 시장경제질서를 원칙으로 하면서 시장에 대한 국가의 개입(규제 · 조정)은 예외로서 인정하고 있다고 보는 것이 합리적이다(모델1-1). 중요한 것은 시장에 대한 국가 개입의 목적이 ① 균형있는 국민경제성장 · 안정과 적정한 소득분배의 유지, ② 시장지배와 경제력남용의 방지, ③ 경제주체간의 조화를 통한 경제의 민주화로 한정된다는 점이다. 여기서 국민경제성장 · 안정에서 불균형, 소득분배의 비적정성, 시장지배와 경제력남용, 경제주체간의 부조화 또는 비민주성은 다름 아닌 자본주의적 시장경제질서의 본질적인 문제점(모순)에 해당한다. 따라서 시장에 대한 국가의 개입은 시장의 자율성을 핵심으로 하는 자본주의적 시장경제질서에서 발생할 수 있는 문제점을 해결하기 위한 목적에서만 정당화될 수 있다.

시장에 대한 국가의 개입을 정당화하는 헌법적 목적이 존재하는 경우에도 이러한 목적을 실현하기 위한 구체적인 수단들은 헌법적 한계를 준수하는 한도에서만 허용될 수 있다. 이러한 헌법적 한계는 비례성원칙이다.[9] 목적의 실현을 위하여 비례적인 수단만을 허용하는 비례성원칙에 따르면 수단은 목적의 실현

에 적합해야 하고(적합성원칙), 다른 목적에 대한 피해를 최소화해야 하며(필요성원칙), 실현하려는 목적과 피해를 입는 목적을 균형적으로 실현할 수 있어야 한다(좁은 의미의 비례성원칙). 시장에 대한 국가 개입의 경우에 실현하려는 헌법적 목적(①, ②, ③)과 피해를 입는 목적, 즉 시장의 자율성은 균형적으로 실현되어야 한다. 물론 앞서 언급한 것처럼 시장의 자율성은 시장에 대한 국가 개입과 비교하여 원칙적으로 우월한 법익이므로 후자를 주장하는 자에게 논증부담이 돌아간다. 그렇지만 전자가 절대적으로 우월한 법익은 아니기 때문에 후자를 우선해야 할 합리적 근거가 존재하는 경우에는 후자가 우월한 법익이 된다.

결론적으로 한국헌법의 경제질서는 시장의 자율성을 원칙으로 하면서 국가의 개입에 대하여 명시적인 목적을 제시함과 동시에 비례성원칙에 따른 정당화를 요구하는 강한 합리성의 모델(모델 1-1-1)로 해석되는 것이 타당하다. 따라서 한국헌법의 경제질서에 대해서 국가의 개입을 원칙으로 하는 모델을 주장하거나 적어도 시장의 자율성과 국가의 개입에 동등한 비중을 두는 모델을 주장하기 위해서는 헌법개정이 필요하다.

3. 혼합된 시장경제질서와 사회복지주의원리, 그리고 사회적 시장경제질서

자본주의적 시장경제질서에 대한 국가의 개입은 헌법에서 열거된 목적에 한정되고, 이러한 목적의 핵심은 자본주의적 시장경제질서의 문제점을 해결하려는 데 있다. 개별적인 경제영역에서 국가의 개입을 허용하고 있는 헌법 제120조 이하에서도 국가 개입의 목적은 자본주의적 시장경제질서의 문제점을 해결하기 위한 것임을 다시 한 번 확인할 수 있다. 이러한 사실은 국토와 자원의 균형있는 개발 · 이용(제120조 제2항 및 제122조 제2항), 농 · 어업과 중소기업의 보호 · 육성 및 지역경제의 균형있는 발전(제123조)에서 잘 드러난다. 그렇다면 시장에 대한 국가 개입의 목적인 자본주의적 시장경제질서의 문제점에 대한 해결은 사회복지주의와 어떠한 관계를 맺는가?

사회복지주의는 국민의 사회적 기본권, 즉 사실적 자유를 보장해야 하는 과제를 부담한다. 이러한 사회적 기본권은 이미 설명한 것처럼 시장에 충분한

---

9) 비례성원칙에 대해서는 이준일, "헌법상 비례성원칙," 「공법연구」(한국공법학회) 제37집 제4호(2009), 25면 이하 참조.

공급이 있고 개인에게 충분한 자력만 보장된다면 시장에서도 언제든지 구입할 수 있는 것들을 대상으로 한다. 그런데 수요와 공급에 따라 가격이 자율적으로 결정되는 시장은 일정한 대상에 대해서 충분한 공급을 불가능하게 만들 수 있고, 자본과 이윤이 집중되는 시장의 특성상 특정한 집단에게 충분한 자력을 보장하지 못할 수도 있다. 이처럼 시장이 왜곡된 상황에서 국가는 일정한 대상에 대한 공급을 촉진시키기 위하여, 특정한 집단에게 자력을 보장하기 위하여 시장에 개입하게 된다. 바로 이러한 국가의 과제가 사회복지주의원리에 의해서 부과된다. 사회복지주의원리는 왜곡된 시장에 국가가 개입하여 규제하고 조정하는 행위를 정당화한다. 따라서 자본주의적 시장경제질서를 원칙으로 하면서 국가의 규제와 조정을 예외로 하는 혼합된 경제질서를 사회적 시장경제질서라고 부를 수 있다.

IV. 사회복지주의와 사회적 기본권

1. 국가의 과제와 기본권

국가의 존재목적은 궁극적으로 국민의 기본권을 보장하는 것이다. 따라서 국가가 수행해야 하는 과제는 국민의 기본권에 대한 보장과 관련하여 이해되어야 한다. 이러한 국가의 과제는 국가의 기본원리로 표현되는데 보편적 국가원리에 해당하는 법치주의, 민주주의, 사회복지주의는 국민에게 보장된 기본권의 다양한 기능과 결합된다.

(1) 법치주의와 소극적 지위로서의 기본권

국민의 자유를 최대한 보장하기 위하여 요청되는 법치주의에서 우선적으로 보장되어야 하는 것은 국민의 소극적(negative) 지위를 내용으로 하는, 즉 국가가 개인의 생활영역에 개입하지 않도록, 또는 개입의 중지를 요구하는 방어권이다. 법의 형식으로 통치해야 하는 법치국가는 반드시 필요한 경우가 아니라면 국민의 자유에 대해서 간섭하지 않아야 하기 때문이다. 따라서 법치국가에서 국가는 국민의 자유로운 생활영역에 원칙적으로 개입하지 않아야 하고, 국가공동체에서 필수적으로 요구되는 공동의 이익을 보호하기 위하여 또는 공동체구성원의 이익이 서로 충돌하는 경우에 이를 조정하기 위하여 필요한 경우에만 법률의 형식으로 개입할 수 있다.

(2) 민주주의와 능동적 지위로서의 기본권

국가의사를 결정하는 과정에 국민의 참여를 요구하는 민주주의에 따르면 국민에게는 무엇보다도 능동적(active) 지위로서 정치적 참여권이 보장되어야 한다. 정치적 표현의 자유(제21조), 특히 정당설립이나 정당가입의 자유(제8조 제1항), 선거권(제24조)과 피선거권(제25조), 국민투표권, 청원권(제26조)이 그러한 정치적 참여권에 포함될 수 있다. 이러한 정치적 참여권을 통해 국민은 법치주의를 통해 보장되고 있는 자유의 영역을 확대할 수 있다. 개인이 향유하는 자유의 영역은 자신이 소속된 공동체에 의해서 결정되기 때문이다. 따라서 민주주의는 공동체의 의사를 결정하는 과정에 그 구성원을 참여시킴으로써 궁극적으로 구성원의 자유영역을 확대하는 데 기여한다.

(3) 사회복지주의와 적극적 지위로서의 기본권

국민의 사실적 자유를 보장하도록 요청하는 사회복지주의에서 국민에게는 사회적 기본권이 보장되어야 한다. 사실적 자유는 법치주의가 보장하는 자유의 영역뿐만 아니라 민주주의가 보장하는 자유의 영역도 포함한다. 사적인(private) 생활영역과 함께 공적인(public) 생활영역에서 요구되는 자유도 실현되기 위해서는 물적 토대가 필요하기 때문이다. 따라서 사실적 자유를 실현해야 하는 사회복지국가는 법치주의에 요구되는 사적 자유(인신 및 정신의 자유)뿐만 아니라 민주주의에서 요구되는 공적 자유(정치적 참여의 자유)를 실현하기 위한 물적 토대를 제공해야 하는 과제를 부담한다. 이것은 사회적 기본권의 대상이 단지 생존을 위한 최소한의 물질적인 것에 국한되지 않고, 인간의 사적 생활과 공적 생활의 모든 영역에서 요구되는 물적 토대에 확대될 수 있음을 의미한다.

2. 국가의 사회복지주의적 과제와 사회적 기본권

(1) 사실적 자유로서 사회적 기본권의 보장에 관한 국가과제

법적 측면에서뿐만 아니라 사실적 측면에서도 실현되어야 하는 자유는 사

적인 생활영역과 공적인 생활영역에서 모두 요구되므로 사실적 자유를 내용으로 하는 사회적 기본권은 사적인 생활영역과 공적인 생활영역에서 공통적으로 보장되어야 한다. 따라서 단순히 생명을 유지하기 위한 음식이나 의류 또는 주거를 넘어 정신적·문화적 생활을 향유하기 위한 물적 토대 및 공적 의사결정에 참여하기 위해 필요한 물적 토대의 보장도 사회적 기본권에 근거하여 주장할 수 있다. 이로써 사회복지국가는 국민의 자유를 실현하기 위한 모든 물적 토대의 구축에 관한 과제를 부담하게 된다. 물론 구체적으로 구축되는 물적 토대의 수준은 각각의 국가가 처한 현실적 경제수준과 재정규모에 따라 달라질 수는 있지만 모든 국가는 국민의 자유를 실현하기 위한 물적 토대의 구축에 관한 과제를 완전히 면제받지는 못한다.

(2) 사실적 자유의 실현을 위한 물적 토대의 유형

국민의 자유를 실현하기 위한 물적 토대의 구축에 관한 과제를 수행해야 하는 사회복지국가는 자신의 과제를 관련된 사회적 기본권의 내용에 따라 여러 가지 형태로 수행한다. 생존을 위해 필수적인 음식이나 의류 또는 주거의 경우에는 현금이나 현물을 지급함으로써, 질병이나 실업 또는 산업재해의 경우에는 보험제도를 법률상 강제함으로써, 사회적 약자에게 필요한 복지서비스의 경우에는 해당 서비스를 제공함으로써 국가는 사회복지적 과제를 수행할 수 있다.

3. 국가의 사회복지과제와 입법적 구체화

헌법이 요구하는 사회복지적 과제는 입법부(의회)의 법률을 통해 구체화된다. 이 과정에서 입법자는 해당 국가의 경제수준과 재정규모를 고려할 수밖에 없다. 따라서 미리 헌법 수준에서부터 국가가 수행해야 하는 수준을 현실적으로 가능한 수준으로 제한할 필요는 없다. 어떤 의미에서 헌법은 국가가 수행해야 하는 최대한의 수준을 상정하고 있다. 이러한 최대한의 수준이 반드시 이상적인 수준일 필요는 없지만 헌법이 요구하는 수준은 입법자가 법률로써 실현하는 수준을 판단하는 기준이 된다. 물론 헌법이 요구하는 수준과 입법자가 실현하는 수준 사이에는 차이가 존재할 수 있다. 그러나 헌법이 허용하는 한도를 넘는 정도의 차이가 존재한다면 그러한 법률은 헌법에 위반된다.

제3절 과소금지원칙

I. 기본권제한입법에 관한 헌법적 원칙으로서 비례성원칙

헌법상 보장된 기본권에 대한 제한은 '형식적인' 측면과 '실질적인' 측면에서 정당화가 필요하다. 우선 기본권제한에 대한 형식적 측면의 정당화는 '법률'이라는 기본권제한의 형식에 초점이 맞춰진다. 기본권에 대한 제한은 '법률로써' 가능하다는 헌법규정이 그러한 형식적 정당화의 요청에 대한 분명한 선언이다(헌법 제37조 제2항). '법률유보원칙'으로 정리할 수 있는 이러한 요청은 법률에 의하지 않는 기본권제한이 위헌임을 확인하고 있다. 다음으로 기본권제한에 대한 실질적 측면의 정당화는 기본권제한의 내용과 관련된다. 기본권을 제한하는 입법을 실질적으로 정당화하기 위한 헌법적 원칙으로서 비례성원칙과 본질내용침해금지원칙이 요구된다(헌법 제37조 제2항).[1] 논란이 없는 것은 아니지만 기본권제한에 관한 실질적 정당화에서 핵심적인 원칙은 비례성원칙이다.

1. 비례성원칙의 부분원칙

비례성원칙(principle of proportionality)은 세 가지 부분원칙으로 구성된다.[2] 첫째, 기본권을 제한하는 목적(공익)을 실현하기 위하여 투입되는 수단은 그 목적에 적합해야 한다(적합성원칙). 둘째, 기본권제한을 위한 목적의 실현으로 인해 제한되는 기본권에 대한 피해를 최소화해야 한다(필요성원칙). 셋째, 기본권제한

1) 기본권을 제한하는 입법의 실질적 정당화에 대해서는 이준일, 「헌법학강의」(2008), 414면 이하 참조.

2) 비례성원칙의 내용에 대해서는 이준일, "헌법상 비례성원칙," 「공법연구」(한국공법학회) 제37집 제4호, 26면 이하 참조.

의 목적과 제한되는 기본권은 서로 균형적으로 실현되어야 한다(좁은 의미의 비례성원칙). 이러한 세 가지 부분원칙 가운데 가장 본질적인 것은 세 번째 원칙이다. 비례성원칙에 의해 추구되는 목적은 궁극적으로 서로 충돌하는 법익(기본권과 공익)의 균형(balance)이기 때문이다.

2. 기본권의 기능과 비례성원칙

기본권의 기능에 따라 비례성원칙은 서로 다른 형태로 구체화된다.[3] 첫째, 국가의 소극적 행위(부작위)를 요구하는 방어권(Abwehrrecht)을 제한하는 경우에 비례성원칙은 **과잉금지원칙**(Übermaßverbot)으로 구체화된다. 과잉금지원칙은 기본권에 대한 제한이 과도하게 많아지는 것을 금지하는 원칙이다. 기본권제한의 목적인 공익의 중요성을 고려한다고 해도 제한되는 기본권(방어권)의 중대성과 비교했을 때 기본권에 대한 제한(국가의 개입)이 과도할 정도로 공익의 중요성이 평가된다면 헌법에 위반된다는 취지다. 둘째, 국가의 적극적 행위(작위 또는 급부)를 요구하는 급부권(Leistungsrecht)을 제한하는 경우에 비례성원칙은 **과소금지원칙**(Untermaßverbot)으로 구체화된다. 과소금지원칙은 기본권에 대한 보호가 과도하게 적어지는 것을 금지하는 원칙이다.[4] 기본권제한의 목적인 공익의 중요성을 고려해야 하지만 제한되는 기본권(급부권)의 중대성과 비교하여 기본권에 대한 제한(국가의 방관)이 과도하여 기본권에 대한 보호가 과도하게 축소되면 헌법에 위반된다는 취지다.

과잉금지원칙이든 과소금지원칙이든 기본권제한의 목적인 공익과 제한되는 기본권의 균형적 실현을 추구한다는 점에서 동일하다. 하지만 과잉금지원칙은 기본권에 대한 '제한'을 중심으로 이해되는 개념인 반면에 과소금지원칙은 제한되는 기본권의 '보호법익'을 중심으로 이해되는 개념이라는 점에서 차이가 있다. 부작위는 작위를 매개로 해서만 포착될 수 있는 개념('하지 않음'은 '함'의 부정으로만 정의될 수 있는 개념)이므로 과잉금지원칙의 경우에는 부작위를 내용으로 하는 방어권의 보호법익이 아니라 작위를 내용으로 하는 그에 대한 제한이 개

3) 기본권의 기능에 따른 비례성원칙의 구체화에 대해서는 이준일, "기본권의 기능과 제한 및 정당화의 세 가지 유형," 「공법연구」(한국공법학회) 제29집 제1호(2000), 111면 이하 참조.

4) 과소금지원칙의 내용에 대한 자세한 분석으로 이부하, "비례성원칙과 과소보호금지원칙," 「헌법학연구」(한국헌법학회) 제13권 제2호(2007), 287면 이하; 장영철, "과소금지원칙에 관한 연구," 「헌법학연구」(한국헌법학회) 제14권 제1호(2008), 118면 이하 참조. 그 밖에 제한적인 설명이기는 하지만 표명환, "입법자의 기본권보호의무와 헌법적 통제," 「헌법학연구」(한국헌법학회) 제11권 제2호(2005), 233면 이하도 참조.

념적으로 포착될 수 있는 반면에 과소금지원칙의 경우에는 부작위를 내용으로 하는 기본권제한이 아니라 작위를 내용으로 하는 급부권의 보호법익이 개념적으로 포착될 수 있기 때문이다.

II. 사회적 기본권 제한의 합헌성판단기준으로서 과소금지원칙

1. 급부권으로서 사회적 기본권

사회적 기본권은 국가를 상대로 적극적 행위를 요구하는 급부권으로 이해된다. 이러한 급부권에는 규범적 급부(입법)를 요구하는 보호권(기본권에 대한 제3자의 침해로부터 보호하는 법률의 제정을 국가에 대해서 요구하는 권리)과 절차권(기본권을 보장하는 절차에 관한 법률의 제정을 국가에 대해서 요구하는 권리)이 있고, 사실적 급부(현실적 급부 = 현물 또는 금전)를 요구하는 사회적 기본권이 있다. 사실적 급부를 요구하는 사회적 기본권의 경우에도 입법(사회복지법제)이 필요하지만 이러한 입법은 사실적 급부에 관한 단순한 형식에 지나지 않는다는 점에서 규범적 급부권과 구분된다.

2. 사회적 기본권의 제한가능성과 과소금지원칙

급부권에 속하는 사회적 기본권도 제한될 수 있다. 작위에 속하는 '급부의 제공'을 보호법익으로 하는 사회적 기본권의 경우에는 이에 대한 제한은 부작위(급부제공의 불이행)의 형태로 이루어진다.[5] 급부가 제공되어야 하는 대상(사회적 기본권의 주체)을 축소한다든지, 제공되는 급부의 범위와 수준(사회적 기본권의 대상과 보호정도)을 감축하는 행위가 그러한 부작위형태의 제한에 해당한다. 따라서 사회적 기본권에 대한 제한의 실질적 정당화를 위하여 과소금지원칙의 형태로 비례성원칙이 적용된다. 판례[6]는 사회적 기본권과 관련하여 명시적으로 과소금

---

5) 급부권의 보호법익과 제한에 대해서는 김해원, "기본권의 잠정적 보호영역에 관한 연구," 「헌법학연구」(한국헌법학회) 제15권 제3호(2009), 305면 이하 참조.

6) 예를 들어 헌재결 1999. 4. 29. 97헌마333 및 2001. 9. 27. 2000헌마342: 사회보장수급권과 같

지원칙이라는 용어를 사용하고 있지는 않지만 실질적인 내용에 있어서는 과소금지원칙과 같은 원칙을 적용하고 있다. 아무튼 사회적 기본권에 대한 제한을 정당화하기 위해서는 헌법상 원칙인 과소금지원칙을 충족해야 한다. 따라서 사회적 기본권에 대한 법률적 보호(급부)가 지나치게 적다고 확인되면 해당 법률은 위헌이 된다.

3. 사회복지에 관한 국가의무와 과소금지원칙

헌법상 국가에 부과되는 사회복지에 관한 의무는 입법자가 이에 관한 법률을 제정함으로써 구체적으로 형성된다. 여기서 입법자는 헌법이 요구하는 기준을 넘어 지나치게 적게 자신의 과제를 실현하는 것이 금지된다. 입법자가 헌법의 요구를 충족했는지 여부는 절대적 기준에 따라 판단될 수 없다. 입법자의 의무이행 여부를 판단하는 헌법상 기준인 과소금지원칙에 따르면 입법자의 의무이행 여부는 '사회적 기본권과 충돌하는 공익의 중요성'에 따라 달리 결정되기 때문이다. 아무튼 입법자는 문제가 되는 사회적 기본권의 중대성과 그와 충돌하는 공익의 중대성을 고려했을 때 입법자에 대해서 확정적으로 요구되는 정도의 의무를 이행해야 할 헌법적 의무를 부담하게 된다. 입법자에게 확정적으로 요구되는 헌법적 의무의 정도는 헌법상 보장된 사회적 기본권에 의해 주장될 수 있는 헌법적 의무의 정도와 일정한 차이가 존재할 수 있다. 헌법상 보장된 사회적 기본권에 의해 주장될 수 있는 헌법적 의무의 정도는 사회적 기본권과 충돌하는 공익을 고려하지 않은 채 오로지 그 자체만 가능한 한 최대한 실현되도록 요구되기 때문이다. 따라서 사회적 기본권에 의해 주장될 수 있는 헌법적 의무의 정도는 잠정적(prima-facie)일 수밖에 없고, 사회적 기본권과 충돌하는 공익의 중대성과 함께 고려했을 때 비로소 입법자에게 확정적(definitive)으로 요구되는 의무의 정도가 확인될 수 있다.

이것은 마치 사회적 기본권에 의해 주장될 수 있는 헌법적 의무가 '팽창하는 공'(expanding ball)과 같다는 의미다. 외부적 압력이 가해지지 않으면 팽창하는

은 사회적 기본권을 법률로 형성함에 있어 입법자는 광범위한 형성의 자유를 누린다. 국가의 재정능력, 국민 전체의 소득 및 생활수준, 기타 여러 가지 사회적·경제적 여건 등을 종합하여 합리적인 수준에서 결정할 수 있고, 그 결정이 현저히 자의적이거나, 사회적 기본권의 최소한도의 내용마저 보장하지 않은 경우에 한하여 헌법에 위반된다고 할 것이다.

공(아래 [그림 1]의 Ball 1)의 부피($^4/_3\pi r^3$)는 계속적으로 팽창하여 어느 정도까지 팽창할 수 있을지 확정할 수 없다. 팽창하는 공의 중심을 지나는 단면의 넓이($2\pi r^2$)는 사회적 기본권의 대상과 주체가 확대되는 것처럼 확대되고, 팽창하는 공의 높이(2r)는 사회적 기본권의 보호정도가 증가하는 것처럼 증가한다. 이때 공의 팽창을 억제하는 외부적 압력처럼 사회적 기본권과 충돌하는 공익은 사회적 기본권의 대상과 주체 및 보호정도를 축소하도록 요구하게 된다. 그리고 팽창하는 공의 압력과 공을 수축시키는 외부의 압력이 균형을 이룰 때 현실적으로 가능한 공(아래 [그림 1]의 Ball 2)의 크기가 결정되는 것처럼 사회적 기본권과 그와 충돌하는 공익이 서로 균형을 유지할 수 있도록 사회적 기본권의 대상과 주체 및 보호정도가 확정된다. 이러한 확정된 보호영역이 사회적 기본권에 근거하여 입법자에게 확정적으로 요구할 수 있는 헌법적 의무의 정도가 된다.

[그림 1] 팽창하는 공으로서 사회적 기본권

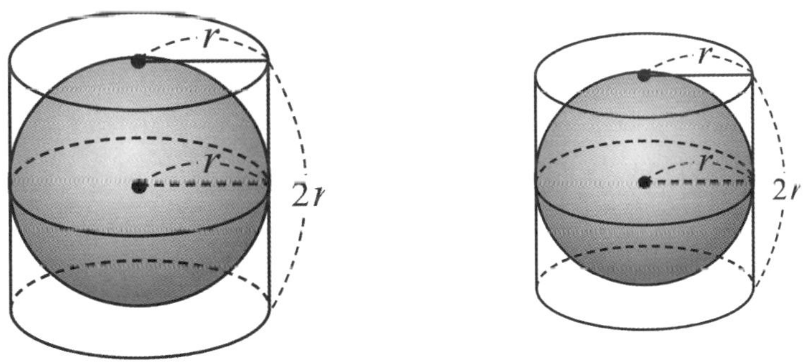

Ball 1

팽창하는 공

Ball 2

팽창이 억제된 공 = 현실적으로 가능한 공

III. 사회적 기본권에 대한 제한에서 과소금지원칙의 내용

1. 사회적 기본권의 보호법익으로서 급부

사회적 기본권에 의해 보호되는 법익의 본질은 형식적 자유의 실현을 위한 '물적 토대'다. 사회적 기본권은 이러한 물적 토대의 제공을 국가에 대해서 적극적으로 요구하는 급부권이다. 따라서 사회적 기본권은 '모든' 형식적 자유와 관련될 수 있다. 일정한 형식적 자유의 실현을 위해 물적 토대가 필요하다면 그러한 자유를 실질적으로 보강하기 위해서는 그에 상응하는 사회적 기본권이 요구된다. 심지어 정신적 자유권조차 그 실현을 위해 물적 토대가 필요하다면 사회적 기본권과 결합되어야 한다. 예를 들어 학문이나 예술과 같은 정신적 영역에서도 물적 토대(예: 연구비/연구시설, 창작비/창작시설)가 필요하다는 점은 주지의 사실이므로 학문의 자유나 예술의 자유도 사회적 기본권에 의해 보강되어야 한다. 이처럼 모든 형식적 자유와 결합될 수 있는 사회적 기본권은 그와 결합되는 각각의 형식적 자유의 내용에 따라 급부의 '내용'이 달라질 수 있고, 급부를 요구하는 '주체'도 달라진다.

하지만 이러한 급부에 공통적으로 포함되는 내용은 물적 토대이다. 구체적으로 말하면 문제가 된 형식적 자유를 실현하는 데 필요한 '재정'이나 '시설'이다. 따라서 물적 토대에 관한 급부를 요구하는 주체는 일반적으로 그러한 재정이나 시설을 긴급하게 필요로 하는 가난한 자이지만 반드시 가난한 자만이 물적 토대에 관한 급부를 요구하는 주체가 될 수 있는 것은 아니다. 제공되어야 하는 급부와 관련되는 형식적 자유에 따라 가난한 자가 아니어도 물적 토대에 관한 급부를 요구하는 주체가 될 수 있다. 생계나 주거 또는 의료와 같이 시급하게 충족되어야 하는 대상과 관련된 형식적 자유를 실현하기 위한 재정이나 시설은 가난한 자가 요구할 수 있는 급부에 해당하지만 문화나 정치참여 또는 사법서비스처럼 우선적으로 충족되지 않아도 되는 대상과 관련된 형식적 자유를 실현하기 위한 재정이나 시설은 가난하지 않은 자도 요구할 수 있는 급부에 해당한다. 시장의 법칙이 지배하는 현대 자본주의사회에서 물적 토대가 요구되는 대상이 확대됨에 따라 자유실현을 위한 물적 토대의 제공을 내용으로 하는 사회적 기본권의 주체는 '팽창하는 공'의 중심을 지나는 단면의 면적처럼 확대되고 있다. 그렇지만 여전히 가난한 자가 급부를 요구하는 우선적 주체가 되어야 하는 점은 부인할 수 없다. 중요한 것은 사회적 기본권에 근거하여 요구되는 급부(재정/시설의 제공)는 '팽창하는 공'의 높이처럼 가능하면 '최대한의'(maximal) 정도가 되어야 한다는 점이다. 하지만 그만큼 사회적 기본권에 의해 요구되는 급부의 내용은 '이상적'(ideal)이고, '잠정적'(prima-facie)이다.

2. 사회적 기본권에 대한 제약으로서 급부제공불이행

형식적 자유의 실현을 위한 물적 토대의 제공을 내용으로 하는 사회적 기본권에 대한 제약은 그러한 물적 토대의 제공을 이행하지 않는 것(부작위)이다. 사회적 기본권에 대한 제약으로서 물적 토대의 미(未)제공은 두 가지 의미를 가진다. 첫째는 제공되어야 할 물적 토대를 전혀 제공하지 않는 것이고, 둘째는 제공되어야 할 물적 토대가 제공되기는 하지만 양적으로(quantitatively) 불완전하게 또는 질적으로(qualitatively) 불충분하게 제공되는 것이다. 제공되어야 할 물적 토대가 제로(0) 수준에 머무는 경우에 문제는 간단하다. 그것은 명백한 사회적 기본권에 대한 침해로 위헌이다. 하지만 제공되어야 할 물적 토대가 불완전 또는 불충분하게 제공된 경우에 문제는 복잡해진다. 사회적 기본권에 의해 요구되는 '완전한 수준' 또는 '충분한 수준'을 확정하는 것이 쉽지 않기 때문이다. 물론 이러한 완전한 또는 충분한 수준은 '이상적(ideal) 수준'인 '최대상태'(maximum)와 구분될 필요가 있다. 완전한 또는 충분한 수준은 '현실적(real) 수준', 즉 '최적상태'(optimum)를 의미하므로 이상적으로 가능한 최대한이 아니라 현실적으로 가능한 조건 속에서 결정되기 때문이다. 물론 사회적 기본권에 근거해 주장될 수 있는 물적 토대의 정도는 잠정적으로 최대한까지 가능하므로 이상적 수준이지만 확정적으로 제공될 수 있는 물적 토대의 정도는 현실적으로 가능한 최적의 수준에서 결정될 수밖에 없다. 바로 이러한 최적의 수준이 사회적 기본권에 대한 제한의 정당성을 판단하는 완전한 또는 충분한 수준이 된다. 사회적 기본권에 따라 제공되는 물적 토대는 팽창하는 공처럼 최대한 큰 공(아래 [그림 2]에서 Ball 1)이면 이상적이겠지만 외부적 압력으로 팽창이 억제될 수밖에 없는 공(아래 [그림 2]에서 Ball 2)이 현실적으로 최적의 크기를 갖는 것처럼 현실적으로 가능한 크기를 가질 수밖에 없고, 이러한 크기가 실제로 내가 가지고 있는 공(아래 [그림 2]에서 Ball 3)과 같이 실제로 제공되는 물적 토대의 완전성이나 충분

[그림 2] 사회적 기본권의 보호영역

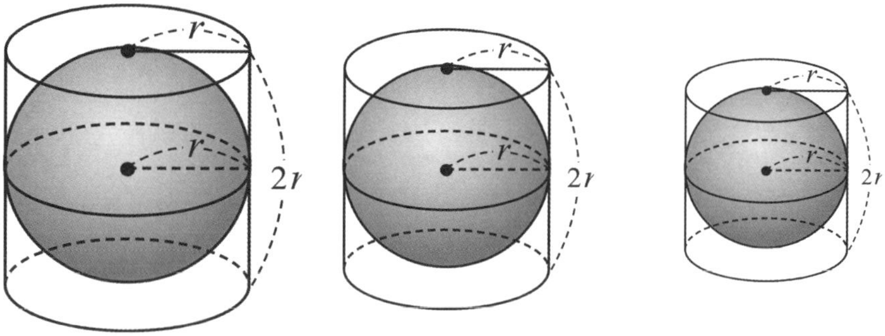

성을 판단하는 기준이 된다.

3. 사회적 기본권과 공익의 형량

(1) 사회적 기본권과 충돌하는 공익으로서 경제적 여건

사회적 기본권에 의해 요구되는 물적 토대의 최적 수준, 즉 현실적으로 실현가능한 수준은 문제가 된 사회적 기본권과 충돌하는 공익에 따라 상대적으로 달리 확정된다. 그런데 사회적 기본권의 본질은 물적 토대(재정/시설)이고, 이러한 물적 토대의 제공은 '경제적 여건'을 필요로 하기 때문에 사회적 기본권과 충돌하는 공익은 해당 국가의 '경제수준과 재정규모'일 수밖에 없다. 팽창하는 공과 같이 최대한 보장을 요구하는 사회적 기본권은 공의 팽창을 억제하는 외부적 압력과 같은 경제수준이나 재정규모에 따라 최적의 수준으로 수축될 수밖에 없다. 따라서 입법자는 사회적 기본권의 구체적 내용을 결정하면서 사회적 기본권을 고려함과 동시에 국가 전체의 경제수준과 재정규모와 같은 경제적 여건을 고려하게 된다. 중요한 것은 사회적 기본권과 경제적 여건이 모두 충분히 고려되어야 한다는 점이다. 이처럼 충돌하는 법익을 모두 충분히 고려하는 것을 '형량'(balancing)이라고 부를 수 있으므로 사회적 기본권의 구체적 내용을 확정함에 있어서는 사회적 기본권과 경제적 여건의 형량이 중요하다.

(2) 사회적 기본권의 형량에서 입법자의 광범한 재량

그렇지만 자유권적 기본권의 구체적 내용을 확정할 때 사용되는 형량에서 고려되어야 하는 공익과는 달리 사회적 기본권의 구체적 내용을 확정할 때 사용되는 형량에서 고려되어야 하는 공익은 경제적 여건을 본질로 하고 있다는 점에서 '미래에 대한 예측'과 '정책결정'의 측면이 강하다. 자유권적 기본권의 경우에도 팽창하는 공과 같이 최대한 보장되도록 요구하는 보호영역이 현실적으로 가능한 최적의 크기는 외부적인 압력인 공익에 대한 평가에 따라 결정되지만 사회적 기본권의 경우처럼 외부적인 압력에 대한 평가에서 고도의 경제정책적 판단이 요구되지는 않는다. 사회적 기본권의 경우에는 마치 외부적인 압력에 대한 평가가 잘못되기라도 하면 과도하게 팽창한 공이 터져버릴 수 있는 것처럼 사회적 기본권의 보장을 위한 경제적 여건에 대한 정확하지 못한 측정과 예측은 국가의 경제적 기반을 흔들어놓을 수 있을 만큼 과도하게 사회적 기본권을 보장할 수도 있기 때문이다. 따라서 1차적으로 사회적 기본권의 구체적 내용을 결정하기 위해 공익과 형량할 수 있는 권한을 가진 입법자는 자유권적 기본권의 구체적 내용을 결정하기 위해 공익과 형량할 때보다 훨씬 더 폭넓은 재량의 영역을 확보하게 된다. 그만큼 사회적 기본권의 구체적 형성에서 정책(정책결정)적 측면은 강하게, 사법(정책논증)적 측면은 약하게 나타난다는 뜻이다. 이것은 사회적 기본권의 구체적 형성에서 입법자의 권한이 헌법재판소의 권한보다 훨씬 더 강하게 부각된다는 의미다. 예를 들어 2009년의 경우에 중앙정부의 통합재정(예산+기금)규모는 대략 258조원인데 이 가운데 사회복지에 관한 재정규모는 29퍼센트 정도인 75조원이고(아래 [표 1.3.3.1] 참조), 중앙정부의 재정지출(순융자 포함)규모는 대략 269조원인데 이 가운데 사회복지에 관한 지출규모는 20퍼센트 정도인 54조원이다(아래 [표 1.3.3.2] 참조). 이러한 재정편성에 대해서는 원칙적으로 입법자의 판단이 존중되어야 하므로 헌법재판소 스스로 정한 사회복지 재정규모를 기준으로 입법자의 판단을 평가하는 것은 자제되어야 한다. 사실 전문적이고 복잡한 경제정책에 대하여 충분한 지식이나 정보를 갖지 못한 헌법재판소는 재정에 관한 결정을 내릴 수 있는 능력도 없다.

[표 1.3.3.1] 사회복지 재정규모 현황

(단위: 조 원)

	2000	2001	2002	2003	2004	2005	2006	2007	2008	2009
중앙정부 통합재정	129	137	136	164	174	188	206	210	236	258
사회복지 재정규모	35	37	38	42	44	50	56	61	68	75
예 산	9	12	12	14	15	16	17	17	20	23
기 금	27	26	26	28	29	34	39	45	48	51
통합재정대비(%)	27.3	27.2	27.9	25.4	25.5	25.6	27.7	28.9	29.1	29.1

* 자료: 통계청 웹사이트(www.kostat.go.kr).

[표 1.3.3.2] 정부지출 및 순융자 현황

(단위: 조 원)

	2001	2002	2003	2004	2005	2006	2007	2008	2009
일반공공행정	22.1	8.2	10.5	21.3	8.4	9.3	11.5	11.6	15.4
국방	15.7	15.3	17.8	19.2	20.2	21.4	22.4	25.2	27.7
공공질서/안전	6.3	7.1	8.3	7.8	9.2	10.6	10.8	10.8	12.0
교육	22.9	21.6	23.6	23.2	27.5	28.6	30.4	35.8	38.9
보건	0.8	0.5	0.7	0.8	2.1	2.2	2.0	2.2	2.8
사회보장/복지	18.4	21.2	21.2	31.2	33.0	37.0	41.7	47.6	54.0
주택건설/지역사회 개발	12.2	2.5	7.9	7.6	13.7	14.6	14.3	14.1	17.0
오락/문화/종교	1.3	1.9	1.9	1.8	2.2	2.4	1.9	2.2	2.5
연료/에너지	2.4	2.0	2.8	1.7	2.7	3.3	2.8	5.6	3.8
농림/수산/수렵	9.3	7.1	10.4	9.4	8.6	10.7	10.1	11.4	11.9
광업/제조업/건설업	6.4	4.6	7.0	4.5	4.4	4.3	3.8	2.7	9.0
수송/통신	14.3	12.1	14.6	16.1	15.9	15.8	16.7	17.9	20.0
기타 경제사업	9.4	3.8	10.2	7.4	2.6	2.0	4.1	6.3	9.8
기타 지출	16.5	23.2	20.1	16.7	34.4	40.7	34.5	37.3	44.2
합계	158.1	131.1	157.0	168.7	185.0	202.9	207.1	230.7	268.9

* 2001년은 지출과 융자지출.

** 자료: 기획재정부 디지털예산회계시스템(www.digitalbrain.go.kr).

(3) 사회적 기본권을 고려해야 하는 근거

하지만 그렇다고 해서 사회적 기본권의 구체적 형성과 관련하여 사후적 통제에 관한 사법부(헌법재판소)의 권한을 사실상 형해화시키는 정도로 입법자의 권한을 확대할 수는 없다. 미래예측과 정책결정의 성격이 강하게 나타나는 사회적 기본권의 구체적 형성에서 대체로 '정책형성'에 관한 입법자의 권한이 '정책논증'에 관한 헌법재판소의 권한보다 상대적으로 중요한 비중을 갖는다고 해도 후자의 비중을 제로(0)로 만들 수는 없다. 사회적 기본권의 구체적 형성에서 정책논증에 관한 사법부의 권한을 제로로 만드는 것은 헌법상 보장된 사회적 기본권을 법률적 권리로 격하시킴으로써 사실상 헌법상 존재하지 않는 권리로 형해화시키는 것을 의미하기 때문이다. 그리고 이것은 충돌하는 법익의 균형을 추구하는 과소금지원칙의 목적에도 근본적으로 반한다. 오로지 공익(경제수준/재정규모)의 중요성만을 고려해서 이와 충돌하는 사회적 기본권의 중대성은 전혀 고려하지 않는 결과를 초래하기 때문이다. 사회적 기본권을 구체적으로 형성하는 사회복지법제는 사회적 기본권을 충분히 고려했을 경우와 전혀 고려하지 않았을 경우에 완전히 다른 내용을 가질 수 있다는 점에서도 사회적 기본권과 공익의 형량을 입법자의 권한에 완전히 맡길 수는 없다.

사회적 기본권을 구체화하는 사회복지법제를 평가함에 있어서 사회적 기본권이 완전히 배제된다면 사회적 기본권에 대하여 최대한 큰 공(Ball 1)처럼 이상적 수준을 보장하기는커녕 실제로 주어진 공(Ball 3)처럼 기껏해야 입법자가 결정하는 만큼만 보장할 뿐만 아니라 이러한 실제적 보장정도가 최적의 크기를 가진 공(Ball 2)과 같은, 헌법적으로 요구되는 최적상태의 보장정도로 오인될 가능성이 높다. 하지만 실제로 주어진 공과 최적의 크기를 가진 공이 다를 수 있는 것처럼 사회복지법제에 의해 실제로 주어진 사회적 기본권의 내용은 헌법적으로 요구되는 사회적 기본권에 관한 최적상태의 내용과 반드시 일치하는 것은 아니다. 오히려 최적의 크기를 가진 공이 실제로 주어진 공을 평가하는 기준이 되어야 하는 것처럼 사회적 기본권에 대하여 헌법적으로 요구되는 최적상태의 내용은 사회복지법제에서 구체화된 사회적 기본권의 내용을 평가하는 기준이 되어야 한다. 더욱이 최적의 크기를 가진 공과 같이 헌법적으로 요구되는 사회적 기본권의 최적상태가 존재하기 때문에 실재로 주어진 공과 같은 현행 사회복지법제는 이러한 최적상태에 근접하기를 요구받는다. 이처럼 사회복지법제를 평가하는 기준 및 사회복지법제가 지향해야 하는 방향으로서 사회적 기본권의 최적상태가 존재한다. 중요한 것은 이러한 최적상태가 사회적 기본권을 보장하기 위해 필요한 경제적 여건 이외에 다름 아닌 사회적 기본권 자체를 고려하는 경우에만 도출될 수 있다는 사실이다.

2

합헌적 사회복지법체계의 구성을 위한 법체계적 기초

제1절 합헌적 법체계의 구성을 위한 기초로서 체계정합성

I. 체계정합성의 의의

법규범은 '하나의 잘 정돈된 체계'로 이해되어야 한다. 다양한 법규범들은 서로 관련 없이 존재하는 것이 아니라 밀접한 연관성을 갖는 '하나의 체계'로서 존재해야 하기 때문이다. 이러한 법규범에 대한 체계적 연관성의 요청을 '체계정합성'이라고 부른다.[1] 물론 현실적으로 존재하는 다양한 법규범들은 아무런 체계적 연관성 없이 생성되고 적용될 수도 있다. 하지만 서로 체계적 연관성을 갖추지 못한 법규범들이 현실에 적용되면 구성원들에게 상상할 수 없는 혼란과 무질서가 초래될 수 있다. 여기서 법규범의 체계적 연관성에 대한 요구는 단지 법규범을 위한 것이 아니라 그 적용을 받는 구성원들을 위한 것임을 확인할 수 있다. 그렇다면 다양한 법규범들은 어떻게 하나의 체계적 연관성을 형성해 나가는가?

1. 실정법질서와 법체계

무엇보다도 헌법을 최고법(최상위법)으로 하는 특정 국가의 실정법질서 안에서 헌법보다 하위의 법규범들은 헌법에 보장된 원칙(가치)과 권리를 구체적으로 형성해야 하므로 헌법을 정점으로 해당 국가의 모든 법규범은 하나의 잘 짜인 체계를 구성한다. 오로지 헌법적 원칙과 권리에 합치하는 법규범만이 헌법을 정점으로 한 체계적 실정법질서 안에서 살아남을 수 있고, 헌법에 반하는 법규범

1) 체계정합성에 대해서는 R. Alexy, "Juristische Begründung, System und Kohärenz," O. Behrends/M. Dießelhorst/R. Dreier(편), *Rechtsdogmatik und praktische Vernunft*, Symposion zum 80. Geburstag von Franz Wieacker, Göttingen 1990, 95면 이하 참조.

들은 이러한 체계 밖으로 밀려나가게 되기 때문이다. 이처럼 헌법을 최고법으로 하는 국가법질서는 스스로 정돈된 체계를 유지해간다. 특히 위헌법령심사제도를 핵심으로 하는 헌법재판제도는 실정법질서의 정돈된 체계성을 유지하고 관철하는 핵심적 제도로 작동한다. 헌법재판제도를 통해 헌법에 위반되는 법령, 헌법상 보장된 권리를 침해하는 법령은 헌법을 정점으로 하는 법체계로부터 강제로 제거되기 때문이다.

2. 법의 이념과 법체계

또한 법규범은 '동일한 법의 이념(목적)'을 지향함으로써 하나의 체계를 형성한다. 주지하다시피 법규범은 정의, 법적 안정성, 합목적성과 같은 궁극적 이념을 지향한다.[2] 물론 이러한 이념들은 헌법적 원칙이나 권리보다 훨씬 추상적이고 불명확하기 때문에 일정한 법규범이 이러한 이념들을 충족하는지 여부를 판단하기가 쉽지 않다. 특히 이러한 법이념은 특정한 국가가 처한 역사적 · 사회적 맥락에 따라 구체적인 내용이 달리 확정될 수도 있다. 그럼에도 불구하고 모든 법규범은 동일하게 이러한 보편적 법이념을 지향해야 하기 때문에 적어도 이러한 법이념을 지향하지 않는 법규범은 정돈된 보편적 법체계 밖으로 밀려나게 된다. 이와 같은 방식으로 법규범은 보편적 법이념을 지향하는 하나의 정돈된 체계를 형성할 수 있게 된다.

3. 법의 역사와 법체계

더 나아가 법규범은 '연속된 시간의 흐름' 속에서 하나의 체계를 형성한다. 법규범을 정립하는 입법의 단계에서부터 구법과 신법은 연속된 의미의 체계를 형성하고, 법규범을 적용하는 사법의 단계에서도 구판례와 신판례는 일관된 법해석의 체계를 형성한다. 물론 입법의 단계에서 다수와 소수의 구도가 변경된 경우에 구법의 내용과 전혀 다른 내용의 신법이 제정될 수 있고, 선례구속의 원칙이 적용되지 않는 사법체계를 갖는 경우에 선례와 배치되는 새로운 판례가 형성될 수도 있다. 하지만 구법과 정면으로 충돌하는 신법을 제정하는 의회 또

2) 법의 이념에 대해서는 이준일, 「법학입문」, 제7장 참조.

는 구판례를 완전히 뒤집는 신판례를 형성하는 법원은 막중한 논증부담을 질 수밖에 없다. 이러한 논증부담은 시간의 흐름에 따라 변경될 수도 있는 법규범의 내용이 일정한 체계를 형성하고 있다는 분명한 증거다.

4. 국제법질서와 법체계

세계 각국은 해당 국가의 역사와 현실에 맞는 법질서를 형성한다. 따라서 특정한 국가의 법질서는 다른 국가의 법질서와 배치되는 내용을 가질 수도 있다. 예를 들어 이슬람국가의 법질서에서 잘 나타나듯이 특정한 종교적 전통에 기반한 국가의 법질서는 그러한 종교를 유일한 종교로 인정하지 않는 국가의 법질서와 충돌할 수 있다. 그렇지만 인권(human rights)과 같이 모든 국가에 보편적으로 적용될 수 있는 법질서의 내용이 존재한다. 이러한 보편적 법규범을 핵심으로 전 세계의 법질서는 하나의 체계를 형성할 수 있다. 특정한 국가의 법규범을 개정하거나 그 의미내용이 불명확할 때 다른 국가의 입법례나 해석례를 논거로 인용하는 비교법적(comparative legal) 논증이 사용되는 까닭이 여기에 있다. 모든 법영역에서 보편적 법질서가 존재할 수는 없어도 적어도 특정한 법영역에서는 보편적 법질서가 존재할 수 있기 때문이다. 바로 이러한 보편적 법질서의 내용이 세계 각국의 법규범을 하나의 체계로 형성할 수 있는 기초가 된다.

II. 체계정합성의 내용

1. 무모순성

하나의 잘 정돈된 체계 안에서 서로 일정한 연관성을 갖고 존재하는 법규범들의 내용은 서로 논리적으로 모순되지 않아야 한다. 이러한 논리적 무모순성(Widerspruchslosigkeit) 또는 일관성(consistency)은 다양한 법규범들이 하나의 잘 정돈된 체계를 구성하기 위한 최소한의 필요조건이다.[3] 하지만 현실적으로는 일정

3) 논리적 무모순성 또는 일관성의 개념에 대해서는 R. Alexy, "Juristische Begründung, System und Kohärenz," O. Behrends/M. Dießelhorst/R. Dreier(편), *Rechtsdogmatik und praktische*

한 법체계 안에서 법규범 상호간에 논리적 모순이 존재할 수 있기 때문에 상위법우선의 원칙이나 신법우선의 원칙 또는 특별법우선의 원칙은 법규범 상호간의 논리적 모순을 제거하기 위해 고안된 규칙에 해당한다.

2. 상호논증가능성

하나의 잘 정돈된 법규범의 체계는 단지 그것을 구성하는 법규범들이 서로 모순되지 않는 데 그치지 않고, 각각의 법규범들이 다른 법규범들의 목적과 내용을 논증할 수 있어야 한다. 법규범 상호간의 논증관계는 몇 개의 특정한 법규범, 특히 특정한 법규범 상호간(예: 법규범 X는 법규범 Y를 논증하고, 법규범 Y는 법규범 X를 논증)에만 한정되지 않고, 가능한 많은 법규범들이 가능한 많은 다른 법규범을 논증할 수 있는 관계(예: 법규범 X는 법규범 Y와 법규범 Z 모두를, 법규범 Y는 법규범 X와 법규범 Z 모두를, 법규범 Z는 법규범 X와 법규범 Y 모두를 논증)로 확대될 수 있어야 한다.

III. 사회복지법체계에서 체계정합성의 적용

1. 사회복지법체계의 수직적 체계정합성: 사회복지법제의 헌법합치성

헌법을 최고법으로 하는 법체계 안에서 사회복지를 규율하는 법규범은 헌법에 위반되지 않아야 할 뿐만 아니라 헌법적 원칙과 권리를 구체적으로 형성해야 한다. 따라서 사회복지를 규율하는 법규범은 헌법상 보장된 사회적 기본권이나 사회복지국가원리를 침해하지 않아야 하고, 더 나아가 이것들을 구체적으로 형성하여 실현해야 한다.[4] 이로써 사회적 기본권이나 사회복지국가원리는 사회복지를 규율하는 법규범과 논리적으로 일관된 체계를 형성할 뿐만 아니라

Vernunft, Symposion zum 80. Geburstag von Franz Wieacker, Göttingen 1990, 96면 이하 참조.

4) 헌법상의 사회복지국가원리와 사회복지법제의 관계에 대해서는 전광석, "사회변화와 헌법과제로서의 복지국가의 실현," 「공법연구」(한국공법학회) 제31집 제1호(2002), 65면 이하 참조.

사회복지를 규율하는 법규범과 서로 논증하는 관계의 체계를 형성한다.

2. 사회복지법체계의 수평적 체계정합성: 사회복지법제 상호간의 정합성

사회복지에 관한 법규범은 헌법합치성을 충족하면서 '사회복지'라는 이념 또는 목적에 따라 하나의 부분체계(subsystem)를 형성한다. '사회복지법체계'라고 부를 수 있는 사회복지관련 법규범의 체계도 역시 체계적 정합성의 요청으로부터 자유로울 수 없다. 따라서 사회복지법체계를 구성하는 법규범들은 서로 모순되지 않을 뿐만 아니라 서로 논증할 수 있는 관계에 있어야 한다. 이러한 수평적 체계정합성의 요청을 충족하기 위하여 사회복지법체계를 아우르는 이념과 목적을 명시하는 '일반적 사회복지법'의 제정이 필요하다. 한편 사회복지를 규율하는 법규범은 과거의 법규범(구법)과 통시적(diachronic) 체계 안에서 정합성을 충족해야 하고, 이러한 법규범을 해석하는 법원의 판례도 과거의 판례(선례)와 통시적 체계 안에서 정합성을 충족해야 한다.

3. 사회복지법체계의 국제적 체계정합성: 사회복지법제와 국제적 기준과의 정합성

특정한 국가의 사회복지를 규율하는 법규범은 해당 국가의 헌법이 요청하는 내용을 완벽하게 충족할 수 있다. 하지만 특정 국가의 헌법 자체가 현실적으로 요구되는 모든 사회복지적 요청을 포괄하고 있지 않을 경우에는 단지 해당 국가의 헌법을 구체적으로 형성하는 데 지나지 않는 사회복지법체계는 사회복지에 관한 현실적 요청을 완벽하게 충족시킬 수 없다. 여기서 특정 국가의 사회복지법체계를 평가하기 위하여 다른 국가의 사회복지법체계 또는 사회복지법제에 관한 국제사회의 일반적 기준을 참조할 필요가 있다. 또한 비록 특정 국가의 헌법 자체는 현실적으로 요구되는 모든 사회복지적 요청을 포괄하고 있다고 하더라도 해당 국가의 헌법을 구체적으로 형성해야 하는 사회복지법체계가 어떠한 범위까지 구체적으로 형성해야 할 필요성이 있는지 불명확한 경우 또는 다른 국가의 사회복지법체계와 비교했을 때 불충분한 정도의 내용만을 포함한 경우에도 다른 국가의 사회복지법체계 또는 사회복지법제에 관한 국제사회의 일반적 기준에 대한 참조가 요구된다. 이처럼 특정 국가의 사회복지법체계는 다른 국가의 사회복지법체계 및 사회복지법제에 관한 국제사회의 일반적 기준과 공시적(synchronic) 체계 안에서 정합성을 충족해야 한다.

IV. 사회복지법체계의 체계정합성과 과소금지원칙

사회복지법제가 하나의 잘 정돈된 체계로 이해될 수 있다면 사회복지법제의 실질적 정당성에 관한 헌법적 요청인 과소금지원칙의 충족 여부는 단지 문제가 된 개별조항의 수준에서만이 아니라 관련된 사회복지법체계 전체의 수준에서 판단될 필요가 있다. 이것은 경우에 따라서 문제가 된 개별조항이 과소금지원칙을 위반하면 해당 조항뿐만 아니라 그 조항이 포함된 법률 전체 또는 관련된 사회복지법체계 전체가 위헌이 될 수 있음을 의미한다. 하지만 우선적으로 문제가 된 하나 또는 다수의 개별조항이 과소금지원칙에 위반되는지 여부가 판단되어야 하고, 이러한 개별조항이 해당 법률 전체 또는 관련된 사회복지법체계 전반의 효력에 영향을 미칠 수 있는 경우에만 법률이나 관련된 사회복지법체계 전체가 위헌으로 판단될 수 있다.

제2절 일반적 사회복지법제

I. 일반적 사회복지법제의 개념과 필요성

1. 일반적 사회복지법제의 개념

일반적 사회복지법은 사회복지와 관련된 전반적인 사안에 대해서 일반적으로 규율하는 법규범을 의미한다. 따라서 일반적 사회복지법은 사회복지와 관련된 사안들 전체를 관통하는 이념이나 원칙 및 사회복지와 관련된 모든 사안들에 적용될 수 있는 절차 및 제도를 규정하게 된다. 헌법을 구체화하는 사회복지법제 전체를 규율해야 한다는 점에서 법체계상 '법률'의 형식이 적절하다.

2. 일반적 사회복지법제의 필요성

일반적 사회복지법은 사회복지를 규율하는 법규범들이 '하나의 체계'를 형성하기 위해 필요하다. 따라서 일반적 사회복지법은 사회복지를 규율하는 개별적 법규범들의 전체를 관통하는 이념 · 원칙 · 절차 · 제도들을 포함해야 한다. 이로써 일반적 사회복지법은 개별적 사회복지법에서 규율하고 있는 사안에 적용되는 규정이 모호하거나 다의적인 경우나 사회복지와 관련된 개별적 사안에 적용될 수 있는 규정이 서로 충돌하는 경우 또는 문제가 된 사회복지 관련 사안에 적용할 수 있는 규정이 전혀 존재하지 않는 경우에 필요하게 된다. 따라서 이미 개별적 사회복지법에서 규율하고 있는 사안으로서 해석상의 모호성이나 다의성이 없고 충돌하는 규정도 없는 경우에는 우선적으로 개별적 사회복지법이 적용되어야 하므로 일반적 사회복지법은 '보충적으로만' 적용될 수 있다.

II. 일반적 사회복지법제의 구성

1. 사회복지법체계의 이념/목적/원칙

일반적 사회복지법은 사회복지를 규율하는 법규범 전체를 아우르는 이념이나 목적 또는 원칙을 포함해야 한다. 이러한 이념/목적/원칙은 궁극적으로 사회복지에 관한 헌법적 원칙인 사회적 기본권이나 사회복지국가원리와 결합될 수밖에 없다.[1] 본질적으로 형식적 의미를 가질 수밖에 없는 자유의 보장을 위한 물적 토대를 요구할 수 있는 권리로서 사회적 기본권 및 이러한 물적 토대의 핵심을 이루는 재정과 시설을 제공해야 하는 과제를 국가에 대해서 부과하는 사회복지국가원리는 일반적 사회복지법에 의해 좀더 구체화된다. 그리고 이러한 일반적 사회복지법의 이념/목적/원칙은 다시 개별적 영역과 대상에 따라 구체화를 필요로 하게 된다.

2. 사회복지법체계의 절차

일반적 사회복지법은 사회복지를 규율하는 법규범 전체에 공통적으로 적용될 수 있는 절차를 포함해야 한다. 이러한 공통의 절차에는 사회복지법제를 구체화하는 행정입법절차뿐만 아니라 사회복지법제를 집행하는 행정절차 및 사회복지법제에서 보장된 권리가 침해된 경우에 구제받을 수 있는 권리구제절차가 포함될 수 있다.

3. 사회복지법체계의 제도

일반적 사회복지법은 사회복지를 규율하는 법규범들의 체계 안에서 일반적으로 인정될 수 있는 제도를 포함해야 한다. 이러한 제도에는 사회복지에 관한 권리를 향유하는 주체, 사회복지에 필요한 재원의 조달이나 시설의 설치 및 사회복지의 운영에 관한 제도들이 포함될 수 있다.

---

1) 사회적 기본권과 사회복지국가에 대해서는 이 책 제1장 참조.

III. 일반적 사회복지법제와 개별적 사회복지법제의 관계

1. 근거와 구체화의 관계

헌법은 일반적 사회복지법의 근거가 되고 일반적 사회복지법은 헌법을 구체화하는 것처럼 일반적 사회복지법은 개별적 사회복지법의 근거가 되고 개별적 사회복지법은 일반적 사회복지법을 구체화한다. 이처럼 헌법, 일반적 사회복지법, 개별적 사회복지법은 순차적인 근거 또는 구체화의 단계를 밟아 '하나의 정돈된 법체계'를 형성하게 된다. 이에 따라 개별적 사회복지법을 집행하거나 적용하는 국가기관은 헌법과 일반적 사회복지법 및 개별적 사회복지법으로 구성된 하나의 통일적 체계를 전체적으로 고려하여 사회복지에 관한 개별법규를 집행하고 적용해야 한다. 이것은 사회복지에 관한 개별법규를 집행하거나 적용하는 국가기관이 사회복지에 관한 개별법규 상호간에 모순이 없도록 법규범을 집행 · 적용해야 함을 의미한다.

2. 보충성원칙

일반적 사회복지법은 헌법을 구체화하고, 개별적 사회복지법은 일반적 사회복지법을 구체화함으로써 사회복지와 관련된 사안에서 최우선적으로 적용되어야 하는 법규범은 개별적 사회복지법이 된다. 따라서 헌법이나 일반적 사회복지법은 개별적 사회복지법이 존재하지 않는 경우나 개별적 사회복지법의 규정이 모호하거나 다의적인 경우 또는 다수의 규정이 서로 충돌하는 경우에 단지 보충적으로만 적용될 수 있을 뿐이다. 한편 이것은 사회복지에 관한 개별법규를 집행하거나 적용하는 국가기관이 단지 개별사안에 해당하는 법규범이 존재하지 않거나 서로 충돌한다는 이유 또는 그 의미가 모호하거나 다의적이라는 이유만으로 법규범의 집행이나 적용을 거부할 수 없음을 의미한다. 헌법, 일반적 사회복지법, 개별적 사회복지법으로 구성된 통일적 체계를 고려하여 개별사안에 해당하는 법규범을 도출해서 집행하거나 적용해야 할 의무가 국가기관에 있기 때문이다.

제3절 개별적 사회복지법제

I. 개별적 사회복지법제의 개념

개별적 사회복지법은 사회복지와 관련된 개별적 영역을 규율하는 법규범을 의미한다. 사회복지와 관련된 개별적 영역은 국가에 의해 제공되는 사회복지적 급부의 '내용'에 따라 공공부조, 사회보험, 사회복지서비스, 사회보상 등으로 구분되거나 국가에 의해 제공되는 사회복지적 급부의 '대상'이 되는 그룹에 따라 장애인복지, 아동복지, 노인복지 등으로 구분될 수 있다. 또한 국가에 의해 제공되는 사회복지적 급부가 관련되는 '생활영역'에 따라 생계, 주거, 교육, 노동, 의료 등으로 구분될 수 있다.

II. 개별적 사회복지법제의 유형

1. 급부내용

개별적 사회복지법제는 규율되는 사회복지적 급부의 내용에 따라 ① 공공부조법, ② 사회보험법, ③ 사회복지서비스법, ④ 사회보상법 등으로 구분될 수 있다. 우선 공공부조법은 국가가 가난한 사람들에 대하여 제공하는 생활에 필수적인 금전이나 물품 또는 서비스의 제공에 관하여 규율하는 법규범을 의미한다. 다음으로 사회보험법은 공동체구성원들이 공통적으로 경험할 수 있는 사회적 위험의 대비에 관하여 규율하는 법규범을 의미한다. 그리고 사회복지서비스법은 국가에 의해 제공되는 사회복지적 서비스나 시설의 제공에 관하여 규율하는 법규범을 의미한다. 마지막으로 사회보상법은 범죄피해자나 국가유공자 등 사회적 보상이 필요한 대상에 대하여 제공되는 보상적 차원의 금전이나 서비스의 제공에 관하여 규율하는 법규범을 의미한다.

2. 규율대상

한편 개별적 사회복지법제는 규율되는 사회복지적 급부가 제공되는 대상그룹에 따라 유형화될 수 있다. 공공부조법의 경우에는 가난한 사람(빈자), 사회보험법의 경우에는 해당 법규범에 의해 규율되는 사회적 위험(질병/노령/사망/실업)에 노출된 집단이 대상그룹이 된다. 반면에 사회복지서비스법의 경우에는 장애인, 아동, 노인, 여성 등 사회적 약자가 대상그룹에 포함된다. 장애인의 경우에 지체장애인과 정신장애인으로 세분화하거나 아동복지법의 경우에 취학전 연령대의 영유아와 취학 연령대의 아동으로 세분화하여 규율하는 것처럼 대상그룹을 하부그룹으로 세분화하는 것도 가능하다. 현행 헌법상 특별한 보호를 받는 사회적 약자의 그룹에는 장애인(제34조 제5항), 아동과 동일한 의미의 청소년(동조 제4항), 노인(동조 제4항), 여성(동조 제3항), 빈자(동조 제5항)가 포함된다.

3. 생활영역

마지막으로 개별적 사회복지법제는 규율되는 생활영역에 따라 생계복지법, 주거복지법, 의료복지법, 교육복지법, 노동복지법 등으로 구분될 수 있다. 이것은 사회복지법제가 그 근거로서 헌법상 보장되는 최저생활권(제37조 제1항), 주거권(제35조 제3항), 의료권(제36조 제3항), 교육권(제31조 제1항), 근로권(제32조 제1항)에 따라 구분될 수 있음을 의미한다.

III. 개별적 사회복지법제 상호간의 관계

1. 개별적 사회복지법제의 체계정합성

체계적 정합성의 요청에 따라 개별적 사회복지법제는 서로 논리적으로 모순되지 않을 뿐만 아니라 상호간에 논증하는 관계를 형성해야 한다. 따라서 각각의 개별적 사회복지법제는 급부내용, 규율대상, 생활영역에 따라 유형화된다고 하더라도 전체 사회복지법제체계 안에서 하나의 하위체계로서 다른 하위체계와 충돌하지 않으면서 하나의 잘 정돈된 사회복지법체계를 형성할 수 있도록 구성될 필요가 있다. 이를 위하여 개별적 사회복지법제로 구성되는 체계가 이상적이거나 완벽한 체계는 아니더라도 가능하면 급부내용, 규율대상, 생활영역에 따라 배제되거나 불충분한 항목이나 그룹이 없는 체계로 구성되는 것이 바람직하다. 오히려 각각의 사회복지법제에 규율되는 내용이 불필요한 중복이나 중첩으로 보이는 경우조차 체계정합성의 요청을 충족하기 위하여 불가피한 현상으로 이해될 필요가 있다.

2. 개별적 사회복지법제와 과소금지원칙

각각의 개별적 사회복지법제의 경우에 우선적으로 문제가 된 개별조항이 과소금지원칙에 따라 헌법적 정당성을 갖는지가 판단되어야 하고, 해당 조항의 위헌성으로 인해 그 조항이 속한 법률 전반의 위헌성에 영향을 주는지에 따라 법률 전체의 위헌성이 판단된다. 그렇지만 각각의 개별적 사회복지법제는 급부내용, 규율대상, 생활영역에 따라 유형화되어 하나의 체계를 형성하므로 개별조항의 위헌성은 그러한 체계 전반에 대한 위헌성으로 확장될 가능성도 있다. 특히 사회복지법제는 사회적 기본권을 구체적으로 형성한다는 점에서 문제가 된 사회적 기본권의 주체가 처한 물적 토대의 결핍을 체계적으로 이해할 필요성도 있다. 따라서 일정한 생활영역과 관련된 물적 토대의 결핍을 특정한 급부내용으로 해결한다고 해도 사회적 기본권 주체가 경험하는 물적 토대의 결핍은 여전히 존재한다는 점을 확인할 필요가 있다.

제4절 사회복지법제의 국제적 기준

I. 사회복지에 관한 국제법규

1. 국제법규

사회복지에 관한 대표적인 국제법규로는 유엔의 「경제 · 사회 · 문화적 권리에 관한 국제협약」(International Covenant on Economic, Social and Cultural Rights: ICESCR)[1]을 들 수 있다.[2] 이 협약에 따라 인정되는 다양한 권리의 출발점은 '자기결정권(right of self-determination)'이다. 이러한 권리로부터 자신의 경제 · 사회 · 문화적 발전을 자유롭게 추구할 권리가 도출된다. 이것은 앞서 우리가 자유를 실현하기 위한 경제적 여건이 필요한 대상에 대해서 사회적 기본권을 인정한 것과 동일한 맥락이다. 경제 · 사회 · 문화적 발전을 자유롭게 추구할 권리의 대상은 그 실현을 위하여 반드시 경제적 여건이 필요하기 때문이다. 경제 · 사회 · 문화적 영역에서 자유로운 자기발전의 추구에 관한 개별적 권리로는 근로권(제6조), 정당한 근로조건에 관한 권리(제7조), 단결권(제8조), 사회보장수급권(제9조), 가족 · 혼인 · 모성 · 아동의 보호(제10조), 적정생활권(제11조), 보건권(제12조), 교육권과 무상의무교육(제13조), 문화적 삶에 대한 참여권(제15조)이 포함된다. 이에 따르면 사회복지와 관련된 권리는 좁은 의미에서는 사회보장수급권과 적정생활권을 의미하고, 넓은 의미에서는 좁은 의미의 권리와 함께 가족 · 혼인 · 모성 · 아동의

---

1) 경제 · 사회 · 문화적 권리에 관한 국제협약(ICESCR)은 1966년 12월 16일 유엔총회에서 의결되어 1976년 1월 3일부터 발효되었다. 한국은 1990년 4월 10일 이 국제협약에 가입하였다.

2) 그밖에 공공부조법과 관련된 국제기준에 대한 설명으로 전광석, "최저생활보장을 위한 국제기준 및 국제협력 – 국민기초생활보장법과 의료보호법을 중심으로 –," 「헌법학연구」(한국헌법학회) 제7권 제3호(2001), 215면 이하 참조. 그밖에 아동, 노인, 장애인과 관련된 사회복지법제의 국제기준에 대해서는 전광석, "사회복지관계법의 국제기준 및 국제적 보장에 관한 연구 – 아동복지법, 노인복지법, 장애인복지법을 중심으로 –," 「공법연구」(한국공법학회) 제30집 제4호(2002), 22면 이하 참조.

[표 2.4.1.1] 경제 · 사회 · 문화적 권리에 관한 국제협약(ICESCR)의 주요권리

제6조	근로권(right to the opportunity to gain his living by work which he freely chooses or accepts)
제7조	정당한 근로조건에 관한 권리(right to the enjoyment of just and favourable conditions of work)
제8조	단결권(right to form trade unions and join the trade union of his choice)
제9조	사회보장수급권(right to social security)
제10조	가족(family) · 혼인(marriage)의 보호
	모성(mothers)의 보호
	아동(children)과 청소년(young persons)의 보호
제11조	적정생활권(right to an adequate standard of living for himself and his family)
제12조	보건권(right to the enjoyment of the highest attainable standard of physical and mental health)
제13조	교육권(right to education)과 무상의무교육(compulsory education free of charge)
제15조	문화적 삶에 대한 참여권(right to take part in cultural life)
	과학적 발전과 응용의 혜택을 향유할 권리(right to enjoy the benefits of scientific progress and its applications)

보호, 보건권까지 포함하는 권리를 의미하며, 가장 넓은 의미에서는 근로와 교육 및 문화의 영역까지 포괄하는 권리를 의미한다. 여기서 확인해야 할 것은 사회복지와 관련된 영역은 가장 넓게 이해될 필요가 있다는 점이다.

2. 사회보장협정

사회복지에 관해서는 당사국 간에 조약이나 협정이 체결될 수 있는데 이것을 '사회보장협정'이라고 부른다. 이러한 사회보장협정을 통해 당사국 간에 이중가입(이중적용에 따른 보험료의 이중납부)을 면제시켜준다든지, 가입기간을 합산해준다든지 등의 혜택이 부여될 수 있다. 사회보장협정의 내용은 서로 동일하지 않고, 상대방 국가에 따라 적용되는 내용이 상이할 수 있다. 한국도 여러 나라와 보험료면제나 가입기간합산에 관한 사회보장협정을 체결하고 있다

[표 2.4.1.2] 사회보장협정 체결국가 현황

구 분	국 가	서명일 / 발효일	유 형
협정발효	이 란	1977. 5. 11. / 1978. 6. 10.	보험료 면제협정
	캐나다	1997. 1. 10. / 1999. 5. 1.	가입기간 합산협정(보험료면제 포함)
	영 국	1999. 4. 20. / 2000. 8. 1.	보험료 면제협정
	미 국	2000. 3. 13. / 2001. 4. 1.	가입기간 합산협정(보험료면제 포함)
	독 일	2000. 3. 10. / 2003. 1. 1.	가입기간 합산협정(보험료면제 포함)
	네덜란드	2002. 7. 3. / 2003. 10. 1.	보험료 면제협정
	일 본	2004. 2. 17. / 2005. 4. 1.	보험료 면제협정
	이탈리아	2000. 3. 3. / 2005. 4. 1.	보험료 면제협정
	우즈베키스탄	2005. 5. 10. / 2006. 5. 1.	보험료 면제협정
	몽 골	2006. 5. 8. / 2007. 3. 1.	보험료 면제협정
	헝가리	2006. 5. 12. / 2007. 3. 1.	가입기간 합산협정(보험료면제 포함)
	프랑스	2004. 12. 6. / 2007. 6. 1.	가입기간 합산협정(보험료면제 포함)
	호 주	2006. 12. 6. / 2008. 10. 1.	가입기간 합산협정(보험료면제 포함)
	체 코	2007. 12. 14. / 2008. 11. 1.	가입기간 합산협정(보험료면제 포함)
	아일랜드	2007. 10. 31. / 2009. 1. 1.	가입기간 합산협정(보험료면제 포함)
	벨기에	2005. 7. 5. / 2009. 7. 1.	가입기간 합산협정(보험료면제 포함)
	폴란드	2010. 3. 1.(발효)	가입기간 합산협정(보험료면제 포함)
	슬로바키아	2009. 2. 9. / 2010. 3. 1.	가입기간 합산협정(보험료면제 포함)
	불가리아	2009. 2. 9. / 2010. 3. 1.	가입기간 합산협정(보험료면제 포함)
잠정조치	중 국	2003. 2. 28.(발효)	보험료 면제협정
협정서명	필리핀	2005. 12. 15.(서명) / 미발효	가입기간 합산협정(보험료면제 포함)
	루마니아	2008. 9. 11.(서명) / 미발효	가입기간 합산협정(보험료면제 포함)
	오스트리아	2010. 1. 23.(서명) / 미발효	가입기간 합산협정(보험료면제 포함)

* 자료: 국민연금공단 웹사이트(www.nps.or.kr).

II. 사회복지법제의 국제적 기준과 한국 사회복지법제의 관계

1. 사회복지법제의 근거로서 헌법의 보완

사회복지법제는 해당 국가의 헌법을 정점으로 하는 '하나의 체계적 법질서' 안에서 작동하기 때문에 원칙적으로 각국의 헌법에 의한 통제를 먼저 받는다. 따라서 사회복지법제는 해당 국가의 헌법을 구체화해야 하고, 해당 국가의 헌법에 위반되지 않아야 한다. 문제는 필수적으로 요구되는 사회복지법제의 구체화 또는 평가의 근거가 될 수 있는 명시적 규정이 해당 국가의 헌법에 존재하지 않는 경우이다. 이러한 경우에는 사회복지법제에 관한 국제적 기준이 적용되어야 한다. 예를 들어 '문화적 삶에 대한 참여'나 '과학적 혜택의 향유'에 관한 권리는 한국 헌법에 명시적으로 보장되어 있지 않다. 따라서 헌법에 근거하여 이와 같은 사회적 기본권을 주장하는 경우에 국제법규는 이러한 주장을 뒷받침하는 논거로 인용될 수 있다.

2. 사회복지법제의 구체화를 위한 근거

하지만 특정한 사회복지법체계가 소속된 법질서 안에서 최고법은 헌법이므로 국제법규가 헌법을 대체하거나 헌법보다 우위에 놓일 수는 없다.[3] 특히 헌법이 이미 사회적 기본권과 사회국가원리에 관한 대강을 명문화하고 있다면 이를 구체화하는 개별적 권리나 원칙은 해석을 통해 도출될 수 있다. 바로 이러한 해석과정에서 국제법규가 특별한 역할을 할 수 있다. 추상적인 형태로 규정된 사회적 기본권과 사회국가원리를 사회복지법제에 구체화하는 과정에서 국제법규에 열거된 권리나 국가의무는 설득력있는 근거가 될 수 있다. 여기서 사회복지에 관한 국제법규가 사회복지에 관한 국내법규를 대체할 수 있는지가 문제될 수 있다. 헌법은 일반적으로 인정된 국제법규에 대해서 국내법과 같은 효력을 인정한다(헌법 제6조 제1항). 물론 헌법에서 말하는 국내법은 헌법보다 하위의 법률이나 명령을 의미한다. 궁극적으로 법규범을 적용하는 법원이 어떠한 효력

3) 헌법과 국제법의 관계에 대해서는 이준일, 「헌법학강의」(2008), 213면 이하 참조.

을 인정하는지에 따라 국제법규의 국내법적 효력의 등위가 결정될 수밖에 없다. 이에 따라 법률의 효력을 갖는 국제법규는 국내 법률과 충돌할 수 있고, 명령의 효력을 갖는 국제법규는 국내 명령과 충돌할 수 있다. 이 경우에는 신법우선의 원칙이나 특별법우선의 원칙과 같은 법규의 갈등을 해결하는 규칙들이 적용되어야 한다.

3

한국 사회복지법체계의 헌법합치적 재구성

제1절 일반적 사회복지법으로서 사회보장기본법

I. 사회보장기본법의 법적 지위

사회보장기본법은 '일반적'(general) 사회복지법으로 이해된다. '기본법'이라는 명칭에서도 드러나 있지만 사회보장기본법에서 말하는 사회보장의 개념에는 사회보험, 공공부조, 사회복지서비스 및 관련복지제도가 모두 포함되기 때문이다(동법 제3조 제1호). 일반법으로서 사회보장기본법은 '개별적'(individual) 사회복지법으로 구체화되므로 사회복지와 관련된 개별적 사안에 대해서는 '우선적으로' 개별적 사회복지법이 적용되어야 한다. 이것은 일반적 사회복지법으로서 사회보장기본법이 '보충적으로만' 적용될 수 있음을 의미한다. 사회보장기본법의 보충적 적용이 필요한 것은 ① 개별적 사회복지법의 규정들에 대한 다양한 해석가능성이 존재하여 해석을 위한 기준(준칙)이 필요한 경우나 ② 개별적 사회복지법의 규정들 상호간의 모순(갈등)이 존재하여 이러한 모순을 해결할 기준(준칙)이 필요한 경우 또는 ③ 사회복지와 관련된 개별적 사안을 규율할 수 있는 법률규정이 존재하지 않아 판단기준이 필요한 경우이다.[1)]

---

1) 사회보장기본법의 제정의의를 개별적 사회복지법제들의 '통합과 조정'으로 이해하는 견해도 같은 맥락에서 이해될 수 있다. 조원탁/이형하/조준, "사회보장기본법의 '관련 복지제도' 규정에 관한 연구," 「사회보장연구」(한국사회보장학회) 제23권 제1호(2007), 59면 참조.

II. 사회보장기본법의 주요내용

1. 사회복지법체계의 이념과 원칙

사회보장기본법에 따르면 사회보장의 기본이념은 모든 국민이 인간다운 생활을 할 수 있도록 최저생활을 보장하고 국민 개개인이 생활수준을 향상시킬 수 있도록 제도와 여건을 조성하여, 그 시행에 있어 형평과 효율의 조화를 도모함으로써 복지사회를 실현하는 것이다(동법 제2조). 사회보장기본법의 입법목적을 통해 사회보장의 의미는 '최저생활보장'이라는 '좁은 의미의 사회보장'과 함께 '생활수준향상'이라는 '좁은 의미의 사회복지'까지 포함하는 '넓은 의미의 사회보장'임을 알 수 있다. 한편 사회보장기본법은 사회보장과 관련된 기본원칙으로 외국인에 대한 적용과 관련하여 상호주의원칙(동법 제8조), 사회보장제도의 운영과 관련하여 보편성 · 형평성 · 민주성 · 효율성원칙(동법 제24조)을 규정하고 있다. 그밖에도 사회보장에 필요한 비용의 부담과 관련된 원칙도 규정하고 있다(동법 제27조).

2. 사회보장수급권자

국가가 제공하는 사회보장에 관한 급여를 받을 수 있는 권리를 '사회보장수급권'이라 부르고, 이러한 권리를 향유할 수 있는 주체를 '사회보장수급권자'라고 부른다. 사회보장기본법에 따르면 국가가 제공하는 사회보장은 사회보험, 공공부조, 사회복지서비스 및 관련복지제도로 구분되고(동법 제3조 제1호), 각각의 사회보장 영역은 독립된 법률에 따라서 규율되기 때문에 각각의 사회보장에 관한 급여를 받을 수 있는 수급권자는 독립된 개별법률에서 정해진다(동법 제9조). 그렇지만 모든 사회보장수급권의 양도, 담보제공, 압류는 사회보장수급권을 기본권으로 보장한 헌법의 취지에 따라 절대적으로 금지된다(동법 제12조).

3. 사회복지법체계의 제도

사회보장기본법은 사회복지법체계의 일반적 제도로서 사회보장에 관한 정보공개제도(동법 제30조), 비밀보호제도(동법 제31조), 설명제도(동법 제32조), 상담제도(동법 제33조), 통지제도(동법 제34조) 등을 규정하고 있다.

4. 사회복지법체계의 절차

우선 사회보장과 관련된 행정절차로서 신청절차(동법 제11조), 사회보장수급권의 제한 · 정지 · 포기절차(동법 제13조 및 제14조) 등에 대해서 규정하고 있다. 또한 사회보장에 관한 행정부의 정책결정절차로서 사회보장심의위원회의 심의절차에 대해서도 규정한다(동법 제16조 이하). 한편 사회보장과 관련된 권리구제절차로서 위법 또는 부당한 처분을 받거나 필요한 처분을 받지 못함으로써 권리 또는 이익을 침해받은 국민은 행정심판법에 따른 행정심판을 청구하거나 행정소송법에 따른 행정소송을 제기하여 그 처분의 취소 또는 변경 등을 청구할 수 있다(동법 제35조).[2]

III. 헌법적 심사기준에 의한 비판과 합헌적 대안

1. 명칭의 문제: 사회보장 또는 사회복지

우선, 법률명칭의 측면에서 '사회복지' 대신에 '사회보장'이라는 명칭을 사용하고 있는 점에 대해서는 헌법적 문제를 제기해볼 수 있다. 물론 이것은 단순한 명칭의 문제만이 아니라 내용의 문제가 될 수 있다. 헌법에서 사용하고 있는 명칭에 포함될 수 있는 내용보다 축소된 내용을 가진 명칭을 법률에서 사

2) 사회보장기본법과 개별적 사회복지법에서 규율되고 있는 행정불복절차의 문제점으로는 영역별로 일원화되고 전문적이며 독립적인 심사기관이 존재하지 않는다는 점, 통일된 행정불복절차가 없다는 점, 행정심판과의 관계규정 및 행정소송과의 관계규정이 모호하다는 점 등이 지적된다. 조만형, "우리나라 사회보장법상 행정불복절차에 관한 연구," 「공법연구」(한국공법학회) 제35집 제2호(2006), 473면 이하 참조.

용하면 그 법률은 위헌이 되기 때문이다. 단지 명칭 그 자체만 보면 헌법이 국가에 대해서 부과하고 있는 과제는 '사회보장'과 '사회복지'이므로(헌법 제34조 제2항) 사회보장이든 사회복지든 어차피 제한적인 개념일 수밖에 없다. 따라서 실정헌법에 가장 적합한 법률명칭은 '사회보장 · 사회복지기본법'이고, 법률에서 사회보장이라는 명칭을 사용하든 사회복지라는 명칭을 사용하든 헌법에서 요청하는 내용을 축소한다고 볼 여지가 있다. 물론 사회보장기본법은 정의규정에서 사회보장의 개념을 사회보험, 공공부조, 사회복지서비스, 관련복지제도로 정의하고 있지만 이로써 문제가 모두 해결된 것은 아니다. 엄격하게 해석하면 사회보험과 공공부조만이 사회보장의 개념에 포함되고, 사회복지서비스나 관련복지제도는 사회복지에 포함되기 때문이다.

결국 사회복지나 사회보장 가운데 하나의 개념을 사용하는 경우에 사회복지를 포함하는 상위개념으로 사회보장을 사용할 것인지, 아니면 사회보장을 포함하는 상위개념으로 사회보장을 사용할 것인지의 문제라고 보인다. 결론적으로 굳이 사회보장과 사회복지 가운데 상위개념을 고른다면 사회복지가 상위개념으로 사용되는 것이 바람직하다. 사회복지에 포함될 수 있는 내용의 수준이 사회보장에 포함될 수 있는 내용의 수준보다 높다고 볼 수 있기 때문이다. 또한 헌법이 국가에 대해서 부과한 사회복지주의적 국가과제를 사회국가적 과제와 복지국가적 과제로 구분해볼 때 사회보장은 사회국가적 과제를 포함할 수는 있어도 복지국가적 과제를 포함할 수는 없기 때문이기도 하다.

2. 내용의 문제

일반적 사회복지법은 사회복지법체계의 이념/목적/원칙과 제도 및 절차를 규율해야 한다. 헌법 → 일반적 사회복지법 → 개별적 사회복지법으로 구체화되는 체계 속에서 일반적 사회복지법은 헌법수준의 추상적 원칙이나 가치를 구체화하면서도 다양한 개별적 사회복지법을 하나의 체계로 묶을 수 있는 수준의 추상적 이념과 일반적 제도/절차를 포함하고 있어야 한다. 이러한 맥락에서 일반적 사회복지법으로서 사회보장기본법은 헌법상 보장된 사회적 기본권과 사회복지국가원리를 구체화하는 기본이념과 기본제도 · 절차를 규정함으로써 일반적 사회복지법에 대해서 헌법이 요구하는 최소한의 기준을 충족하고 있다고 판단된다.

[표 3.1.1.1] 한국 사회복지법제의 체계

유 형	법 률	적용대상	생활영역
I. 일반법	사회보장기본법	모든 국민	사회복지 일반
II. 공공부조법	국민기초생활보장법	빈곤자	생계
	의료급여법	빈곤자	의료
	긴급복지지원법	위기상황	생계/의료/교육
	기초노령연금법	노인	생계
III. 사회보험법	국민건강보험법	모든 국민	의료
	국민연금법	모든 국민	생계
	공무원연금법	공무원	생계/요양/임금/보상
	사립학교교직원연금법	사립학교교직원	생계/요양/임금/보상
	군인연금법	군인	생계/요양/임금/보상
	산업재해보상보험법	근로자	요양/생계
	고용보험법	근로자(실업자)	생계
	노인장기요양보험법	노인	요양
IV. 사회복지 서비스법	사회복지사업법	모든 국민	사회복지서비스 일반
	장애인복지법	장애인	생계
	장애인연금법	중증장애인	생계
	정신보건법	정신장애인	보호
	특수교육법	장애인	교육
	장애인차별금지법	장애인	차별금지
	아동복지법	아동	보호
	영유아보육법	아동	보호/양육
	입양촉진 및 절차에 관한 특례법	요보호아동	입양
	노인복지법	노인	보호
	연령차별금지법	노인	고용차별금지
	건강가정기본법	모든 가족	생계/의료/보호
	한부모가족지원법	한부모가족	생계/보호/교육/근로
	다문화가족지원법	다문화가족	보호/의료/양육/교육
	편의증진법	장애인/노인/임산부	편의
	교통약자 이동편의 증진법	교통약자	이동편의
	농어촌주민의 보건복지증진 특별법	농어촌주민	의료
	사회복지공동모금회법	모든 국민	기부
	식품기부 활성화에 관한 법률	기업	기부

V. 사회보상법	범죄피해자보호법	범죄피해자	생계/보상
	성매매방지 및 피해자보호법	성매매피해자	보호/의료
	성폭력범죄의 처벌 및 피해자보호법	성폭력피해자	보호/의료
	가정폭력방지 및 피해자보호법	가정폭력피해자	보호/의료
	일본군위안부피해자 지원법	일본군위안부	생계/의료
	국가유공자 예우에 관한 법률	국가유공자	생계/의료/보훈
	독립유공자 예우에 관한 법률	독립유공자	생계/의료/보훈
	참전유공자 지원에 관한 법률	참전유공자	생계/의료/보훈
	5 · 18민주화운동희생자 지원법	5 · 18유공자	보훈
	민주화운동관련자 지원법	민주유공자	보훈
VI. 교육복지법	학교급식법	학생	급식
	평생교육법	모든 국민	교육
VII. 노동복지법	최저임금법	근로자	노동

제2절 공공부조법

I. 개　관

1. 헌법적 문제로서 빈곤과 공적 부양

개인적으로 타고난 재능이나 기술이 없어서, 또는 천성이 게을러서 빈곤(가난)할 수도 있고, 부모나 자녀 등 가족 가운데 부양능력이 있는 사람이 전혀 없어서 빈곤할 수도 있다. 하지만 빈곤은 개인적 이유 때문에 발생하는 문제가 아니거나 가족 안에서 해결될 수 있는 문제가 아닐 수도 있다. 다시 말해 빈곤은 개인이나 가정이 어떻게 해볼 수 없는 사회구조적 모순 때문에 발생할 수도 있다. 개인적 이유든, 사회적 원인이든 빈곤은 인간다운 삶을 향유하는 데 치명적인 방해가 되기 때문에 빈곤의 해결을 위해서는 국민의 기본권보장을 궁극적인 존재목적으로 하는 국가가 직접적으로 개입할 수밖에 없다.

시장에 충분한 공급이 이루어지더라도 개인의 빈곤은 시장에서 아무것도 구입할 수 없도록 만든다. 최악의 경우에 빈곤으로 인해 개인은 인간의 생존을 위해 필수적인 최소한의 의식주(의류 · 식품 · 주거)마저 시장에서 구입하지 못할 수도 있다. 빈곤해서 사적 부양(私的 扶養)이 불가능한, 즉 자신과 가족을 스스로 부양할 수 없는(먹여 살릴 수 없는) 사람들에 대해서는 공적 부양(公的 扶養), 다시 말해 공동체 전체에 의한 부양이 필요하다. 이러한 공적 부양을 빈곤한 자에게 제공하는 행위를 '공공부조(公共扶助)'라고 부른다. 사회보장기본법도 공공부조를 "국가와 지방자치단체의 책임하에 생활유지능력이 없거나 생활이 어려운 국민의 최저생활을 보장하고 자립을 지원하는 제도"라고 정의한다(동법 제3조 제3호). 헌법은 인간다운 삶을 방해하는 빈곤으로부터 해방될 수 있도록 공공부조에 관한 헌법적 의무를 국가에 대해서 부여함과 동시에 그에 상응하여 공공부조에 관한 헌법적 권리를 국민에게 보장해야 한다.

2. 빈곤의 개념

'빈곤'(poverty)의 개념이 무엇을 의미하는지에 대해서는 여러 가지 정의가 가능하다.[1] 누구에게나 동일하게 인식될 수 있는 '객관적 빈곤'의 개념도 가능하지만 사람마다 다르게 인식되는 '주관적 빈곤'의 개념도 가능하다. 예를 들어 하루 한 끼의 식사도 해결하지 못하는 정도의 빈곤은 거의 모든 사람에게 빈곤으로 인식될 수 있는 객관적 빈곤에 해당하지만 자기 소유의 아늑한 집에서 하루 세 끼의 충분한 식사를 하면서도 스스로 빈곤하다고 인식하는 주관적 빈곤도 가능하다. 한편 객관적 빈곤의 경우에는 또 다시 일정한 기준으로 표현될 수 있는 '절대적 빈곤'과 전체 인구의 평균을 기준으로 표현될 수 있는 '상대적 빈곤'으로 구분해볼 수 있다. 절대적 빈곤의 개념에 따르면 일정한 정도의 월수입(예: 4인 가족의 월수입 100만원)에 이르지 못하면 빈곤의 범위에 포함되고, 상대적 빈곤의 개념에 따르면 월수입을 기준으로 전체 평균의 일정한 비율 이하에 속하는 집단(예: 4인 가족의 월수입을 기준으로 평균소득의 50퍼센트 이하)에 속하면 빈곤의 범위에 포함된다.

3. 헌법적 개념으로서 빈곤

헌법은 사회복지주의와 사회적 기본권을 통해서 국가에 대해서 빈곤자(가난한 자)의 생활을 보호해야 할 '의무'를 부과할 뿐만 아니라 빈곤자에게 국가를 상대로 자신의 생활을 보호해주도록 요구할 수 있는 '권리'도 부여하고 있다. 특히 헌법 제34조 제5항은 '생활능력이 없는 자'에게 국가의 보호를 받을 권리를 명시적으로 규정하고 있다. 따라서 헌법은 빈곤자를 '생활능력이 없는 자'로 표현하고 있다고 이해된다. 그렇다면 헌법에서 표현된 '생활능력이 없는 자', 즉 빈곤자는 어떤 사람을 의미하는가? 앞서 언급한 빈곤에 관한 객관적 개념과 주관적 개념 및 절대적 개념과 상대적 개념이 사용될 수 있을 것으로 보인다. 대체로 객관적 빈곤보다는 주관적 빈곤에서 나타난 기준이, 절대적 빈곤보다는 상대적

---

1) 빈곤의 개념을 정의하기 위하여 이른바 빈곤선(poverty line)의 개념이 사용되는데 이에 대해서는 김환준, "최저생계비의 정의 및 계측방법상의 쟁점에 관한 고찰," 「사회복지연구」(한국사회복지연구회) 제31호(2006), 287면 이하; 최경희/조덕호, "농지연금제도 정립을 위한 주관적 최저생계비 추정방법에 관한 연구," 「한국사회와 행정연구」(서울행정학회) 제20권 제4호(2009), 196면 이하 참조.

빈곤에서 나타난 기준이 높게 설정될 가능성이 크다. 그렇다면 적어도 헌법은 객관적 빈곤을 전제로 절대적 빈곤으로부터 국민을 보호해야 할 의무를 국가에게 부담시키고, 이에 상응하는 권리를 국민에게 부여하고 있다고 이해할 수 있다.

중요한 것은 어떤 식으로든 빈곤에 관한 헌법적 개념과 기준이 구성될 수 있다면 이것은 법률로써 빈곤의 개념과 기준을 구체화하는 입법자(법률의 경우에 의회, 행정입법의 경우에 정부)를 구속한다. 입법자는 국가의 경제수준이나 재정규모에 따라 빈곤의 개념을 달리 정의할 수 있고, 이러한 개념을 구체화하는 기준에 따라 빈곤자에 속하는 집단의 생활을 보호하게 된다. 이 과정에서 입법자는 헌법이 제시하고 있는 빈곤의 개념과 기준에 구속된다. 따라서 입법자는 적어도 헌법이 정의하고 있는 빈곤의 범위보다 좁게 빈곤의 개념을 설정할 수는 없다. 다시 말해 입법자는 헌법이 보호하도록 요구하고 있는 빈곤자의 범위보다 협소하게 빈곤자의 범위를 축소할 수는 없다. 이렇게 되면 입법자는 기본권보장과 관련된 헌법적 원칙인 '과소금지원칙'에 위반하여 기본권을 침해하는 것이 된다.

4. 빈곤에 관한 사회복지법체계

빈곤에 관한 헌법적 개념과 기준에 구속되는 입법자가 빈곤자에 대한 공공부조를 제공하기 위하여 제정한 법률로는 현재 ① 국민기초생활보장법, ② 의료급여법, ③ 긴급복지지원법, ④ 기초노령연금법이 있다. 이 가운데 국민기초생활보장법은 공공부조에 관한 기본법의 성격을 가지고 있고, 의료급여법은 국민기초생활보장을 위한 급여들 중 의료급여를 독립시켜 규율하고 있는 법률이다. 또한 긴급복지지원법은 긴급하게 공공부조가 필요한 사람들을 대상으로 하는 법률이고, 기초노령연금법은 공공부조가 필요한 가난한 노인들을 대상으로 하는 법률이다.

[표 3.2.1.1] 공공부조법의 체계

	국민기초생활보장법	의료급여법	긴급복지지원법	기초노령연금법
대 상	생활이 어려운 사람	생활이 어려운 사람	위기상황에 처한 사람	생활이 어려운 노인
급 여	생계/주거/의료/교육/해산/장제/자활	의 료	생계/의료/주거/사회복지시설이용/교육/민간지원	노령연금

II. 국민기초생활보장법

1. 개 관

공공부조에 관한 국가의 의무와 국민의 권리를 구체화하는 법률은 국민기초생활보장법이다.[2] 이 법률의 입법목적에서 분명히 밝히고 있듯이 이 법률이 보호하려는 대상은 '생활이 어려운 자'이고, 보호의 내용은 '최저생활의 보장'이다(동법 제1조). 헌법에서 '생활능력이 없는 자'로 표현된 집단이 법률에서 '생활이 어려운 자'로 표현됨으로써 법적으로 보호하려는 대상자가 '빈곤자(가난한 사람)'라는 사실이 더욱 명확하게 드러나 있다. 이러한 생활이 어려운 빈곤자에게 법률이 보장하고자 하는 것은 궁극적으로 '최저생계비'다. 이것은 동시에 생활이 어려운 빈곤자를 판단하는 기준이 최저생계비가 된다는 의미이기도 하다. 여기서 최저생계비는 '국민이 건강하고 문화적인 생활을 유지하기 위하여 소요되는 최소한의 비용'을 의미한다(동법 제2조 제6호). 이러한 개념정의를 통해서 입법자는 생활이 어려운 빈곤자에게 단지 생계에 필수적인 물질적인 대상뿐만 아니라 삶의 질을 향상시키기 위한 문화적인 대상까지도 보장하려는 의도를 표현하고 있다. 이와 같은 의도는 생활이 어려운 빈곤자에게 제공되는 급여가 "건강하고 문화적인 최저생활을 유지할 수 있는 것이어야 한다"는 원칙을 다시 한 번 확인함으로써(동법 제4조 제1항) 더욱 명확하게 드러난다.

문제는 우선 생활이 어려운 빈곤자를 판단하는 기준이면서 그들에게 보장하려는 내용이기도 한 최저생계비를 객관적으로 계산할 수 있는지 여부다(최저생계비의 계산가능성). 그리고 최저생계비가 객관적으로 확정될 수 있다고 하더라도

---

2) 공공부조에 관한 법률로써 1961년에 제정되어 40년 가까이 시행되어 왔던 '생활보호법'을 대체하는 법률인 '국민기초생활보장법'은 1999년 9월 제정되어 2000년 10월 1일부터 시행되고 있다. 국민기초생활보장법이 제정된 배경, 특히 종래의 생활보호법이 가지고 있던 문제점과 이를 해소할 수 있는 국민기초생활보장법의 내용에 대해서는 이현주, "국민기초생활보장법 제정 배경 및 의의," 「보건복지포럼」(한국보건사회연구원) 통권 제37호(1999년 10월호), 5면 이하 참조. 그리고 국민기초생활보장법의 제정이 가지는 의미에 대해서는 윤찬영, "국민기초생활보장법 제정의 의의와 잠재적 쟁점에 관한 연구," 「상황과 복지」(비판과 대안을 위한 사회복지학회) 제7호(2000), 93면 이하 참조. 그밖에 종래의 생활보호법과 현재의 국민기초생활보장법의 비교에 대해서는 손건익, "국민기초생활보장법과 생활보호법의 비교," 「보건복지포럼」(한국보건사회연구원) 통권 제37호(1999년 10월호), 18면 이하; 허선, "국민기초생활보장법의 제정 의의와 정착방안," 「보건과 복지」(한국보건복지학회) 제2집(1999), 302면 참조.

생활이 어려운 빈곤자라고 주장하는 자의 소득과 재산을 누락 없이 조사하여 최저생계비에 미치지 못하는지 여부를 객관적으로 확인할 수 있는지 여부도 문제다(소득과 재산의 확인가능성). 또한 이 두 가지 문제가 해결된다고 해도 생활이 어려운 빈곤자에게 근로능력이나 근로의욕과 상관없이 무조건 공공부조를 제공할 것인지 여부(공공부조의 조건으로서 근로능력), 그리고 국가의 재정수준을 고려하지 않은 채 공공부조를 제공할 것인지 여부(국가재정에 대한 고려가능성)도 중요한 문제가 된다. 마지막으로 근로능력과 근로의욕이 있는 자에 대해서는 계속 공공부조로 생활하는 것이 아니라 궁극적으로 자활할 수 있도록 지원해야 할 필요성이 있다는 점에서 공공부조의 내용에 자활지원이 포함될 수 있는지 여부(자활지원의 포함가능성)에 관한 문제도 중요하다.

2. 국민기초생활보장법의 주요내용

(1) 수급권자

국민기초생활보장법에 따라 급여를 받을 수 있는 자격을 가진 자를 '수급권자'라고 부른다(동법 제2조 제1호). 수급권자라는 지칭을 통해 법률이 확인하는 것은 생활이 어려운 자에게 제공되는 공공부조의 성격이 국가의 시혜가 아니라 법적 권리라는 점이다. 이러한 수급권자는 원칙적으로 ① 부양의무자가 없거나, 부양의무자가 있어도 부양능력이 없거나 부양을 받을 수 없는 자이어야 하고, ② 수급권자의 소득인정액은 최저생계비 이하에 지나지 않아야 한다(동법 제5조 제1항). 여기서 부양의무자는 수급권자를 부양할 책임이 있는 자로서 수급권자의 1촌의 직계혈족 및 그 배우자를 의미하고(동법 제2조 제5호), 소득인정액은 개별가구의 소득평가액과 재산의 소득환산액을 합산한 것을 의미한다(동조 제8호). 수급권자의 기준을 통해서 확인할 수 있는 것은 수급권자는 원칙적으로 개인별로 결정되는 것이 아니라 가족별/가구별로 결정된다는 점이다. 국민기초생활보장법도 이러한 원칙을 다시 한 번 확인하고 있다(동법 제4조 제3항).[3] 아무튼 국민기초생활보장법상의 수급권자는 원칙적으로 최저생계비 이하의 소득밖에 없는 가난한 자이고, 그럼에도 불구하고 그를 부양할 수 있는 사람이 없는 모든 자이므로 '보편성의 원칙'이 적용되고 있다. 부양의무자가 있어도 부양능력이 없거나 부양

3) 국민기초생활보장법 제4조 ③ 보장기관은 이 법에 의한 급여를 개별가구를 단위로 하여 행하되, 특히 필요하다고 인정하는 경우에는 개인을 단위로 하여 행할 수 있다.

을 받을 수 없는 경우는 대통령령에서 구체적으로 규정한다.[4)]

그 밖에 생활이 어려운 자로서 일정 기간 동안 급여의 전부 또는 일부가 필요하다고 인정되는 자도 수급권자가 될 수 있다(동법 제5조 제2항). 또한 국내에 체류하고 있는 외국인 중에서 대한민국 국민과 혼인하여 대한민국 국적의 미성년 자녀를 양육하고 있는 사람도 수급권자가 될 수 있는데 구체적인 범위는 대통령령에서 규정한다(동법 제5조의2).[5)] 그리고 차상위계층에 속하는 자(차상위자)

---

4) 국민기초생활보장법 시행령(대통령령)

제4조【부양능력이 없는 경우】 ① 법 제5조 제3항에서 "부양의무자가 있어도 부양능력이 없는 경우"라 함은 부양의무자가 다음 각 호의 어느 하나에 해당하는 경우를 말한다. 이 경우 제2호에 해당하는 부양의무자는 개별가구에 속하지 아니하는 다른 직계혈족에 한하여 부양능력이 없는 것으로 본다.

1. 수급자인 경우
2. 직계존속 또는 장애인복지법에 의한 중증장애인인 직계비속을 자신의 주거에서 부양하는 경우(보건복지부장관이 정하여 고시하는 경우에 한한다)
3. 다음 각 목의 어느 하나에 해당하는 자로서 재산의 소득환산액이 수급권자 및 당해 부양의무자 각각의 최저생계비의 100분의 42에 해당하는 금액을 합한 금액 미만인 경우
   가. 제3조에 따른 실제소득(이하 "실제소득"이라 한다)이 최저생계비의 100분의 130 미만인 자
   나. 일용근로 등에 종사하는 자. 이 경우 일용근로는 근로를 제공한 날 또는 시간에 따라 근로대가를 계산하는 근로로서 고용계약기간이 1월 미만인 근로로 한다.
4. 제1호 내지 제3호 외의 자로서 다음 각 목의 요건을 충족하는 경우
   가. 실제소득이 수급권자 및 당해 부양의무자 각각의 최저생계비를 합한 금액의 100분의 130 미만일 것
   나. 재산의 소득환산액이 수급권자 및 당해 부양의무자 각각의 최저생계비의 100분의 42에 해당하는 금액을 합한 금액 미만일 것
   다. 부양의무자의 실제소득에서 부양의무자 최저생계비의 100분의 130에 해당하는 금액을 차감한 금액의 범위 안에서 보건복지부장관이 정하는 금액을 수급권자에게 정기적으로 지원할 것
5. 기타 질병 · 교육 · 가구특성 등으로 인하여 부양능력이 없다고 보건복지부장관이 정하는 경우

② 생략.

제5조 【부양받을 수 없는 경우】 법 제5조 제3항에서 "부양의무자가 있어도 부양을 받을 수 없는 경우"라 함은 부양의무자가 다음 각 호의 1에 해당하는 경우를 말한다.

1. 병역법에 의하여 징집 또는 소집된 경우
2. 해외이주법 제2조의 규정에 의한 해외이주자에 해당하는 경우
3. 제2조 제2항 제3호 내지 제6호에 해당하는 경우
4. 부양을 기피 또는 거부하는 경우
5. 기타 수급권자가 부양을 받을 수 없다고 시장 · 군수 · 구청장이 확인한 경우

5) 국민기초생활보장법 시행령 제5조의2【수급권자에 해당하는 외국인의 범위】 법 제5조의2에 따라 수급권자가 될 수 있는 외국인은 출입국관리법 제31조에 따라 외국인 등록을 한 자로서 다음 각 호의 어느 하나에 해당하는 자로 한다.

1. 대한민국 국민과 혼인중인 자로서 대한민국 국적의 미성년 자녀[계부(모)자 관계 및 양친자관계를 포함한다. 이하 이 조에서 같다]를 양육하고 있는 자
2. 대한민국 국민인 배우자와 이혼하거나 그 배우자가 사망한 자로서 대한민국 국적의 미성년 자녀를 양육하고 있는 자

도 가구별 생활여건에 따라 예산의 범위 안에서 급여의 전부 또는 일부를 받을 수 있다(동법 제7조 제3항). 여기서 차상위계층은 수급권자에 해당하지 않지만 소득인정액이 대통령령이 정하는 기준 이하인 계층을 의미하는데(동법 제2조 제11호) 대통령령인 국민기초생활보장법 시행령에 따르면 소득인정액이 최저생계비의 100분의 120 이하인 자가 차상위계층이다(동시행령 제3조의2).

수급자에 대한 급여는 수급자가 자신의 생활의 유지 · 향상을 위하여 그 소득 · 재산 · 근로능력 등을 활용하여 최대한 노력하는 것을 전제로 이를 보충 · 발전시키는 것을 기본원칙으로 하기 때문에(동법 제3조 제1항) **'보충성의 원칙'**이 적용된다. 그렇지만 수급자에 대한 급여는 정당한 사유 없이 불리하게 변경될 수 없고(동법 제34조), 수급자에게 지급된 수급품과 이를 받을 권리는 압류할 수 없을 뿐만 아니라(동법 제35조), 수급자는 급여를 받을 권리를 타인에게 양도할 수 없다(동법 제36조).

2007년을 기준으로 국민기초생활보장법에 따른 급여를 받는 **총 가구수는 852,420가구이고, 총 수급자수는 1,463,140명**(남성 622,400명과 여성 840,740명)이다. 이 가운데 1인 가구의 비율이 60%를 넘고 있고, 여성의 비율이 57.5%를 차지한다. 또한 19세 이하의 비율이 29%, 60세 이상의 비율이 31%로 어린이 · 청소년과 노인의 비율(60%)이 매우 높다는 사실을 확인할 수 있다. 이를 종합해볼 때 혼자 사는(독거) 노인, 특히 여성노인과 어린이 · 청소년이 수급자의 많은 비중을 차지하는 것으로 추정할 수 있다.

[표 3.2.2.1] 국민기초생활보장 가구수

	총가구	1인 가구	2인 가구	3인 가구	4인 가구	5인 가구	6인 이상 가구
2001	698,075	353,437	149,106	105,980	62,126	19,966	7,460
2002	691,018	371,166	144,295	98,189	54,151	16,865	6,352
2003	717,861	399,220	146,655	98,532	51,997	15,636	5,821
2004	753,681	426,701	152,454	101,200	52,094	15,516	5,716
2005	809,745	463,181	161,044	108,067	55,050	16,444	5,959
2006	831,692	482,842	163,478	108,631	54,510	16,269	5,962
2007	852,420	511,975	164,300	104,564	50,843	15,111	5,627
2008	854,205	525,078	160,918	100,546	47,698	14,555	5,410

* 자료: 보건복지부 웹사이트(www.mw.go.kr)의 국가통계포털.

[표 3.2.2.2] 국민기초생활보장 수급자수(일반수급자)

(단위: 명)

		총 계	18세 미만	18~30세	31~40세	41~50세	51~60세	61~64세	65세 이상	
2001		1,502,869	366,941	170,700	144,640	224,935	152,791	78,339	363,107	
2002	남	533,167	157,329	68,234	50,220	96,787	55,628	22,222	82,747	
	여	742,458	152,858	66,588	74,061	94,829	64,209	43,409	246,504	
2003	남	541,233	159,773	65,649	48,721	100,245	57,741	23,499	85,605	
	여	751,457	154,807	64,173	72,796	97,999	62,238	44,522	254,922	
2004	남	562,074	167,964	64,425	49,666	106,741	61,410	23,006	88,862	
	여	775,640	162,152	64,969	76,079	103,316	63,349	42,289	263,486	
2005	남	604,255	182,609	66,264	52,414	116,533	68,987	23,453	93,995	
	여	821,429	175,943	68,165	81,574	112,748	67,476	41,860	273,663	
		총 계	19세 이하	20~29세	30~39세	40~49세	50~59세	60~69세	70~79세	80세 이상
2006	남	628,145	214,351	63,948	51,375	116,395	82,424	60,408	47,324	16,082
	여	795,752	136,328	69,056	81,181	120,541	72,982	114,688	139,313	67,749
2007	남	622,400	212,871	33,611	42,965	115,442	89,396	62,105	49,745	16,265
	여	840,740	206,359	38,759	69,232	123,948	76,142	113,014	141,558	71,728
2008	남	617,015	206,181	33,845	39,398	113,801	95,314	61,858	50,505	16,113
	여	826,995	199,152	40,347	62,872	125,722	78,107	107,430	138,778	74,587

* 2001년은 원자료에 남녀구분이 없음.

** 자료: 보건복지부 웹사이트(www.mw.go.kr)의 국가통계포털.

(2) 최저생계비

국민기초생활보장법에 따른 급여를 제공하기 위한 기준인 최저생계비는 국민의 소득 · 지출수준과 수급권자의 가구유형 등 생활실태, 물가상승률 등을 고려하여 보건복지부장관이 결정한다(동법 제6조 제1항). 실제로 최저생계비는 보건복지부에 두면서 보건복지부장관을 위원장으로 하는 중앙생활보장위원회가 심의 · 의결하고, 보건복지부장관은 이를 공표한다(동조 제2항). 최저생계비의 공표는 매년 9월 1일까지 해야 되고, 최저생계비의 결정을 위하여 3년마다 계측조사가 실시되어야 한다(동조 제3항). 계측조사가 실시되지 않는 연도의 최저생계비는 전연도와 비교한 물가상승률을 반영해서 결정되는데 물가상승률에 못 미치게 최저생계비를 올리게 되면 실질적으로 최저생계비가 감소하는 효과가 발생하게 된다.

최저생계비를 계측하는 방식에는 ① 전물량 방식(Market Basket 방식, Rowntree 방식), ② 반물량 방식(Engel, Orshansky 방식), ③ 상대빈곤선 방식(Townsend 방식)

등이 있다.[6] 우선 **전물량 방식**은 인간다운 생활에 필수적인 품목과 각 품목의 최저수준을 정하고, 이것을 화폐가치로 환산하여 합산하는 방식을 말한다. 이러한 계측방식은 급여의 종류(예: 생계급여, 주거급여, 의료급여, 교육급여 등)에 따라 최저생계비를 계측할 수 있고, 가구유형(예: 장애인가구, 노인가구)에 따른 최저생계비를 계측하는 데 유용하지만 어떠한 품목을 포함시킬 것인지에 따라 최저생계비 계측의 결과가 현저하게 달라질 수 있다는 문제점을 갖고 있다. 다음으로 **반물량 방식**은 최저수준의 식료품비에 엥겔지수(총소득에서 식료품비가 차지하는 비율 = 식료품비 ÷ 총소득액)의 역수를 곱하여 최저생계비를 계측하는 방식을 말한다. 이러한 계측방식은 계측이 단순하고 포함되는 품목에 따라 최저생계비가 현저하게 달라지는 문제점을 해결할 수 있지만 급여종류나 가구유형에 따른 최저생계비 계측이 어렵다는 문제점을 갖고 있다. 마지막으로 **상대빈곤선 방식**은 국민의 평균소득액이나 평균지출액을 구한 뒤에 그것의 일정 비율 이하를 최저생계비로 계측하는 방식을 말한다.

한국의 경우에 전물량 방식에 따라 최저생계비를 계측하는 데 일정한 수의 가구를 표본집단으로 선정하여 소득과 재산 및 지출의 실태를 조사한 후 이에 따라 표준가구를 선정하고 가구균등화지수(가구원의 숫자에 따라 변화하는 지출액의 비율)를 도출한다.[7] 예를 들어 2007년도 최저생계비 계측조사의 경우에 4인 가구를 표준가구로 하여 가구균등화지수를 도출하고, 생활에 필수적인 품목을 결정하여 그 가격과 소비량에 따라 최저생계비를 결정하였는데 이 가운데 의식주에 소요되는 비용이 대략 60% 정도를 차지한다(아래 [표 3.2.2.3] 참조).[8] 이와 같은 2007년 계측조사를 기준으로 물가상승률을 반영해 산정된 2010년도의 4인 가족 기준 최저생계비는 136만 3천여 원이다(아래 [표 3.2.2.4] 참조).

6) 최저생계비를 계측하는 방식에 대해서는 송근진/조덕호, "주관적 측정 방식에 의한 노인가구의 최저생계비 측정에 관한 연구 – 비노인가구와의 비교를 중심으로 –," 「노인복지연구」(한국노인복지학회) 제44호(2009), 11면 이하; 정영숙/조덕호, "라이덴(Leyden) 기법 적용을 통한 농촌노인 가구의 최저생계비 측정 – 연령별 특성과 가구규모 효과를 중심으로 –," 「노인복지연구」(한국노인복지학회) 제46호(2009), 107면 이하 참조.

7) 한국의 최저생계비 계측방식의 문제점에 대해서는 박능후, "최저생계비 개념과 계측에 관한 고찰," 「사회복지정책」(한국사회복지정책학회) 제28집(2007), 302면 이하; 서병수, "한국의 최저생계비개념에 대한 비판적 고찰," 「사회복지정책」(한국사회복지정책학회) 제34집(2008), 387면 이하 참조.

8) 자세한 계측과정은 보건복지부 웹사이트(www.mw.go.kr) 참조.

[표 3.2.2.3] 2009년 표준가구 최저생계비 비목별 구성(2007년 계측조사 기준)

비 목	금 액(원)	비 율(%)
식료품비	498,502	37.6
주거비	228,794	17.2
광열 · 수도	88,633	6.7
가구 · 집기	39,529	3.0
피복 · 신발	52,494	4.0
보건 · 의료	58,006	4.4
교 육	59,521	4.5
교양 · 오락	25,898	2.0
교통 · 통신	139,138	10.5
기타소비	81,002	6.1
비소비지출	55,092	4.2
합 계	1,326,609	100

* 자료: 보건복지부 웹사이트(www.mw.go.kr).

[표 3.2.2.4] 연도별 최저생계비

(단위: 원)

	1인 가구	2인 가구	3인 가구	4인 가구	5인 가구	6인 가구	인상률
2000	324,011	536,614	738,076	928,398	1,055,588	1,191,134	3.0%
2001	333,731	552,712	760,218	956,250	1,087,256	1,226,868	3.0%
2002	345,412	572,058	786,827	989,719	1,125,311	1,269,809	3.5%
2003	355,774	589,219	810,431	1,019,411	1,159,070	1,307,904	3.0%
2004	368,226	609,842	838,797	1,055,090	1,199,637	1,353,680	3.5%
2005	401,466	668,504	907,929	1,136,332	1,302,918	1,477,800	7.15%
2006	418,309	700,489	939,314	1,170,422	1,353,242	1,542,382	3.0%
2007	435,921	734,412	972,866	1,205,535	1,405,412	1,609,630	3.0%
2008	463,047	784,319	1,026,603	1,265,848	1,487,878	1,712,186	5.0%
2009	490,845	835,763	1,081,186	1,326,609	1,572,031	1,817,454	4.8%
2010	504,344	858,747	1,110,919	1,363,091	1,615,263	1,867,435	2.75%

* 자료: 보건복지부 웹사이트(www.mw.go.kr).

(3) 급여의 유형

국민기초생활보장법에 따라 제공되는 급여는 ① 생계급여, ② 주거급여, ③ 의료급여, ④ 교육급여, ⑤ 해산급여, ⑥ 장제급여, ⑦ 자활급여로 7개의 유형으로 구분된다(동법 제7조 제1항). 이 가운데 우선 의료급여의 경우에는 「의료급여법」이라는 독립된 법률에 따라 규율되기 때문에 아래에서 따로 설명하도록 한다. 어쨌든 원칙적으로 생계급여가 제공되고, 나머지 급여는 수급권자의 필요에 따라 제공된다(동조 제2항). 급여의 구체적인 기준은 수급자의 연령·가구규모·거주지역 기타 생활여건 등을 고려하여 급여의 종류별로 보건복지부장관이 정한다(동법 제4조 제2항). 수급권자의 필요 및 연령·가구규모·생활여건 등을 개별적으로 고려하여 급여가 결정되는 것을 통해 기본적으로 '형평성의 원칙'이 적용되고 있음을 확인할 수 있다.

우선 **생계급여**는 의복·음식물 및 연료비와 기타 일상생활에 기본적으로 필요한 금품을 지급하는 것을 내용으로 하고(동법 제8조), 원칙적으로 금전으로써 매월 정기적으로 제공된다(제9조 제1항 및 제2항). 생계급여와 관련하여 보장기관은 대통령령이 정하는 바에 따라 근로능력이 있는 수급자에게[9] 자활에 필요한 사업에 참가할 것을 조건으로 하여 생계급여를 지급할 수 있다는 점이 특이하다(동조 제5항). 이것은 국민기초생활보장법에서 '자활지원의 원칙'이 적용되고 있다는 의미다. 이로써 근로능력이 있는 자는 수급자에 포함될 수 있지만 자활사업 참여를 조건으로 한다는 점에서 근로의 자유를 강제한다는 문제점이 있다

다음으로 **주거급여**는 주거안정에 필요한 임차료, 유지수선비 등을 지급하는 것을(동법 제11조 제1항), **교육급여**는 입학금·수업료·학용품비 등을 지급하는 것을 내용으로 한다(동법 제12조 제1항).[10] 그리고 **해산급여**는 조산(助産) 및 분만전

9) 국민기초생활보장법 시행령 제7조【근로능력이 있는 수급자】 ① 법 제9조 제5항 전단에서 "근로능력이 있는 수급자"라 함은 18세 이상 64세 이하의 수급자를 말한다. 다만, 다음 각 호의 1에 해당하는 자를 제외한다.
1. 장애인고용촉진 및 직업재활법 제2조 제2호의 규정에 의한 중증장애인
2. 질병·부상 또는 그 후유증으로 치료나 요양이 필요한 자 중에서 근로능력평가를 통하여 시장·군수·구청장이 근로능력이 없다고 판정한 자
3. 임신 중에 있거나 분만 후 6개월 미만의 여자
4. 공익근무요원 등 법률상 의무를 이행중인 자
5. 기타 근로가 곤란하다고 보건복지부장관이 정하는 자
② 생략.

10) 국민기초생활보장법 시행령 제16조【교육급여】 ① 법 제12조의 규정에 의한 교육급여는 다음 각 호의 학교 또는 시설에 입학 또는 재학하는 자에게 입학금·수업료(제5호의 경우에는 학습비를 말한다) 및 학용품비 기타 수급품(이하 "학비"라 한다)을 지급하는 것으로 한다.

과 분만후의 필요한 조치와 보호를(동법 제13조 제1항), 장제급여는 수급자가 사망한 경우에 행해지는 사체의 검안 · 운반 · 화장 또는 매장 기타 장제조치를 내용으로 한다(동법 제14조 제1항).

마지막으로 자활급여는 ① 자활에 필요한 금품의 지급 또는 대여, ② 자활에 필요한 근로능력의 향상 및 기능습득의 지원, ③ 취업알선 등 정보의 제공, ④ 자활을 위한 근로기회의 제공, ⑤ 자활에 필요한 시설 및 장비의 대여, ⑥ 창업교육, 기능훈련 및 기술 · 경영지도 등 창업지원, ⑦ 자활에 필요한 자산형성지원, ⑧ 기타 자활조성을 위한 각종 지원을 내용으로 한다(동법 제15조 제1항). 자활급여와 함께 수급자 및 차상위자의 자활촉진을 위하여 중앙자활센터를 둘 수 있고(동법 제15조의2), 비영리법인이나 단체를 지역자활센터로 지정할 수 있다(동법 제16조). 또한 자활기관협의체가 구축되어야 하고(동법 제17조), 수급자 및 차상위자는 상호 협력하여 자활공동체를 설립 · 운영할 수 있다(동법 제18조).

[표 3.2.2.5] 국민기초생활보장급여 지급 현황

(단위: 백만 원)

		2001	2002	2003	2004	2005	2006	2007
총수급자	합 계	1,967,818	1,951,646	2,109,153	2,366,116	2,818,411	3,175,667	3,437,763
	국 비	1,498,816	1,485,349	1,604,121	1,797,823	2,139,727	2,406,967	2,599,698
	지방비	469,002	466,297	505,032	568,293	678,684	768,700	838,065
일반수급자	합 계	1,883,729	1,862,719	2,016,513	2,270,378	2,710,673	3,058,829	3,312,681
	국 비	1,435,500	1,418,405	1,534,371	1,725,626	2,058,402	2,318,618	2,504,880
	지방비	448,229	444,314	482,142	544,752	652,271	740,211	807,801
시설수급자	합 계	84,089	88,928	92,640	95,738	107,739	116,838	125,082
	국 비	63,316	66,946	69,750	72,197	81,326	88,349	94,818
	지방비	20,773	21,983	22,890	23,541	26,413	28,489	30,264

* 자료: 보건복지부 웹사이트.

1. 초 · 중등교육법 제2조 제3호의 규정에 의한 중학교 · 고등공민학교
2. 초 · 중등교육법 제2조 제4호의 규정에 의한 고등학교 · 고등기술학교
3. 초 · 중등교육법 제2조 제5호의 규정에 의한 특수학교(중학교 및 고등학교 과정에 한한다)
4. 초 · 중등교육법 제2조 제6호의 규정에 의한 각종학교로서 제1호 내지 제3호와 유사한 학교
5. 평생교육법 제31조에 따른 학교형태의 평생교육시설(중학교 · 고등학교의 학력이 인정되는 시설에 한한다)

②~③ 생략.

2007년의 경우에 국민기초생활보장 수급자에게 급여로 지급된 총액은 3조 4,377억여 원에 이른다(위 [표 3.2.2.5] 참조). 이 가운데 대부분이 일반수급자에게 지급된 급여이고, 시설수급자에게 지급된 급여는 4%에도 미치지 못한다.

(4) 보장기관 및 생활보장위원회

국민기초생활보장법에 의한 급여를 실시하는 보장기관은 원칙적으로 수급권자 또는 수급자의 거주지를 관할하는 지방자치단체장(특별시장 · 광역시장 · 도지사와 시장 · 군수 · 구청장)이다(동법 제19조 제1항). 장애인복지시설 · 아동복지시설 · 노인복지시설과 같이 사회복지사업법에 의한 사회복지시설로서 대통령령으로 정하는 시설[11]은 국가의 위탁을 받은 경우에 정당한 사유가 없다면 국민기초생활급여를 행해야 한다(동법 제32조).

한편 국민기초생활보장법에 의한 생활보장사업의 기획 · 조사 · 실시 등에 관한 사항을 심의 · 의결하기 위하여 보건복지부와 지방자치단체(특별시 · 광역시 · 도 및 시 · 군 · 자치구)에 각각 생활보장위원회를 둔다(동법 제20조 제1항). 보건복지부에 두는 중앙생활보장위원회는 보건복지부장관을 위원장으로 하고, 위원장을 포함하여 13인 이내의 위원[12]으로 구성되는데(동조 제3항) ① 생활보장사업의 기본방향 및 대책 수립, ② 소득인정액 산정방식의 결정, ③ 급여기준의 결정, ④ 최저생계비의 결정, ⑤ 자활기금의 적립 · 관리 및 사용에 관한 지침의 수립, ⑥ 기타 위원장이 부의하는 사항을 심의 · 의결한다(동조 제2항).

---

11) 국민기초생활보장법 시행령 제38조【보장시설】 법 제32조의 규정에 의한 보장시설은 다음 각 호와 같다
1. 장애인복지법 제58조 제1항 제1호에 따른 장애인생활시설
2. 노인복지법 제32조 제1항 제1호의 규정에 의한 양로시설 및 같은 법 제34조 제1항 제1호에 따른 노인요양시설 중 보건복지부령으로 정하는 시설
3. 아동복지법 제16조 제1항 제1호 내지 제6호의 규정에 의한 아동복지시설 및 동법 제16조 제2항의 규정에 의한 종합시설(동조 제1항 제1호 내지 제6호의 시설이 포함된 경우에 한한다)
4. 정신보건법 제3조 제4호 및 제5호의 규정에 의한 정신질환자 사회복귀시설 및 정신요양시설
5. 사회복지사업법 제34조 제4항의 규정에 의한 부랑인 보호를 위한 시설
6. 기타 보건복지부령이 정하는 시설

12) 중앙생활보장위원회의 위원은 ① 공공부조 또는 사회복지와 관련된 학문을 전공한 전문가로서 대학의 조교수 이상인 자 또는 연구기관의 연구원으로 재직중인 자 4인 이내, ② 공익을 대표하는 자 4인 이내, ③ 관계행정기관소속 3급 이상 공무원 또는 고위공무원단에 속하는 일반직공무원 4인 이내로 보건복지부장관이 위촉지명한다(국민기초생활보장법 제20조 제3항).

(5) 급여의 절차

1) 급여의 신청

국민기초생활보장법에 의한 급여를 제공받기 위해서는 제일 먼저 시장·군수·구청장에게 급여신청을 해야 한다. 수급권자에 대한 급여를 신청할 수 있는 자는 수급권자와 그 친족, 기타 관계인이다(동법 제21조 제1항). 또한 사회복지전담공무원은 급여를 필요로 하는 자가 누락되지 않도록 하기 위하여 수급권자의 동의를 받아 관할지역 내에 거주하는 수급권자에 대한 급여를 직권으로 신청할 수 있다(동조 제2항).

2) 조사·검진 및 자료제출요구

급여신청을 받은 시장·군수·구청장은 ① 조사·검진의 실시 및 ② 자료제출의 요구를 할 수 있다. 우선 시장·군수·구청장은 급여신청이 있는 경우에 사회복지전담공무원으로 하여금 급여의 결정 및 실시 등에 필요한 사항[13]을 조사하게 하거나 수급권자에게 보장기관이 지정하는 의료기관에서 검진을 받게 할 수 있다(동법 제22조 제1항). 이러한 조사·검진은 시장·군수·구청장의 권한일 뿐만 아니라 매년 1회 이상 실시해야 하는 의무이기도 하다(동법 제23조 제1항). 한편 시장·군수·구청장은 급여신청을 한 수급권자 또는 그 부양의무자의 소득·재산 및 건강상태 등을 확인하기 위하여 필요한 자료의 확보가 곤란한 경우 수급권자 또는 부양의무자에게 필요한 자료의 제출을 요구할 수 있고(동법 제22조 제2항), 급여의 결정 또는 실시 등을 위하여 필요한 경우 수급권자 또는 그 부양의무자의 고용주 기타 관계인에게 이에 관한 자료의 제출을 요청할 수 있다(동조 제3항). 그리고 보장기관이 조사를 실시하기 위하여 금융·국세·지방세·토지·건물·건강보험·국민연금·고용보험·출입국·병무·교정 등 관련 전산망 또는 자료를 이용하고자 할 경우에는 관계기관의 장에게 협조를 요청할 수 있고, 이 경우 관계기관의 장은 정당한 사유가 없는 한 이에 응하여야 한다(동조 제4항).

---

13) 조사대상이 되는 필요한 사항에는 ① 부양의무자의 유무 및 부양능력 등 부양의무자와 관련된 사항, ② 수급권자 및 부양의무자의 소득·재산에 관한 사항, ③ 수급권자의 근로능력·취업상태·자활욕구 등 자활지원계획수립에 필요한 사항, ④ 기타 수급권자의 건강상태·가구특성 등 생활실태에 관한 사항이 포함된다(국민기초생활보장법 제22조 제1항).

3) 급여의 결정과 통지 및 실시

시장·군수·구청장은 조사를 실시한 후에 지체 없이 급여실시의 여부와 급여의 내용을 결정해야 하고(동법 제26조 제1항), 그 결정의 요지, 급여의 종류·방법 및 급여의 개시시기 등을 서면으로 수급권자 또는 신청인에게 통지하여야 한다(동조 제3항). 결정의 통지는 원칙적으로 신청일로부터 14일 이내에 해야 한다(동조 제4항).[14] 급여실시 및 내용이 결정된 수급자에 대한 급여는 원칙적으로 급여의 신청일부터 개시하고, 보건복지부장관이 매년 결정·공표하는 최저생계비의 변경으로 인하여 매년 1월에 새로이 수급자로 결정되는 자에 대한 급여의 경우에는 예외적으로 해당 연도의 1월 1일을 그 급여개시일로 한다(동법 제27조 제1항).

3. 헌법적 심사기준에 의한 비판과 합헌적 대안

(1) 수급권자의 제한

국민기초생활보장법은 수급권자의 자격을 오로지 개인의 생활수준(소득 + 재산)에 따라서만 결정하지 않고, 부양의무자의 존재 여부와 부양능력의 존재 유무에 따라 결정하고 있다.[15] 이것은 가족이 없는 자보다 가족을 가진 자에게 불리하게 작용할 수 있다는 점에서 혼인과 가족제도를 보장하고 있는 헌법(제36조 제1항)에 위반될 가능성이 있다. 더욱이 형식적으로는 가족이 있다고 하더라도 그 가족이 부양능력은 있지만 실질적으로는 전혀 부양을 하지 않을 수도 있다는 점에서 가족이 있는 자에게 매우 불리하여 헌법상 보장된 평등권을 침해할 수 있다. 또한 더 근본적으로 수급권자의 범위를 개인별로 결정하는 것이 아니라 가구별로 결정한다는 점에서도 개인의 존엄성을 침해할 수 있다는 문제를 제기해볼 수 있다

(2) 최저생계비의 수준

국민기초생활보장법상의 수급권자를 결정하는 기준은 최저생계비다. 따라서

---

14) 하지만 ① 부양의무자의 소득·재산 등의 조사에 시일을 요하는 특별한 사유가 있는 경우 또는 ② 수급권자 또는 부양의무자가 조사나 자료제출요구를 거부·방해 또는 기피하는 경우에는 예외적으로 신청일부터 30일 이내에 통지할 수 있다(국민기초생활보장법 제26조 제4항 단서).

15) 이로 인해 국민기초생활보장의 '사각지대'가 발생한다는 주장은 타당하다. 이태수, "국민기초생활보장법과 한국 복지국가, 그 관계의 어제와 오늘 그리고 내일," 「복지동향」(참여연대사회복지위원회) 제131호(2009년 9월호), 14면 참조.

최저생계비를 누가, 어떤 기준에 따라 결정하는지가 중요하다. 법률은 최저생계비를 매년 보건복지부장관이 국민의 소득 · 지출수준과 수급권자의 가구유형 등 생활실태, 물가상승률 등을 고려하여 결정하도록 규정하고 있다. 결국 최저생계비를 결정하는 보건복지부장관이 어떠한 항목을 최저생계비를 계측하는 데 필요하다고 판단하는지에 따라 최저생계비의 수준은 달리 결정된다. 헌법재판소에 따르면 최저생계비의 결정은 입법부 또는 입법에 의하여 다시 위임을 받은 행정부 등 해당기관의 광범위한 재량에 맡겨져 있다고 본다.[16] 이것은 결국 최저

16) 헌재결 2004. 10. 28. 2002헌마328: 국가가 행하는 국민기초생활보장법상의 '생활능력 없는 장애인에 대한 최저생활보장을 위한 생계급여 지급'이 헌법이 요구하는 객관적인 최소한도의 내용을 실현하고 있는지의 여부는 국가가 인간다운 생활을 보장함에 필요한 최소한도의 조치를 취하였는가의 여부에 달려 있다고 할 것인바, '인간다운 생활'이란 그 자체가 추상적이고 상대적인 개념으로서 그 나라의 문화의 발달, 역사적 · 사회적 · 경제적 여건에 따라 어느 정도는 달라질 수 있는 것이고, '최소한도의 조치' 역시 국민의 사회의식의 변화, 사회 · 경제적 상황의 변화에 따라 가변적인 것이므로, 국가가 인간다운 생활을 보장하기 위한 생계급여의 수준을 구체적으로 결정함에 있어서는 국민 전체의 소득수준과 생활수준, 국가의 재정규모와 정책, 국민 각 계층의 상충하는 갖가지 이해관계 등 복잡 다양한 요소를 함께 고려해야 하므로, 생활이 어려운 장애인의 최저생활보장의 구체적 수준을 결정하는 것은 입법부 또는 입법에 의하여 다시 위임을 받은 행정부 등 해당기관의 광범위한 재량에 맡겨져 있다고 보아야 한다. 그러므로 국가가 인간다운 생활을 보장하기 위한 헌법적 의무를 다하였는지의 여부가 사법적 심사의 대상이 된 경우에는, 국가가 최저생활보장에 관한 입법을 전혀 하지 아니하였다든가 그 내용이 현저히 불합리하여 헌법상 용인될 수 있는 재량의 범위를 명백히 일탈한 경우에 한하여 헌법에 위반된다고 할 수 있다. 국가가 생활능력 없는 장애인의 인간다운 생활을 보장하기 위하여 행하는 사회부조에는 국민기초생활보장법에 의한 생계급여 지급을 통한 최저생활보장 외에 다른 법령에 의하여 행하여지는 것도 있으므로, 국가가 행하는 최저생활보장 수준이 그 재량의 범위를 명백히 일탈하였는지 여부, 즉 인간다운 생활을 보장하기 위한 객관적 내용의 최소한을 보장하고 있는지 여부는 보장법에 의한 생계급여만을 가지고 판단하여서는 아니되고, 그 외의 법령에 의거하여 국가가 최저생활보장을 위하여 지급하는 각종 급여나 각종 부담의 감면 등을 총괄한 수준으로 판단하여야 한다. 보건복지부장관이 2002년도 최저생계비를 고시함에 있어서 장애인가구의 추가지출비용을 반영한 최저생계비를 별도로 정하지 아니한 채 가구별 인원수를 기준으로 한 최저생계비만을 결정 · 공표함으로써 장애인가구의 추가지출비용이 반영되지 않은 최저생계비에 따라 장애인가구의 생계급여액수가 결정되었다 하더라도 그 생계급여액수는 최저생계비와 동일한 액수로 결정되는 것이 아니라 최저생계비에서 개별가구의 소득평가액 등을 공제한 차액으로 지급되기 때문에 장애인가구와 비장애인가구에게 지급되는 생계급여까지 동일한 액수가 되는 것은 아니라는 점, 이때 공제되는 개별가구의 소득평가액은 장애인가구의 실제소득에서 장애인가구의 특성에 따른 지출요인을 반영한 금품인 장애인복지법에 의한 장애수당, 장애아동부양수당 및 보호수당, 만성질환 등의 치료 · 요양 · 재활로 인하여 6개월 이상 지속적으로 지출하는 의료비를 공제하여 산정하므로 결과적으로 장애인가구는 비장애인가구에 비교하여 볼 때 최저생계비에 장애로 인한 추가비용을 반영하여 생계급여액을 상향조정함과 비슷한 효과를 나타내고 있는 점, 장애인가구는 비장애인가구와 비교하여 각종 법령 및 정부시책에 따른 각종 급여 및 부담감면으로 인하여 최저생계비의 비목에 포함되는 보건의료비, 교통 · 통신비, 교육비, 교양 · 오락비, 비소비지출비를 추가적으로 보전받고 있는 점을 고려할 때, 국가가 생활능력 없는 장애인의 인간다운 생활을 보장하기 위한 조치를 취함에 있어서 국가가 실현해야 할 객관적 내용의 최소한도의 보장에도 이

생계비에 관한 입법이 전혀 존재하지 않는다든지 입법의 내용이 명백하게 재량의 범위를 일탈한 경우에만 해당 법령이 위헌이 될 수 있다는 의미이다.

하지만 헌법상 보장된 사회적 기본권을 고려할 때 입법자에게 보장된 재량영역이 절대적이라고 볼 수는 없다. 입법자가 국민의 실제생활을 반영하여 합리적인 방식으로 최저생계비를 결정하지 않고, 오로지 국가의 경제수준이나 재정규모만 고려하여 최저생계비를 결정하는 경우에는 현저하게 불합리한 근거도 없고 명백하게 재량영역을 일탈하지 않았지만 충분히 위헌으로 결정할 수 있다고 본다. 사회적 기본권이 충분히 고려된다면 먼저 합리적인 방식으로 최저생계비가 결정되고, 다음으로 그에 미치지 못하는 자에게 수급권이 부여됨으로써 수급자 총수가 결정된 뒤에 양자를 곱하여 급여총액이 결정되어야 한다. 반면에 역으로 전체 수급자에게 지급될 급여총액이나 그 전제로서 수급자 총수를 미리 결정한 후(앞의 통계를 보면 수급자 총수는 전체 국민의 3% 정도인 130만 명에서 140만 명으로 유지되고 있음에 유의) 그에 맞추어 최저생계비를 인위적으로 결정했다는 합리적인 의심이 있는 경우에는 현저하게 불합리하지도 않고 명백한 재량일탈도 아니지만 위헌이 될 수 있다.

(3) 법령에 대한 위임

국민기초생활보장법은 많은 사항을 법령에 위임하고 있다. 이와 관련하여 헌법은 법률이 법령에 위임하는 경우에 '구체적으로 범위를 정하여' 위임하도록 위임의 한계를 설정하고 있다(헌법 제75조). 여기서 법률이 위임의 범위를 구체적으로 정하고 있는지 여부는 법령에서 정해질 내용에 대해서 이미 법률의 내용에서 예측할 수 있는지 여부에 따라 결정된다.

르지 못하였다거나 헌법상 용인될 수 있는 재량의 범위를 명백히 일탈하였다고는 보기 어렵고, 또한 장애인가구와 비장애인가구에게 일률적으로 동일한 최저생계비를 적용한 것을 자의적인 것으로 볼 수는 없다. 따라서, 보건복지부장관이 2002년도 최저생계비를 고시함에 있어 장애로 인한 추가지출비용을 반영한 별도의 최저생계비를 결정하지 않은 채 가구별 인원수만을 기준으로 최저생계비를 결정한 것은 생활능력 없는 장애인가구 구성원의 인간의 존엄과 가치 및 행복추구권, 인간다운 생활을 할 권리, 평등권을 침해하였다고 할 수 없다. 같은 취지의 결정으로 1997. 5. 29. 94헌마33 참조.

III. 그 밖의 공공부조법

1. 의료급여법

생활능력이 없는 가난한 사람들에게 제공되어야 하는 다양한 유형의 급여들 가운데 의료급여의 내용과 방법 및 절차 등을 규정하기 위한 법률로서 의료급여법이 제정되어 있다.[17] 공공부조를 통해 생활이 어려운 가난한 사람들에게 제공되는 급여들 가운데 의료급여는 진단, 검사, 치료, 수술과 같은 의료서비스를 주된 내용으로 하고, 이를 위해 의료인력과 의료장비 및 의료시설을 필요로 한다는 점을 특징으로 한다. 이러한 의료서비스는 가입자가 일정한 금액을 지불해야 하는 사회보험(건강보험)의 방식으로 제공될 수 있는데[18] 가난한 사람들에 대한 의료급여는 사회보험에 가입할 수 없을 정도로 빈곤한 집단(최저생계비에 미치지 못하는 소득 집단)을 대상으로 한다.[19] 의료급여는 의료서비스에 관한 비용을 지불할 수 없을 만큼 가난한 사람들에 대한 공공부조의 성격이 강하지만 더 나아가 가난한 사람들이 의료서비스에 관한 비용의 지출로 극도의 빈곤상태로 빠지는 것을 예방하는 의미도 갖는다.

(1) 수급권자

의료급여법에 의하여 의료급여를 받을 수 있는 수급권자는 생활이 어려운

---

17) 국민기초생활보장법이 제정되기 전까지 의료급여는 생활보호법상의 의료보호로 이해되었고, 1977년에 제정된 의료보호법에 따라 독립적으로 규율되었다. 1999년 9월에 국민기초생활보장법의 제정(시행은 2000년 10월)으로 의료급여를 규율하는 법률로서 2001년 10월 의료급여법이 제정되었다. 의료급여법의 제정으로 변화된 의료급여의 내용에 대해서는 신영석, “국민기초생활보장제도와 의료급여,” 「보건복지포럼」(한국보건사회연구원) 통권 제108호(2005년 10월호), 44면 이하 참조.

18) 사회보험으로서의 의료서비스에 대해서는 나중에 이 책 제3장 제3절 II.에서 자세하게 설명한다.

19) 헌법재판소는 가난한 환자에 대한 국가의 의료지원의 헌법적 근거를 헌법 제34조 제1항과 제2항 및 제5항에서 찾고 있다. 헌재결 2009. 11. 26. 2007헌마734: 헌법 제34조 제1항은 “모든 국민은 인간다운 생활을 할 권리를 가진다”고 규정하면서, 제34조 제2항에서 “국가는 사회보장 · 사회복지의 증진에 노력할 의무를 진다”고 규정함과 아울러 제34조 제5항에서 “신체장애자 및 질병 · 노령 기타의 사유로 생활능력이 없는 국민은 법률이 정하는 바에 의하여 국가의 보호를 받는다”고 규정하고 있는바, 이러한 헌법규정들은 생활능력 없는 질환자에게 인간다운 생활을 할 권리가 있고, 이에 대응하여 국가에게 생활능력 없는 질환자를 보호할 헌법적 의무가 있음을 보여주고 있는 것이다.

빈곤자 이외에 이재민이나 국가유공자 또는 탈북주민과 같이 대체로 생활이 어려울 것으로 추정되는 다음과 같은 집단도 포함되고(동법 제3조 제1항), 출입국관리법에 따라 난민의 지위를 인정받은 자로서 국민기초생활보장법에 의한 수급권자의 범위에 해당하는 자도 수급권자로 본다(동법 제3조의2).

① 국민기초생활보장법에 의한 수급자

② 재해구호법에 의한 이재민

③ 의사상자 등 예우 및 지원에 관한 법률에 따른 의상자 및 의사자 유족

④ 입양촉진 및 절차에 관한 특례법에 의하여 국내에 입양된 18세 미만의 아동

⑤ 독립유공자예우에 관한 법률 및 국가유공자 등 예우 및 지원에 관한 법률의 적용을 받고 있는 자와 그 가족으로서 국가보훈처장이 의료급여가 필요하다고 요청한 자 중 보건복지부장관이 의료급여가 필요하다고 인정한 자

⑥ 문화재보호법에 의하여 지정된 중요무형문화재의 보유자(명예보유자를 포함한다) 및 그 가족으로서 문화재청장이 의료급여가 필요하다고 요청한 자 중 보건복지부장관이 의료급여가 필요하다고 인정한 자

⑦ 북한이탈주민의 보호 및 정착지원에 관한 법률의 적용을 받고 있는 자와 그 가족으로서 보건복지부장관이 의료급여가 필요하다고 인정한 자

⑧ 5·18민주화운동 관련자 보상 등에 관한 법률 제8조의 규정에 의하여 보상금 등을 받은 자와 그 가족으로서 보건복지부장관이 의료급여가 필요하다고 인정하는 자

⑨ 그 밖에 생활유지의 능력이 없거나 생활이 어려운 자로서 대통령령이 정하는 자[20]

수급권자에 대한 의료급여의 내용 및 기준은 대통령령이 정하는 바에 따라 수급권자를 구분하여 이를 달리할 수 있는데 대통령령인 의료급여법 시행령은 수급권자를 1종 수급권자와 2종 수급권자로 구분한다(동시행령 제3조 제1항).[21] 2008

20) 의료급여법 시행령 제2조【수급권자】의료급여법(이하 "법"이라 한다) 제3조 제1항 제9호에서 "대통령령이 정하는 자"란 법 제3조 제1항 제1호부터 제8호까지의 규정에 해당하는 사람과 유사한 사람으로서 다음 각 호의 어느 하나에 해당하는 사람 중 보건복지부장관이 의료급여가 필요하다고 인정하는 사람을 말한다.
1. 일정한 거소가 없는 사람으로서 경찰관서에서 무연고자로 확인된 사람
2. 그 밖에 보건복지부령으로 정하는 사람

21) 의료급여법 시행령 제3조【수급권자의 구분】① 수급권자는 법 제3조 제2항의 규정에 의하여 1종 수급권자와 2종 수급권자로 구분한다.
② 1종 수급권자는 다음 각 호의 어느 하나에 해당하는 자로 한다.
1. 법 제3조 제1항 제1호에 따른 국민기초생활보장법에 의한 수급자 중 다음 각 목의 어느

년을 기준으로 의료급여를 받는 수급권자는 1종 수급권자와 2종 수급권자를 합하여 총 수급권자는 184만여 명으로 전체인구의 4% 정도를 차지한다.

[표 3.2.3.1] 의료급여 대상자 현황

(단위: 명)

		2002	2003	2004	2005	2006	2007	2008
총 계		1,420,539	1,453,786	1,528,843	1,761,565	1,828,627	1,852,714	1,841,339
1종	합 계	828,922	867,305	919,181	996,449	1,028,536	1,062,263	1,024,848
	기초생활보수급자	660,991	690,766	729,537	793,508	822,484	852,748	829,751
	시설보호자	79,068	81,715	86,374	87,668	85,118	86,655	85,929
	국가유공자	75,993	80,584	83,999	85,287	85,214	84,332	85,110
	북한이탈주민	2,653	2,994	4,481	5,158	6,335	7,933	9,035
	인간문화재	385	425	434	410	317	312	244
	광주민주화운동 관련자	435	9,221	9,342	9,322	9,281	9,249	10,520
	이재민	9,108	1,172	20	561	59	13	0
	의사상자 및 유족	289	428	525	574	732	791	811
	국내입양아동	-	-	-	703	1,223	2,241	3,448
	차상위 (희귀난치성)	-	-	4,469	13,258	17,773	17,989	0
2종	합 계	591,617	586,481	609,662	765,116	800,091	790,451	816,491

* 자료: 국민건강보험공단 웹사이트(www.nhic.or.kr).

하나에 해당하는 자
가. 다음 각 항목의 어느 하나에 해당하는 자 또는 근로능력이 없거나 근로가 곤란하다고 인정하여 보건복지부장관이 정하는 자만으로 구성된 세대의 구성원
(1) 18세 미만인 자
(2) 65세 이상인 자
(3) 장애인고용촉진 및 직업재활법 제2조 제2호에 해당하는 중증장애인
(4) 국민기초생활보장법 시행령 제7조 제1항 제2호에 해당하는 자
(5) 임신 중에 있거나 분만 후 6개월 미만의 여자
(6) 병역법에 의한 병역의무를 이행중인 자
나. 국민기초생활보장법 시행령 제38조의 규정에 의한 보장시설에서 급여를 받고 있는 자
다. 국민기초생활보장법 제5조 제2항의 규정에 해당하는 자로서 보건복지부장관이 인정하는 자
라. 보건복지부장관이 정하여 고시하는 희귀난치성질환을 가진 자가 속한 세대의 구성원
2. 법 제3조 제1항 제2호 내지 제8호의 규정에 해당하는 자
3. 제2조 제1호에 해당하는 수급권자
4. 제2조 제2호에 해당하는 자로서 보건복지부장관이 1종 의료급여가 필요하다고 인정하는 자
③ 2종 수급권자는 다음 각 호의 어느 하나에 해당하는 자로 한다.
1. 법 제3조 제1항 제1호의 규정에 해당하는 자 중 제2항 제1호에 해당하지 아니하는 자
2. 삭제
3. 제2조 제2호에 해당하는 자로서 보건복지부장관이 2종 의료급여가 필요하다고 인정하는 자·

(2) 의료급여의 내용 및 의료급여기관

의료급여법에 따라 질병 · 부상 · 출산 등에 대하여 제공되는 의료급여는 다음과 같다: ① 진찰 · 검사, ② 약제 · 치료재료의 지급, ③ 처치 · 수술과 그 밖의 치료, ④ 예방 · 재활, ⑤ 입원, ⑥ 간호, ⑦ 이송과 그 밖의 의료목적의 달성을 위한 조치(동법 제7조 제1항). 이러한 의료급여를 제공하기 위하여 의료급여기관이 지정된다. 의료급여법에서 의료급여기관으로 지정된 것으로는 ① 의료법에 따라 개설된 의료기관, ② 지역보건법에 따라 설치된 보건소 · 보건의료원 및 보건지소, ③ 농어촌 등 보건의료를 위한 특별조치법에 따라 설치된 보건진료소, ④ 약사법에 따라 등록된 약국 및 동법에 따라 설립된 한국희귀의약품센터가 포함된다(동법 제9조 제1항). 2008년의 경우에 의료급여에 소요된 진료비는 총 4조 4,789억여 원에 이르고, 이 가운데 기관이 부담한 금액은 4조 3,578억여 원이다(아래 [표 3.2.3.2] 참조).

[표 3.2.3.2] 의료급여 현황

(단위: 천 건, 억 원)

	2001	2002	2003	2004	2005	2006	2007	2008
진료건수	26,601	28,379	28,992	31,978	48,480	56,600	65,913	78,175
총진료비	18,922	20,313	22,149	26,111	32,337	39,251	42,238	44,789
기관부담금	18,419	19,824	21,655	25,658	31,765	38,535	41,321	43,578

* 자료: 국민건강보험공단 웹사이트(www.nhic.or.kr).

(3) 의료급여의 비용

의료급여의 비용은 원칙적으로 의료급여기금에서 부담하고, 의료급여기금에서 일부를 부담하는 경우에 그 나머지의 비용은 본인이 부담한다(동법 제10조).[22]

22) 헌재결 2009. 11. 26. 2007헌마734: 1종 수급권자에 대한 본인부담금제와 선택병의원제를 규정한 이 사건 개정법령으로 인해 그 개정 전보다 청구인들의 의료급여 수급권의 행사에 다소의 제한이 초래된다 하더라도 이로 인해 국가가 실현해야 할 객관적 내용의 최소한도의 보장에도 이르지 못하였다거나 헌법상 용인될 수 있는 재량의 범위를 명백히 일탈하였다고는 보기 어렵다 할 것이어서, 이 사건 개정법령으로 인해 청구인들의 인간다운 생활을 할 권리가 침해되었다거나 국가가 사회보장 · 사회복지증진의무 · 생활무능력자보호의무 등을 위반하였다고 할 수 없다. 한편 의료급여와 관련된 본인부담금제에 대한 비판적 논의로 나영희, "의료급여법 시행령과 시행규칙 개정과정을 둘러싼 담론에 관한 연구," 「사회복지정책」(한국사회복지정책학회) 제36집(2009), 173면 이하 참조.

의료급여기금은 시 · 도에 설치하고(동법 제25조 제1항), 그 재원은 ① 국고보조금, ② 지방자치단체의 출연금, ③ 상환받은 대불금,[23] ④ 징수한 부당이득금,[24] ⑤ 의료급여법에 의하여 징수한 과징금,[25] ⑥ 당해 기금의 결산상 잉여금 및 그 밖의 수입금으로 한다(동조 제2항).

2. 긴급복지지원법

국민기초생활보장법에 의한 수급자에 해당하지 않는 가난한 사람들 가운데 가족의 갑작스런 사망이나 질병 등으로 생계 등이 곤란해지는 위기상황에 처하여 긴급하게 생활을 지원해야 할 필요가 있는 사람들, 특히 아동이나 노인이 존재한다. 이러한 사람들을 대상으로 신속하게 생계 등을 지원하는 법률로서 긴급복지지원법이 마련되어 있다. 긴급복지지원법은 2005년 12월에 제정되어 2006년 3월부터 시행되었는데(동법 부칙 제1조) 본래 시행일로부터 5년의 유효기간을 정한 한시법이었으나(동법 부칙 제2조) 2009년 법률개정으로 시한에 관한 부칙을 삭제하였다.

(1) 수급권자

긴급복지지원법에 따른 급여를 제공받을 수 있는 수급권자는 긴급지원대상자, 즉 위기상황에 처한 사람으로서 공적 지원이 긴급하게 필요한 사람이다(동법 제5조). 여기서 위기상황이라 함은 본인 또는 본인과 생계 및 주거를 같이 하고 있는 가구구성원이 일정한 사유로 생계유지 등이 어렵게 된 것을 의미한다(동법

23) 의료급여비용의 일부만을 의료급여기금에서 부담하는 경우에 그 나머지 급여비용(보건복지부장관이 정한 금액에 한한다)에 대하여는 수급권자 또는 그 부양의무자의 신청에 따라 의료급여기금에서 이를 대불할 수 있다(의료급여법 제20조 제1항). 그리고 대불을 받은 자(그 부양의무자를 포함하며, '대불금상환의무자'라 한다)는 보건복지부령이 정하는 바에 따라 대불금을 그 거주지를 관할하는 시장 · 군수 · 구청장에게 상환하여야 하고, 이 경우 대불금의 상환은 무이자로 한다(동법 제21조 제1항).

24) 시장 · 군수 · 구청장은 속임수 그 밖의 부당한 방법으로 의료급여를 받은 자 또는 급여비용을 받은 의료급여기관(제11조 제5항의 규정에 의한 공급자를 포함한다)에 대하여 그 급여 또는 급여비용에 상당하는 금액의 전부 또는 일부를 부당이득금으로 징수한다(의료급여법 제23조 제1항).

25) 보건복지부장관은 의료급여기관에 대하여 업무정지처분을 하여야 하는 경우로서 그 업무정지가 수급권자에게 심한 불편을 주거나 그 밖의 특별한 사유가 있다고 인정되는 때에는 그 업무정지처분에 갈음하여 속임수 그 밖의 부당한 방법으로 부담하게 한 급여비용의 5배 이하의 금액을 과징금으로 부과 · 징수할 수 있다(의료급여법 제29조 제1항).

제2조). 생계유지 등이 어렵게 된 사유로는 ① 주소득자(主所得者)가 사망, 가출, 행방불명, 구금시설에 수용되는 등의 사유로 소득을 상실하고 가구소득이 국민기초생활보장법 제6조에 따라 해마다 공표되는 최저생계비 이하인 경우, ② 중한 질병 또는 부상을 당한 경우, ③ 가구구성원으로부터 방임(放任) 또는 유기(遺棄)되거나 학대 등을 당한 경우, ④ 가정폭력을 당하여 가구구성원과 함께 원만한 가정생활을 하기 곤란하거나 가구구성원으로부터 성폭력을 당한 경우, ⑤ 화재 등으로 인하여 거주하는 주택 또는 건물에서 생활하기 곤란하게 된 경우, ⑥ 그 밖에 보건복지부장관이 정하여 고시하는 사유가 발생한 경우가 있다. 외국인도 난민의 경우처럼 긴급지원대상자가 될 수 있는 경우가 있다(동법 제5조의2).[26)]

(2) 급여의 종류와 내용

긴급복지지원법에 따라 제공되는 급여는 **긴급지원**이다. 긴급지원은 크게 직접지원과 민간기관 · 단체와의 연계 등의 지원으로 구분된다(동법 제9조). 우선 직접지원에는 금전 또는 현물(現物) 등을 직접적으로 지원하는 것으로서 ① 식료품비 · 의복비 등 생계유지에 필요한 비용 또는 현물을 지원하는 **생계지원**, ② 각종 검사 및 치료 등 의료서비스를 지원하는 **의료지원**, ③ 임시거소(臨時居所) 제공 또는 이에 해당하는 비용을 지원하는 **주거지원**, ④ 사회복지사업법에 따른 사회복지시설 입소(入所) 또는 이용 서비스 제공이나 이에 필요한 비용을 지원하는 **사회복지시설이용지원**, ⑤ 초 · 중 · 고등학생의 수업료, 입학금, 학교운영지원비 및 학용품비 등 필요한 비용을 지원하는 **교육지원**, ⑥ 연료비나 그 밖에 위기상황의 극복에 필요한 비용 또는 현물을 지원하는 **그 밖의 지원**이 포함된다. 다음으로 민간기관 · 단체와의 연계 등의 지원으로는 ① 대한적십자사 조직법에 따른 대한적십자사, 사회복지공동모금회법에 따른 사회복지공동모금회 등의 사회복지기관 · 단체와의 연계 지원과 ② 상담 · 정보제공 및 그 밖의 지원이 있다.

생계지원 · 주거지원 · 사회복지시설이용지원 및 그 밖의 지원은 1개월간의 생계유지 등에 필요한 지원으로 하되, 시장 · 군수 · 구청장이 긴급지원대상자의

---

26) 긴급지원대상자가 될 수 있는 외국인으로는 ① 대한민국 국민과 혼인중인 사람, ② 대한민국 국민인 배우자와 이혼하거나 그 배우자가 사망한 사람으로서 대한민국 국적을 가진 직계존비속(直系尊卑屬)을 돌보고 있는 사람, ③ 출입국관리법에 따라 난민(難民)의 인정을 받은 사람, ④ 본인의 귀책사유 없이 화재, 범죄, 천재지변으로 피해를 입은 사람, ⑤ 그 밖에 보건복지부장관이 긴급한 지원이 필요하다고 인정하는 사람이 포함된다(긴급복지지원법 시행령 제1조의2).

위기상황이 계속된다고 판단하는 경우에는 1개월씩 두 번의 범위에서 기간을 연장할 수 있다(동법 제10조 제1항). 그리고 의료지원은 위기상황의 원인이 되는 질병 또는 부상을 검사·치료하기 위한 범위에서 한 번 실시하며, 교육지원도 한 번 실시한다(동조 제2항). 하지만 이러한 지원에도 불구하고 위기상황이 계속되는 경우에 시장·군수·구청장은 긴급지원심의위원회의 심의를 거쳐 지원을 연장할 수 있는데 생계지원·주거지원·사회복지시설이용지원 및 그 밖의 지원은 최초의 지원기간을 합하여 총 6개월을 초과할 수 없고, 의료지원과 교육지원은 최초의 지원횟수를 합하여 총 두 번을 초과할 수 없다(동조 제3항).

2009년의 경우에 긴급복지지원을 위해 책정된 예산은 1,533억여 원이고, 실제로 집행된 금액은 1,120억이었으나 2010년의 경우에는 긴급복지지원예산이 대폭 삭감되어 579억여 원에 그쳤다(아래 [표 3.2.3.3] 참조).

[표 3.2.3.3] 긴급복지지원 예산 및 지출 현황

(단위: 백만 원)

	2006	2007	2008	2009	2010
예 산	61,532	34,137	37,754	153,312	57,912
지 출	23,395	34,137	7,400	112,000	-

* 자료: 기획재정부 디지털예산회계시스템(www.digitalbrain.go.kr).

(3) 긴급지원의 절차

긴급지원대상자와 친족, 그 밖의 관계인은 구술 또는 서면 등으로 관할 시장·군수·구청장에게 긴급지원을 요청할 수 있다(동법 제7조 제1항). 또한 누구든지 긴급지원대상자를 발견한 경우에는 관할 시장·군수·구청장에게 신고하여야 한다(동조 제2항). 그 밖에 ① 의료법에 따른 의료기관의 종사자, ② 유아교육법, 초·중등교육법 및 고등교육법에 따른 교원, ③ 사회복지사업법에 따른 사회복지시설의 종사자 및 같은 법에 따라 위촉된 복지위원, ④ 국가공무원법 및 지방공무원법에 따른 공무원은 진료·상담 등 직무수행 과정에서 긴급지원대상자가 있음을 알게 된 경우에는 관할 시장·군수·구청장에게 이를 신고하고, 긴급지원대상자가 신속하게 지원을 받을 수 있도록 노력해야 할 의무가 있다(동조 제3항).

긴급지원의 남용을 방지하기 위하여 사후에 시장·군수·구청장은 지원을 받았거나 받고 있는 긴급지원대상자에 대하여 소득 또는 재산 등 대통령령으로 정하는 기준에 따라 긴급지원이 적정한지를 조사해야 한다(동법 제13조 제1항). 그리고 긴급지원심의위원회는 시장·군수·구청장이 한 사후조사 결과를 참고하여 긴급지원의 적정성을 심사한다(동법 제14조 제1항). 이러한 심사의 결과 긴급지원대상자에 대한 지원이 적정하지 않은 것으로 결정된 경우에도 긴급지원담당공무원의 고의 또는 중대한 과실이 없으면 시장·군수·구청장은 이를 이유로 긴급지원담당공무원에 대하여 불리한 처분이나 대우를 할 수 없다(동조 제3항). 이것은 긴급지원을 담당하는 공무원의 적극적 업무수행을 통해 긴급지원대상자에 대한 신속한 지원을 확보하기 위한 수단으로 이해된다.

3. 기초노령연금법

빈곤은 다양한 원인 때문에 발생하지만 노령(고령)은 빈곤의 중요한 원인이 된다. 노령이 되어감에 따라 근로능력이 감소 또는 상실되어 생활의 유지에 필수적인 소득이 없어지기 때문이다. 물론 소득이 없어도 모아둔 재산이 있거나 부양해줄 가족이 있는 노인의 경우에는 생활의 유지가 가능하기 때문에 문제가 되는 것은 그러한 여건이 되지 않는 '가난한 노인'이다. 이에 따라 노령으로 인해 생활능력이 없는 가난한 노인들의 생활을 보호하기 위하여 세계 각국은 다양한 제도를 설계하고 있는데[27] 한국의 경우에는 기초노령연금법의 제정으로 구체화되었다.[28]

(1) 수급권자

기초노령연금법에 따라 급여를 제공받을 수 있는 수급권자는 ① 65세 이상의 노인으로서 ② 일정 금액 이하의 소득밖에 없는 사람이다(동법 제3조). 2010년의 경우에 기초노령연금급여를 받을 수 있는 기준이 되는 소득인정액은 단독노인의 경우에 70만원, 부부노인의 경우에 112만원이다. 노령을 사유로 하는 급여는 국민연금보험법에 따라 제공받는 '노령급여'[29]도 있지만 이것은 수급권자가 일

27) 노인의 기초생활을 보장하는 세계 각국의 제도에 대한 비교법적 연구로 김성숙/김원섭/배준호/권혁진/정해식, 「노령기초소득보장제도의 국제비교연구」(국민연금연구원 정책보고서), 2007, 64면 이하 참조.

28) 기초노령연금제도는 1961년에 제정된 생활보호법상의 '생활보호제도'를 연원으로 하여 1998년 국민기초생활보장법상의 '경로연금제도'로 변화되었다가 2007년에 기초노령연금법의 제정으로 '기초노령연금제도'로 독립되어 2008년 1월 1일부터 시행되고 있다.

29) 국민연금법상의 노령연금에 대해서는 이 책 제3장 제3절 III. 2.에서 다시 설명한다.

정한 보험금을 납부해야 하는 의무가 있는 사회보험이라는 점에서 공공부조인 기초노령연금법상의 급여와 구분된다. 또한 기초노령연금법상의 수급권자는 생활능력이 없는 노인에 한정된다는 점에서 일정한 연령에 도달한 모든 노인을 수급권자로 하는 사회보험으로서 국민연금법상의 노령연금과도 구분된다. 2009년의 경우에 65세 이상의 노인 가운데 70%에 가까운 363만여 명이 기초노령연금의 수급자이었다(아래 [표 3.2.3.4] 참조). 이들에게 지급된 연금총액은 대략 3조 4,279억원에 이른다.30)

[표 3.2.3.4] 기초노령연금 수급자 및 지급 현황

(단위: 천 명, %, 억 원)

	전체 노인 대비 기초노령연금 수급자 수			지 급 액		
	전체 노인	수급자 수	수 급 률	계	국 비	지 방 비
2008	5,070	2,898	57	22,242	15,889	6,353
2009	5,348	3,630	69	34,279	24,744	9,535

* 자료: 보건복지부 웹사이트.

(2) 급여의 내용

기초노령연금법에서 제공하는 급여는 기초노령연금이다. 기초노령연금은 국민연금법에 따른 국민연금가입자 평균소득 금액의 100분의 5에 해당하는 액수로 한다. 다만, 소득인정액과 연금액을 합한 금액이 대통령령으로 정하는 금액 이상인 경우에는 대통령령으로 정하는 바에 따라 연금액의 일부를 감액하여 지급할 수 있다(동법 제5조 제1항). 그리고 본인 및 그 배우자가 모두 연금을 지급받는 경우에는 각각의 연금액에 대하여 100분의 20을 감액한다(동조 제2항). 이에 따라 2010년 4월 1일부터 2011년 3월 31일까지 매월 단독수급자의 경우에 최고 90,000원, 부부수급자의 경우에 최고 144,000원이 지급된다.

30) 기초노령연금의 현황에 대한 자세한 분석으로 정해식, 「기초노령연금 관리체계 개선방안」(국민연금연구원 정책자료), 2008, 21면 이하; 배준호, "기초노령연금의 재원별 소득계층별 후생변화," 「재정학연구」(한국재정학회) 제2권 제1호(2009), 1면 이하 참조.

4. 헌법적 심사기준에 의한 비판과 합헌적 대안

국민기초생활보장법 외의 공공부조법은 국민기초생활보장법에 의해 보호되는 '생활이 어려운 사람'을 제외하고도 여전히 공공부조를 받아야 함에도 불구하고 그렇지 못한 채 공공부조의 사각지대에 놓여 있는 대상을 최소한 고려하고 있는지 여부 및 그러한 대상에 대한 보호의 범위와 수준이 최소한에 도달했지 여부에 따라 헌법합치성이 판단될 수 있다. 국민기초생활보장법 외의 공공부조법 영역에서도 헌법재판소는 입법부 또는 집행부에 광범위한 재량의 영역을 인정한다. 하지만 이미 국민기초생활보장법과 관련하여 언급한 것처럼 공공부조법의 영역에서도 국가의 재량을 절대적으로 인정할 수는 없고, 헌법이 보장한 사회적 기본권을 고려하여 제한할 수밖에 없다. 따라서 현저하게 불합리한 근거를 제시하거나 명백하게 재량의 범위를 일탈한 경우가 아니더라도 공공부조와 관련된 법령은 사회적 기본권을 침해할 수 있다. 다시 말해 공공부조와 관련된 법령의 내용이 '극단적으로 비합리적인(extremely unreasonable) 경우'뿐만 아니라 '납득하기 어려울 만큼 비합리적인 경우'에조차 사회적 기본권을 침해한다고 볼 수 있다. 예를 들어 공공부조의 적용대상이나 급여수준을 결정하면서 국가의 경제수준이나 재정규모를 반영하는 것은 '극단적으로 비합리적인 경우'는 아니지만 오로지 그러한 경제정책적 요소만 고려한 채 국민에게 보장된 공공부조에 관한 사회적 기본권을 고려하지 않는 것은 '납득하기 어려울 만큼 비합리적인 경우'에 해당할 수 있다. 구체적으로 말하면 입법자가 의료급여나 기초노령연금이 전체 국가재정에서 차지하는 비중을 고려하여 의료급여의 수급권자나 범위 또는 기초노령연금의 수급권자나 금액을 결정하는 것이 극단적으로 비합리적인 것은 아니지만 공공부조에 관한 사회적 기본권까지 고려한다면 그 합리성에 대해서 납득할 수 없는 경우도 존재한다.

제3절 사회보험법

I. 개　관

1. 사회보험의 필요성

모든 사람은 질병에 걸리거나 부상을 입을 수 있고, 나이를 먹어가면서 노인이 된다. 또한 누구나 직장생활을 하다가 산업재해(산재)를 당할 수도 있고, 심지어 직장을 잃고 실업자가 될 수도 있다. 이처럼 질병·노령·산재·실업은 모든 사람이 공통적으로 경험할 수 있는 '사회적 위험'에 해당한다. 이러한 사회적 위험이 발생할 수 있는 미래의 상황에 대비해서 공동체구성원 전체가 준비자금을 마련하고, 실제로 위험이 발생한 사람에게 위험의 제거에 필요한 경제적 급여를 제공하는 제도가 사회보험이다. 이러한 사회보험은 국가가 법률을 통해 가입을 강제하므로 시장에서 다른 상품처럼 구매자의 의사에 따라 가입 여부가 자유롭게 결정될 수 있는 민간보험과 구분된다. 이러한 사회보험의 강제성은 보험료를 납부하지 않은 경우에 조세를 납부하지 않은 경우처럼 강제로 징수됨으로써 강화된다. 그렇지만 사회보험의 급여를 받을 수 있는 수급권은 양도나 압류가 금지됨으로써 사회적 위험에 대한 최소한의 안전망으로서 역할을 확보한다.

2. 사회보험의 특성

사회보험도 다른 일반적인 보험과 마찬가지로 미래의 위험에 공동으로 대비하는 제도라는 점, 그러한 위험에 노출된 사람들이 가입하여 각자 일정한 금액을 갹출한다는 점, 그리고 실제로 위험에 처한 사람에게 약속한 경제적 급여를 제공한다는 점에서 동일하다. 하지만 공동체구성원 전체가 공통적으로 경험할 수 있는 위험에 대비한다는 점(위험의 보편성), 국가에 의해서 해당 국민의 보험가입이 강제된다는 점(가입의 강제성), 보험가입의 자격과 조건 및 급여의 내용과 방법 및 절차가 법률에 의해서 규율된다는 점(법적 규율)에서 독특한 성격을 가진다.[1] 따라서 사회보험은 한편으로 다른 보험과 마찬가지로 수입과 지출의 균형을 통해 '재정의 건전화'를 도모해야 하지만 다른 한편으로 보편적 위험에 대한 보장으로서 사회적 기본권을 실현해야 하므로 서로 충돌하는 목표를 추구할 수밖에 없다.

3. 사회보험법제의 체계

사회구성원 전체가 보편적 위험에 대비하기 위한 사회보험제도로는 현재 이른바 '5대 사회보험제도'로 불리는 ① 건강보험제도, ② 연금보험제도, ③ 산업재해보험제도, ④ 실업보험제도, ⑤ 노인요양보험제도가 있다. 그리고 이러한 제도를 규율하는 법률로서 ① 국민건강보험법, ② 국민연금법, ③ 공무원연금법, ④ 사립학교교직원연금법, ⑤ 군인연금법, ⑥ 산업재해보상보험법, ⑦ 고용보험법, ⑧ 노인장기요양보험법이 제정되어 있다.

[표 3.3.1.1] 한국 사회보험법의 체계

유 형	현행 법률	대 상	내 용
건강보험	국민건강보험법	국민 전체	질 병
연금보험	국민연금법	국민 전체	노령/장애/사망
	공무원연금법	공무원	퇴직/재해/장애/사망
	사립학교교직원연금법	사립학교의 교원 및 사무직원	퇴직/재해/장애/사망
	군인연금법	군 인	퇴직/재해/장애/사망
산업재해보험	산업재해보상보험법	근로자	산업재해
실업보험	고용보험법	근로자	실 업
노인요양보험	노인장기요양보험법	국민 전체	노인성 질병

1) 사회보험과 민간보험의 차이에 대해서는 최재식, 「공무원연금제도의 재정 건전성 재고를 위한 정책대안 분석」, 공무원연금관리공단, 2004, 24면 이하 참조.

II. 국민건강보험법

1. 개 관

(1) 헌법적 문제로서 질병

국민이 질병에 걸리지 않도록 예방하고, 질병에 걸린 국민을 치료하기 위하여 보건·의료서비스를 제공해야 하는 것은 국가의 중요한 과제에 해당한다. 질병의 문제는 빈곤의 문제와 밀접하게 연계되어 있다. 질병은 근로능력을 감소시키거나 상실시켜 실업을 야기하고, 이로 인해 사람들을 빈곤의 나락으로 떨어뜨린다. 그러므로 국가는 질병의 예방과 치료가 빈곤의 문제를 해결할 수 있는 중요한 수단임을 인식하고 질병의 문제를 해결하기 위해 적극적으로 노력해야 한다. 한편 빈곤자들은 충분한 영양공급이 불가능하여 질병에 걸릴 가능성이 높고, 질병을 치료할 수 있는 재정적 기초도 소유하지 못한다. 따라서 국가는 질병의 문제를 해결하기 위하여 우선적으로 빈곤의 문제를 해결할 필요성이 있다. 이처럼 빈곤의 문제와 밀접하게 연계되어 있는 질병의 문제를 해결하기 위하여 헌법은 국가에 대해서 일정한 과제를 부과하고, 이에 상응하여 국민은 국가를 상대로 일정한 권리를 갖도록 해야만 한다.

(2) 헌법적 근거

헌법은 국민에게 건강에 관한 국가의 보호를 받을 수 있는 권리인 보건권을 보장한다(제36조 제3항). 따라서 국민은 보건에 관한 국가의 급부를 요구할 수 있는 권리를 가지고, 이에 상응하여 국가는 보건에 관한 급부를 국민에게 제공해야 할 의무를 부담한다.[2] 보건에 관한 급부의 핵심적 내용은 의료에 관한 서비스와 시설 및 장비와 인력의 제공이다. 이러한 보건에 관한 국민의 권리는 사회적 기본권으로, 국가의 보건의무는 사회국가적 과제로 이해된다. 따라서 국민은 보건권에 근거하여 국가에 대해서 보건에 관한 경제적 여건의 제공을 요구할 수 있고, 국가는 보건의무에 따라 국민에 대해서 보건에 관한 경제적 여건을 제공해야 할 의무를 진다. 이러한 경제적 여건을 제공하는 데 필요한 재

2) 보건권을 포함한 사회적 기본권이 단순히 국가의 의무에 지나지 않는지, 아니면 국민의 권리이기도 한지에 대해서는 이 책 제1장 제1절 Ⅰ. 3. (1) 4) 사회적 기본권의 법적 성격 참조.

원은 조세를 통해 충당될 수도 있고, 보험료를 통해 충당될 수도 있는데 입법자는 원칙적으로 '국민건강보험제도'라는 사회보험의 형태를 선택함으로써 보험료의 방식을 채택하였다. 예외적으로 국민건강보험에 가입할 수 없는 자에 대해서는 앞서 설명한 의료급여의 형태를 선택하여 조세의 방식을 채택하고 있다.[3)]

(3) 예방적 보건과 사후적 보건

국민의 건강에 대한 보호는 ① 예방적 보호와 ② 사후적 보호로 구분될 수 있다. 예방적 보호는 건강한 국민이 건강한 상태를 유지할 수 있도록 보호하는 것을 의미하고, 사후적 보호는 질병으로 인해 건강에 이상이 생긴 국민을 치료함으로써 보호하는 것을 의미한다. 예방적 보호든 사후적 보호든 건강보호에 관한 헌법적 권리와 의무는 사회적 기본권과 사회국가적 의무로 이해되는 한 재정적 급부를 내용으로 한다. 따라서 국민은 건강에 대한 예방적 보호와 사후적 보호를 위하여 필요한 재정적 기초를 제공해주도록 요구할 수 있는 권리를 가지고, 이에 상응하는 의무를 국가는 부담한다. 국민건강보험제도는 주로 질병에 대한 의료서비스의 제공을 목적으로 하는 사후적 보호제도로 이해되기 때문에 국가는 예방적 목적의 보건서비스를 제공하는 제도를 강화할 필요가 있다.

(4) 소극적 보건과 적극적 보건

물론 국민의 건강을 보호해야 하는 과제는 신체의 완전성(불훼손)에 관한 국민의 방어권에 상응하는 소극적 과제로 이해될 수도 있다. 이러한 과제는 우선 국가가 국민의 신체적 완전성을 훼손하거나 국민의 건강을 침해하는 행위를 직접 하지 않음으로써 실현될 수 있다. 한편 국가는 국민의 신체적 완전성을 훼손하거나 침해하는 제3자의 행위로부터 보호해야 할 적극적 의무를 실현함으로써 국민의 건강을 보호할 수도 있다. 예를 들어 국민의 건강을 침해하는 식품(먹거리)의 생산이나 유통 또는 판매를 금지하고 제재해야 하는 과제는 국민의 건강에 관한 국가의 보호의무로부터 도출할 수 있다. 아무튼 국민건강보호에 관한 적극적이고 재정적인 급부를 제공해야 하는 국가의 사회국가적 의무는 국민건강에 대한 침해의 부작위를 내용으로 하는 소극적 의무 및 국민건강에 대한 제3자의 침해로부터 보호해야 하는 입법적 의무와는 구별된다.

---

3) 생활능력이 없는 가난한 자에 대한 의료급여에 대해서는 이 책 제3장 제2절 III. 참조.

(5) 보건권과 환경권

헌법은 보건권과 독립된 기본권로서 환경권을 보장하고 있다(제35조 제1항).[4] 따라서 환경권에 의해 보장되는 자연환경이나 생활환경(물, 대기, 소음 등)은 비록 국민의 건강과 밀접한 관련이 있다고 하더라도 우선은 환경권에 의한 보호를 받는다. 물론 환경권은 국민의 건강과 밀접한 관련이 있기 때문에 그 보호영역이 보건권에 의해 보호되는 영역과 중첩될 수 있지만 환경권은 예방적 보호가 강조되고, 보건권은 사후적 보호가 강조된다는 점에서 차이가 있다.

(6) 보건권과 모성권

여성의 임신과 출산은 여성의 건강과 밀접한 관련을 맺는다. 또한 임신과 출산에 대한 국가의 급부는 의료서비스의 형태로 제공된다. 따라서 임신과 출산에 관한 급부의 제공을 요구할 수 있는 모성권(헌법 제36조 제2항)[5]은 보건권과 중첩된다. 실제로 현행 국민건강보험제도는 질병에 관한 의료서비스뿐만 아니라 출산에 관한 의료서비스까지도 포함하는 사회보험제도로 운영되고 있다.[6]

2. 국민건강보험법의 주요내용

(1) 가입대상

국민건강보험의 가입은 원칙적으로 대한민국에 거주하는 모든 국민에게 의무로서 부과된다(국민건강보험법 제5조 제1항). 헌법재판소에 따르면 건강보험가입의무에 관한 강제는 헌법에 위반되지 않는다.[7] 따라서 대한민국에 거주하는 모든

4) 헌법적 권리로서 환경권에 대해서는 이준일, 「헌법학강의」(2008), 913면 이하 참조.

5) 헌법상 보장된 모성권에 대해서는 이준일, 「헌법학강의」(2008), 919면 이하 참조.

6) 국민건강보험법은 입법목적을 "국민의 질병 · 부상에 대한 예방 · 진단 · 치료 · 재활과 출산 · 사망 및 건강증진에 대하여 보험급여를 실시함으로써 국민보건을 향상시키고 사회보장을 증진함"으로 규정하여(동법 제1조) 헌법상 보장된 보건권뿐만 아니라 모성권까지도 실현하고 있다.

7) 헌재결 2003. 10. 30. 2000헌마801: 건강보험의 문제를 시장경제의 원리에 따라 사보험에 맡기면 상대적으로 질병발생위험이 높거나 소득수준이 낮은 사람들은 보험에 가입하는 것이 매우 어렵거나 불가능하게 되어, 국가가 소득수준이나 질병위험도에 관계없이 모든 국민에게 동질의 의료보장을 제공하고자 하는 목적을 달성할 수 없으므로, 국민건강보험법 제5조, 제31조 제1항 · 제2항, 제62조 제1항 · 제3항 · 제4항은 원칙적으로 전국민을 강제로 보험에 가입시키고 경제적 능력에 비례하여 보험료를 납부하도록 함으로써 의료보장과 동시에 소득재분배 효과를 얻고자 하는 것이다. 이와 같이 국가가 국민을 강제로 건강보험에 가입시키고 경제적 능력에 따라 보험료를 납부하도록 하는 것은 행복추구권으로부터 파생하는 일반적

국민은 가입자 또는 피부양자[8]로서 국민건강보험의 적용대상이 된다. 예외적으로 가입의무가 적용되지 않는 대상은 다음과 같다.

① 의료급여법에 따라 의료급여를 받는 자(이하 '수급권자'라 한다)[9]

② 독립유공자예우에 관한 법률 및 국가유공자 등 예우 및 지원에 관한 법률에 의하여 의료보호를 받는 자(이하 '유공자 등 의료보호대상자'라 한다).[10] 다만, 다음 각 목의 1에 해당하는 자는 그러하지 아니하다.

가. 유공자 등 의료보호대상자 중 건강보험의 적용을 보험자에게 신청한 자

나. 건강보험의 적용을 받고 있던 자가 유공자 등 의료보호대상자가 된 경우로서 보험자에게 건강보험의 적용배제신청을 하지 아니한 자

국민건강보험의 가입자는 직장가입자와 지역가입자로 구분된다(동법 제6조 제1항). 우선 직장가입자의 대상은 원칙적으로 모든 사업장의 근로자와 사용자 및 공무원, 그리고 교직원이 포함된다. 예외적으로 직장가입자에 해당하지 않는 자는 다음과 같다.

① 1월 미만의 기간 동안 고용되는 일용근로자

② 병역법의 규정에 의한 현역병(지원에 의하지 않고 임용된 하사를 포함), 전환복무된 사람 및 무관후보생

③ 선거에 의하여 취임하는 공무원으로서 매월 보수 또는 이에 준하는 급료를 받지 아니하는 자

④ 기타 사업장의 특성, 고용형태 및 사업의 종류 등을 고려하여 대통령령으로 정하는 사업장의 근로자 및 사용자와 공무원 및 교직원[11]

행동의 자유의 하나인 공법상의 단체에 강제로 가입하지 아니할 자유와 정당한 사유 없는 금전의 납부를 강제당하지 않을 재산권에 대한 제한이 되지만, 이러한 제한은 정당한 국가목적을 달성하기 위하여 부득이한 것이고, 가입강제와 보험료의 차등부과로 인하여 달성되는 공익은 그로 인하여 침해되는 사익에 비하여 월등히 크다고 할 수 있으므로, 위의 조항들이 헌법상의 행복추구권이나 재산권을 침해한다고 볼 수 없다. 같은 취지의 결정으로 헌재결 2000. 6. 29. 99헌마289 및 2001. 8. 30. 2000헌마668도 참조.

8) 피부양자는 ① 직장가입자의 배우자, ② 직장가입자의 직계존속(배우자의 직계존속을 포함한다), ③ 직장가입자의 직계비속(배우자의 직계비속을 포함한다) 및 그 배우자, ④ 직장가입자의 형제·자매 가운데 하나에 해당하는 자로서 직장가입자에 의하여 주로 생계를 유지하는 자로서 보수 또는 소득이 없는 자를 말한다(국민건강보험법 제5조 제2항).

9) 의료급여법상의 의료급여에 대해서는 이 책 제3장 제2절 III. 참조.

10) 독립유공자예우에 관한 법률 및 국가유공자 등 예우에 관한 법률에서 보장하고 있는 의료보호에 대해서는 이 책 제3장 제5절 III. 참조.

11) 국민건강보험법 시행령(대통령령) 제10조【직장가입자에서 제외되는 자】 법 제6조 제2항 제4호에서

(2) 급여의 내용으로서 요양급여 및 요양기관

국민건강보험에서 제공하는 급여는 가입자 및 피부양자의 질병 · 부상 · 출산 등에 대한 요양급여로서 구체적인 내용은 다음과 같다(동법 제39조 제1항): ① 진찰 · 검사, ② 약제 · 치료재료의 지급, ③ 처치 · 수술 기타의 치료, ④ 예방 · 재활, ⑤ 입원, ⑥ 간호, ⑦ 이송.

요양급여를 제공하기 위하여 법률에 의해 요양기관이 지정되어 있다. 이러한 '요양기관 강제지정제'에 대해서 헌법재판소는 사회보험으로서 건강보험제도의 취지를 고려하여 합헌결정을 하였다.[12] 법률상 지정된 요양기관으로는 ① 의료

"대통령령으로 정하는 사업장의 근로자 및 사용자와 공무원 및 교직원"이라 함은 다음 각 호의 1의 자를 말한다.

1. 비상근 근로자 또는 1월간의 근로시간이 80시간 미만인 시간제근로자 등 사업장에서 상시 근로에 종사할 목적으로 고용되지 아니한 근로자
2. 비상근 교직원 또는 1월간의 근로시간이 80시간 미만인 시간제공무원 및 교직원
3. 소재지가 일정하지 아니한 사업장의 근로자 및 사용자
4. 근로자가 없거나 제1호의 규정에 의한 자만을 고용하고 있는 사업장의 사업주

12) 헌재결 2002. 10. 31. 99헌바76: ① 국가가 의료보장의무를 이행하기 위해서는 국민에게 질병 · 부상에 대하여 적정한 요양급여를 행해야 하며, 이를 위해서는 요양급여를 제공할 수 있는 적정수의 의료기관과 약국을 확보해야 한다. 이 사건 '요양기관 강제지정제'의 목적은 법률에 의하여 모든 의료기관을 국민건강보험체계에 강제로 편입시킴으로써 요양급여에 필요한 의료기관을 확보하고 이를 통하여 피보험자인 전 국민의 의료보험수급권을 보장하고자 하는 것이다. ② 요양기관 강제지정제가 입법목적을 달성할 수 있는 유효한 수단 중에서 가장 국민의 기본권을 적게 침해하는 수단에 해당하는가 하는 문제가 제기된다. 입법자가 강제지정제를 채택한 것은 첫째, 의료보험의 시행은 인간의 존엄성실현과 인간다운 생활의 보장을 위하여 헌법상 부여된 국가의 사회보장의무의 일환으로서 이를 위한 모든 현실적 여건이 성숙될 때까지 미루어질 수 없는 중요한 과제라는 규범적 인식, 둘째, 우리의 의료기관 중 공공의료기관이 약 10여 %에 불과하기 때문에 민간의료기관을 의료보험체계에 강제로 동원하는 것이 의료보험의 시행을 위해서는 불가피하다는 현실적 인식에 기초하고 있는 것으로 보인다. 더욱이 국가는 이미 1977년 계약지정제를 일시적으로 도입한 바 있는데, 그 당시 지역적 · 진료부문별 의료공백이 크게 발생하였으며 지정수가제 등을 이유로 다수의 의료인이 요양기관으로의 지정을 거부하는 등 부정적인 경험을 하였는바, 이러한 '현실화된' 우려가 강제지정제로 전환하는 직접적인 계기로서, 그리고 현재의 상황이 당시의 상황과 근본적으로 달라진 것이 없다는 판단이 제도 유지의 근거로 각 작용한 것으로 보인다. 이러한 관점 등을 고려할 때, 입법자가 계약지정제를 취하는 경우 의료보장이란 공익을 실현할 수 없다는 현실 판단이 잘못되었다고 할 수 없으므로, 강제지정제를 택한 것은 최소침해의 원칙에 위반되지 않는다. ③ 그렇다면 '국가가 강제지정제를 유지하면서 일정 비율의 의료인에게 강제지정에 대한 예외를 허용하더라도, 강제지정제가 실현하려는 의료보장의 목적을 달성할 수 있는 것이 아닌가' 하는 문제가 제기된다. 그러나 일정 비율의 의료기관에게 일반의(一般醫)로서 진료할 수 있는 예외를 허용한다면, 의료공급시장의 자유경쟁에서 살아남기 힘든 의료기관은 건강보험에 편입되기를 원할 것이고, 보다 양질의 의료행위를 제공할 수 있는 경쟁력있는 의료기관이나 의료인은 요양기관으로서의 지정에서 벗어나 일반의로서 활동하게 되리라는 점이 쉽게 예상된다. 이렇게 되면 보험진료는 결국 2류 진료로 전락하고, 그 결과 다수의 국민이 고액

법에 의하여 개설된 의료기관, ② 약사법에 의하여 등록된 약국, ③ 약사법에 의하여 설립된 한국희귀의약품센터, ④ 지역보건법에 의한 보건소 · 보건의료원 및 보건지소, ⑤ 농어촌 등 보건의료를 위한 특별조치법에 의하여 설치된 보건진료소가 포함된다(동법 제40조 제1항). 요양기관은 정당한 이유 없이 요양급여를 거부하지 못한다(동조 제4항). 그리고 요양기관은 요양급여비용의 지급을 국민건강보험공단에 청구할 수 있다(동법 제43조 제1항). 2008년의 경우에 1년 동안 지급된 요양급여비는 25조 6천억여 원에 이른다(아래 [표 3.3.2.1] 참조).

한편 가입자 또는 피부양자가 긴급하거나 그 밖의 부득이한 사유로 인하여 요양기관과 유사한 기능을 수행하는 기관에서 질병 · 부상 · 출산 등에 대하여 요양을 받거나 요양기관 외의 장소에서 출산을 한 때에는 그 요양급여에 상당하는 금액을 요양비로서 지급받을 수 있다(동법 제44조 제1항). 그밖에도 장제비 ·

의 진료비를 지불해야 하는 일반진료를 선호하게 되고, 이는 중산층 이상의 건강보험의 탈퇴요구와 맞물려 자칫 의료보험체계 전반이 흔들릴 위험이 있다. 따라서 강제지정제의 예외를 허용한다면, 의료보장체계의 원활한 기능확보가 보장될 수 없다는 판단이 가능하고, 입법자의 이러한 예측이 명백히 잘못되었다고 할 수 없으므로, 강제지정제에 대한 예외를 허용하지 않은 것은 최소침해의 원칙에 위반되지 않는다. ④ 위와 같은 이유로 국가가 강제지정에 대한 예외를 의료인에게 허용할 수 없다고 판단한다면, 강제지정제로 인하여 발생하는 직업행사의 자유에 대한 다양한 제약은 강제지정제 하에서도 의료행위를 통하여 각자의 직업관 · 가치관을 실현하고 관철할 수 있는 가능성을 의료인에게 개방함으로써 완화되어야 한다. 살피건대, 요양급여비용의 산정제도가 의료행위의 질과 설비투자의 정도를 상당한 부분 반영하고 있고 의료보험법과 국민건강보험법은 의료행위를 비급여대상으로 제공할 수 있는 가능성을 인정하고 있는바, 현재의 의료보험수가제도에 미흡한 점이 있다 하더라도, 요양기관 강제지정제도 하에서도 의료인이 의료행위를 통하여 개인의 직업관을 실현하고 인격을 발현할 수 있는 여지를 어느 정도 가지고 있다고 할 것이다. 그렇다면 이 사건 강제지정제는 의료인의 직업의 자유에 대한 포괄적인 제한에도 불구하고 강제지정제의 범주 내에서 가능하면 직업행사의 자유를 고려하고 존중하는 여러 규정을 갖추고 있으므로, 강제지정제는 최소침해의 원칙에 위배되지 아니한다. ⑤ 그럼에도, 국가는 요양기관 강제지정제를 유지하는 한, 진료과목별 수가의 불균형 및 동일 진료과목 내 행위별 수가간의 불균형을 시정해야 하고, 의학의 새로운 발전과 기술개발에 부응하는 진료수가의 조정을 통하여 시설규모나 설비투자의 차이, 의료의 질적 수준의 다양함을 보다 정확하게 반영해야 하며, 의료인에게 의료기술발전에 동기부여를 할 수 있는 신의료기술의 신속한 반영체계를 획기적으로 개선해야 한다. 보다 근본적으로는 강제지정제가 의료인의 기본권을 포괄적으로 제한하는 제도라는 점을 깊게 인식하여 장기적 안목에서 공공의료기관을 확충하거나 보험급여율을 높이는 등의 다양한 방법을 통하여 민간의료기관이 의료보험체계에 자발적으로 참여할 수 있는 환경이 조성될 수 있도록 관계 당국은 노력을 기울여야 할 것이다. ⑥ 국민은 진료를 받고자 하는 의료기관을 자유롭게 선택할 수 있을 뿐 아니라, 의료보험법과 국민건강보험법은 의료보험에 의하여 보장되는 급여부분 외에 의료소비자의 자율적인 결정에 따라 자신의 부담으로 선택할 수 있는 소위 비급여대상의 의료행위를 함께 제공하고 있다. 따라서 모든 의료기관이 요양기관으로서 법이 정한 기준의 보험급여를 제공하고 이에 따라 의료소비자의 선택권이 제한을 받는다고 하더라도, 이러한 제한은 의료보험의 기능확보라는 중대한 공익의 실현을 위하여 행해지는 것으로서, 의료소비자인 국민의 선택권을 과도하게 침해하는 것이라고 볼 수 없다.

상병수당 기타의 부가급여가 실시될 수 있고(동법 제45조), 등록한 장애인인 가입자 및 피부양자에게는 보장구에 대한 보험급여를 실시할 수 있으며(동법 제46조 제1항) 질병의 조기발견과 그에 따른 요양급여를 하기 위하여 건강검진이 실시된다(동법 제47조 제1항).

이상의 모든 보험급여를 받을 수 있는 수급권에 대해서는 양도 또는 압류가 금지된다(동법 제54조). 그렇지만 보험급여를 받을 수 있는 수급권이 제한되거나 정지되는 경우가 있다. 우선 ① 고의 또는 중대한 과실로 인한 범죄행위에 기인하거나 고의로 사고를 발생시킨 때,[13] ② 고의 또는 중대한 과실로 건강보험공단이나 요양기관의 요양에 관한 지시에 따르지 아니한 때, ③ 고의 또는 중대한 과실로 국민건강보험법 제50조의 규정에 의한 문서 기타 물건의 제출을 거부하거나 질문 또는 진단을 기피한 때, ④ 업무상 또는 공무상 질병·부상·재해로 인하여 다른 법령에 의한 보험급여나 보상 또는 보상을 받게 되는 때에는 보험급여가 제공되지 않는다(동법 제48조 제1항). 또한 보험급여를 받을 수 있는 자가 다른 법령에 의하여 국가 또는 지방자치단체로부터 보험급여에 상당하는 급여를 받거나 보험급여에 상당하는 비용을 지급받게 되는 때에는 그 한도 내에서 보험급여를 실시하지 않고(동조 제2항), 세대단위의 보험료를 법정 기간 이상 체납한 지역가입자에 대하여 보험료를 완납할 때까지 보험급여를 실시하지 않을 수 있다(동조 제3항).[14] 한편 보험급여를 받을 수 있는 수급권자가 ① 국외에

13) 종래에 범죄행위로 인한 사고의 경우에 중과실과 경과실을 구분하지 않은 채 급여를 제한하도록 규정한 적이 있는데 이에 대해서 헌법재판소는 위헌결정을 한 바 있다. 헌재결 2003. 12. 18. 2002헌바1: ① 이 사건 법률조항은 보험급여의 제한 사유인 '범죄행위'에 고의나 중과실에 의한 것 이외에 경과실에 의한 것까지 포함하고 있는바, 고의·중과실을 제외한 경과실범의 경우에는 그 비난가능성이 상대적으로 낮으며 우연히 발생한 경과실에 의한 범죄행위에 기인한 보험사고에 대하여 보험급여를 하는 것이 의료보험의 공공성에 위반된다고 보기 어렵다. 보험재정의 공공성을 유지하기 위하여 범죄행위에 기인한 보험사고에 대하여 보험급여를 하지 않는 것은 고의범과 중과실범의 경우로 한정하면 충분하므로, 여기에서 더 나아가 경과실범에 의한 보험사고의 경우에까지 의료보험수급권을 부정하는 것은 기본권 제한에 있어서의 최소침해의 원칙에 어긋나며, 나아가 보호되는 공익에 비하여 침해되는 사익이 현저히 커서 법익균형의 원칙에도 어긋나므로 이는 재산권에 대한 과도한 제한으로서 헌법에 위반된다. ② 경과실의 범죄로 인한 사고는 개념상 우연한 사고의 범위를 벗어나지 않으므로 경과실로 인한 범죄행위에 기인하는 보험사고에 대하여 의료보험급여를 부정하는 것은 우연한 사고로 인한 위험으로부터 다수의 국민을 보호하고자 하는 사회보장제도로서의 의료보험의 본질을 침해하여 헌법에 위반된다.

14) 헌재결 2001. 8. 30. 2000헌마668: 국민건강보험법 제48조 제3항은 그 자체로 직접 자유의 제한, 의무의 부과 또는 권리나 법적 지위의 박탈을 초래하는 것이 아니며, 국민건강보험공단의 보험급여거부처분이라는 집행행위를 통하여 비로소 기본권에 대한 직접적 현실적 침해가 있게 되므로 기본권 침해의 직접성이 없다.

여행중인 때, ② 국외에서 업무에 종사하고 있는 때, ③ 현역병 · 전환복무된 사람 · 무관후보생, ④ 교도소 기타 이에 준하는 시설에 수용되어 있는 때[15]에는 그 기간 중 보험급여가 정지된다(동법 제49조).

[표 3.3.2.1] 국민건강보험급여 지급 현황

(단위: 10억 원)

		2001	2002	2003	2004	2005	2006	2007	2008
현물급여	요양급여	12,941	13,425	14,755	16,131	17,989	20,932	23,956	25,600
	건강진단비	105	130	163	188	235	357	427	566
	소 계	13,046	13,555	14,918	16,319	18,224	21,289	24,383	26,166
현금급여	요양비	22	24	25	24	17	17	17	18
	장제비	50	52	51	50	49	46	50	4
	본인부담액 보상금	41	32	26	28	28	20	20	3
	장애인보장구	6	7	7	9	22	38	61	44
	본인부담상한제 사후환급	-	-	-	-	26	29	44	145
	소 계	119	115	110	111	142	150	192	214
합 계		13,165	13,670	15,028	16,430	18,366	21,439	24,575	26,380

* 자료: 통계청 국가통계포탈 및 국민건강보험공단 웹사이트.

15) 헌재결 2005. 2. 24. 2003헌마31: ① 교도소에 수용된 때에는 국민건강보험급여를 정지하도록 한 국민건강보험법 제49조 제4호는 수용자에게 불이익을 주기 위한 것이 아니라, 국가의 보호, 감독을 받는 수용자의 질병치료를 국가가 부담하는 것을 전제로 수용자에 대한 의료보장제도를 합리적으로 운영하기 위한 것이므로 입법목적의 정당성을 갖고 있다. 가사 국가의 예산상의 이유로 수용자들이 적절한 의료보장을 받지 못하는 것이 현실이라고 하더라도 이는 수용자에 대한 국가의 보건의무불이행에 기인하는 것이지 위 조항에 기인하는 것으로 볼 수 없다. 위 조항은 수용자의 의료보장수급권을 직접 제약하는 규정이 아니며, 입법재량을 벗어나 수용자의 건강권을 침해하거나 국가의 보건의무를 저버린 것으로 볼 수 없으므로 수용자의 건강권, 인간의 존엄성, 행복추구권, 인간다운 생활을 할 권리를 침해하는 것이라 할 수 없다. ② 위 조항은 수용자의 의료보장체계를 일원화하기 위한 입법 정책적 판단에 기인한 것이며 유죄의 확정 판결이 있기 전인 미결수용자에게 어떤 불이익을 주기 위한 것은 아니므로 무죄추정의 원칙에 위반된다고 할 수 없다. ③ 위 조항에 의하여 수용자에게 보험급여가 정지되는 경우 보험료 납부의무도 면제되므로, 수급자의 자기기여가 없는 상태에서 수용자가 위 조항을 재산권 침해로 다툴 수는 없다. ④ 위 조항은 수용자에게 의료급여를 정지함으로써 수용자를 차별하고 있으나, 이는 수용자에 대한 의료보장을 일괄적으로 국가가 부담하도록 하는 것을 전제로 하여 수용자간 의료급여의 형평문제와 구금의 목적실현 등을 고려한 것으로 합리적 이유가 있으므로 평등원칙에 위배되지 않는다.

(3) 보험료의 납부의무자 및 부담

국민건강보험에 소요되는 비용을 충당하기 위하여 국민건강보험공단은 보험료[16]를 그 납부의무자로부터 징수하는데(동법 제62조 제1항) ① 직장가입자의 보험료는 사용자가 납부의무자이고(동법 제68조 제1항), ② 지역가입자의 보험료는 그 가입자가 속한 세대의 지역가입자 전원이 연대하여 납부한다(동조 제2항). 한편 보험료는 직장가입자의 경우에는 원칙적으로 직장가입자가 50%, 그 사용자(근로자인 경우) 또는 국가 · 지방자치단체(공무원인 경우)가 50%를 부담한다(동법 제67조 제1항). 다만 교직원의 경우에는 직장가입자가 50%, 사립학교가 30%, 국가가 20%를 부담한다. 그리고 지역가입자의 경우에는 그 가입자가 속한 세대의 지역가입자 전원이 연대하여 보험료를 부담한다(동조 제2항). 납부의무자가 보험료를 납부하지 않은 경우에 기한을 정하여 독촉할 수 있고(동법 제70조 제1항), 독촉을 받은 자가 그 납부기한까지도 납부하지 않은 경우에는 보건복지부장관의 승인을 얻어 국세체납처분의 예에 따라 강제로 징수하게 된다(동조 제3항).[17]

직장가입자의 보험료액은 원칙적으로 월별 보수를 기준으로 산정한 보수월액(X)과 보험료율(Y)의 곱(X×Y)으로 산정된다(동법 제62조 제4항). 보수월액에 상 · 하한선이 정해질 수 있고(동법 제63조 제1항), 보험료율은 1천분의 80 안에서 건강보험정책심의위원회의 의결을 거쳐 대통령령으로 정해진다(동법 제65조 제1항). 한편 지역가입자의 보험료액은 세대를 단위로 하고, 원칙적으로 소득 · 재산 · 생활수

---

16) 직장가입자의 월별 보험료액은 보수월액에 보험료율을 곱하여 얻은 금액으로 한다(동법 제62조 제4항). 우선 보수월액은 직장가입자가 지급받는 보수를 기준으로 하고(동법 제63조 제1항), 보수는 근로자 · 공무원 · 교직원이 근로의 제공으로 인하여 사용자 · 국가 또는 지방자치단체로부터 지급받는 금품(실비변상적인 성격의 것을 제외한다)으로서 대통령령이 정하는 것을 말한다(동조 제3항). 다음으로 보험료율은 1천분의 80의 범위 안에서 심의위원회의 의결을 거쳐 대통령령으로 정한다(동법 제65조 제1항). 한편 지역가입자의 월별 보험료액은 세대단위로 산정하되, 지역가입자가 속한 세대의 월별 보험료액은 보험료부과점수에 보험료부과점수당 금액을 곱한 금액으로 한다(동법 제63조 제5항). 우선 보험료부과점수는 지역가입자의 소득 · 재산 · 생활수준 · 경제활동참가율 등을 참작하여 정한다(동법 제64조 제1항). 다음으로 지역가입자의 보험료부과점수당 금액은 심의위원회의 의결을 거쳐 대통령령으로 정한다(동법 제65조 제3항).

17) 헌재결 2009. 10. 29. 2008헌바86: 이 사건 강제징수 조항은 건강보험료 채권이 사법상의 일반채권과 달리 건강보험제도의 존립을 위하여 대단히 중요한 역할을 하고, 대량 · 반복 · 무차별적으로 발생된다는 특수성을 고려한 것이어서 입법목적의 정당성 및 수단의 상당성을 인정할 수 있고, 체납처분의 적법성을 담보하기 위하여 보건복지가족부장관의 승인을 요하도록 하며, 국세징수법에서 소액의 금융재산을 포함하여 절대적으로 압류가 금지되는 재산 및 연금채권의 2분의 1 상당액을 압류금지채권으로 규정하고 있는 등 자의적인 재산권 침해를 방지하고 최소한의 인간다운 생활을 할 권리의 보장을 위한 보완책을 마련하고 있다는 점에서 과잉된 제한이라고 볼 수 없다.

준・경제활동참가율 등을 참작하여 정해지는 보험료부과점수(X)와 해당 점수당 금액(Y)의 곱(X×Y)으로 산정된다(동법 제62조 제5항).[18] 보험료부과점수에 상・하한선이 정해질 수 있고(동법 제64조 제1항), 해당 점수당 금액은 건강보험정책심의위원회의 의결을 거쳐 대통령령으로 정해진다(동법 제65조 제3항). 2009년의 경우에 1년 동안 건강보험료로 징수한 금액은 총 26조 1,660억여 원에 달한다(아래 [표 3.3.2.2] 참조). 이와 비교하여 보험급여비는 30조 410억여 원에 이르고, 그 차액에 해당하는 손실의 일부는 국고지원금(담배부담금 포함)으로 충당되고 있다.

건강보험료가 면제되거나 경감되는 경우도 있다. 우선 ① 국외에서 업무에 종사하고 있는 때, ② 현역병・전환복무된 사람・무관후보생, ③ 교도소 기타 이에 준하는 시설에 수용되어 있는 때인 경우에 해당 직장가입자의 보험료를 면제하고, 해당 지역가입자가 속한 세대의 보험료를 산정함에 있어서 그 가입자의 보험료부과점수를 제외한다(동법 제66조 제2항). 또한 ① 도서・벽지・농어촌 등 대통령령이 정하는 지역에 거주하는 자, ② 65세 이상인 자, ③ 장애인복지법에 따라 등록한 장애인, ④ 국가유공자 등 예우 및 지원에 관한 법률에 따른 전상군경, 공상군경, 4・19혁명부상자, 공상공무원, 특별공로상이자, ⑤ 휴직자, ⑥ 그 밖에 생활이 어렵거나 천재지변 등의 사유로 보험료의 경감이 필요하다고 보건복지부장관이 정하여 고시하는 자 중 보건복지부령이 정하는 가입자에 대하여는 그 가입자 또는 그 가입자가 속한 세대의 보험료의 일부를 경감할 수 있다(동법 제66조의2 제1항).

한편 보험료의 징수가 사실상 또는 법률상 불가능한 경우에도 보험료가 면제된다. 다시 말해 ① 체납처분이 종결되고 체납액에 충당될 배분금액이 그 체납액

18) 직장가입자와 지역가입자이 보험료 부과기준을 달리 규정하고 있는 것에 대해서 헌법재판소는 헌법상 보장된 평등권을 침해하는 차별에 해당하지 않는다고 결정하였다. 헌재결 2003. 10. 30. 2000헌마801: 직장가입자와 지역가입자 사이에는 소득파악률, 소득신고의 방법, 소득결정방법, 보험료 부과대상소득의 발생시점 등에서 근본적인 차이가 있고, 특히 직장가입자의 소득은 거의 전부 파악되는 데 반하여, 지역가입자의 소득은 일부분밖에 파악되지 않는다는 점에서 현저한 차이가 있다. 이처럼 현저한 차이가 있는 직장가입자와 지역가입자의 보험료 부담의 형평을 보장하기 위하여 국민건강보험법 제62조 제3항・제4항, 제63조 제1항・제4항, 제64조 제1항은 직장가입자의 경우에는 표준보수월액을, 지역가입자의 경우에는 부과표준소득을 기준으로 보험료를 산정하도록 규정함으로써 직장근로자의 경우에는 소득만을 기준으로 하고, 소득 파악이 어려운 지역가입자의 경우에는 소득뿐만 아니라 재산, 생활수준, 직업, 경제활동참가율 등 다양한 변수를 참작한 추정소득을 기준으로 하도록 하는 것인바, 이러한 차별취급은 경제적 능력에 따른 부담의 원칙에 입각하고 있고, 지역가입자와 직장가입자의 본질적인 차이를 고려하여 그에 상응하게 보험료의 산정을 달리 하도록 한 것이므로 헌법상의 평등권을 침해하는 것이라 할 수 없다.

[표 3.3.2.2] 국민건강보험 수입 · 지출 현황

(단위: 10억 원)

		2001	2002	2003	2004	2005	2006	2007	2008	2009
수입(A)	보험료	8,856	10,927	13,741	15,579	16,928	18,811	21,729	24,973	26,166
	국고지원금	2,625	3,014	3,424	3,483	3,695	3,836	3,672	4,026	4,683
	기 타	447	364	302	346	468	616	649	788	127
	소 계	11,928	14,305	17,467	19,408	21,091	23,263	26,050	29,787	31,182
지출(B)	보험급여비	13,196	13,824	14,893	16,265	18,394	21,588	24,560	26,654	30,041
	관리운영비	629	598	634	693	759	779	720	672	1,038
	기 타	281	377	445	372	827	451	609	947	
	소 계	14,106	14,798	15,972	17,330	19,980	22,818	25,889	28,273	31,185
수지율(B/A)		118.3	103.4	91.4	89.3	94.7	98.1	99.4	94.9	100
적용인구 1인당 연평균 보험료		135,228	161,100	194,976	215,820	229,248	250,212	284,227	322,039	331,441
적용인구 1인당 연평균 급여비		286,294	297,261	317,135	344,151	388,017	455,360	515,096	555,286	620,467

* 적용인구(= 가입자 + 피부양자) 1인당 보험료 및 급여비의 단위는 원.

** 자료: 통계청 국가통계포털 및 국민건강보험공단 웹사이트.

에 미달하는 경우, ② 당해 권리에 대한 소멸시효가 완성된 경우, ③ 기타 징수할 가능성이 없다고 인정되는 경우로서 대통령령이 정하는 경우에는 건강보험재정운영위원회의 의결을 얻어 보험료를 결손처분할 수 있다(동법 제72조 제1항). 이와 같은 결손처분제도는 최저생계비에도 미치는 못하는 소득으로 인해 건강보험의 가입에서 제외되는 의료급여수급권자(국민기초생활수급권자)가 수급권자가 되기 전에 체납한 건강보험료에 대해서 탕감해줄 수 있는 방법으로 활용될 수 있다.

(4) 보험자 및 요양급여심사기관

국민건강보험의 보험자는 국민건강보험공단이고(동법 제12조), 법인으로 한다(동법 제14조 제1항). 공단의 임원으로서 이사장 1인과 이사 17인 및 감사 1인을 두고(동법 제19조 제1항), 이사장은 보건복지부장관의 제청에 의하여 대통령이 임면한다(동조 제2항). 한편 요양급여비용을 심사하고 요양급여의 적정성을 평가하기 위하여 건강보험심사평가원이 설치되어 있다(동법 제55조).

3. 헌법적 심사기준에 의한 비판과 합헌적 대안

(1) 사회보험으로서 건강보험

1) 건강보험제도를 구체화하는 두 가지 방식

현행 건강보험제도는 원칙적으로 모든 국민이 가입해야 하는 사회보험의 방식을 취하고 있다. 하지만 사회보험으로서의 건강보험제도는 의료서비스에 관한 사회국가적 과제를 실현하는 하나의 방식으로 이해되고, 이와는 달리 조세의 방식으로도 실현될 수 있다. 다시 말해 국가는 징수된 조세 가운데 일정 부분을 할애하여 의료서비스에 관한 사회국가적 과제를 실현할 수도 있고, 조세를 징수하는 단계에서부터 의료서비스에 관한 사회국가적 과제를 목적으로 하는 조세(목적세)를 징수하여 사용함으로써 이러한 과제를 실현할 수도 있다. 물론 조세의 방식은 늘어난 조세부담으로 인해 사회보험의 방식보다 국민의 저항감을 불러일으킬 가능성이 크다. 하지만 모든 국민이 가입해야 할 의무가 부과되고, 강제징수도 가능한 사회보험의 보험료는 조세와 유사한 성격을 갖는다. 따라서 사회보험 방식의 건강보험제도는 국민의 조세저항을 피해가면서도 사회복지적 국가과제의 실현을 위한 재원을 확보하는 우회방법으로 이해될 수도 있다. 어쨌든 국가는 사회보험의 방식과 조세의 방식 가운데 하나를 선택할 수 있는 권한(재량)을 가지므로 국가가 두 가지 방식 가운데 어느 하나를 선택한 것만으로 의료서비스에 관한 사회적 기본권을 침해했다고 볼 수는 없다.

2) 사회보험방식의 건강보험제도

우선 국가가 사회보험의 방식으로 건강보험제도를 운영하는 경우에 조세와 관련된 원칙이 적용될 수 없다는 문제가 발생한다. 비록 사회보험이라고 하지만 보험의 본질은 위험 발생시에 보장되는 급여의 수준에 따라 보험료가 달라지는 것이고, 보험가입자의 소득이나 재산에 따라 보험료가 달라질 수는 없기 때문에 조세와 같이 소득이나 재산에 따른 비례세, 심지어 누진세를 적용하기가 어렵다. 그럼에도 불구하고 사회보험이라는 이름으로 보험의 일반원칙에서 벗어나는 원칙을 적용하게 되면 앞서 언급한 것처럼 조세저항을 피해가면서도 사실상 조세로 운용되는 모순을 벗어날 수는 없게 된다.[19] 어쨌든 현행 법률은 직장가입

---

19) 헌법재판소는 사회보험제도에서 소득에 따른 보험료의 부과를 다음과 같이 정당화하고 있다. 헌재결 2000. 6. 29. 99헌마289: 사보험에서는 상업적 · 경제적 관점이 보험재정운영의 결정적

자가 월별로 부담해야 하는 보험료를 월별 보수에 따라 결정하도록 규정한다. 아래 [표 3.3.2.3]에서 볼 수 있듯이 평균보수월액의 등급이 높아질수록 1인당 부담하는 보험료가 증가한다. 예를 들어 2006년의 경우에 매월 보험료로 1인당 평균해서 1등급은 1만3천 원(157,263천원/12,164명), 50등급은 34만1천 원(6,300,851천원/18,468명), 100등급은 271만8천 원(5,313,432천원/1,955명)을 부담했다.

[표 3.3.2.3] 표준보수월액 등급별 보험료부담 현황

(단위; 명, 천원)

			1등급	10등급	20등급	30등급	40등급	50등급	60등급	70등급	80등급	90등급	100등급
2004	근로자	인원	8,683	249,722	236,839	114,469	41,281	9,248	2,426	1,168	438	187	956
		금액	101,909	7,668,531	16,933,601	15,276,237	8,941,916	2,969,742	1,082,181	766,439	426,875	270,032	2,042,439
	공·교	인원	63	4,498	17,130	60,980	22,403	509	138	7	-	-	1
		금액	671	137,810	1,206,430	8,110,444	4,851,550	163,501	61,584	4,597	-	-	2,139
	소 계	인원	8,746	254,220	253,969	175,449	63,684	9,757	2,564	1,175	438	187	957
		금액	102,580	7,806,340	18,140,031	23,386,681	13,793,466	3,133,243	1,143,764	771,036	426,875	270,032	2,044,578
2005	근로자	인원	9,714	297,453	251,830	123,942	57,354	13,666	3,379	1,625	569	256	1,584
		금액	116,753	9,353,027	18,428,626	16,943,214	12,716,976	4,491,954	1,543,273	1,091,240	566,728	378,450	3,465,947
	공·교	인원	95	5,125	19,319	60,137	24,899	1,022	225	7	2	-	-
		금액	1,011	160,226	1,392,673	8,180,466	5,518,148	334,759	102,794	4,707	1,996	-	-
	소 계	인원	9,809	302,578	271,149	184,079	82,253	14,688	3,604	1,632	571	256	1,584
		금액	117,763	9,513,252	19,821,299	25,123,680	18,235,124	4,826,714	1,646,067	1,095,947	568,723	378,450	3,465,947
2006	근로자	인원	11,903	330,075	274,097	135,232	64,226	16,793	4,358	1,973	739	354	1,953
		금액	155,240	11,152,678	21,278,593	19,491,930	15,029,642	6,017,294	2,301,991	1,671,184	987,355	606,834	5,312,179
	공·교	인원	261	4,967	19,968	56,515	29,799	1,675	247	20	2	1	2
		금액	2,022	82,550	756,765	4,001,043	3,421,415	283,558	57,959	7,252	519	-	1,253
	소 계	인원	12,164	335,042	294,065	191,747	94,025	18,468	4,605	1,993	741	355	1,955
		금액	157,263	11,235,228	22,035,358	23,492,972	18,451,056	6,300,851	2,359,950	1,678,435	987,874	606,834	5,313,432

* 공·교: 공무원 및 교직원.

** 자료: 국민건강보험공단.

인 기준이 되지만, 사회보험에서는 사회정책적 관점이 우선하기 때문에, 사회보험의 이러한 성격은 특히 보험료의 산정에 있어서 뚜렷하게 표현된다. 보험료의 산정에 있어서 사보험에서는 성별, 연령, 가입연령, 건강상태 등의 피보험자 개인이 지니는 보험위험, 즉 위험발생의 정도나 개연성에 따라 보험료가 산정되지만, 사회보험에서의 보험료는 피보험자의 경제적 능력, 즉 소득에 비례하여 정해진다. 즉 사보험의 보험료는 보험료와 보험급여간의 보험수리적인 개인별 등가원칙에 의하여 산정되는 반면, 사회보험의 목적은 사회연대의 원칙을 기반으로 하여 경제적인 약자에게도 기본적인 사회보험의 급여를 주고자 하는 것이므로, 보험료의 산정에 있어서 개인별 등가의 원칙이 철저히 적용되지 아니한다. 사회보험의 목적은 국민 개개인에게 절실히 필요한 의료보험을 제공하고 보험가입자간의 소득재분배 효과를 거두고자 하는 것이며, 이러한 목적은 동일위험집단에 속한 구성원에게 법률로써 가입을 강제하고 소득재분배를 하기에 적합한 방식으로 보험료를 부과함으로써 달성될 수 있는 것이다.

바로 이 점이 사회보험이 일반보험과 결정적으로 다른 점이다. 외관상 보험의 형식을 갖지만 그 본질은 사회적 기본권을 구체화하는 제도이기 때문이다. 따라서 경제적 여건이 되지 않아 의료서비스를 향유할 수 없는 국민에게 경제적 여건을 제공하기 위하여 소득과 재산을 반영한 보험료의 산정은 불가피하다. 오히려 문제는 그럼에도 불구하고 소득과 재산이 적은 국민의 보험료가 그 소득/재산과 비교할 때 과도하여 의료서비스를 향유할 수 없게 됨으로써 의료서비스에 관한 사회적 기본권이 침해되는 것이다. 또한 소득과 재산이 많은 국민이라고 하더라도 부담하는 보험료가 과도하면 그들의 재산권을 침해하는 문제가 발생할 수 있다. 전자의 경우에 모든 국민의 개별적 사정을 모두 반영할 수는 없으므로 소득/재산과 보험료의 관계에 대한 '전체적인 평가'를 통해 의료서비스에 관한 사회적 기본권의 침해 여부가 결정되어야 한다. 후자의 경우에는 소득과 재산의 상한선을 둠으로써 해결될 수 있다. 앞서 설명한 것처럼 현행 법률은 소득과 재산의 상·하한제를 두고 있다.

3) 조세방식의 건강보험제도

한편 조세의 방식으로 건강보험제도를 운영하는 경우에도 문제가 없는 것은 아니다. 우선 조세 방식의 건강보험은 무상으로 제공되어야 하는 요구를 피해가기가 어렵다. 이렇게 되면 국가는 사회보험의 방식이 채택된 경우보다 상대적으로 더 제한된 재정 안에서 건강보험을 운영해야만 하고, 국민의 의료급여에 대한 요구도 급격하게 증가할 수밖에 없으므로 자칫 급여의 항목과 액수가 형편없는 수준에 머무를 수도 있고, 의료기관의 질적 수준도 저하될 가능성이 높다. 또한 국가의 입장에서는 의료서비스를 시혜적 관점에서 제공할 수 있고, 국민의 입장에서도 의료서비스를 사회적 기본권의 관점에서 요구할 수 없는 문제점이 발생할 수도 있다. 여기서 사회보험과 조세의 중간 형태를 생각해볼 수 있다. 예를 들어 원칙적으로 사회보험의 방식을 가지면서도 재원의 일부를 국가가 조세에서 지원하는 방식이다. 사회보험 방식과 조세 방식 가운데 어느 것도 선택할 수 있는 권한이 국가에게 있는 한 양자를 혼합하는 방식의 선택도 국가의 재량에 속하므로 이러한 선택만으로 국민의 사회적 기본권을 침해한다고 볼 수는 없다.

(2) 급여의 항목 및 수준

건강보험제도는 국민이 제공받기 원하는 모든 의료서비스에 대해서 급여를 제공하지 않을 수 있고, 그 급여의 수준도 국민이 기대하는 충분한 수준에 미치지 못할 수 있다. 건강보험의 관리와 운영에 들어가는 재원에 한계가 있기 때문이다. 여기서 사회국가적 과제인 의료서비스의 항목과 수준에 대해서 요구되는 최소한의 수준은 어떤 것인지에 대한 논의가 필요하다. 궁극적으로 국민건강보험의 급여항목 및 수준은 재원과 연계되어 있기 때문에 가입자의 보험료를 인상함으로써 문제를 해결하려는 시도가 가능하다. 하지만 앞서 논의한 것처럼 보험료의 인상은 소득과 재산이 적은 국민의 사회적 기본권을 침해하거나 소득과 재산이 많은 국민의 재산권을 침해할 가능성이 있다. 따라서 국민의 기본권을 고려하여, 특히 보험료가 높은 경우에 이를 부담할 능력이 되지 못하는 국민의 사회적 기본권을 고려하여 보험료가 책정되어야 한다. 오로지 징수된 보험료와 지급된 보험급여의 비율(수지율)만을 고려하여 과도하게 책정된 보험료는 의료서비스에 관한 사회적 기본권을 침해한다고 볼 수 있다. 또한 같은 맥락에서 오로지 건강보험의 재정수지만 고려하여 설계된 급여항목 및 수준도 사회적 기본권으로서 건강보험수급권을 침해할 수 있다. 이것은 건강보험수급권이 이미 헌법적 권리로서 구제적 권리이므로 건강보험수급권의 구체적 형성에 관한 입법자의 재량이 무제한적이지 않음을 의미한다.

한편 경제적 여건과 상관없이 모든 사람에게 경제적 부담을 지우는 희귀병 또는 난치병의 경우에는 특별한 보호가 필요하다. 희귀병이나 난치병은 소요되는 의료비가 대단히 고액이고, 이로 인해 급여의 대상에서 제외될 가능성이 높기 때문이다. 하지만 의료서비스에 관한 사회적 기본권을 구체화하는 건강보험제도가 오로지 '건전한 재정의 유지'라는 경제정책적 요소만을 고려할 수는 없다. 희귀병이나 난치병을 앓는 환자의 의료서비스에 관한 사회적 기본권을 고려하는 건강보험제도는 그들이 부담해야 하는 의료비의 일부라도 의료급여로서 제공하는 내용을 포함해야 한다. 단지 고액의 의료비가 요구된다는 이유만으로 희귀병이나 난치병에 대한 의료급여를 완전히 배제하는 것은 그러한 질병을 앓고 있는 환자의 의료서비스에 관한 사회적 기본권을 침해하게 된다.

(3) 본인부담금

건강보험의 급여에 대해서는 가입자 본인이 부담해야 하는 비용이 추가로 발생할 수 있다. 국민건강보험법에 따르면 요양급여를 받는 자는 대통령령이 정하는 바에 의하여 그 비용의 일부, 즉 '본인일부부담금'을 본인이 부담한다고 규정한다(동법 제41조). 이에 따라 대통령령인 시행령에서는 병원종별이나 소재지 등에 따라 본인부담금을 달리 정하고 있다. 예를 들어 동(洞)지역에서 일반환자로서 외래진료를 받는 경우에 종합병원에서는 요양급여비용총액의 50%를 본인이 부담해야 하지만 병원에서는 40%, 의원에서는 30%를 본인이 부담해야 한다(아래 <별표 2> 참조). 이러한 본인부담제도는 급여제공의 남용을 방지함으로써 국민건강보험 재원의 낭비를 예방하려는 취지로 이해될 수 있다. 하지만 이러한 목적을 고려한다고 해도 본인부담금의 비율이 높아지게 되면 사회보험으로서 국민건강보험의 의미가 완전히 사라질 수도 있기 때문에 본인부담금의 비율은 적절한 수준으로 제한될 필요가 있다.

(4) 위임입법의 문제

국민건강보험법은 요양급여의 방법·절차·범위·상한 등 요양급여의 기준을 보건복지부령에서 규정하도록 위임하고 있다(동법 제39조 제2항). 또한 앞서 언급한 것처럼 본인부담금에 관해서도 대통령령에 위임하고 있다(동법 제41조). 그리고 보험료 산정의 기준이 되는 직장가입자의 보수와 보험료율 및 지역가입자의 보험료부과점수와 보험료부과점수당 금액에 관해서도 대통령령에 위임하고 있다(동법 제63조 제3항과 제65조 제1항 및 제64조 제3항과 제65조 제3항). 물론 이러한 내용들은 수시로 변하기 때문에 법률에서 규율하기 어려운 측면이 있다. 하지만 이러한 내용들은 보건권의 중요한 부분이고, 재산권과 밀접하게 관련을 맺고 있다는 점에서 과연 행정입법에서 규율할 수 있는지에 대한 의문이 제기될 수 있다.

참 조 본인부담금: 국민건강보험법 시행령 〈별표 2〉

▶ 요양급여비용 중 본인이 부담할 비용의 부담률 및 부담액(제22조 제1항 관련)

1. 가입자 또는 피부양자는 요양급여비용 중 다음 각 목의 어느 하나에 해당하는 금액을 부담한다. 다만, 100원 미만의 금액은 제외하되, 입원진료(나목에 따른 보건복지부장관이 정하는 의료장비를 이용한 입원진료를 포함한다)의 경우에는 100원 미만의 금액도 부담한다.

   가. 입원진료(나목 중 보건복지부장관이 정하는 의료장비를 이용한 진료의 경우는 제외한다) 및 보건복지부장관이 정하는 요양급여를 받은 경우(약국 또는 한국희귀의약품센터인 요양기관에서 처방전에 의하여 의약품을 조제받는 경우를 포함한다)는 다음의 구분에 따라 계산한 금액

   1) 요양급여비용총액(식대를 제외한 금액을 말한다. 이하 같다)의 100분의 20에 해당하는 금액에 입원기간 중 식대[입원환자의 식사의 질과 서비스에 영향을 미치는 부가적 요소에 드는 비용에 해당하는 가산금액(이하 "식대가산금액"이라 한다)을 포함한다. 이하 이 호, 제2호 및 제3호 가목·나목에서 같다]의 100분의 50에 해당하는 금액을 더한 금액

   2) 의료법 제3조 제5항에 따른 요양병원에서 입원진료를 받는 사람 중 입원치료보다는 요양시설이나 외래진료를 받는 것이 적합한 환자로서 보건복지부장관이 정하여 고시하는 환자군에 해당하는 경우에는 요양급여비용총액의 100분의 40에 해당하는 금액에 입원기간 중 식대의 100분의 50에 해당하는 금액을 더한 금액

   나. 외래진료의 경우 및 보건복지부장관이 정하는 의료장비를 이용한 진료의 경우

기관종별	소재지	환자 구분	본인부담액
종합전문요양기관	모든 지역	일반환자	진찰료총액+(요양급여비용총액－진찰료총액)×60/100
		의약분업 예외환자	진찰료총액 +(요양급여비용총액－약가총액－진찰료총액)×60/100+약가총액×30/100
종합병원	동지역	일반환자	요양급여비용총액×50/100
		의약분업 예외환자	(요양급여비용총액－약가총액)×50/100+약가총액×30/100

	읍 · 면지역	일반환자	요양급여비용총액×45/100
		의약분업 예외환자	(요양급여비용총액－약가총액)×45/100＋약가총액×30/100
병원, 치과병원, 한방병원, 요양병원	동지역	일반환자	요양급여비용총액×40/100
		의약분업 예외환자	(요양급여비용총액－약가총액)×40/100＋약가총액×30/100
	읍 · 면지역	일반환자	요양급여비용총액×35/100
		의약분업 예외환자	(요양급여비용총액-약가총액)×35/100＋약가총액×30/100
의원, 치과의원, 한의원, 보건의료원	모든 지역		요양급여비용총액×30/100(요양급여를 받는 자가 65세 이상인 경우에는 요양급여비용총액이 보건복지부령으로 정하는 금액을 넘지 아니하면 보건복지부령으로 정하는 금액)
보건소, 보건지소, 보건진료소	모든 지역		요양급여비용총액×30/100(요양급여비용총액이 보건복지부령으로 정하는 금액을 넘지 아니하면 보건복지부령으로 정하는 금액)

* 비고: 1. 위 표에서 '의약분업 예외환자'란 약사법 제23조 제4항 제3호 중 정신분열증 또는 조울증 등으로 자신 또는 다른 사람을 해칠 우려가 있는 정신질환자, 같은 항 제4호 중 전염병예방법에 따른 제1군전염병환자, 같은 항 제8호 및 제9호에 해당하는 환자를 말한다. 다만, 이 별표 제1호 가목에 따라 요양급여비용총액의 100분의 20을 적용받는 사람은 제외한다.

2. 위 표에서 '약가총액'이란 약제비 총액에서 의약품관리료, 조제 · 복약지도료 및 주사료를 제외한 금액을 말한다.

3. 보건복지부장관이 정하는 의료장비를 이용한 입원진료인 경우의 요양급여비용총액은 의료장비를 이용한 비용의 총액에 한정된다.

다. 약국 또는 한국희귀의약품센터의 경우

1) 진료를 담당한 의사 또는 치과의사가 발행한 처방전에 따라 의약품을 조제받은 경우에는 요양급여비용총액의 100분의 30(요양급여를 받는 사람이 65세 이상인 경우 요양급여비용총액이 보건복지부령으로 정하는 금액을 넘지 아니하면 보건복지부령으로 정하는 금액). 다만, 제1호 가목 중 보건복지부장관이 정하는 요양급여를 받은 경우(약국 또는 한국희귀의약품센터인 요양기관에서 처방전에 따라 의약품을 조제받는 경우를 포함한다)는 제외한다.

2) 약국이 없는 지역에서 조제를 하는 경우로서 진료를 담당한 의사 또는 치과의사가 발행한 처방전에 따르지 아니하고 의약품을 조제받은 경우

가) 요양급여비용총액이 보건복지부령으로 정하는 금액을 넘는 경우에는 요양급여비용총액의 100분의 40

나) 요양급여비용총액이 보건복지부령으로 정하는 금액을 넘지 아니하는 경우에는 보건복지부령으로 정하는 금액

2. 제1호에도 불구하고 보건복지부장관이 정하여 고시하는 질병군에 대하여 입원진료를 받은 경우(같은 질병군에 대하여 입원진료를 받고자 신청한 요양기관에서 입원진료를 받은 경우만 해당한다)에는 다음 각 목의 구분에 따라 계산한 금액에 입원기간 중 식대의 100분의 50에 해당하는 금액을 더한 금액. 이 경우 질병군별 상대가치점수, 고정비율 및 평균입원일수, 요양기관의 신청절차 등에 관하여 필요한 세부사항은 보건복지부장관이 정하여 고시한다.

가. 다음 산식에 따라 계산한 금액의 100분의 20에 해당하는 금액

《질병군에 대한 본인부담액의 계산 산식》

[{질병군별 상대가치점수 × 고정비율} + {질병군별 상대가치점수 × (1 − 고정비율)×입원일수/질병군별 평균입원일수}] × 제24조 제1항에 따라 정하여진 상대가치점수의 점수당 단가

나. 가목에도 불구하고 그 질병군이 보건복지부장관이 정하여 고시하는 요양급여비용열외군인 경우에는 가목의 산식에 따라 계산한 금액에 같은 고시에서 정한 금액을 더한 합계액의 100분의 20에 해당하는 금액

3. 제1호 및 제2호에도 불구하고 다음 각 목의 어느 하나에 해당하는 경우에는 각 목에서 정하는 금액을 부담한다.

가. 다음의 경우에는 입원기간 중 식대의 100분의 50에 해당하는 금액

1) 자연분만에 대한 요양급여

2) 모자보건법 제2조 제3호에 따른 신생아 및 보건복지부장관이 정하는 기준에 해당하는 영유아에 대한 입원진료로서 보건복지부장관이 정하는 요양급여

나. 다음의 경우(라목에 해당하는 사람에 대한 요양급여는 제외한다)에는 요양급여비용총액의 100분의 10에 해당하는 금액에 입원기간 중 식대의 100분의 50에 해당하는 금액을 더한 금액

1) 암환자 등 보건복지부장관이 정하여 고시하는 중증환자에 대한 보건복

지부장관이 정하는 요양급여

2) 6세 미만의 사람[가목 2)에 따른 신생아 및 영유아는 제외한다]에 대한 입원진료로 보건복지부장관이 정하는 요양급여

3) 보건복지부장관이 정하여 고시하는 희귀난치성질환을 가진 사람에 대한 보건복지부장관이 정하는 요양급여

다. 6세 미만인 사람이 외래진료(제1호 나목에 따른 기관종별이 보건소, 보건지소 또는 보건진료소이면 그 요양급여비용총액이 보건복지부령으로 정하는 금액을 넘지 아니하는 경우는 제외한다)를 받거나 약국 또는 한국희귀의약품센터에서 처방전에 따라 의약품을 조제받는 경우에는 본인이 부담할 비용의 부담률의 100분의 70에 해당하는 금액

라. 의료급여법 시행령 제3조 제2항 제1호 라목에 따라 고시되는 희귀난치성질환(이하 '희귀난치성질환'이라 한다)을 가진 사람, 희귀난치성질환 외의 질환으로 6개월 이상 치료를 받고 있거나 6개월 이상 치료가 필요한 사람 또는 18세 미만의 아동(이하 '희귀난치성질환자 등'이라 한다) 중 희귀난치성질환자 등이 속한 세대의 소득 및 재산을 더하여 계산한 가액(이하 '소득인정액'이라 한다)이 국민기초생활 보장법 제6조 제2항에 따라 공표되는 최저생계비의 100분의 120 이하이고, 희귀난치성질환자등의 배우자, 1촌의 직계혈족 및 그 배우자(이하 '배우자 등'이라 한다)가 없거나 배우자 등이 있어도 부양능력이 없거나 부양을 받을 수 없는 사람으로서 보건복지부령으로 정하는 바에 따라 공단에 본인부담액 경감 인정 신청을 하여 그 경감인정을 받은 사람에 대한 요양급여의 경우에는 다음의 구분에 따라 계산한 금액. 이 경우 소득인정액 산정의 기준이 되는 세대의 범위, 소득 및 재산의 범위, 소득인정액 산정방법 등 소득인정액의 산정에 필요한 사항 및 배우자 등이 부양능력이 없거나 부양을 받을 수 없는 경우의 구체적인 기준은 보건복지부령으로 정한다.

1) 희귀난치성질환을 가진 사람인 경우에는 입원기간 중 식대(식대가산금액은 제외한다. 이하 이 목에서 같다)의 100분의 20에 해당하는 금액

2) 희귀난치성질환 외의 질환으로 6개월 이상 치료를 받고 있거나 6개월 이상 치료가 필요한 사람 또는 18세 미만의 아동인 경우에는 다음 표에 해당하는 금액에 입원기간 중 식대의 100분의 20에 해당하는 금액을 더한 금액. 다만, 가목 또는 나목 2)에도 해당하는 사람인 경우에는 입원기간

중 식대의 100분의 20에 해당하는 금액만을 부담한다.

<table>
<tr><th>기관종별</th><th colspan="2">구 분</th><th>본인부담액</th></tr>
<tr><td>종합전문 요양기관</td><td colspan="2">외래 · 입원 진료</td><td>요양급여비용총액×14/100 [정신과 입원진료 또는 나목 1) 및 3)에 따른 환자가 같은 목에서 보건복지부장관이 정하는 요양급여를 받는 경우에는 10/100]</td></tr>
<tr><td rowspan="3">종합병원, 병원 치과병원, 한방병원, 요양병원</td><td rowspan="2">의료급여법 시행령별표 제2호 가목에 따른 만성질환자의 만성질환 에 대한 외래진료</td><td>약사법 제23조 제4항에 따라 의사 또는 치과의사가 의약품을 직접 조제하는 경우와 법률 제8365호 약사법 전부개정법률 부칙 제8조에 따라 한의사가 한약 및 한약제제를 직접 조제하는 경우</td><td>1,500원</td></tr>
<tr><td>그 밖의 외래진료</td><td>1,000원</td></tr>
<tr><td colspan="2">그 밖의 외래진료 및 입원진료</td><td>요양급여비용총액×14/100 [정신과 입원진료 또는 나목 1) 및 3)에 따른 환자가 같은 목에서 보건복지부장관이 정하는 요양급여를 받는 경우에는 10/100]</td></tr>
<tr><td rowspan="3">의원, 치과의원, 한의원, 보건의료원</td><td rowspan="2">외래진료</td><td>약사법 제23조 제4항에 따라 의사 또는 치과의사가 의약품을 직접 조제하는 경우와 법률 제8365호 약사법 전부개정법률 부칙 제8조에 따라 한의사가 한약 및 한약제제를 직접 조제하는 경우</td><td>1,500원</td></tr>
<tr><td>그 밖의 외래진료</td><td>1,000원</td></tr>
<tr><td colspan="2">입원진료</td><td>요양급여비용총액×14/100 [정신과 입원진료 또는 나목 1) 및 3)에 따른 환자가 같은 목에서 보건복지부장관이 정하는 요양급여를 받는 경우에는 10/100]</td></tr>
<tr><td>보건소, 보건지소, 보건진료소</td><td colspan="2">외래 · 입원진료</td><td>없 음</td></tr>
<tr><td rowspan="2">약국, 한국희귀의약품센터</td><td colspan="2">약사법 제23조 제3항 단서에 따라 처방전에 따르지 아니하고 직접 조제한 경우</td><td>900원</td></tr>
<tr><td colspan="2">보건소, 보건지소 및 보건진료소를 제외한 요양기관에서 발급한 처방전에 따라 조제</td><td>500원</td></tr>
</table>

	한 경우	
	보건소, 보건지소 및 보건진료소에서 발급한 처방전에 따라 조제한 경우	없 음

* 비고: 1. 약사법 제23조 제4항에 따라 의사 또는 치과의사가 의약품을 직접 조제하거나 법률 제8365호 약사법 전부개정법률 부칙 제8조에 따라 한의사가 한약 및 한약제제를 직접 조제하고 처방전을 함께 발급하는 경우에는 1,000원을 부담한다.

2. 외래진료로서 전산화단층촬영(CT), 자기공명영상진단(MRI) 등 보건복지부장관이 정하여 고시하는 장비를 이용한 진료에 대해서는 해당 의료장비를 이용한 비용 총액의 100분의 14[나목 1) 및 3)에 따른 환자의 경우에는 100분의 10]에 해당하는 금액을 부담한다.

3. 이 별표 제2호에 따른 질병군에 대한 입원진료의 경우 본인부담액은 이 별표 제2호 가목의 산식에 따라 계산한 금액에 위 표의 해당 기관종별 입원진료에 해당하는 본인부담률을 곱한 금액으로 한다. 다만, 이 별표 제2호 나목에 따른 요양급여비용열외군인 경우 본인부담액은 같은 호 가목의 산식에 따라 계산한 금액에 같은 호 나목에 따른 고시에서 정한 금액을 더한 금액에 위 표의 해당 기관종별 입원진료에 해당하는 본인부담률을 곱한 금액으로 한다.

4. 제1호부터 제3호까지의 규정에도 불구하고 다음 각 목에 어느 하나에 해당하는 경우에는 보건복지부령으로 정하는 항목의 요양급여비용의 100분의 100의 범위에서 보건복지부령으로 정하는 금액을 부담한다.

가. 법 제48조 제3항에 따라 급여가 제한되는 경우

나. 법 제49조 제3호 및 제4호에 따라 급여가 정지되는 경우

다. 학교폭력 예방 및 대책에 관한 법률 제2조 제1호에 따른 학교폭력 중 학생 간의 폭행에 의한 경우

라. 보험재정에 상당한 부담을 초래한다고 인정되는 경우

마. 그 밖에 보건복지부령으로 정하는 경우

III. 연금보험법

1. 개 관

생노병사(生老病死)를 본질로 하는 인간의 삶에서 질병에 걸리는 것과 함께 주어진 보편적 위험은 늙고 죽는 것이다. 여기서 늙어간다는 것은 한편으로 나이가 들어 직장을 그만두게 되는 것을 의미하기도 한다. 인생에서 겪는 이러한 위험들 가운데 질병의 치료는 앞서 논의한 건강보험으로 해결이 될 수 있지만 질병의 결과로 남는 장애로 인한 소득의 감소나 상실은 건강보험만으로는 해결되지 못하기 때문에 다른 형태의 사회보험이 필요하다. 또한 노령과 퇴직 및 사망도 본인 또는 유가족의 소득상실로 이어져 생계를 위협하기 때문에 이에 대비한 사회보험이 필요하다. 이처럼 중도장애, 노령, 퇴직, 사망으로 인한 소득의 감소나 상실의 위험을 대비하기 위한 사회보험으로서 연금보험제도가 마련되어 있다. 연금보험제도는 원칙적으로 모든 국민을 대상으로 하는 「국민연금법」과 함께 공무원이나 사립학교교직원 또는 군인과 같은 특정 직역의 한정된 집단을 대상으로 하는 「공무원연금법」, 「사립학교교직원연금법」, 「군인연금법」으로 구체화된다.

2. 국민연금법

보편적 위험에 속하는 노령, 장애, 사망으로 인한 소득의 감소나 상실로부터 국민의 기본적인 생활을 보장하기 위하여 만들어진 국민연금제도는 1973년 제정된 국민복지연금법에서 유래한다. 이 법률은 오랫동안 시행되지 못하다가 1986년 국민연금법으로 전면개정되어 1988년 1월 1일부터 국민연금제도가 시행되기에 이른다.

(1) 가 입 자

국민연금의 가입대상은 원칙적으로 국내에 거주하는 18세 이상 60세 미만의 국민이다(국민연금법 제6조).[20] 예외적으로 공무원과 군인 및 사립학교 교직원은 공무원연금법, 군인연금법 및 사립학교교직원 연금법의 적용을 받는다. 그 밖에 대통령령으로 정하는 일정한 국민[21]도 국민연금법의 적용을 받지 않는다. 한편 외국인도 국민연금의 가입자가 될 수 있다. 국민연금법의 적용을 받는 사업장에 사용되고 있는 외국인과 국내에 거주하는 외국인으로서 대통령령으로 정하는 자[22] 외의 외국인은 당연히 사업장가입자 또는 지역가입자가 된다(동법 제126조 제1항). 다만, 상호주의원칙에 따라 국민연금법에 따른 국민연금에 상응하는 연

---

20) 국민연금 가입대상에서 60세 이상의 국민이 제외되었다고 해도 이들 집단이 차별을 받았거나 이들의 인간다운 생활을 할 권리가 침해된 것은 아니라는 것이 헌법재판소의 견해다. 헌재결 2001. 4. 26. 2000헌마390: "① 국민연금의 가입대상, 가입기간, 보험료, 연금수급자격 및 급여수준 등을 구체적으로 어떻게 정할 것인가는 국민의 소득수준, 경제활동연령, 정년퇴직연령, 평균수명, 연금재정 등 여러 가지 사회적, 경제적 사정을 참작하여 입법자가 폭넓게 그의 형성재량으로 결정할 수 있는 사항이라고 할 것이고, 그 결정이 명백히 자의적인 것으로서 입법재량을 벗어나지 않는 한 헌법에 위반된다고 할 수 없다. 현재 우리나라 국민의 일반적 퇴직연령은 60세 전·후이고, 평균추정수명은 74.9세이며, 60세 이상의 국민 중, 경제활동에 참가하고 있는 국민은 20%~30%에 불과하여 우리나라 국민의 60세 전·후 시기는 소득활동이 중단되거나 축소됨으로써 소득보장을 받아야 하는 때이다. 그렇다면 국민연금의 가입대상을 경제활동이 가능한 18세 이상 60세 미만의 국민으로 제한하고 있는 이 사건 법률조항은 노후의 소득보장이라는 연금제도의 입법취지에 따라 국민연금제도를 합리적으로 운영하기 위한 것으로 정당하고 60세 미만의 국민에 비하여 청구인들을 불합리하게 차별대우함으로써 헌법상의 평등원칙을 침해한다고 볼 수 없다. ② 현행 국민연금법상의 연금제도는 자기 기여를 전제로 하는 사회보험의 전형적인 한 형태이다. 그렇다면, 국가가 국민의 인간다운 생활을 보장하기 위한 헌법적 의무를 다하였는지 여부는 국민연금제도와 같은 사회보험에 의한 소득보장제도만으로 판단하여서는 아니되고, 사회부조의 방식에 의하여 행하여지는 각종 급여나 각종 부담의 감면 등을 총괄한 수준을 가지고 판단하여야 할 것이다. 사실조회 회신에 의하면 국민기초생활보장법, 노인복지법 등 법령에 의하여 저소득 노인에 대한 각종 급여 및 부담의 면제, 시설제공 등으로 인한 노인들의 생활여건에 비추어 볼 때, 이 사건 법률조항이 청구인들과 같은 노인들의 국민연금가입을 제한하고 있다고 하더라도 인간다운 생활을 보장하기 위하여 국가가 실현해야 할 객관적 내용의 최소한도의 보장에도 이르지 못하였다거나 헌법상 용인될 수 있는 재량의 범위를 명백히 일탈하였다고는 보기 어렵고 청구인들이 국민연금제도에서 제외되었다는 사실만으로 곧 그것이 헌법에 위반된다거나 청구인들의 인간으로서의 존엄과 가치, 행복추구권이나 인간다운 생활을 할 권리를 침해한 것이라고는 볼 수 없다 할 것이다(강조는 필자)."

21) 국민연금법 시행령 제18조【가입 대상 제외자】 법 제6조 단서에 따라 다음 각 호의 어느 하나에 해당하는 자는 국민연금 가입 대상에서 제외한다.
   1. 법 제61조 제1항부터 제3항까지 및 법률 제8541호 국민연금법 전부개정법률 부칙 제2조에 따라 노령연금의 수급권을 취득한 자 중 60세 미만의 특수 직종 근로자
   2. 법 제61조 제4항에 따른 조기노령연금의 수급권을 취득한 자. 다만, 법 제66조 제1항에 따라 조기노령연금의 지급이 정지 중인 자는 제외한다.

22) 국민연금법 시행령 제111조【당연 적용에서 제외되는 외국인】 법 제126조 제1항에 따라 당연히 사업장가입자나 지역가입자가 되는 외국인에서 제외되는 자는 다음 각 호와 같다.
   1. 출입국관리법 제25조에 따라 체류기간연장허가를 받지 아니하고 체류하는 자
   2. 출입국관리법 제31조에 따른 외국인등록을 하지 아니하거나 같은 법 제59조 제2항에 따라 강제퇴거명령서가 발급된 자
   3. 출입국관리법 시행령 별표 1에 따른 외국인의 체류자격이 있는 자로서 보건복지가족부령으로 정하는 자

금에 관하여 그 외국인의 본국 법이 대한민국 국민에게 적용되지 않는 경우에는 그 외국인에게 적용되지 않는다. 그러나 대한민국이 외국과 사회보장협정을 맺은 경우에는 국민연금의 가입, 연금보험료의 납부, 급여의 수급 요건, 급여액의 산정, 급여의 지급 등에 관하여 그 사회보장협정에서 정하는 바에 따른다(동법 제127조).

국민연금가입자는 다시 ① 사업장가입자, ② 지역가입자, ③ 임의가입자 및 ④ 임의계속가입자로 구분된다(동법 제7조). 사업장가입자는 사업장의 근로자와 사용자가 되고(동법 제8조),[23] 지역가입자는 사업장가입자가 아닌 자가 된다(동법 제9조).[24] 여기서 근로자는 직업의 종류가 무엇이든 사업장에서 노무를 제공하고 그 대가로 임금을 받아 생활하는 자(법인의 이사와 그 밖의 임원을 포함),[25] 그리고

---

23) 국민연금법 제8조【사업장가입자】 ① 사업의 종류, 근로자의 수 등을 고려하여 대통령령으로 정하는 사업장(이하 '당연적용사업장'이라 한다)의 18세 이상 60세 미만인 근로자와 사용자는 당연히 사업장가입자가 된다. 다만, 다음 각 호의 어느 하나에 해당하는 자는 제외한다.

1. 공무원연금법, 사립학교교직원 연금법 또는 별정우체국법에 따른 퇴직연금, 장해연금 또는 퇴직연금일시금이나 군인연금법에 따른 퇴역연금, 상이연금, 퇴역연금일시금을 받을 권리를 얻은 자(이하 '퇴직연금 등 수급권자'라 한다). 다만, 퇴직연금 등 수급권자가 국민연금과 직역연금의 연계에 관한 법률 제8조에 따라 연계 신청을 한 경우에는 그러하지 아니하다.
2. 국민기초생활 보장법에 따른 수급자

② 제1항 및 제6조에도 불구하고 국민연금에 가입된 사업장에 종사하는 18세 미만 근로자는 자기가 원하면 사용자의 동의를 받아 사업장가입자가 될 수 있다.

국민연금법 시행령 제19조【당연적용사업장】 ① 법 제8조 제1항에 따른 당연적용사업장은 다음 각 호의 어느 하나에 해당하는 사업장으로 한다.

1. 1명 이상의 근로자를 사용하는 사업장
2. 주한 외국 기관으로서 1명 이상의 대한민국 국민인 근로자를 사용하는 사업장

② 사업장 상호 간에 본점과 지점·대리점·출장소 등의 관계에 있고 그 사업 경영이 일체로 되어 있는 경우에는 이를 하나의 사업장으로 보아 제1항을 적용한다.

24) 국민연금법 제9조【지역가입자】 제8조에 따른 사업장가입자가 아닌 자로서 18세 이상 60세 미만인 자는 당연히 지역가입자가 된다. 다만, 다음 각 호의 어느 하나에 해당하는 자는 제외한다.

1. 다음 각 목의 어느 하나에 해당하는 자의 배우자로서 별도의 소득이 없는 자
   가. 제6조 단서에 따라 국민연금 가입 대상에서 제외되는 자
   나. 사업장가입자, 지역가입자 및 임의계속가입자
   다. 별정우체국 직원
   라. 노령연금 수급권자 및 퇴직연금 등 수급권자
2. 퇴직연금 등 수급권자. 다만, 퇴직연금 등 수급권자가 국민연금과 직역연금의 연계에 관한 법률 제8조에 따라 연계 신청을 한 경우에는 그러하지 아니하다.
3. 18세 이상 27세 미만인 자로서 학생이거나 군 복무 등의 이유로 소득이 없는 자(연금보험료를 납부한 사실이 있는 자는 제외한다)
4. 국민기초생활 보장법에 따른 수급자
5. 1년 이상 행방불명된 자. 이 경우 행방불명된 자에 대한 인정 기준 및 방법은 대통령령으로 정한다.

사용자는 사업주나 사업경영자를 의미한다(동법 제3조 제1항 제1호 및 제2호). 사업장가입자나 지역가입자가 아닌 자로서 18세 이상 60세 미만인 자는 국민연금에 가입을 신청하면 임의가입자가 될 수 있다(동법 제10조). 또한 60세 이상의 국민으로 법령에서 정한 조건을 갖춘 자는 임의계속가입자가 될 수 있다(동법 제13조).[26] 2008년말 현재 국민연금가입자 총수는 1,833만여 명에 이른다(아래 [표 3.3.3.1] 참조).

[표 3.3.3.1] 국민연금가입자 현황

(단위: 명)

		2001	2002	2003	2004	2005	2006	2007	2008
총 가입자		16,277,826	16,498,932	17,181,778	17,070,217	17,124,449	17,739,939	18,266,742	18,335,409
사업장 가입자		5,951,918	6,288,014	6,958,794	7,580,649	7,950,493	8,604,823	9,149,209	9,493,444
지역 가입자	A	5,704,389	5,754,340	5,399,355	4,729,503	4,489,216	4,150,416	3,956,340	3,755,980
	B	4,475,722	4,250,449	4,564,879	4,683,063	4,634,459	4,935,952	5,106,803	5,025,503
임의 가입자		29,982	26,899	23,983	21,752	26,568	26,991	27,242	27,614
임의계속 가입자		115,815	179,230	234,767	55,250	23,713	21,757	27,148	32,868

* 지역가입자A = 소득신고자, 지역가입자B = 납부예외자.

** 자료: 국민연금연구원 <2008 국민연금통계연보>.

---

25) 국민연금법 시행령 제2조【근로자에서 제외되는 자】 국민연금법 제3조 제1항 제1호 단서에 따라 근로자에서 제외되는 자는 다음과 같다.
1. 일용근로자나 1개월 미만의 기한을 정하여 사용되는 근로자. 다만, 1개월 이상 계속 사용되는 경우는 그러하지 아니하다.
2. 소재지가 일정하지 아니한 사업장에 종사하는 근로자
3. 법인의 이사 중 제3조 제1항 제2호에 따른 소득이 없는 자
4. 1개월 동안의 근로시간이 80시간 미만인 시간제 근로자 등 사업장에서 상시 근로에 종사할 목적으로 사용되는 자가 아닌 자

26) 국민연금법 제13조【임의계속가입자】 ① 다음 각 호의 어느 하나에 해당하는 자는 제6조에도 불구하고 65세가 될 때까지 보건복지가족부령으로 정하는 바에 따라 국민연금공단에 가입을 신청하면 임의계속가입자가 될 수 있다. 이 경우 가입 신청이 수리된 날에 그 자격을 취득한다.
1. 국민연금 가입기간이 20년 미만인 가입자로서 60세가 된 자
2. 대통령령으로 정하는 직종에 종사하거나 종사하였던 근로자(이하 "특수직종근로자"라 한다)로서 제61조 제2항·제3항 및 법률 제3902호 국민복지연금법개정법률 부칙 제5조에 따라 특례노령연금 수급권을 취득한 자

②~③ 생략.

(2) 급여의 내용

국민연금법에 따른 급여의 종류는 ① 노령연금, ② 장애연금, ③ 유족연금, ④ 반환일시금으로 구분된다(동법 제49조). 첫째, **노령연금**은 원칙적으로 가입기간이 20년 이상인 가입자 또는 가입자였던 자에 대하여는 60세가 된 때부터 그가 생존하는 동안 지급한다(동법 제61조 제1항).[27] 다만, 국민의 고령화로 인해 수급권 연령은 2013년부터 5년마다 1세씩 연장된다. 둘째, **장애연금**은 가입 중에 생긴 질병이나 부상으로 완치된 후에도 신체상 또는 정신상의 장애가 있는 자에 대하여 그 장애가 계속되는 동안 장애 정도에 따라 지급한다(동법 제67조 제1항).[28] 셋째, **유족연금**은 ① 노령연금 수급권자, ② 가입기간이 10년 이상인 가입자였던 자, ③ 가입자, ④ 장애등급이 2급 이상인 장애연금 수급권자가 사망하면 그 유족에게 지급한다(동법 제72조 제1항).[29] 여기서 유족은 가입자 또는 가입자였던

---

27) 국민연금법 제61조 【노령연금 수급권자】 ① 가입기간이 20년 이상인 가입자 또는 가입자였던 자에 대하여는 60세(특수직종근로자는 55세)가 된 때부터 그가 생존하는 동안 노령연금을 지급한다.
② 가입기간이 10년 이상 20년 미만인 가입자 또는 가입자였던 자에 대하여는 60세(특수직종근로자는 55세)가 된 때부터 그가 생존하는 동안 제1항에 따른 노령연금액에서 일정한 금액을 뺀 연금(이하 "감액노령연금"이라 한다)을 지급한다.
③ 가입기간이 10년 이상인 자가 소득이 있는 업무에 종사하고 있으면 60세 이상 65세 미만(특수직종근로자는 55세 이상 60세 미만)인 기간에는 일정한 금액의 연금(이하 "재직자노령연금"이라 한다)을 지급한다.
④ 가입기간이 10년 이상인 가입자 또는 가입자였던 자로서 55세 이상인 자가 소득이 있는 업무에 종사하지 아니하는 경우 본인이 희망하면 제1항에도 불구하고 60세가 되기 전이라도 그가 생존하는 동안 일정한 금액의 연금(이하 "조기노령연금"이라 한다)을 받을 수 있다.
⑤ 제3항과 제4항에 따른 소득이 있는 업무의 범위는 대통령령으로 정한다.

28) 국민연금법 제67조 【장애연금의 수급권자】 ① 가입 중에 생긴 질병(당해 질병의 초진일이 가입 중에 있는 경우로서 가입자가 가입 당시 발병 사실을 알지 못한 경우를 포함한다. 이하 이 절 및 제4절에서 같다)이나 부상으로 완치된 후에도 신체상 또는 정신상의 장애가 있는 자에 대하여는 그 장애가 계속되는 동안 장애 정도에 따라 장애연금을 지급한다.
② 제1항에 따른 질병이나 부상을 입은 자가 초진일(初診日)부터 1년 6개월이 지나도 완치되지 아니하면 그 1년 6개월이 지난 날을 기준으로 장애 정도를 결정한다. 다만, 그 1년 6개월이 지난 날에 장애연금의 지급 대상이 되지 아니한 자가 그 질병이나 부상이 악화되어 60세가 되기 전에 장애연금 지급 대상이 되는 경우에는 본인의 청구에 따라 그 청구한 날을 기준으로 장애 정도를 결정한다.
③ 제70조 제1항에 따라 장애연금의 수급권이 소멸된 자가 장애연금 수급권을 취득할 당시의 질병이나 부상이 악화되어 60세가 되기 전에 다시 장애연금의 지급 대상이 되는 경우에는 본인의 청구에 따라 그 청구한 날을 기준으로 장애 정도를 결정한다.
④ 장애연금의 지급 대상이 되는 자가 제77조에 따라 반환일시금을 지급받았으면 장애연금을 지급하지 아니한다.
⑤ 장애 정도에 관한 장애등급은 1급, 2급, 3급 및 4급으로 구분하되, 등급 구분의 기준과 장애 정도의 심사에 관한 사항은 대통령령으로 정한다.

29) 가입기간이 1년 미만인 가입자가 질병이나 부상으로 사망하면 가입 중에 생긴 질병이나 부상으로 사망한 경우에만 유족연금을 지급하고(국민연금법 제72조 제1항 단서), 가입기간이 10

자가 사망할 당시 그에 의하여 생계를 유지하고 있던 자로 한정된다.[30] 그리고 유족연금의 수급권자가 배우자인 경우에 원칙적으로 수급권이 발생한 때부터 3년 동안 유족연금을 지급한 후 55세가 될 때까지 지급을 정지한다(동법 제76조 제1항).[31] 넷째, 반환일시금은 가입자 또는 가입자였던 자가 ① 가입기간이 10년 미만인 자가 60세가 된 때, ② 가입자 또는 가입자였던 자가 사망한 때 또는 ③ 국적을 상실하거나 국외로 이주한 때에 본인이나 그 유족의 청구에 의하여 지급받을 수 있다(동법 제77조 제1항).[32] 그 밖에 가입자 또는 가입자였던 자가 사망

년 미만인 가입자였던 자가 가입 중에 생긴 질병이나 부상 또는 그 부상으로 생긴 질병으로 가입 중의 초진일 또는 가입자 자격을 상실한 후 1년 이내의 초진일부터 2년 이내에 사망하면 그 유족에게 유족연금을 지급할 수 있되, 본인이나 유족이 반환일시금을 지급받은 경우에는 유족연금을 지급하지 않는다(동조 제2항).

30) 유족의 범위에는 ① 배우자, ② 자녀(18세 미만이거나 장애등급 2급 이상인 자만 해당), ③ 부모(배우자의 부모를 포함하고, 60세 이상이거나 장애등급 2급 이상인 부모만 해당), ④ 손자녀(18세 미만이거나 장애등급 2급 이상인 자만 해당), ⑤ 조부모(배우자의 조부모를 포함하고, 60세 이상이거나 장애등급 2급 이상인 조부모만 해당)가 포함된다(국민연금법 제73조 제1항). 유족연금은 위의 순위에 따라 최우선 순위자에게만 지급하고(동조 제2항), 같은 순위의 유족이 2명 이상이면 그 유족연금액을 똑같이 나누어 지급한다(동조 제3항).

31) 원래 배우자에 대한 유족연금지급정지제도는 처(妻)에게만 적용되었고, 원칙적으로 60세 이상이기나 장애등급 2급이 되어야 유족연금을 받을 수 있던 부(夫)에게 불리한 제도이었는데 이에 대해서 헌법재판소는 합리적 이유가 있는 차별로 보았다. 헌재결 2008. 11. 27. 2006헌가1: 오늘날 노동시장의 유연화와 여성의 경제활동참가의 확대 등 사회경제적 환경이 변화하고 가족 내에서의 경제적 역할분담의 양상이 다양화되기는 하였으나, 이 사건 법률조항은 그 제정 및 시행 당시 우리나라의 기혼 남성과 여성의 사회경제적 지위, 취업 기나 소득활동 참가율, 기간 및 소득수준, 그리고 가정에서의 역할 등에 있어서의 현실적 차이를 반영한 것으로서 남성 배우자의 사망으로 생활이 곤란하게 된 여성 배우자를 보호하기 위한 것이었다. 이렇게 원래는 평등원칙에 합치하는 법률조항이 사회경제적 환경의 변화로 인하여 어느 때인가부터 평등원칙에 반하는 것으로 되는지 여부가 문제되는 사안의 경우, 사회경제적 환경의 변화와 그 시점에 대한 충분한 실증이 없는 이상, 그에 대하여 이견(異見)이 있을 수 있다고 하더라도 입법자의 판단을 존중함이 상당하다. 그러므로 입법자가 이 사건 법률조항을 2007년에 이르러 개정하였다고 하여 그것이 시기적으로 너무 늦었다고 단정하기는 어렵다. 나아가 이 사건 법률조항은 우리나라 취업 시장의 현황, 임금 구조, 전체적인 사회보장 수준, 우리 가족관계의 특성 등을 종합적으로 고려하여 유족급여의 제공 여부를 결정하고 있는 것으로서, 남성 배우자에 대한 실질적 차별을 내용으로 하고 있다거나 입법목적의 비중과 차별대우의 정도가 균형을 상실하였다고 볼 수 없어 평등원칙에 반한다고 볼 수 없다.

32) 헌재결 2004. 6. 24. 2002헌바15: 국민연금 반환일시금을 지급받을 권리의 처분은 사회보험상의 급여라는 특성상 어느 정도 제한될 수 있다. 국민연금 가입자 자격을 상실하였음을 이유로 반환일시금을 지급하면, 상당수의 국민이 반환일시금 수령을 선택하여 결과적으로 연금수급권 획득기회를 박탈당하고 연금제도로부터 제외될 가능성이 많다는 점을 기존의 반환일시금 제도의 운영결과가 말해 주고 있는바, 이는 가입을 강제화하는 공적 연금제도의 존재이유를 상실하게 만들 우려가 크다. 가입자의 사망, 국적상실, 국외이주, 장애발생 등의 사유가 발생하거나 만 60세가 되어야만 국민연금 반환일시금을 받을 수 있도록 함으로써 국민연금의 가입자였다가 국민연금의 가입자 자격을 상실한 자들이 반환일시금을 받을 권리를 제한하는 것은 반환일시금을 받을 권리의 행사시기와 요건을 가능한 최소한의 범위에서 재산권

할 당시 그에 의하여 생계를 유지하고 있던 유족이 없는 경우에는 그 배우자·자녀·부모·손자녀·조부모 또는 형제자매에게 사망일시금을 지급한다(동법 제80조 제1항).

이러한 여러 가지 급여들의 구체적인 금액은 국민의 생활수준, 임금, 물가, 그 밖에 경제사정에 뚜렷한 변동이 생기면 그 사정에 맞게 조정되도록 하여(동법 제4조 제3항) 물가연동제에 의한 실질가치를 보장하고 있다. 한편 급여를 받을 권리는 양도·압류하거나 담보로 제공할 수 없고, 수급권자에게 지급된 급여로서 법령으로 정하는 금액 이하의 급여는 압류할 수 없도록 하여(동법 제58조) 연금급여에 의한 기본적인 생계의 유지가 침해받지 않도록 보장하고 있다. 2008년의 경우에 총 253만여 명의 수급자에게 6조 1,808억여 원의 국민연금급여가 지급되었다(아래 [표 3.3.3.2] 참조). 이 가운데 가장 높은 비중을 차지하는 것은 노령연금으로 4조 7,655억여 원이 지급되었는데 이것은 노후생활을 대비하는 연금으로서 노령연금이 국민연금에서 가지는 의미와 비중을 잘 보여준다.

[표 3.3.3.2] 국민연금급여 지급 현황

(단위: 명, 백만 원)

		2001	2002	2003	2004	2005	2006	2007	2008
노령연금	인 원	602,197	717,488	819,800	1,156,098	1,349,626	1,517,649	1,731,560	1,949,867
	금 액	973,630	1,254,730	1,533,339	1,987,451	2,531,536	3,103,161	3,857,709	4,765,528
장애연금	연금 인원	27,456	32,876	39,727	47,260	54,467	61,762	67,091	72,166
	연금 금액	83,583	103,849	131,921	163,629	193,931	225,607	245,877	268,101
	일시금 인원	2,469	2,194	2,853	3,609	4,147	4,898	5,167	4,902
	일시금 금액	18,286	16,419	21,978	29,297	35,714	44,240	48,325	47,921
유족연금	인 원	145,717	171,186	198,343	226,806	254,116	286,656	320,377	353,594
	금 액	243,929	293,950	352,651	417,886	484,577	570,601	645,401	731,358
반환일시금	인 원	171,170	129,570	109,178	100,296	96,618	116,058	121,800	138,456
	금 액	243,445	238,685	278,233	303,194	324,885	400,674	368,374	348,026
사망일시금	인 원	6,794	6,051	7,477	7,561	7,615	8,961	10,917	15,129
	금 액	6,384	7,622	10,328	12,558	14,259	15,957	16,924	19,871
합 계	인 원	955,803	1,059,365	1,177,378	1,541,630	1,766,589	1,995,984	2,256,912	2,534,114
	금 액	1,569,257	1,915,255	2,328,449	2,914,015	3,584,901	4,360,239	5,182,611	6,180,804

* 자료: 국민연금연구원 <2008 국민연금통계연보>.

의 사회적 제약에 따라 제한하는 것이며, 이러한 제한과 공익목적의 달성에는 합리적인 비례관계가 유지된다.

(3) 비용의 부담

국민연금사업에 소요되는 비용은 가입자와 사용자로부터 가입기간 동안 매월 연금보험료를 징수함으로써 충당한다(동법 제88조 제1항). 우선 사업장가입자의 경우에 연금보험료는 가입자 본인이 부담하는 기여금과 사용자가 부담하는 부담금으로 구성된다(동조 제2항). 기여금과 부담금의 금액은 각각 기준소득월액의 1천분의 45(4.5%)로 한다(동조 제3항). 다음으로 지역가입자, 임의가입자 및 임의계속가입자의 경우에 연금보험료는 지역가입자, 임의가입자 또는 임의계속가입자 본인이 부담하고(동조 제3항), 그 금액은 기준소득월액의 1천분의 90(9%)으로 한다(동조 제4항). 사업장가입자와 지역가입자가 연금보험료를 기한까지 내지 않으면 다시 기한을 정하여 독촉하고(동법 제95조 제1항), 독촉을 받은 자가 그 기한까지 연금보험료를 내지 않으면 보건복지부장관의 승인을 받아 국세 체납처분의 예에 따라 강제로 징수하게 된다(동조 제3항).[33] 2008년에 1년 동안 수납된 연금보험료는 23조 931억여 원이고, 국민연금제도가 시행된 1988년부터 2008년까지 징수된 연금보험료를 누적하면 195조 904억여 원에 이른다(아래 [표 3.3.3.3] 참조). 한편 국가는 국민연금사업을 관리 · 운영하는 데에 필요한 비용의 전부 또는 일부를 부담한다(동법 제87조).

---

33) 헌재결 2001. 2. 22. 99헌마365: "① 국민연금제도는 가입기간 중에 납부한 보험료를 급여의 산출근거로 하여 일정한 급여를 지급하는 것이므로 반대급부 없이 국가에서 강제로 금전을 징수하는 조세와는 성격을 달리한다. 비록 국민연금법 제79조가 연금보험료의 강제징수에 관하여 규정하고 있으나 이는 국민연금제도의 고도의 공익성을 고려하여 법률이 특별히 연금보험료의 강제징수 규정을 둔 것이지 그렇다고 하여 국민연금보험료를 조세로 볼 수는 없다. 또한 국민연금제도에 소득재분배의 효과가 있지만, 이는 사회보험의 본질적 요소로서 소득재분배를 어느 정도로 할 것인지는 입법정책의 문제이며, 뿐만 아니라 연금보험료의 징수는 재산권행사의 사회적 의무성의 한계 내에 있다고 볼 수 있다. 따라서 국민연금제도는 조세법률주의나 재산권보장에 위배되지 않는다. ② 강제가입과 연금보험료의 강제징수를 전제로 한 국민연금제도는 자신 스스로 사회적 위험에 대처하고자 하는 개인들의 행복추구권을 침해한다고 볼 수 있다. 그러나 국민의 노령 · 폐질 또는 사망에 대하여 연금급여를 실시함으로써 국민의 생활안정과 복지증진에 기여할 것을 그 목적으로 하는 국민연금법의 입법목적에 정당성이 있으며, 국가적인 보험기술을 통하여 사회적 위험을 대량으로 분산시킴으로써 구제를 도모하는 사회보험제도의 일종으로서 그 방법 또한 적정하고, 필요한 최소한도로 개인의 선택권이 제한되며, 국민연금제도를 통하여 달성하고자 하는 공익이 개별적인 내용의 저축에 대한 선택권이라는 개인적 사익보다 월등히 크다고 보아야 할 것이어서 과잉금지의 원칙에 위배되지 아니하므로, 결국 위 행복추구권 침해는 헌법에 위반된다고 할 수 없다. ③ 우리 헌법의 경제질서 원칙에 비추어 보면, 사회보험방식에 의하여 재원을 조성하여 반대급부로 노후생활을 보장하는 강제저축 프로그램으로서의 국민연금제도는 상호부조의 원리에 입각한 사회연대성에 기초하여 고소득계층에서 저소득층으로, 근로세대에서 노년세대로, 현재세대에서 다음세대로 국민간에 소득재분배의 기능을 함으로써 오히려 위 사회적 시장경제질서에 부합하는 제도라 할 것이므로, 국민연금제도는 헌법상의 시장경제질서에 위배되지 않는다."

[표 3.3.3.3] 국민연금보험료 현황

(단위: 억 원)

		2001	2002	2003	2004	2005	2006	2007	2008
고지금액	A	597,987	710,603	838,412	981,843	1,139,485	1,312,477	1,501,250	1,702,809
	B	75,371	109,558	149,845	187,349	226,523	261,239	287,603	309,428
	C	1,621	1,707	1,798	1,873	2,019	2,192	2,305	2,398
	D	1,257	1,555	1,925	2,286	2,542	2,816	3,185	3,606
	합계	676,236	823,423	991,980	1,173,351	1,370,568	1,578,725	1,794,343	2,018,241
징수금액	A	593,284	705,308	831,607	973,080	1,129,183	1,301,026	1,488,947	1,689,339
	B	55,609	82,279	112,567	142,317	171,398	200,261	228,261	255,578
	C	1,621	1,685	1,782	1,858	2,003	2,176	2,290	2,385
	D	1,257	1,551	1,921	2,284	2,540	2,815	3,183	3,603
	합계	651,771	790,823	947,877	1,119,539	1,305,124	1,506,278	1,722,681	1,950,904
징수율	A	99.21	99.25	99.19	99.11	99.10	99.13	99.18	99.21
	B	73.78	75.10	75.12	75.96	75.66	76.66	79.37	82.60
	C	100.00	98.74	99.11	99.18	99.20	99.29	99.36	99.43
	D	100.00	99.74	99.76	99.90	99.94	99.96	99.94	99.92
	합계	96.38	96.04	95.55	95.41	95.22	95.41	96.01	96.66
수납액	A	99,084	111,309	124,959	140,353	155,094	170,718	186,652	201,400
	B	20,902	26,184	30,183	29,916	28,967	28,976	28,067	27,675
	C	282	355	457	455	397	446	480	514
	D	26	31	68	48	37	61	53	57
	E	208	215	241	239	453	501	688	1,050
	F	31	35	47	75	120	112	185	236
	합계	120,533	138,128	155,956	171,084	185,069	200,814	216,125	230,931

* A=사업장가입자, B=지역가입자, C=임의가입자, D=임의계속가입자, 단, 수납액 A~D는 각 가입자의 보험료 및 연체료를 표시, E=반납금, F=추납보험료.

** 고지금액, 징수금액, 징수율은 국민연금 시행 이후 각 연도말 익월 10일까지 누적된 금액을 표시하고, 수납액은 매년 1년 동안 수납된 금액을 표시함.

*** 자료: 국민연금연구원 <2008 국민연금통계연보>.

(4) 국민연금공단과 국민연금기금

국민연금사업을 효율적으로 수행하기 위하여 **국민연금공단**을 설립하고(동법 제24조), 법인으로 한다(동법 제26조). 국민연금공단에 임원으로 이사장 1명, 상임이사 3명 이내, 이사 7명, 감사 1명을 두되, 이사에는 사용자 대표, 근로자 대표, 지역가입자 대표 각 1명 이상과 당연직 이사로서 보건복지부에서 국민연금 업무를 담당하는 3급 국가공무원 또는 고위공무원단에 속하는 일반직 공무원 1명이 포함되어야 한다(동법 제30조 제1항). 이사장은 보건복지부장관의 제청으로 대통령이 임면하고, 상임이사 · 이사(당연직 이사는 제외) 및 감사는 이사장의 제청으로 보건복지부장관이 임면한다(동조 제2항). 임원의 임기는 원칙적으로 3년이다(동법 제32조).

한편 보건복지부장관은 국민연금사업에 필요한 재원을 원활하게 확보하고, 국민연금법에 따른 급여에 충당하기 위한 책임준비금으로서 **국민연금기금**을 설치한다(동법 제101조 제1항). 국민연금기금은 ① 연금보험료, ② 기금운용 수익금, ③ 적립금, ④ 공단의 수입 · 지출 결산상의 잉여금을 재원으로 하여 조성한다(동조 제2항). 국민연금기금은 보건복지부장관이 관리 · 운용하고(동법 제102조 제1항), 국민연금기금의 관리 · 운용에 관한 사항을 심의 · 의결하기 위하여 보건복지부에 국민연금기금운용위원회를 둔다(동법 제103조 제1항). 보건복지부장관은 5년마다 국민연금 재정 수지를 계산하고, 국민연금의 재정 전망과 연금보험료의 조정 및 국민연금기금의 운용 계획 등이 포함된 국민연금 운영 전반에 관한 계획을 수립하여 국무회의의 심의를 거쳐 대통령의 승인을 받아야 하며, 승인받은 계획을 국회에 제출하고 공시해야 한다(동법 제4조 제2항). 2008년까지 조성되어 운용되고 있는 **국민연금기금 총액은 235조 4,247억여 원이다**(아래 [표 3.3.3.4] 참조).[34] 이 기금은 매년 꾸준히 수익을 내고 있지만 2008년의 경우에는 4천억 원이 넘는 손실을 발생시켰다는 점에서 기금운용에 따라 국민연금수급권에 심각한 영향이 미칠 수 있음을 확인하게 된다.

34) 그럼에도 불구하고 국민연금기금의 고갈에 대한 우려가 계속해서 제기되고 있고, 이에 대한 대안이 제시되고 있다. 예를 들어 최윤희, "국민연금법 개정방안에 관한 고찰," 「노동법연구」(서울대학교 노동법연구회) 제23호(2007), 327면 이하 참조.

[표 3.3.3.4] 국민연금 재정 현황

(단위: 억 원)

		2001	2002	2003	2004	2005	2006	2007	2008
조성	총 액	188,061	202,708	228,263	274,827	268,865	303,939	356,349	225,826
	연금보험료	120,796	138,322	156,262	170,711	185,436	201,523	216,702	229,855
	운용수익	67,246	64,361	71,975	102,901	82,149	101,074	138,278	-4,270
	국고보조금 등	19	25	26	1,215	1,280	1,342	1,369	241
지출	총 액	16,667	20,303	24,573	32,406	39,600	47,570	55,933	66,979
	보험급여	15,693	19,153	23,284	29,140	35,849	43,602	51,826	61,808
	관리운영비 등	974	1,150	1,289	3,266	3,751	3,968	4,107	5,171
운용	총 액	781,669	964,074	1,167,764	1,410,185	1,639,450	1,895,819	2,196,235	2,354,247
	공공부문	305,185	289,036	152,740	63,840	0	0	0	0
	복지부문	6,308	5,208	4,323	3,632	3,025	2,432	2,036	1,842
	금융부문	467,635	667,183	1,007,878	1,339,493	1,633,115	1,890,106	2,190,934	2,349,937
	기 타	2,541	2,647	2,823	3,220	3,310	3,281	3,265	2,468

* 기타: 국민연금공단회관 취득비, 임차보증금 및 기금보관금.

** 자료: 국민연금연구원 <2008 국민연금통계연보>.

3. 공무원 · 사립학교교직원 · 군인연금법

공무원, 사립학교의 교원과 사무직원, 군인과 같은 특수한 신분에 속하는 국민을 위한 연금보험에 대해서는 ① 공무원연금법, ② 사립학교교직원연금법, ③ 군인연금법이 적용된다. 이러한 연금보험은 국민연금법의 적용을 받는 연금보험과 달리 연금적 성격과 함께 임금에 대한 후불적 성격 및 공무원이나 교원 및 군인 등 국가공헌자에 대한 보상적 성격[35]을 동시에 포함한다는 점이다. 따라서 공무원, 사립학교교직원, 군인을 위한 연금제도는 오로지 사회적 기본권을 구체화하는 제도로서만 이해될 수는 없다.

(1) 공무원연금법

공무원연금제도는 1960년부터 시행된 공무원연금법에 의해 구체적으로 설계되었다.[36] 이후에 여러 차례 구체적인 제도의 내용이 변화되면서 현재에 이

35) 국가공헌자에 대한 보상제도에 대해서는 이 책 제3장 제4절 참조.

36) 공무원연금제도의 역사에 대해서는 최재식, 「공무원연금제도의 재정 건전성 제고를 위한 정

르고 있다. 공무원연금제도는 앞서 설명한 것처럼 임금후불적 성격과 국가보상적 성격을 동시에 가지고 있다는 점에서 징수된 보험료보다 지급된 보험급여가 과도할 수 있는 여지가 애초부터 있어서 재정의 건전성을 우려하는 목소리가 많은 것이 사실이다.

1) 공 무 원

공무원연금법의 적용을 받는 공무원은 상시 공무에 종사하는 자로서 국가공무원법, 지방공무원법, 그 밖의 법률에 따른 공무원(군인과 선거에 의하여 취임하는 공무원은 제외) 및 그 밖에 대통령령으로 정하는 국가나 지방자치단체의 직원을 포함한다(동법 제3조 제1항 제1호). 공무원의 재직기간은 공무원으로 임명된 날이 속하는 달부터 퇴직한 날의 전날 또는 사망한 날이 속하는 달까지의 연월수(年月數)로 계산한다(동법 제23조 제1항). 2009년말 현재 공무원연금법의 적용을 받는 전체 공무원의 숫자는 104만여 명이고, 그 가운데 퇴직연금의 수급권자가 되는 20년 이상 복무한 공무원의 숫자는 60%를 훨씬 넘는다(아래 [표 3.3.3.5] 참조).

[표 3.3.3.5] 공무원연금법 적용대상 공무원 현황

(단위: 명)

	2001	2002	2003	2004	2005	2006	2007	2008	2009
합 계	913,192	930,835	947,616	964,593	986,339	1,009,145	1,021,771	1,030,256	1,047,897
20년 이상	636,290	641,806	647,887	663,125	671,217	679,336	674,209	665,555	654,627
20년 미만	276,902	289,029	299,729	301,468	315,122	329,809	347,562	364,701	393,270

* 자료: 공무원연금공단 웹사이트(www.geps.or.kr).

2) 급여의 유형과 내용

공무원연금법상의 급여는 단기급여와 장기급여로 구분되고, 전자는 공무원의 공무로 인한 질병·부상과 재해에 대해서 지급하고, 후자는 공무원의 퇴직·장애 및 사망에 대해서 지급한다(동법 제25조). 단기급여는 공무로 인한 질병·부상과 재해에 대하여 지급되는 급여이고, 장기급여는 공무원의 퇴직·장애 및 사망에 대하여 지급되는 급여이다(동법 제25조). 단기급여에는 ① 공무상요양비, ② 공무상

책대안 분석」, 공무원연금관리공단, 2004, 40면 이하 참조.

요양일시금, ③ 재해부조금, ④ 사망조위금이 포함되고(동법 제34조), 장기급여에는 ① 퇴직급여(퇴직연금, 퇴직연금일시금, 퇴직연금공제일시금, 퇴직일시금), ② 장해급여(장해연금, 장해보상금), ③ 유족급여(유족연금, 유족연금부가금, 유족연금특별부가금, 유족연금일시금, 유족일시금, 유족보상금, 순직유족연금, 순직유족보상금), ④ 퇴직수당이 포함된다(동법 제42조).

우선 단기급여 가운데 **공무상요양비**는 공무원이 공무상 질병 또는 부상으로 인하여 요양을 하는 경우에 2년 이내의 범위에서 지급한다(동법 제35조 제1항 및 제2항).[37] 그리고 **공무상요양일시금**은 공무상요양비를 받는 실제요양기간이 2년을 경과해도 그 질병이나 부상이 완치되지 않은 경우에 지급한다(동법 제36조).[38] 한편 **재해부조금**은 공무원이 수재(水災)나 화재, 그 밖의 재해로 재산에 손해를 입었을 때 지급한다(동법 제41조 제1항).[39] 마지막으로 **사망조위금**은 공무원의 배우자나 부모(배우자의 부모 포함) 또는 자녀가 사망한 경우에는 그 공무원에게 지급하고(기준소득월액의 65%), 공무원이 사망한 경우에는 그 배우자에게 지급하되(기준소득월액의 195%), 배우자가 없는 경우에는 장례와 제사를 모시는 자에게 지급한다(동법 제41조의2 제1항 및 제2항).

다음으로 장기급여 가운데 공무원으로 20년 이상 재직하고 퇴직한 경우에 **퇴직연금** 또는 **조기퇴직연금**을 지급하고(동법 제46조 제1항),[40] 20년 미만 재직하고

---

37) 공무상요양비를 지급하는 요양의 범위에는 ① 진단, ② 약제(藥劑), 치료재(治療齋) 및 보철구(補綴具) 지급, ③ 처치 · 수술이나 그 밖의 치료, ④ 병원이나 요양소에 수용되어 하는 요양, ④ 간호, ⑤ 이송이 포함된다(공무원연금법 제35조 제1항).

38) 공무상요양일시금의 금액은 1년간의 요양을 위한 비용을 초과하지 못한다(공무원연금법 제36조).

39) 공무원이 수재(水災)나 화재, 그 밖의 재해로 재산에 손해를 입었을 때에는 기준소득월액의 4배에 상당하는 금액의 범위에서 재해부조금을 지급한다(공무원연금법 제41조 제1항).

40) 공무원연금법 제46조【퇴직연금 또는 퇴직연금일시금】 ① 공무원이 20년 이상 재직하고 퇴직한 경우에는 다음 각 호의 어느 하나에 해당하는 때부터 사망할 때까지 퇴직연금을 지급한다.

1. 65세가 되었을 때
2. 법률 또는 국회규칙, 대법원규칙, 헌법재판소규칙, 중앙선거관리위원회규칙 및 대통령령(이하 "공무원임용관계법령 등"이라 한다)에서 정년 또는 근무상한연령(공무원임용관계법령 등에서 근무상한연령을 정하지 아니한 공무원의 근무상한연령은 공무원임용관계법령 등에서 정한 그 공무원과 유사한 직위의 공무원의 근무상한연령 등을 고려하여 대통령령으로 정하는 연령을 말한다)을 60세 미만으로 정한 경우에는 그 정년 또는 근무상한 연령이 되었을 때부터 5년이 경과한 때
3. 공무원임용관계법령 등에서 정한 계급정년이 되어 퇴직한 때부터 5년이 경과한 때
4. 직제와 정원의 개정과 폐지 또는 예산의 감소 등으로 인하여 직위가 없어지거나 정원을 초과하는 인원이 생겨 퇴직한 때부터 5년이 경과한 때
5. 대통령령으로 정하는 장애 상태가 된 때

② 제1항에도 불구하고 공무원이 20년 이상 재직하고 제1항 제1호부터 제4호까지의 규정에

퇴직한 경우에는 퇴직일시금을 지급한다(동법 제48조 제1항).[41] 재직기간 20년을 기준으로 퇴직연금과 퇴직일시금의 수급권자 자격을 구분한 것에 대해서 헌법재판소는 합헌으로 판단하였다.[42] 아무튼 퇴직일시금은 퇴직과 동시에 지급되지

서 정한 퇴직연금 지급이 시작되는 시점 이전에 퇴직한 경우에는 본인이 원하면 그가 사망할 때까지 제1항 제1호부터 제4호까지의 규정에서 정한 퇴직연금 지급이 시작되는 시점에 못 미치는 햇수[이하 "미달연수(未達年數)"라 한다)]에 따라 다음 각 호에 정한 금액을 조기퇴직연금으로 지급할 수 있다.

1. 미달연수 1년 이내: 퇴직연금 상당액의 100분의 95
2. 미달연수 1년 초과 2년 이내: 퇴직연금 상당액의 100분의 90
3. 미달연수 2년 초과 3년 이내: 퇴직연금 상당액의 100분의 85
4. 미달연수 3년 초과 4년 이내: 퇴직연금 상당액의 100분의 80
5. 미달연수 4년 초과 5년 이내: 퇴직연금 상당액의 100분의 75

③ 제1항과 제2항에 따라 퇴직연금 또는 조기퇴직연금을 받을 권리가 있는 자가 원하는 경우에는 퇴직연금 또는 조기퇴직연금을 갈음하여 퇴직연금일시금을 지급하거나, 20년(퇴직연금 · 조기퇴직연금 또는 퇴역연금의 수급자가 제24조에 따라 재직기간을 합산받은 경우에는 그 합산받은 재직기간)을 초과하는 재직기간 중 본인이 원하는 기간에 대하여는 그 기간에 해당하는 퇴직연금 또는 조기퇴직연금을 갈음하여 퇴직연금공제일시금(이하 "공제일시금"이라 한다)을 지급할 수 있다.

④ 제1항에 따른 퇴직연금의 금액은 재직기간 매 1년당(1년 미만의 매 1개월은 12분의 1년으로 계산한다. 이하 같다) 평균기준소득월액의 1천분의 19에 상당하는 금액으로 한다. 이 경우에 퇴직연금의 금액은 평균기준소득월액의 1천분의 627을 초과하지 못한다.

⑤ 제3항의 퇴직연금일시금의 금액은 퇴직한 날의 전날이 속하는 달의 기준소득월액에 재직연수(1년 미만의 매 1개월은 12분의 1년으로 계산한다. 이하 같다)를 곱한 금액의 1천분의 975에 상당하는 금액에다 재직연수에서 5년을 뺀 연수의 매 1년에 대하여 퇴직한 날의 전날이 속하는 달의 기준소득월액에 재직연수를 곱한 금액의 1만분의 65에 상당하는 금액을 가산한 금액으로 한다. 이 경우에 그 재직연수는 33년을 초과하지 못한다.

⑥ 제3항의 공제일시금은 퇴직한 날의 전날이 속하는 달의 기준소득월액에 퇴직하는 공무원이 공제일시금 계산에 산입할 것을 원하는 재직연수(이하 "공제재직연수"라 한다)를 곱한 금액의 1천분의 975에 상당하는 금액에다 공제재직연수 매 1년에 대하여 퇴직한 날의 전날이 속하는 달의 기준소득월액에 공제재직연수를 곱한 금액의 1만분의 65에 상당하는 금액을 가산한 금액으로 한다. 이 경우에 그 공제재직연수는 13년을 초과하지 못한다.

⑦ 제1항 제4호에 따른 퇴직의 확인은 대통령령으로 정하는 바에 따라 행정안전부장관이 한다.

41) 공무원연금법 제48조【퇴직일시금】 ① 공무원이 20년 미만 재직하고 퇴직한 경우에는 퇴직일시금을 지급한다.

② 제1항의 퇴직일시금은 재직기간이 1개월 이상 5년 미만인 자에 대하여는 퇴직한 날의 전날이 속하는 달의 기준소득월액에 재직연수를 곱한 금액의 100분의 78에 상당하는 금액으로 하고, 5년 이상 20년 미만인 자에 대하여는 제46조 제5항에 따른 계산방법으로 산정되는 금액으로 한다.

③ 제2항에 따라 산정한 금액이 이미 낸 기여금에 민법 제379조에 따른 이자를 가산한 금액보다 적을 경우에는 제2항에도 불구하고 제2항에 따라 산정한 금액을 갈음하여 기여금에 민법 제379조에 따른 이자를 가산한 금액을 지급한다.

42) 헌재결 2008. 10. 30. 2006헌마217: "퇴직일시금과 퇴직연금의 재원은 공무원 자신의 기여금과 국가의 보조금으로 조성되고, 공무원 자신의 기여금에 해당하는 부분은 후불임금의 성격도 가지지만, 전체적으로 사회보장적 급여로서의 성격이 강하다고 할 수 있고, 퇴직연금제도는 공무원의 장기간 재직을 유도하여 직업공무원제도를 확립하고자 하는 목적도 가지는 것이므로, 공무원 퇴직자에 대한 사회보장제도를 재직기간에 따라 퇴직일시금과 퇴직연금으로

만 퇴직연금은 퇴직 후 법률에서 정한 연령에 달했을 때 비로소 지급된다(동법 제46조 제1항 제1호에서 제5호)는 점에서 차이가 있다. 또한 퇴직연금수급자는 퇴직연금에 갈음하여 퇴직연금일시금을 선택할 수도 있다(동법 제46조 제3항)는 점에서도 퇴직연금과 퇴직연금일시금은 차이가 있다. 한편 공무원이 공무상 질병 또는 부상으로 인하여 장애 상태로 되어 퇴직한 때 또는 퇴직 후에 그 질병 또는 부상으로 인하여 장애 상태로 된 때에는 장애의 정도에 따라 본인이 원하는 바에 따라 **장해연금** 또는 **장해보상금**을 지급한다(동법 제51조). 공무원이거나 공무원이었던 자가 퇴직연금이나 장해연금을 받을 권리가 있는 자로서 사망한 경우에는 **유족연금**을 지급하고(동법 제56조),[43] 공무원이 공무상 질병 또는 부상으로 재직 중에 사망하거나, 퇴직 후 3년 이내에 그 질병 또는 부상으로 사망한 경우에는 그 유족에게 **유족보상금**을 지급한다(동법 제61조 제1항). 마지막으로 공무원이 1년 이상 재직하고 퇴직하거나 사망한 경우에는 **퇴직수당**을 지급한다(동법 제61조의2).

단기급여 중 재해부조금 · 사망조위금과 장기급여(퇴직연금, 조기퇴직연금, 순직유족보상금, 유족연금은 제외)의 산정은 급여의 사유가 발생한 날이 속하는 달의 기준소득월액을 기초로 한다(동법 제27조 제1항). 그리고 장기급여 중 퇴직연금, 조기퇴직연금, 유족연금의 산정은 평균기준소득월액을 기초로 하고, 이 경우 기준소득월액은 공무원 전체의 기준소득월액 평균액의 100분의 180을 초과할 수 없다(동조 제2항). 한편 순직유족보상금의 산정은 급여의 사유가 발생한 날이 속하는 달의 공무원 전체의 기준소득월액의 평균액을 기초로 한다(동조 제3항). 여기서 기여금 및 급여 산정의 기초가 되는 **기준소득월액**은 일정 기간 재직하고

이원화하고 각 해당자의 구분을 재직기간 20년 미만과 20년 이상으로 설정한 공무원연금법 제46조 제1항이 20년 이상 재직자와 20년 미만 재직자를 불합리하게 차별한다거나, 20년 미만 재직자의 행복추구권이나 인간다운 생활을 할 권리를 침해한다고 볼 수 없다.”

43) 공무원연금법 제56조【유족연금, 유족연금부가금, 유족연금특별부가금, 유족연금일시금 및 순직유족연금】 ① 공무원이거나 공무원이었던 자가 다음 각 호의 어느 하나에 해당하게 된 경우에는 유족연금을 지급한다. 다만, 제1호의 경우 공무원이 재직 중 사망하면 유족연금 외에 유족연금부가금을 따로 지급하며, 공무원이었던 자가 연금의 지급이 시작되기 전에 사망하거나 퇴직연금 또는 조기퇴직연금의 수급자가 퇴직한 날의 전날이 속하는 달의 다음 달부터 3년 이내에 사망하면 유족연금 외에 유족연금특별부가금을 따로 지급한다.

1. 퇴직연금 또는 조기퇴직연금을 받을 권리가 있는 자가 사망한 때
2. 장해연금을 받을 권리가 있는 자가 사망한 때

② 제1항 단서 전단의 경우 유족이 원할 때에는 유족연금과 유족연금부가금을 갈음하여 유족연금일시금을 지급한다.

③ 순직공무원의 유족에게는 순직유족연금을 지급한다.

[표 3.3.3.6] 공무원연금급여 지급 현황

(단위: 백만 원)

	2001	2002	2003	2004	2005	2006	2007	2008	2009
총 액	3,493,542	3,615,004	4,463,474	4,981,324	5,945,196	6,220,571	6,855,769	7,876,958	7,684,816
퇴직급여	2,752,259	2,851,034	3,455,501	3,795,250	4,367,170	4,682,451	5,160,317	5,819,764	6,234,759
유족급여	150,981	180,151	227,057	261,940	300,024	340,009	380,268	429,814	477,591
퇴직수당	551,986	521,587	707,067	843,744	1,196,149	1,122,224	1,230,010	1,539,396	884,091
재해보상급여	20,857	40,423	50,599	56,256	58,244	51,518	58,878	60,758	61,162
부조급여	17,459	21,809	23,250	24,134	23,609	24,369	26,296	27,226	27,213

* 자료: 공무원연금공단 웹사이트(www.geps.or.kr).

얻은 소득에서 비과세소득을 제외한 금액의 연지급합계액을 12개월로 평균한 금액을 뜻한다(동법 제3조 제1항 제5호). 또한 평균기준소득월액은 재직기간 중 매년 기준소득월액을 공무원보수인상률 등을 고려하여 대통령령으로 정하는 바에 따라 급여의 사유가 발생한 날(퇴직으로 급여의 사유가 발생하거나 퇴직 후에 급여의 사유가 발생한 경우에는 퇴직한 날의 전날)의 현재가치로 환산한 후 합한 금액을 재직기간으로 나눈 금액을 뜻한다(동조 동항 제6호).

2009년의 경우에 공무원연금급여로 지급된 총액은 7조 6848억여 원이고, 이 가운데 가장 높은 비중을 차지하는 것은 퇴직급여로 전체 연금급여의 80%를 넘는다. 이것은 공무원연금제도가 무엇보다도 공무원의 퇴직으로 인한 소득의 감소나 상실에 대처하는 사회보장제도임을 확인해준다.

3) 비용의 부담

공무원연금법상의 급여에 필요한 비용은 공무원이 부담하는 기여금과 국가 또는 지방자치단체가 부담하는 부담금으로 구성된다. 우선 장기급여 가운데 퇴직급여 및 유족급여(유족연금, 순직유족연금, 유족보상금, 순직유족보상금은 제외)에 드는 비용은 공무원과 국가 또는 지방자치단체가 부담한다(동법 제65조 제1항). 공무원이 부담하는 기여금은 기준소득월액의 1,000분의 70에 상당하는 금액으로 하고(동법 제66조 제2항)), 국가나 지방자치단체가 부담하는 부담금은 매 회계연도 보수예산의 1,000분의 70에 상당하는 금액으로 하기 때문에(동법 제69조 제1항) 원칙적으로 공무원과 국가/지방자치단체는 균등하게 연금급여에 필요한 비용을

[표 3.3.3.7] 공무원연금법상 급여의 유형

급여의 유형			급여의 기초 · 범위	비용의 부담
단기급여	공무상요양비		2년 이내의 요양에 필요한 금액	국가 또는 지방자치단체
	공무상요양일시금		2년을 초과한 요양을 위한 추가비용	
	재해부조금		기준소득월액의 4배	
	사망조위금		기준소득월액의 65%(가족사망)/195%(본인사망)	
장기급여	퇴직급여	퇴직연금	재직기간 × 평균기준소득월액의 1.9% (평균기준소득월액의 62.7%가 최대한)	공무원 및 국가 또는 지방자치단체
		퇴직연금일시금	기준소득월액 기준의 법정산정방식*	
		퇴직연금공제일시금	기준소득월액 기준의 법정산정방식**	
		퇴직일시금	퇴직한 날의 전날이 속하는 달의 기준소득월액 × 재직연수 × 78% (5년 미만) 또는 퇴직연금공제일시금 준용(5년 이상 20년 미만)	
	장해급여	장해연금	기준소득월액 × 법정비율	국가 또는 지방자치단체
		장해보상금	5년분의 장해연금	
	유족급여	유족연금	퇴직연금액/조기퇴직연금액 또는 장애연금액의 60%	
		유족연금부가금	퇴직연금일시금의 1/4	공무원 및 국가 또는 지방자치단체
		유족연금특별부가금	퇴직연금일시금의1/4 × 법정비율***	
		유족연금일시금	퇴직연금일시금 준용	
		유족일시금	퇴직일시금 준용	
		유족보상금	기준소득월액의 10분의 234	국가 또는 지방자치단체
		순직유족연금	사망 당시 기준소득월액의 1만분의 3575 (20년 미만) 또는 1만분의 4225 (20년 이상)	
		순직유족보상금	공무원 전체의 기준소득월액의 평균액의 10분의 442	
	퇴직수당		기준소득월액 × 법정비율	국가 또는 지방자치단체

* [퇴직한 날의 전날이 속하는 달의 기준소득월액 × 재직연수(1년 미만의 경우 1개월을 1/12년으로 계산 및 최대 33년) × 975/1,000] + [(재직연수 − 5년) × (퇴직한 날의 전날이 속하는 달의 기준소득월액 × 재직연수 × 65/10,000)]

** [퇴직한 날의 전날이 속하는 달의 기준소득월액 × 퇴직하는 공무원이 공제일시금 계산에 산입할 것을 원하는 재직연수(공제재직연수: 최대 13년) × 975/1,000] + [공제재직연수 × 퇴직한 날의 전날이 속하는 달의 기준소득월액 × 65/10,000]

*** [36 − (사망 시까지 퇴직연금 또는 조기퇴직연금을 받을 수 있는 달수)] × 1/36

부담한다. 하지만 이러한 비용을 기여금이나 부담금으로 충당할 수 없는 경우에는 국가나 지방자치단체가 부족한 비용(보전비용)을 부담하게 함으로써(동법 제69조 제1항 단서) 균등부담원칙의 예외를 인정하고 있다. 한편 단기급여에 드는 비용과 장기급여 가운데 공무에 따른 질병 · 부상 · 장애 또는 사망 및 순직유족급여에 드는 비용, 그리고 퇴직수당의 지급에 드는 비용은 국가나 지방자치단체가 부담한다(동법 제65조 제2항 및 제3항).

4) 급여의 제한

퇴직연금이나 조기퇴직연금 또는 장해연금의 수급자가 다른 공적 연금에 관한 법률인 공무원연금법이나 군인연금법 또는 사립학교교직원 연금법의 적용을 받는 공무원 · 군인 또는 사립학교교직원으로 임용된 경우에는 그 재직기간 중 해당 연금 전부의 지급을 정지한다(동법 제47조 제1항, 제55조 제1항). 또한 퇴직연금이나 조기퇴직연금 또는 장해연금의 수급자가 연금 외의 소득세법에 따른 사업소득금액 또는 근로소득금액이 있고, 각 소득금액 또는 이를 합산한 소득금액의 월평균금액이 전년도 평균임금월액을 초과한 경우에는 연금에서 법정금액의 지급을 정지하되,[44] 지급정지액은 연금의 2분의 1을 초과할 수 없다(동법 제47조 제2항). 한편 유족연금이나 순직유족연금을 받을 권리가 있는 자가 ① 사망한 때, ② 재혼한 때(사실상 혼인관계를 포함), ③ 사망한 공무원이었던 자와의 친족관계가 종료된 때, ④ 대통령령으로 정하는 정도의 장애 상태에 있지 않은 자녀 또는 손자녀가 18세가 되었을 때, 또는 ⑤ 대통령령으로 정하는 정도의 장애 상태로 유족연금을 받고 있던 자의 장애 상태가 해소되었을 때 가운데 어느 하나에 해당할 때에는 그 권리를 상실한다(동법 제59조 제1항).

급여를 받을 수 있는 자가 고의로 질병 · 부상 · 장애 또는 재해를 발생하게 한 경우에는 해당 급여를 지급하지 않는다(동법 제62조 제1항). 또한 유족급여나 순직유족급여를 받을 수 있는 자가 공무원, 공무원이었던 자 또는 유족급여나 순직유족급여를 받고 있는 자를 고의로 사망하게 한 경우에는 그에 대한 유족

44) ① 전년도 평균임금월액을 초과한 소득월액(이하 '초과소득월'이라 한다)이 50만원 미만인 경우: 50만원 미만 초과소득월액의 100분의 30, ② 초과소득월액이 50만원 이상 100만원 미만인 경우: 15만원+50만원 초과소득월액의 100분의 40, ③ 초과소득월액이 100만원 이상 150만원 미만인 경우: 35만원+100만원 초과소득월액의 100분의 50, ④ 초과소득월액이 150만원 이상 200만원 미만인 경우: 60만원+150만원 초과소득월액의 100분의 60, ⑤ 초과소득월액이 200만원 이상인 경우: 90만원+200만원 초과소득월액의 100분의 70(공무원연금법 제47조 제2항 제1호에서 제5호).

급여나 순직유족급여를 지급하지 않는다. 공무원이거나 공무원이었던 자의 사망 전에 그의 사망으로 인하여 유족급여나 순직유족급여를 받을 수 있는 자가 해당 동순위자 또는 선순위자를 고의로 사망하게 한 경우에도 또한 같다(동조 제2항). 그리고 급여를 받을 수 있는 자가 ① 중대한 과실에 의하여 또는 정당한 사유 없이 요양에 관한 지시에 따르지 아니하여 질병 · 부상 · 장애를 발생하게 하거나, 사망하거나 또는 그 질병 · 부상 · 장애의 정도를 악화하게 하거나, 그 회복을 방해한 경우, 또는 ② 고의로 질병 · 부상 · 장애의 정도를 악화하게 하거나, 회복을 방해한 경우에는 해당 급여의 전부 또는 일부를 지급하지 않을 수 있다. 다만, 공무수행중의 사고로 인한 부상 · 질병에 대하여는 본인의 고의로 그 사고가 발생한 경우가 아니면 그 부상 · 질병에 대한 요양비는 전액을 지급한다(동조 제3항).

형벌이나 탄핵 또는 징계를 사유로 급여지급이 제한되기도 한다. 공무원이거나 공무원이었던 자가 ① 재직 중의 사유로 금고 이상의 형을 받은 경우(직무와 관련이 없는 과실로 인한 경우 및 소속상관의 정당한 직무상의 명령에 따르다가 과실로 인한 경우는 제외),[45] ② 탄핵 또는 징계에 의하여 파면된 경우, ③ 금품 및 향응

45) 헌법재판소에 따르면 재직 중의 범죄로 금고 이상의 형을 받을 경우라도 직무와 관련이 없는 범죄나 과실범의 경우까지 급여를 제한하는 것은 위헌이 된다. 헌재결 2007. 3. 29. 2005헌바33 참조: ① 재판관 5인의 의견 "공무원의 신분이나 직무상 의무와 관련이 없는 범죄의 경우에도 퇴직급여 등을 제한하는 것은, 공무원범죄를 예방하고 공무원이 재직 중 성실히 근무하도록 유도하는 입법목적을 달성하는 데 적합한 수단이라고 볼 수 없다. 그리고 특히 과실범의 경우에는 공무원이기 때문에 더 강한 주의의무 내지 결과발생에 대한 가중된 비난가능성이 있다고 보기 어려우므로, 퇴직급여 등의 제한이 공무원으로서의 직무상 의무를 위반하지 않도록 유도 또는 강제하는 수단으로서 작용한다고 보기 어렵다. 입법자로서는 입법목적을 달성함에 반드시 필요한 범죄의 유형과 내용 등으로 그 범위를 한정하여 규정함이 최소침해성의 원칙에 따른 기본권 제한의 적절한 방식이다. 단지 금고 이상의 형을 받았다는 이유만으로 이미 공직에서 퇴출당할 공무원에게 더 나아가 일률적으로 그 생존의 기초가 될 퇴직급여 등까지 반드시 감액하도록 규정한다면 그 법률조항은 침해되는 사익에 비해 지나치게 공익만을 강조한 입법이라고 아니할 수 없다. 나아가 이 사건 법률조항은 퇴직급여에 있어서는 국민연금법상의 사업장 가입자에 비하여, 퇴직수당에 있어서는 근로기준법상의 근로자에 비하여 각각 차별대우를 하고 있는바, 이는 자의적인 차별에 해당한다. 이상과 같은 이유로 이 사건 법률조항은 헌법에 위반되나, 단순위헌선언으로 그 효력을 즉시 상실시킬 경우에는 여러 가지 혼란과 부작용이 발생할 우려가 있고, 또한 이미 급여를 감액당한 다른 퇴직공무원과의 형평성도 고려하여야 한다. 그러므로 입법자는 합헌적인 방향으로 법률을 개선하여야 하고 그때까지 일정 기간 동안은 위헌적인 법규정을 존속케 하고 또한 잠정적으로 적용하게 할 필요가 있으므로 헌법불합치결정을 하는 것이다.", ② 재판관 1인의 의견 "이 사건 법률 조항이 '재직 중의 사유'에 공무원의 신분이나 직무와 전혀 관련 없는 사유까지 포함시킨 부분은 공무원의 신분이나 공무와 전혀 관련 없는 사유로 금고 이상의 형을 받은 공무원 퇴직자와 그렇지 않은 공무원 퇴직자를 불합리하게 차별하는 것으로서 헌법 제11조 제1항에 위반되고 그 부분을 구분하여 특정할 수 있으므로 그 부분에 대하여는 위헌을 선언

수수, 공금의 횡령 · 유용으로 징계 해임된 경우에는 퇴직급여 및 퇴직수당의 일부를 감액하여 지급한다(동법 제64조 제1항). 또한 재직 중의 사유(직무와 관련이 없는 과실로 인한 경우 및 소속상관의 정당한 직무상의 명령에 따르다가 과실로 인한 경우는 제외)로 금고 이상의 형에 처할 범죄행위로 인하여 수사가 진행 중이거나 형사재판이 계속 중일 때에는 퇴직급여(연금인 급여를 제외) 및 퇴직수당의 일부를 지급정지할 수 있다(동조 제2항). 재직 중의 사유로[46] 형법 제2편 제1장(내란의 죄), 제2장(외환의 죄), 군형법 제2편 제1장(반란의 죄), 제2장(이적의 죄), 국가보안법(제10조는 제외)에 규정된 죄를 범하여 금고 이상의 형을 받은 경우에는 이미 낸 기여금의 총액에 민법 제379조에 따른 이자를 가산한 금액을 반환하되 급여는 지급하지 않는다(동조 제3항).

5) 공무원연금공단 및 공무원연금기금

공무원연금법의 입법목적을 달성하기 위한 사업을 효율적으로 추진하기 위하여 공무원연금공단이 설치되어 있다. 공무원연금공단의 임원으로서 이사장 1명, 상임이사 3명, 5명 이내의 비상임이사 및 감사 1명을 둔다(동법 제8조 제1항). 그리고 공무원연금공단의 중요사항을 심의 · 의결하기 위하여 공무원연금공단에 이사회를 두고(동법 제13조 제1항), 이사회는 이사장 · 상임이사 및 비상임이사로 구성된다(동조 제2항). 공무원연금공단은 ① 급여의 지급, ② 기여금, 부담금, 그 밖의 비용의 징수, ③ 공무원연금기금을 불리기 위한 사업, ④ 공무원 후생복지사업, ⑤ 주택의 건설 · 공급 · 임대 또는 택지의 취득, ⑥ 그 밖에 행정안전부장관

하여야 한다. 그러나 '공무원의 신분이나 직무와 관련 있는 사유' 부분은 금고 이상 형벌의 유무만을 기준으로 삼아 퇴직급여와 퇴직수당을 동일한 비율로 필요적으로 사감하도록 하여 퇴직급여 차별의 필요성 · 최소성의 원칙에 부합된다고 보기 어렵고 법에 위반되는 부분과 헌법에 합치되는 부분이 뒤섞여 있어 양자를 구분할 수 없으므로 그 전체에 대하여 헌법불합치를 선언하여야 한다."

46) 헌법재판소에 따르면 급여제한사유를 퇴직 후의 범죄에 대해서도 적용하면 위헌이 된다. 헌재결 2002. 7. 18. 2000헌바57 참조: "공무원연금법 제64조 제3항에 의한 급여의 제한사유인 범죄행위를 공무원으로 재직하던 중에 범한 죄로 한정하여 보는 한, 연금제도와 같은 사회보장 분야에 관한 입법에 있어 입법자가 광범위한 입법형성권을 갖는 점에 비추어 볼 때 이 사건 법률조항이 사유재산권을 보장한 헌법규정에 위반하여 퇴직급여청구권의 본질적인 내용을 침해하거나 입법형성권의 범위를 벗어나 과잉금지의 원칙에 반하는 자의적인 것이라고는 볼 수 없다. 그러나 이 사건 법률조항에 의한 급여제한의 사유가 퇴직 후에 범한 죄에도 적용되는 것으로 보는 것은, 입법목적을 달성하기 위한 방법의 적정성을 결하고, 공무원이었던 사람에게 입법목적에 비추어 과도한 피해를 주어 법익균형성을 잃는 것으로서 과잉금지의 원칙에 위배하여 재산권의 본질적 내용을 침해하는 것으로 헌법에 위반된다 할 것이다."

[표 3.3.3.8] 공무원연금기금 재정 현황

(단위: 억 원)

	2001	2002	2003	2004	2005	2006	2007	2008	2009
총 액	20,896	27,276	30,675	33,218	38,295	42,229	48,043	46,861	51,873
수 입	35,191	39,512	44,139	49,264	58,992	61,775	68,054	78,293	76,742
지 출	35,191	35,736	44,139	49,264	61,775	68,054	78,293	58,992	76,742
운용수익	3,144	2,604	3,399	2,543	5,077	3,934	5,814	-1,182	5,012

* 자료: 공무원연금공단 웹사이트(www.geps.or.kr).

이 위탁하는 사업을 수행한다(동법 제16조).

한편 공무원연금급여에 충당하기 위한 책임준비금으로 공무원연금기금을 두고, 이 기금은 회계연도마다 공무원연금공단의 예산에 계상된 적립금 및 결산상 잉여금과 기금운용수익금으로 조성한다(동법 제73조). 공무원연금기금은 공무원연금공단에 의해 관리·운용되는데 ① 기금증식과 공무원의 후생복지를 위한 재산취득, ② 금융기관에 예입, ③ 재정자금에 예탁, ④ 국가, 지방자치단체 또는 금융기관이 직접 발행하거나 채무이행을 보증하는 유가증권의 매입, ⑤ 공무원 또는 공무원연금을 받을 권리가 있는 자에 대한 대부, ⑥ 기금증식사업 또는 공무원후생복지사업의 방법으로 운용한다(동법 제74조 제1항 및 제2항). 공무원연금기금의 운용에 관한 중요사항에 대해서는 미리 행정안전부장관의 승인을 받아야 한다(동조 제3항). 공무원연금제도가 시행된 이후 2009년까지 조성된 공무원연금기금은 5조 1,873억여 원이고, 2009년에만 운용수익으로 5,012억여 원을 기록했다(위 [표 3.3.3.8] 참조). 하지만 이러한 연금기금의 액수는 같은 해 1년 동안 지급된 연금급여액(7조 6,742억여 원)에도 미치지 못하는 적은 금액으로 이미 연금급여를 위한 책임준비금으로서 성격을 상실했고, 단지 연금급여가 일시적으로 과다지출되는 경우 등에 대비하는 '위험준비금의 기능'밖에 수행하지 못하고 있다는 비판이 제기된다.[47]

(2) 사립학교교직원 연금법

사립학교에 재직하고 있는 교원과 사무직원의 퇴직과 사망 및 질병·부상·장

47) 최재식, 「공무원연금제도의 재정 건전성 제고를 위한 정책대안 분석」, 공무원연금관리공단, 2004, 52면 참조.

애로 인한 본인과 유족의 생활안정을 도모하기 위한 공적 연금제도로서 사립학교교직원 연금제도가 1975년부터 실시되고 있다. 이 제도를 구체화하는 법률은 이미 1973년에 제정되었다.

1) 교 직 원

사립학교교직원 연금법에서 말하는 교직원은 사립학교법에 따라 그 임명에 관한 사항이 관할청에 보고된 교원 및 사립학교법에 따라 임명된 사무직원을 포함하되, 임시로 임명된 사람, 조건부로 임명된 사람 및 보수를 받지 않는 사람은 제외한다(동법 제2조 제1항 제1호). 2008년의 경우에 전체 사립학교교직원의 숫자는 25만 6천여 명에 달한다(아래 [표 3.3.3.9] 참조).

[표 3.3.3.9] 사립학교교직원 현황

(단위: 명)

	2001	2002	2003	2004	2005	2006	2007	2008
합 계	216,362	220,874	225,354	229,926	236,726	245,520	250,652	256,840
교 원	135,877	139,431	143,579	147,118	151,535	157,168	160,266	163,596
사무직원	80,485	81,443	81,775	82,808	85,191	88,352	90,386	93,244

* 자료: 사립학교교직원연금공단 웹사이트(www.ktpf.or.kr).

2) 급여의 유형과 내용

사립학교교직원 연금법상의 급여는 단기급여과 장기급여로 구분된다. 단기급여는 교직원의 직무로 인한 질병·부상 및 재해에 대하여 지급되는 급여이고, 장기급여는 교직원의 퇴직·장애 및 사망에 대하여 지급되는 급여를 뜻한다(동법 제33조). 그밖에 급여의 종류, 급여의 사유, 급여액 및 급여의 제한 등에 관한 사항은 공무원연금법을 준용한다(동법 제42조 제1항). 이에 따라 단기급여는 ① 직무상요양비, ② 직무상요양일시금, ③ 재해부조금, ④ 사망조위금으로 구분되고, 장기급여는 ① 퇴직급여(퇴직연금, 퇴직연금일시금, 퇴직연금공제일시금, 퇴직일시금), ② 장해급여(장해연금, 장해보상금), ③ 유족급여(유족연금, 유족연금부가금, 유족연금특별부가금, 유족연금일시금, 유족일시금, 유족보상금, 순직유족연금, 순직유족보상금), ④ 퇴직수당으로 구분된다. 2008년의 경우에 지급된 총급여액은 1조 3,730억여 원이고, 이 가운데 가장 높은 비율을 차지하는 것은 퇴직급여로 전체 급여의 70%를 넘

[표 3.3.3.10] 사립학교교직원연금급여 현황

(단위: 백만 원)

			2001	2002	2003	2004	2005	2006	2007	2008
연금급여	퇴직급여	퇴직연금	230,005	265,156	343,065	403,581	470,738	542,627	631,301	738,022
		퇴직연금공제 일시금	15,897	17,824	21,080	22,587	18,137	19,872	21,179	19,593
		퇴직연금 일시금	43,411	52,559	50,773	49,461	39,480	48,532	48,786	45,140
		퇴직일시금	138,521	153,430	158,127	158,331	162,225	166,075	181,252	190,722
		조기퇴직연금	-	13	65	149	257	443	728	1,234
		소 계	427,835	488,982	573,111	634,109	690,837	777,548	883,247	994,710
	유족급여	유족연금	10,347	13,195	18,707	22,472	27,161	32,396	37,651	43,623
		유족연금 부가금	1,008	1,818	1,761	2,122	2,025	2,512	2,806	2,533
		유족연금 특별부가금	742	605	568	829	878	692	1,287	1,045
		유족연금 일시금	4,840	5,135	4,330	4,605	4,443	4,127	3,553	4,253
		유족일시금	3,299	3,524	4,144	4,054	3,798	3,859	3,621	4,093
		소 계	20,235	24,277	29,511	34,082	38,306	43,586	48,918	55,547
	합 계		448,070	513,259	602,621	668,191	729,142	821,134	932,165	1,050,257
재해보상급여	단기	직무상요양비	525	1,133	1,348	1,160	1,527	1,744	1,640	2,226
		직무상요양 일시금	1,014	10	20	79	112	15	-	-
		재해부조금	62	143	154	118	97	94	97	97
		사망조위금	12,534	15,019	16,369	17,826	19,150	20,262	22,068	23,875
		소 계	13,122	16,305	17,891	19,183	20,886	22,114	23,804	26,198
	장기	장해연금	321	463	573	712	901	927	1,019	1,180
		장해보상금	578	537	505	394	246	660	33	61
		유족보상금	493	1,387	1,044	1,530	1,253	454	1,028	1,506
		소 계	1,392	2,387	2,122	2,636	2,400	2,041	2,081	2,747
	합 계		14,513	18,691	20,013	21,819	23,287	24,156	25,885	28,945
퇴직수당			102,710	125,742	153,241	179,527	185,599	211,958	262,750	293,810
총 계			565,294	657,692	775,875	869,537	938,028	1,057,247	1,220,799	1,373,012

* 반올림으로 인해 합계에서 다소 차이가 발생할 수 있음.

** 자료: 사립학교교직원연금공단 웹사이트(www.ktpf.or.kr).

는다(위 [표 3.3.3.10] 참조). 이를 통해 사립학교교직원연금제도의 경우에도 퇴직으로 인한 소득의 감소나 상실로부터 기본적인 생활을 보장하는 것이 제도의 중요한 목적임을 확인할 수 있다.

3) 비용의 부담

사립학교교직원 연금법에 따른 급여 등에 필요한 비용은 개인부담금, 국가부담금, 법인부담금, 재해보상부담금, 수익금으로 구성된다. 첫째, 개인부담금은 교직원이 그가 임명된 날이 속하는 달부터 퇴직한 날의 전날 또는 사망한 날이 속하는 달까지 부담하고(동법 제44조 제1항), 기준소득월액의 1,000분의 70에 상당하는 금액으로 하며(동조 제4항) 해당 학교기관의 장이 매월 보수에서 징수하여 사학연금공단에 납부해야 한다(동법 제45조 제1항). 둘째, 국가부담금은 ① 교원이 부담하는 개인부담금의 합계액 중 대통령령으로 정하는 금액, ② 교직원이 내는 소급개인부담금 합계액과 같은 금액, ③ 퇴직수당 지급에 드는 비용 중 사학연금공단이 부담하는 비용을 제외한 나머지 비용 가운데 국가가 부담하는 금액을 모두 합계한 금액으로 한다(동법 제46조 제1항). 셋째, 법인부담금은 해당 학교 교원이 부담하는 개인부담금의 합계액 중 대통령령으로 정하는 금액 및 그 학교기관의 사무직원이 부담하는 개인부담금 합계액과 같은 금액에 교직원의 퇴직수당 지급에 드는 비용을 합한 금액으로 하되, 퇴직수당 지급에 드는 비용은 사학연금공단이 그 일부를 부담할 수 있으며, 국가는 공단에서 부담하는 비용을 제외한 나머지 비용의 일부 또는 전부를 부담한다(동법 제47조 제2항). 넷째, 재해보상부담금은 교직원의 개인부담금 합계액의 법정비율의 범위에서 정하는 금액으로 법인이 부담하고(동법 제48조의2 제1항), 사학연금공단은 납부된 재해보상부담금을 재해보상급여 준비금으로 적립해야 하는데(동조 제2항) 적립된 재해보상급여 준비금에서 지급되는 급여는 직무상요양비, 직무상요양일시금, 재해부조금, 사망조위금, 장해연금, 장해보상금, 유족연금(장해연금을 받을 권리가 있는 사람이 사망한 경우에만 해당) 및 유족보상금으로 한정된다(동조 제3항). 2008년의 경우에 사학연금의 부담금으로 징수된 금액은 총 1조 5,767억여 원이다(아래 [표 3.3.3.11] 참조).

[표 3.3.3.11] 사학연금부담금 징수 현황

(단위: 백만 원)

		2001	2002	2003	2004	2005	2006	2007	2008
연금	개인 부담금	362,526	413,235	448,610	481,626	519,662	558,821	581,114	611,787
	법인 부담금	248,109	283,555	308,853	331,441	361,224	384,661	399,152	420,587
	국가 부담금	76,593	172,081	118,990	131,837	133,319	144,680	158,361	188,379
	합산 반납금	13,799	14,811	17,693	19,285	21,166	27,459	28,513	35,850
	연체금	166	179	690	879	1,239	1,312	905	316
	소 계	701,192	883,861	894,835	965,068	1,036,611	1,116,933	1,168,045	1,256,918
재해보상	재해 보상	6,353	18,125	19,772	21,245	22,482	24,264	25,362	26,593
	연체금	1	2	16	20	29	31	22	8
	소 계	6,355	18,127	19,788	21,265	22,511	24,294	25,384	26,602
퇴직수당	국가 부담금	270,582	173,250	82,061	143,367	161,066	174,070	183,926	269,641
	공단 부담금	23,630	23,630	23,630	23,630	23,630	23,630	23,630	23,630
	법인 부담금	-	-	-	-	-	-	-	-
	소 계	294,213	196,880	105,691	166,997	184,696	197,700	207,556	293,271
합 계		1,001,760	1,098,869	1,020,315	1,153,330	1,243,818	1,338,928	1,400,985	1,576,791

* 반올림으로 인해 합계에서 다소 차이가 발생할 수 있음.

** 자료: 사립학교교직원연금공단 웹사이트(www.ktpf.or.kr).

4) 사립학교교직원연금공단 및 사립학교교직원 연금기금

사립학교교직원 연금에 따른 ① 부담금 징수, ② 각종 급여의 결정과 지급, ③ 자산의 운용, ④ 교직원 복지사업의 수행, ⑤ 그 밖에 연금에 관한 업무를 관장하기 위하여 사립학교교직원연금공단을 설립한다(동법 제4조). 그리고 사립학교교직원 연금에 관한 사항을 심의하기 위하여 사립학교교직원 연금공단에 사립학교교직원 연금운영위원회를 둔다(동법 53조의4).

사립학교교직원 연금법상의 급여에 충당하기 위한 책임준비금으로서 사립학교교직원 연금기금을 두고, 연금기금은 사립학교교직원 연금공단의 예산에 계상된 적립금과 결산상 잉여금 및 기금운용 수익금으로 조성한다(동법 제53조의2).

[표 3.3.3.12] 사학연금기금 재정 현황

(단위: 억 원)

		2001	2002	2003	2004	2005	2006	2007	2008	2009
수입	부담금	8,363	9,733	10,762	11,717	12,561	13,707	14,734	15,765	15,435
	사업수익	3,761	3,794	4,177	3,945	6,338	4,156	6,833	4,695	7,448
	사업 외 수익 등	12	63	100	27	23	534	33	33	134
	총 액	12,136	13,590	15,039	15,689	18,922	18,397	21,600	20,493	23,017
지출	연금급여	5,653	6,577	7,759	8,695	9,380	10,573	12,208	13,730	14,189
	퇴직수당분담금	236	236	236	236	236	236	236	236	236
	사업비용 등	466	945	785	818	506	1,032	980	3,164	2,111
	총 액	6,355	7,758	8,780	9,749	10,122	11,841	13,424	17,130	16,536
당기 순이익		5,781	5,832	6,259	5,940	8,800	6,556	8,176	3,363	6,481
연도말 기금총액		45,577	51,409	57,839	64,221	72,308	79,302	88,458	88,448	99,299

* 자료: 사립학교교직원연금공단 웹사이트(www.ktpf.or.kr).

2009년까지 적립된 연금기금 총액은 대략 10조 원 가까이 된다(위 [표 3.3.3.12] 참조). 2009년의 경우에 연급급여로 지출되는 금액이 1조 4,169억여 원인 점을 고려하면 공무원연금기금과 비교할 때 사학연금기금은 책임준비금으로서의 기능을 수행하고 있다고 평가할 수 있다. 하지만 기금의 운용수익은 언제든지 변화될 수 있으므로 기금의 운용에 따라 발생할 수 있는 손해에 따라 사학연금수급권에 영향이 발생하는 상황은 배제할 수 없다.

(3) 군인연금법

군인연금법은 공무원연금법에서 규율되고 있던 군인연금에 관한 사항을 독립적으로 규율하기 위하여 1963년에 제정되었다.[48] 군인연금법에 의해 규율되

48) 헌법재판소는 군인과 일반공무원의 차이를 다음과 같이 설시하고 있다. 헌재결 2002. 2. 28. 2000헌바69: "첫째, 군인은 일반공무원에 비하여 훨씬 많은 위험에 노출되어 있다. 군대의 일차적 기능이 국가의 안보를 책임지는 것이므로 군대의 주요 구성원인 군인은 국가안보에 위협이 있는 경우에 생명의 위험을 무릅쓰고 전투에 참가하여야 하고, 전쟁상황이 아닌 평상시에도 유사시에 대비하여 전투훈련을 하여야 한다. 둘째, 군인은 그 직무의 특성상 일반공무원에 비해 정년이 짧다. 군인사법 제정당시부터 군인의 퇴직연령은 일반공무원에 비해 낮았고, 이러한 현상은 현행법에서도 그대로 유지되고 있다. 즉, 현행법상 공무원의 경우는 일반직 공무원의 정년이 57세인데(국가공무원법 제74조 제1항), 군인의 경우는 대위 이하 계급의 경우 정년이 43세, 하사의 경우 정년이 40세(군인사법 제8조 제1항)로서 서로간에 현저한 차이가 있다. 셋째, 군대조직은 일반 사회조직과 유사한 성질의 집단이 아니므로 군인이 군

는 군인연금도 법률로 강제되는 사회보험의 성격을 갖는다.[49)]

1) 군 인

군인연금법의 적용을 받는 군인은 현역 또는 소집되어 군에 복무하는 자를 의미하되, 지원에 의하지 않고 임용된 부사관 및 병에게는 재해보상금에 한하여 이를 적용한다(동법 제2조). 군인의 복무기간은 그 임용된 날이 속하는 달부터 퇴직한 날의 전날 또는 사망한 날이 속하는 달까지의 연월수에 의한다(동법 제16조 제1항). 퇴직한 군인 · 공무원 또는 사립학교교직원(군인연금법 · 공무원연금법 또는 사립학교교직원 연금법의 적용을 받지 않았던 자는 제외)이 군인으로 복무하게 된 때에는 본인이 원하는 바에 따라 종전의 해당 연금법에 의한 복무기간 또는 재직기간을 복무기간에 통산할 수 있다(동조 제6항).[50)]

인 외의 다른 직업으로 전환하는 일은 쉽지 않다. 넷째, 1950년 한국전쟁이라는 역사적 상황은 생명의 위협을 무릅쓰고 국가방위를 위해 희생한 군인들에 대해 특별한 처우를 요구하였다."

49) 헌재결 2003. 9. 25. 2001헌가22; 2007. 10. 25. 2005헌바68: "군인연금은 군인이 상당한 기간 성실히 복무하고 퇴직하거나 심신장애로 인해 퇴직 · 사망한 때 또는 공무상의 질병 · 부상으로 요양하는 때에 본인이나 유족에게 적절한 급여를 지급함으로써 본인 및 유족의 생활안정과 복리향상에 기여함을 목적으로 하여(구 군인연금법 제1조), 그와 같은 사유가 발생하는 경우 국가의 책임 아래 보험기술을 통해 여러 사람들에게 부담을 분산시킴으로써 실질적인 구제를 도모하는 사회보험의 일종이다. 군인연금은 제도의 기본원리에 있어 사보험과 크게 다를 바 없으나, 한편으로 통상적인 보험원리에 사회조정원리를 도입하여 정립한 사회보장제도의 하나로, 지원에 의하지 아니하고 임용된 부사관 및 병을 제외한 모든 군인은 법률에 의하여 당연히 가입이 강제되고(같은 법 제2조), 급여의 종류와 내용이 법률로 정해져 있으며(같은 법 제2장), 기여금의 액수 및 징수 방법도 법률로 정해져 있는 등(같은 법 제38조) 일반 사보험과는 또 다른 측면을 지니고 있다."

50) 재직경력 합산규정은 1983년 1월 1일부터 시행되었고, 시행전의 급여에 대해서는 소급적용되지 않았는데 이에 대해서 헌법재판소는 합헌으로 결정하였다. 헌재결 2002. 2. 28. 2000헌바69: "① 연금법상의 급여는 기본적으로는 사회보장적 급여로서의 성격을 가지고 있으므로 입법자는 연금수급권의 구체적 내용을 법률로 정함에 있어 광범위한 형성의 자유를 가지는데, 이러한 광범위한 입법형성권에 의해 입법자가 군인이라는 직무의 특성과 한국전쟁과 같은 역사적 상황, 그리고 재정적 상태를 고려하여 일반공무원연금의 경우에 인정되던 재직기간 통산제도를 군인연금에는 두지 않고 공무원연금과는 다른 독자적인 내용의 연금체계를 형성한 것은 입법재량의 일탈이라고 볼 수 없다. ② 신법이 피적용자에게 유리한 경우에는 이른바 시혜적인 소급입법이 가능하지만, 그러한 소급입법의 여부는 그 일차적인 판단이 입법기관에 맡겨져 있으므로 입법자는 입법목적, 국민의 법감정 등을 참작하여 시혜적 소급입법을 할 것인가 여부를 결정할 수 있다. 따라서 입법자가 군인으로 복무하기 전의 근무기간을 재직기간에 합산해 주는 재직기간 통산제도를 신설하면서 1983년 이전에 퇴직일시금을 수령하고 퇴역한 군인들에 대해서는 신설된 재직기간 통산조항을 소급적용하지 못하도록 하는 부칙규정을 두었다 하더라도 이것은 소급 적용의 경우에 생기는 국가의 재정 부담이나 법률관계의 혼란을 최소화하기 위한 것이므로 입법재량의 범위를 벗어난 불합리한 차별이라고 할 수 없다."

[표 3.3.3.13] 퇴역군인 현황

(단위: 명)

	2001	2002	2003	2004	2005	2006	2007
합 계	17,721	18,133	15,421	16,337	15,404	15,978	17,008
20년 이상	2,326	2,360	1,804	2,144	2,290	1,895	2,550
20년 미만	15,395	15,773	13,617	14,193	13,114	14,083	14,458

* 자료: 국방부 <2007 국인연금 통계연보>.

한편 군인연금법의 적용을 받는 군인의 유족은 군인 또는 군인이었던 자의 사망 당시 그에 의하여 부양되고 있던 자로서(재해보상금의 경우에는 부양 여부와 상관없음) ① 배우자(사실상 혼인관계에 있던 자를 포함하며, 퇴직후 61세 이후에 혼인한 배우자는 제외), ② 자녀(퇴직후 61세 이후에 출생 또는 입양한 자녀를 제외하되, 퇴직후 60세 당시의 태아는 복무중 출생한 자녀로 간주), ③ 부모(퇴직일 이후에 입양된 경우의 부모는 제외), ④ 손자녀(퇴직후 61세 이후에 출생 또는 입양한 손자녀를 제외하되, 퇴직후 60세 당시의 태아는 복무중 출생한 손자녀로 간주), ⑤ 조부모(퇴직일 이후에 입양된 경우의 조부모는 제외) 가운데 하나에 해당하는 자를 의미한다(동법 제3조 제1항 제4호).

2) 급여의 유형과 내용

군인연금법상 급여의 종류에는 ① 퇴역연금, ② 퇴역연금일시금, ③ 퇴역연금공제일시금, ④ 퇴직일시금, ⑤ 상이연금, ⑥ 유족연금, ⑦ 유족연금부가금, ⑧ 유족연금특별부가금, ⑨ 유족연금일시금, ⑩ 유족일시금, ⑪ 재해보상금, ⑫ 사망조위금, ⑬ 재해부조금, ⑭ 퇴직수당, ⑮ 공무상요양비가 있다(동법 제6조).

퇴역연금은 군인이 20년 이상 복무하고 퇴직한 때에 지급하고(동법 제21조 제1항), 퇴직일시금은 군인이 20년 미만 복무하고 퇴직한 때에 지급한다(동법 제22조 제1항).[51] 한편 상이연금은 군인이 공무상 질병 또는 부상으로 인하여 폐질상태로 되어 퇴직한 때에 지급하고(동법 제23조 제1항), 유족연금은 군인 또는 군인이었던 자가 사망한 때에 그 유족에게 지급한다(동법 제26조 제1항). 그리고 퇴직

51) 헌법재판소는 퇴역연금과 퇴직일시금에 대해서 ① 은혜적 성격, ② 봉급연불적(俸給延拂的) 성격, ③ 공적 재해보험의 성격, ④ 사회보험·사회보장·사회복지적 성격을 모두 갖는다고 한다. 헌재결 1994. 6. 30. 92헌가9 및 1996. 10. 31. 93헌바55 참조.

수당은 군인이 1년 이상 복무하고 퇴직 또는 사망한 때에 지급하고(동법 제30조의4), **재해보상금**은 군인이 질병에 걸리거나 부상을 당하거나 또는 사망한 경우에 지급한다(동법 제31조 제1항). 또한 **사망조위금**은 군인의 배우자 또는 군인 및 배우자의 직계존속(부모 외의 직계존속은 부양한 경우에 한함)이 사망한 때에는 당해 군인에게 지급하고, 군인이 사망한 때에는 그 배우자에게 지급한다(동법 제32조의2 제1항 및 제2항). 그밖에 **재해부조금**은 군인이 수재 · 화재 기타 재해로 인하여 재산에 손해를 입은 때에 지급하고(동법 제32조의3), **공무상요양비**는 군인이 공무상 질병 또는 부상으로 인하여 요양을 하는 때에 지급할 수 있다(동법 제30조의5 제1항).

군인연금법상의 수급권에 대해서는 양도나 압류가 금지되고, 담보로 제공하는 것도 금지된다(동법 제7조). 특히 퇴역연금수급권 전액에 대해서 압류가 금지되는 것에 대해서 헌법재판소는 채권자의 재산권을 침해하거나 헌법상의 경제질서에 위반되지 않는다고 판시하였다.[52]

---

52) 헌재결 2009. 7. 30. 2007헌바129: "① 이 사건 심판대상조항이 군인의 퇴역연금수급권에 대하여 전액 압류를 금지하고 있는 것은 퇴역군인 본인 및 그 유족의 생활안정과 복리를 향상하고 이들의 인간다운 생활을 보장하기 위한 것으로서, 입법목적의 정당성이 인정되고, 채권자에 의한 압류를 제한하여 일신전속적인 성격을 부여하는 것은 위와 같은 입법목적을 달성하기 위한 적절한 수단이라고 할 것이다. 나아가 군인의 직무상의 특수성, 군인의 조기퇴직의 기조, 군인연금법상의 퇴역연금의 액수, 예금채권에 대한 채권자의 강제집행 가능성 등에 비추어 볼 때, 이 사건 심판대상조항이 기본권 제한의 입법적 한계를 넘어서 채권자인 청구인들의 재산권을 침해하였거나 헌법상의 경제질서에 위반된다고 볼 수 없다. ② 이 사건 심판대상조항이 민사집행법 제246조 제1항 제4호와 달리 퇴역연금수급권 전액에 대하여 압류를 금지한 것은 입법자가 군인연금법상 퇴역연금수급권의 사회보장적인 성격, 군인은 특정직 공무원으로서 국민 전체의 봉사자의 지위에 있으며 국방의 의무를 수행한다는 직무상의 특수성이 인정되고 조기퇴직의 기조로 인한 생활안정의 필요성이 크다는 점과 군인이 실제로 수령하는 퇴역연금의 액수가 그다지 크지 않고, 채권자의 강제집행가능성이 완전히 봉쇄되어 있는 것은 아니라는 점 등 여러 가지 사정을 종합적으로 고려하여 연금수급권자로 하여금 그로 인한 수익을 직접 향유할 수 있도록 한 것인바 '일반연금 · 퇴직연금 수급권자의 채권자'와 '군인연금법상의 퇴역연금수급권자의 채권자'를 달리 취급하는 것은 합리적인 이유가 있다고 할 것이며, 자의적인 차별에 해당한다고 볼 수 없다. ③ 군인연금법 제7조 단서 후단에서 군인연금법상 퇴역연금수급권을 국세징수법 등 법률에 의한 체납처분의 대상으로 할 수 있도록 허용하고 있는 것과는 달리, 이 사건 심판대상조항에서 사법상(私法上)의 채권의 실현을 위해서는 그 전액에 대하여 압류를 금지하고 있는 것은 조세채권 등이 지니는 고도의 공익성과 공공성을 고려한 조치로서 합리적인 이유가 있다고 할 것이므로, 자의적인 차별에 해당한다고 볼 수 없다."

[표 3.3.3.14] 군인연금급여 현황

(단위: 명)

	2001	2002	2003	2004	2005	2006	2007
합 계	57,380	59,061	60,892	62,679	64,557	66,030	68,044
퇴직연금	44,871	46,068	47,302	48,495	49,828	50,674	52,124
유족연금	11,689	12,096	12,647	13,197	13,732	14,307	14,831
상이연금	820	897	943	987	1,017	1,049	1,089

* 자료: 국방부 <2007 군인연금 통계연보>.

3) 비용의 부담 및 군인연금기금

군인연금법상의 급여에 소요되는 비용은 군인이 부담하는 기여금과 국가가 부담하는 부담금으로 구성된다(동법 제36조 제1항). 군인은 매월 보수월액의 1,000분의 85의 범위 안에서 대통령령으로 정하는 비율을 곱한 금액을 기여금으로 국가에 납부해야 한다(기여금을 납부한 기간이 33년을 초과한 경우에는 예외: 동법 제38조 제1항). 그리고 국가의 부담금은 군인의 정원에 의하여 매 회계연도의 그 보수예산의 1,000분의 85의 범위 안에서 대통령령이 정하는 비율을 곱한 금액으로 한다(동법 제39조 제1항). 한편 군인연금법에 따른 군인연금제도의 운영에 필요한 재원에 충당하기 위하여 군인연금기금을 설치하니(동법 제37조 제1항). 군인연금기금은 기여금, 부담금, 보전금, 책임준비금, 기금운용수익금, 다른 기금 또는 회계로부터의 차입금 · 전입금 및 그 밖의 수입으로 조성하고(동조 제2항), 국방부장관이 관리 · 운용한다(동법 제37조의3 제1항). 2008년까지 조성된 군인연금기금의 누적액은 4,766억여 원 정도다(아래 [표 3.3.3.15] 참조). 군인연금기금은 이미 2004년에 600억 원 이상, 그리고 2008년에

[표 3.3.3.15] 군인연금 재정 현황

(단위: 백만 원)

		2001	2002	2003	2004	2005	2006	2007	2008
수 입	결산잉여금	155	79,344	39,700	103	139	58,143	102,861	6,964
	운용수익	18,680	16,888	22,576	−60,081	15,390	17,095	30,388	−3,961
	소 계	18,835	96,232	62,276	−59,978	15,529	75,238	133,249	3,003
지 출		4	-	68,400	138,615	133	124	293	320
누적총액		358,970	455,202	449,078	250,485	265,881	340,995	473,951	476,634

도 40억 원 가까이의 손실을 발생시켰다는 점에서 기금운용에 따라 군인연금수급권에 중대한 영향이 발생할 수 있음을 확인하게 된다.

4) 급여의 지급정지 및 지급제한

퇴역연금의 수급자가 군인연금법, 공무원연금법 또는 사립학교교직원 연금법의 적용을 받는 군인·공무원 또는 사립학교교직원으로 임용된 경우에는 연금의 전부를, 그리고 소득세법에 따른 소득이 있는 경우에는 퇴역연금에서 일정금액을 지급정지한다(동법 제21조의2 제1항 및 제2항). 헌법재판소에 따르면 퇴역연금 지급정지제도는 헌법에 위반되지 않지만 퇴역연금 지급정지의 요건과 내용을 포괄적으로 법령에 위임하면 헌법에 위반된다고 한다.[53] 특히 후불적 임금(재산권)의 성격이 강한 본인의 기여금에 대한 지급정지제도는 헌법에 위반되고,[54] 국가의 부담금에 상당한 부분에 대한 지급정지의 요건과 내용을 포괄적으로 법령에 위임하면 헌법에 위반된다고 한다.[55]

한편 군인 또는 군인이었던 자가 ① 복무중의 사유로 금고 이상의 형을 받은 경우(직무와 관련이 없는 과실로 인한 경우 및 소속 상관의 정당한 명령에 따르다가 과실로 인한 경우는 제외),[56] ② 징계에 의하여 파면된 때 또는 ③ 금품 및 향응수수 또는

---

53) 헌재결 2003. 9. 25. 2001헌가22: "① 퇴역연금수급권은 전체적으로 재산권적 보호의 대상이기는 하지만 기본적으로 그 목적이 퇴직 후의 소득상실보전에 있고 그 성격이 사회보장적인 것이므로, 퇴역연금수급권자에게 임금 등 소득이 퇴직 후에 새로 생겼다면 이러한 소득과 연계하여 퇴역연금 일부의 지급을 정지함으로써 지급정도를 입법자가 사회정책적 측면과 국가의 재정 및 기금의 상황 등 여러 가지 사정을 참작하여 폭넓은 재량으로 축소하는 것은 원칙적으로 가능한 일이어서 퇴역연금 지급정지제도 자체가 위헌이라고 볼 수는 없다. ② 지급정지제도의 본질에 비추어 지급정지의 요건 및 내용을 규정함에 있어서는 소득의 유무뿐만 아니라 소득의 수준에 대한 고려는 필수적인 것임에도 불구하고 이 사건 심판대상조항은 이를 규정함에 있어 지급정지와 소득수준의 상관관계에 관하여 아무런 정함이 없이 대통령령에 포괄적으로 규정을 위임하고 있다. 나아가 퇴역연금 중 본인의 기여금에 해당하는 부분은 임금의 후불적 성격이 강하므로 재산권적 보호가 강조되어야 하는 점을 고려하여, '퇴역연금의 2분의 1의 범위 안에서'라는 구체적 범위를 정하여 위임하여야 함에도 불구하고 심판대상조항은 그러한 범위를 정하지 아니한 채 위임하고 있다는 점에서도 위헌이라고 보아야 한다. 따라서 심판대상조항은 퇴역연금 지급정지의 요건 및 내용에 관하여 구체적으로 범위를 정하지 아니하고 포괄적으로 대통령령으로 정하도록 위임하여 헌법상 입법위임의 한계를 일탈한 것으로서 헌법 제75조 및 제95조에 위반된다." 같은 취지의 결정으로 헌재결 2005. 12. 22. 2004헌가24; 2009. 3. 26. 2007헌가5도 참조.

54) 헌재결 1994. 6. 30. 92헌가9 참조.

55) 헌재결 2009. 3. 26. 2007헌가5 참조.

56) 헌법재판소에 따르면 직무관련성이나 고의·과실 여부를 불문하고 퇴직수급권을 제한하는 것은 헌법에 합치하지 않는다고 한다. 헌재결 2009. 7. 30. 2008헌가1: "① 재판관 5인의 의견 – 복무중의 사유로 금고 이상의 형을 선고받아 처벌받음으로써 기본적 죗값을 받은 군인에

공금의 횡령·유용으로 징계 해임된 때에는 퇴직급여 및 퇴직수당의 일부를 감액하여 지급한다(동법 제33조 제1항). 그리고 복무중의 사유(직무와 관련이 없는 과실로 인한 경우 및 소속 상관의 정당한 명령에 따르다가 과실로 인한 경우는 제외)로 금고 이상의 형에 처할 범죄행위로 인하여 수사가 진행 중에 있거나 형사재판이 계속 중에 있는 때에는 퇴직급여 및 퇴직수당의 일부에 대하여 지급을 정지할 수 있다(동조 제2항). 또한 복무중의 사유로 형법 제2편 제1장(내란의 죄)·제2장(외환의 죄), 군형법 제2편 제1장(반란의 죄)·제2장(이적의 죄), 국가보안법(제10조를 제외)에 규정된 죄를 범하여 금고 이상의 형을 받은 경우에는 급여를 지급하지 않는다(동조 제3항).

4. 헌법적 심사기준에 의한 비판과 합헌적 대안

(1) 연금수급권의 법적 성격

연금수급권과 같은 사회보장수급권이 헌법적 권리인지 아니면 단순한 법률적 권리인지, 그리고 사회적 기본권의 성격과 함께 재산권의 성격도 있는지 여부 및 재산권의 성격도 있는 경우에 입법자에게 주는 의미가 문제될 수 있다. 이에 대해서 헌법재판소는 사회보장수급권은 법률적 권리이고, 재산권의 성격도 있지만 사회적 기본권의 성격이 강하며, 따라서 입법자에게는 사회보장수급권을 구체화함에 있어서 광범한 형성의 자유가 인정된다고 한다.[57] 하지만 사회보장

게 다시 제적이란 군인의 신분상실의 치명적인 법익박탈을 가하고 이로부터 더 나아가 다른 특별한 사정도 없이 직무관련 범죄 여부, 고의 또는 과실범 여부 등을 묻지 않고 퇴직급여와 퇴직수당을 일률적으로 감액하는 것은 군인범죄를 예방하고 군인이 복무 중 성실히 근무하고 직무상 의무를 위반하지 않도록 유도한다는 이 사건 법률조항의 입법목적을 달성하는 데 적합한 수단이라고 볼 수 없고, 과도한 재산권의 제한으로서 심히 부당하며 침해되는 사익에 비해 지나치게 공익만을 강조한 것이다. 나아가 이 사건 법률조항은 퇴직급여에 있어서는 국민연금법상의 사업장가입자에 비하여, 퇴직수당에 있어서는 근로기준법상의 근로자에 비하여 각각 차별대우를 하고 있는데 그 차별에 합리적인 근거를 인정하기 어렵다. 이와 같이 이 사건 법률조항은 헌법상 재산권을 침해하고 평등의 원칙에 위배된다. ② 재판관 1인의 의견 - 이 사건 법률조항의 '복무중의 사유' 중 '군인의 신분이나 직무와 관련 없는 사유' 부분은 군인의 신분이나 공무와 전혀 관련 없는 사유로 금고 이상의 형을 받은 군인 퇴직자와 그렇지 않은 군인 퇴직자를 불합리하게 차별하는 것으로 헌법에 위반되고, 이 사건 법률조항의 '복무중의 사유' 중 '군인의 신분이나 직무와 관련 있는 사유' 부분은 금고 이상 형벌의 유무만을 기준으로 삼아 퇴직급여와 퇴직수당을 동일한 비율로 필요적으로 삭감하고 있어 비례의 원칙에 위반된다."

57) 헌재결 1999. 4. 29. 97헌마333; 2009. 5. 28. 2008헌바107: "공무원연금 수급권과 같은 사회보장 수급권은 '모든 국민은 인간다운 생활을 할 권리를 가지고, 국가는 사회보장·사회복지의 증진에 노력할 의무를 진다'고 규정한 헌법 제34조 제1항 및 제2항으로부터 도출되는 사회적 기본권 중의 하나로서, 이는 국가에 대하여 적극적으로 급부를 요구하는 것이므로 헌법규

수급권을 헌법적 권리로 이해하는 한 사회보장수급권의 한 유형인 연금보험 수급권도 헌법적 권리로 이해되어야 한다. 따라서 비록 연금보험수급권을 구체화하는 입법자에게 형성의 자유가 인정된다고 하더라도 아무런 제한도 받지 않는 절대적 재량영역이 보장된다고 말할 수는 없다. 이것은 연금보험수급권을 재산권으로 이해하는 경우에 재산권의 구체적 형성에 관한 권한이 입법자에게 인정된다고 하더라도 이러한 권한은 재산권에 의해 제한되는 권한인 것과 동일하다.

물론 연금보험도 사회보험이기는 하지만 징수되는 보험료와 제공되는 보험급여의 비율에 관한 '고도의 경제정책적 판단'이 개입되는 보험제도라는 측면에서 연금보험제도를 구체화하는 입법자에게는 연금보험제도의 입법적 설계에 관한 광범한 재량영역이 보장된다고 볼 수 있다. 예를 들어 연금보험제도의 재정방식을 일정한 기간 동안 제공될 보험급여에 필요한 비용(지출)에 맞추어 동일한 기간 안에 보험료(수입)로 징수할 수 있도록 설계하는 '부과방식(pay-as-you-go system)'으로 할 것인지, 아니면 장래의 상당한 기간 동안 제공될 보험급여에 필요한 비용(지출)을 미리 반영하여 보험가입자에게 가입기간 동안 분할하여 보험료로 징수하여 기금(수입)을 조성할 수 있도록 설계하는 '적립방식(funded system)'으로 할 것인지에 관한 선택은 전적으로 입법자의 권한에 속한다.[58] 그렇지만 헌법적 권리인 사회적 기본권의 하나로서 연금보험수급권을 동시에 고려하는 한 연금보험제도의 구체적 설계에 관한 입법자의 권한은 통제받아야 하고, 연금보험수급권을 고려하지 않은 채 오로지 수입과 지출의 균형이라는 경제정책적 판단에 따라서만 연금보험료와 연금보험급여의 구체적 내용이 결정되는 입법적 설계는 위헌의 의심을 받을 수밖에 없다. 따라서 어떠한 방식의 연금보험제도를 선택하는 것은 재량이지만 과도한 보

정만으로는 이를 실현할 수 없어 법률에 의한 형성이 필요하고, 그 구체적인 내용 즉 수급요건, 수급권자의 범위 및 급여금액 등은 법률에 의하여 비로소 확정된다. 한편, 공무원연금법상의 퇴직급여, 유족급여 등 각종 급여를 받을 권리, 즉 연금수급권은 일부 재산권으로서의 성격을 지니는 것으로 파악되고 있으나 이는 앞서 본 바와 같이 사회보장수급권의 성격과 불가분적으로 혼재되어 있으므로, 비록 연금수급권에 재산권의 성격이 일부 있다 하더라도 그것은 이미 사회보장법리의 강한 영향을 받지 않을 수 없다 할 것이고, 입법자로서는 연금수급권의 구체적 내용을 정함에 있어 이를 전체로서 파악하여 어느 한쪽의 요소에 보다 중점을 둘 수 있다 할 것이다. 따라서, 연금수급권의 구체적인 내용을 형성함에 있어서 입법자는 국가의 재정능력, 국민 전체의 소득 및 생활수준, 기타 여러 가지 사회적·경제적 여건 등을 종합하여 이 법의 입법목적 달성에 알맞도록 합리적인 수준에서 결정할 수 있고, 여기에 필요한 정책적인 판단 및 결정은 일차적으로 입법자의 재량에 맡겨져 있다 할 것이다(강조는 필자)."

58) 부과방식과 적립방식에 대한 설명으로 최재식, 「공무원연금제도의 재정 건전성 제고를 위한 정책대안 분석」, 공무원연금관리공단, 2004, 36면 이하 참조.

험료를 징수하여 보험가입을 사실상 어렵게 만든다든지 오로지 재정의 건전성만 고려하여 제공되는 연금급여의 유형과 수준을 지나치게 축소하는 것은 연금보험에 관한 사회적 기본권을 침해할 수 있다. 또한 적립방식을 선택한 경우에 연금기금의 운영실적에 따라 연금기금이 완전히 고갈될 수 있고, 이것은 연금수급권을 사실상 무의미하게 만들 수 있다는 점에서 연금기금운영을 위한 권한과 절차에 관한 제도의 불비도 연금보험에 관한 사회적 기본권을 침해할 수 있는 여지가 있다.

(2) 소멸시효

공무원연금법상 급여를 받을 권리는 원칙적으로 그 급여의 사유가 발생한 날부터 단기급여는 3년간, 장기급여는 5년간 행사하지 않으면 시효로 인하여 소멸한다(동법 제81조 제1항). 여기서 공무원연금법상의 연금수급권에 소멸시효를 적용하는 것이 헌법에 위반되는지 여부가 문제될 수 있다. 헌법재판소는 연금수급권의 소멸시효를 인정한다.[59] 연금수급권에 포함된 재산권적 성격을 인정한다면 연금수급권에 대해서도 소멸시효를 인정할 수 있을 것으로 보인다. 하지만 연금수급권에 포함된 사회적 기본권의 성격을 고려한다면 그러한 소멸시효는 다른 재산권보다 연장되는 것이 합리적이다.

IV. 산업재해보상보험법

1. 개　관

임금을 대가로 근로를 제공해야 하는 근로자는 누구나 업무상 재해로 부상

59) 헌재결 2009. 5. 28. 2008헌바107 참조: "공무원연금은 퇴직 후 공무원의 장기적인 생활안정을 보장하기 위한 것으로서, 장기적이고 안정적인 재정운영이 그 중요한 과제이다. 이 사건 법률조항은 권리의무 관계를 조기에 확정하고 예산 수립의 불안정성을 제거하여 연금재정을 합리적으로 운용하기 위한 것으로서 합리적인 이유가 있고, 공무원연금이라는 사회보장제도의 운영 목적과 성격, 정부의 재정상황 등 및 다른 법률에 정한 급여수급권에 관한 소멸시효 규정과 비교할 때 입법형성권을 자의적으로 행사하여 지나치게 단기로 정한 것이라고 할 수 없으므로, 이 사건 법률조항은 청구인의 재산권이나 평등권을 지나치게 제한함으로써 헌법 제37조 제2항의 기본권 제한의 한계를 벗어난 것으로 볼 수 없다."

이나 질병 또는 장애가 발생할 수 있고, 심지어 사망에 이를 수도 있다. 따라서 모든 근로자에게 업무상 재해가 발생한 경우를 대비한 산업재해보험(이하 '산재보험'으로 약칭)을 사회보험으로서 강제할 필요가 있다. 헌법재판소는 산재보험수급권을 법률에 의해서 형성되는 '추상적' 권리로 이해하는 듯하지만[60] 적어도 산재보험은 사회보험에 포함된다고 보아야 하므로 산재보험수급권은 '구체적' 권리로 이해되어야 한다. 법률에 의해서 형성되는 추상적 권리는 사실상 법률적 권리가 될 뿐이기 때문이다.[61] 이러한 목적을 위하여 산업재해보상보험법(이하 '산재보험법'으로 약칭)이 제정되어 있다.[62]

2. 주요내용

(1) 보험가입자

산재보험법은 근로기준법에 따른 근로자를 사용하는 모든 사업 또는 사업장에 적용하되, 위험률 · 규모 및 장소 등을 고려하여 대통령령으로 정하는 사업에 대해서는 적용하지 않는다(동법 제6조). 헌법재판소에 따르면 대통령령에서 정해지는 '산재보험 적용제외 사업'은 충분히 예측가능하여 포괄위임입법금지원칙에 위반되지 않는다고 한다.[63] 산재보험법을 적용받는 사업의 사업주는 당연

---

60) 헌재결 2004. 11. 25. 2002헌바52: "산재보험제도는 보험가입자(사업주)가 납부하는 보험료와 국고부담을 재원으로 하여 근로자에 발생하는 업무상 재해라는 사회적 위험을 보험방식에 의하여 대처하는 사회보험제도(사회보장기본법 제3조 제2호)이므로 이 제도에 따른 산재보험 수급권은 이른바 사회보장수급권의 하나에 속한다. 그런데 이러한 산재보험수급권은 국가에 대하여 적극적으로 급부를 요구하는 것이므로 헌법규정만으로는 이를 실현할 수 없고 법률에 의한 형성을 필요로 한다. 즉, 산재보험수급권의 구체적 내용인 수급요건 · 수급권자의 범위 · 급여금액 등은 법률에 의하여 비로소 확정된다. … 산재보험수급권은 법률에 의하여 구체적으로 형성되는 권리라고 할 것이다."

61) 실제로 헌법재판소는 산재보험수급권을 법률적 권리로 이해하고 있다. 헌재결 2005. 7. 21. 2004헌바2: "우리 헌법 제34조 제2항 · 제6항의 국가의 사회보장 · 사회복지 증진의무나 재해예방노력의무 등의 성질에 비추어 국가가 어떠한 내용의 산재보험을 어떠한 범위와 방법으로 시행할지 여부는 입법자의 재량영역에 속하는 문제이며, 산재피해 근로자에게 인정되는 산재보험수급권도 그와 같은 입법재량권의 행사에 의하여 제정된 산재보험법에 의하여 비로소 구체화되는 '법률상의 권리'이며, 개인에게 국가에 대한 사회보장 · 사회복지 또는 재해예방 등과 관련된 적극적 급부청구권은 인정하고 있지 않다고 보아야 할 것이다."

62) 산업재해보상보험법에 대한 설명으로는 법적 성격을 중심으로 한 논의로 전광석, "산재보험의 법적 성격과 역할," 「연세법학연구」(연세법학회) 제11권 제1, 2호(2005), 161면 이하 참조. 또한 문제점을 중심으로 한 논의로 최윤희, "산업재해보상보험법의 몇 가지 문제점과 개선방향," 「노동법연구」(서울대학교 노동법연구회) 제26호(2009), 317면 이하 참조.

63) 헌재결 2003. 7. 24. 2002헌바51: "① 산업재해보상보험법 제5조 단서는 예외적으로 산업재해보상보험법이 강제적용되지 않는 사업을 대통령령으로 정하도록 위임하는 것으로서 그 규율

[표 3.3.4.1] 산재보험 적용사업장 및 근로자 현황

(단위: 개, 명)

	2002	2003	2004	2005
사업장	1,002,263	1,006,549	1,039,208	1,175,606
근로자	10,571,279	10,599,345	10,473,090	12,069,599
	2006	2007	2008	2009
사업장	1,292,696	1,429,885	1,594,793	1,560,949
근로자	11,688,797	12,528,879	13,489,986	13,884,927

* 자료: 통계청 국가통계포탈.

히 산업재해보상보험법에 따른 산업재해보상보험의 보험사업자가 되고, 산재보

의 범위가 쉽게 한정될 뿐 아니라, 행정부가 대통령령으로 적용제외사업을 규정함에 있어 '위험률 · 규모 및 사업장소 등'을 참작하도록 함으로써 그 위임에 따라 대통령령에 규정될 내용과 범위에 관한 기본적 사항이 구체적으로 규정하고 있어서 산업재해보상보험의 보험료 부담을 감당하기 어렵거나 그 부담으로 인하여 사업 수행에 악영향을 받을 수 있는 영세사업 또는 재해발생률이 낮아서 산업재해보상보험을 강제로 시행하지 않아도 근로자 보호에 지장이 없는 사업 등이 대통령령에 적용제외사업으로 규정되리라는 것을 충분히 예측할 수 있으므로, 이 사건 법률조항은 위임입법의 명확성을 갖추고 있다. ② 이 사건 법률조항으로써 산업재해보상보험의 적용제외사업을 정한 것은 산업재해보상보험법의 적용 확대를 위한 지속적인 노력을 기울이는 과정에서 근로자 보호라는 입법목적과 사업의 종류 · 규모에 따라 재해발생률, 보험비용의 부담 정도, 보험비용의 부담이 사업에 미치는 영향이 각기 다르다는 산업재해보상보험의 원리 내지 특성 및 산업재해보상보험의 운영주체인 국가의 관장력에도 한계가 있다는 현실을 비교형량하여 나온 입법정책적 결정으로서 거기에 나름대로 합리적인 이유가 있다고 할 수 있고, 따라서 비록 현 단계에서 일정 범위의 사업이 산업재해보상보험법의 적용을 받지 못하여 그 소속 근로자의 보호의 면에서 다소간 차별이 생긴다 하더라도 이는 점진적 제도개선으로 해결하여야 할 부득이한 것이므로, 이를 두고 객관적으로 정의와 형평에 반한다거나 자의적인 것이어서 평등원칙에 위배된다고 할 수 없다. ③ 헌법 제34조의 인간다운 생활을 할 권리나 국가의 사회보장 · 사회복지 증진의무 등의 성질에 비추어 볼 때 국가가 어떠한 내용의 산업재해보상보험제도를 어떠한 범위에서, 어떠한 방법으로 시행할 것인지는 입법자의 재량영역에 속하는 문제라 할 것이고, 근로자에게 인정되는 보험수급권도 그와 같은 입법재량권의 행사에 따라 제정되는 산업재해보상보험법에 의하여 비로소 구체화되는 법률상의 권리라고 볼 것인바, 그렇다면 처음부터 적용제외사업에 종사함으로써 위 법 소정의 수급자격을 갖추지 못한 근로자로서는 헌법상의 인간다운 생활을 할 권리나 산업재해보상보험법에 기한 권리를 내세워 국가에 대하여 적용대상사업 획정과 관련한 적극적 행위를 요구할 지위에 있다고 볼 수 없으므로, 이 사건 법률조항은 헌법 제34조에 위반되지 않는다. ④ 산업재해를 입은 근로자에 대한 보상을 어떻게 할 것인가의 문제는 헌법 제32조 제3항이 의미하는 근로조건에 관한 기준의 한 문제로 볼 수 있는바, 이 사건 법률조항에 의하여 일정 범위의 사업을 적용대상에서 제외한 것은 산업재해보상보험의 특성상 사업규모와 산재발생률 등을 참작하여 현 단계에서 강제적 보험관계를 통한 재해보상 등의 필요성이 크지 않다는 합리적 판단에 기인한 것이라고 볼 수 있으므로, 이 사건 법률조항은 헌법 제32조 제3항의 규정에 위반된다고 볼 수 없다."

험법을 적용하지 않는 사업의 사업주는 공단의 승인을 받아 산재보험에 가입할 수 있다(고용보험 및 산업재해보상보험의 보험료징수 등에 관한 법률 제5조 제3항 및 제4항). 2009년 말 현재 156만여 개의 사업장에 고용된 1,388만여 명의 근로자가 산재보험에 가입되어 있다(위 [표 3.3.4.1] 참조).

(2) 급여의 유형과 내용

산재보험법상의 급여는 ① 요양급여, ② 휴업급여, ③ 장해급여, ④ 간병급여, ⑤ 유족급여, ⑥ 상병(傷病)보상연금, ⑦ 장의비(葬儀費), ⑧ 직업재활급여로 구분된다(동법 제36조 제1항). 장의비를 제외한 보험급여를 산정할 때 그 근로자의 평균임금 또는 그밖에 보험급여의 산정 기준이 되는 평균임금이 전체 근로자의 임금 평균액의 1.8배(최고 보상기준 금액)를 초과하거나, 2분의 1(최저 보상기준 금액)보다 적으면 그 최고 보상기준 금액이나 최저 보상기준 금액을 각각 그 근로자의 평균임금으로 하되, 휴업급여 및 상병보상연금을 산정할 때에는 최저 보상기준 금액을 적용하지 않는다(동조 제7항). 사회보험으로서 산재보험이 가지는 사회보장적 성격을 강조하는 헌법재판소에 따르면 최고 보상기준 금액에 관한 제도 자체는 헌법에 위반되지 않는다.[64] 하지만 이 제도가 시행된 2000년 7월 1일 이전부터 이미 장해급여수급권자이었던 자에 대해서도 2003년 1월 1일부터는 최고 보상기준 제도를 소급적으로 적용하는 것은 신뢰보호원칙에 위반된다고 판시하였다.[65] 한편 보험급여를 받을 권리는 3년간 행사하지 않으면 시

64) 헌재결 2004. 11. 25. 2002헌바52: "고임금 근로자를 고용한 경우 사업주가 보다 높은 보험료를 납부한다고 하더라도 이는 한정된 재원으로 보다 많은 재해근로자와 그 유족들에게 적정한 사회보장적 급여를 실시하고 재해근로자 사이에 보험급여의 형평성을 제고하며 소득재분배의 기능을 수행하기 위한 것으로서 최고보상제도를 도입한 입법자의 결정에는 나름대로 합리적인 이유가 있다고 할 것이므로 이 사건 법률조항은 평등원칙에 위반되지 않는다."

65) 헌재결 2009. 5. 28. 2005헌바20: "① 신뢰보호의 원칙은 헌법상 법치국가 원리로부터 파생되는 것으로, 법률이 개정되는 경우 기존의 법질서에 대한 당사자의 신뢰가 합리적이고 정당한 반면, 법률의 제정이나 개정으로 야기되는 당사자의 손해가 극심하여 새로운 입법으로 달성코자 하는 공익적 목적이 그러한 당사자의 신뢰가 파괴되는 것을 정당화할 수 없는 경우, 그러한 새 입법은 허용될 수 없다는 것이다. 이러한 신뢰보호원칙의 위반 여부는 한편으로는 침해되는 이익의 보호가치, 침해의 정도, 신뢰의 손상 정도, 신뢰침해의 방법 등과 또 다른 한편으로는 새로운 입법을 통하여 실현하고자 하는 공익적 목적 등을 종합적으로 형량하여야 한다. ② 심판대상조항은 실제 평균임금이 노동부장관이 고시하는 한도금액 이상일 경우 그 한도금액을 실제임금으로 의제하는 최고보상제도를 2003. 1. 1.부터 기존 피재근로자인 청구인들에도 적용함으로써, 평균임금에 대한 청구인들의 정당한 법적 신뢰를 심각하고 예상하지 못한 방법으로 제약하여 청구인들에게 불이익을 초래하였다. ③ 심판대상조항이 달성하려는 공익은 한정된 재원으로 보다 많은 재해근로자와 그 유족들에게 적정한 사회보장적 급여

효로 소멸한다(동법 제112조 제1항).

요양급여는 근로자가 업무상의 사유로 부상을 당하거나 질병에 걸린 경우에 그 근로자에게 지급하고(동법 제40조 제1항), 휴업급여는 업무상 사유로 부상을 당하거나 질병에 걸린 근로자에게 요양으로 취업하지 못한 기간에 대하여 지급한다(평균임금의 70%: 동법 제52조). 그리고 장해급여는 근로자가 업무상의 사유로 부상을 당하거나 질병에 걸려 치유된 후 신체 등에 장해가 있는 경우에 그 근로자에게 지급하고(동법 제57조 제1항), 간병급여는 요양급여를 받은 자 중 치유 후 의학적으로 상시 또는 수시로 간병이 필요하여 실제로 간병을 받는 자에게 지급한다(동법 제61조 제1항). 또한 상병보상연금은 요양급여를 받는 근로자가 요양을 시작한 지 2년이 지난 날 이후에 ① 그 부상이나 질병이 치유되지 아니한 상태이고, ② 그 부상이나 질병에 따른 폐질(廢疾)의 정도가 대통령령으로 정하는 폐질등급 기준에 해당하며, ③ 요양으로 인하여 취업하지 못하였을 경우에 해당하는 상태가 계속되면 휴업급여 대신 그 근로자에게 지급한다(동법 제66조 제1항). 그 밖에 유족급여는 근로자가 업무상의 사유로 사망한 경우에 유족에게 지급하고(동법 제62조 제1항), 장의비는 근로자가 업무상의 사유로 사망한 경우에 장제(葬祭)를 지낸 유족 또는 장제를 지낸 자에게 지급한다(평균임금의 120일분: 동법 제71조 제1항). 마지막으로 직업재활급여는 ① 장해급여를 받은 자나 장해급여를 받을 것이 명백한 자로서 대통령령으로 정하는 자(장해급여자) 중 취업을 위하여 직업훈련이 필요한 자(훈련대상자)에 대하여 실시하는 직업훈련에 드는 비용 및 직업훈련수당, ② 업무상의 재해가 발생할 당시의 사업에 복귀한 장해급여자에 대하여 사업주가 고용을 유지하거나 직장적응훈련 또는 재활운동을 실시하는 경우에 각각 지급하는 직장복귀지원금, 직장적응훈련비 및 재활운동비가

를 실시하고 재해근로자 사이에 보험급여의 형평성을 제고하여 소득재분배의 기능을 수행하는 데 있는 것으로 보인다. ④ 장해급여제도는 본질적으로 소득재분배를 위한 제도가 아니고, 손해배상 내지 손실보상적 급부인 점에 그 본질이 있는 것으로, 산업재해보상보험이 갖는 두 가지 성격 중 사회보장적 급부로서의 성격은 상대적으로 약하고 재산권적인 보호의 필요성은 보다 강하다고 볼 수 있어 다른 사회보험수급권에 비하여 보다 엄격한 보호가 필요하다. 장해급여제도에 사회보장 수급권으로서의 성격도 있는 이상 소득재분배의 도모나 새로운 산재보상사업의 확대를 위한 자금마련의 목적으로 최고보상제를 도입하는 것 자체는 입법자의 결단으로서 형성적 재량권의 범위 내에 있다고 보더라도, 그러한 입법자의 결단은 최고보상제도 시행 이후에 산재를 입는 근로자들부터 적용될 수 있을 뿐, 제도 시행 이전에 이미 재해를 입고 산재보상수급권이 확정적으로 발생한 청구인들에 대하여 그 수급권의 내용을 일시에 급격히 변경하여 가면서까지 적용할 수 있는 것은 아니라고 보아야 할 것이다. 따라서 심판대상조항은 신뢰보호의 원칙에 위배하여 청구인들의 재산권을 침해하는 것으로서 헌법에 위반된다."

포함된다(동법 제72조 제1항).

2009년의 경우에 산재보험 수급자수는 총 25만여 명, 급여액은 총 3조 4,631억여 원에 이른다(아래 [표 3.3.4.2] 참조). 이 가운데 가장 많은 비중을 차지하는 것은 요양급여와 휴업급여로 전자는 총 수급자수가 19만여 명, 총 급여액이 8,001억여 원, 후자는 총 수급자가 12만여 명, 총 급여액이 7,860억여 원에 달한다. 한편 산업재해로 인한 장애도 증가하여 장해급여(일시금 및 연금)의 수급자수는 총 74,599명이고, 총 급여액은 1조 2,910억여 원에 이른다. 또한 산업재해로 사망하는 근로자의 숫자도 점차 늘어 총 수급자는 16,727명으로 총 급여액은 3,325억여 원에 달한다.

산재보험수급권자가 산재보험법에 따라 보험급여를 받았거나 받을 수 있으면 보험가입자(사용자)는 동일한 사유에 대하여 근로기준법에 따른 재해보상 책임이 면제된다(산재보험법 제80조 제1항). 또한 산재보험수급권자가 동일한 사유에 대하여 산재보험법에 따른 보험급여를 받으면 보험가입자는 그 금액의 한도 안에서 민법이나 그 밖의 법령에 따른 손해배상의 책임이 면제되고, 이 경우 장해보상연금 또는 유족보상연금을 받고 있는 자는 장해보상일시금 또는 유족보상일시금을 받은 것으로 본다(동조 제2항). 장해보상연금을 받는 경우에 일반적으로 장해보상일시금을 받는 것보다 훨씬 많은 금액을 받음에도 불구하고, 상대적으로 적은 금액에 불과한 장해보상일시금을 받은 것으로 간주하는 법률규정에 대해서 헌법재판소는 보험가입자인 사용자의 재산권을 침해하지 않는다고 본다.[66]

66) 헌재결 2005. 11. 24. 2004헌바97: "입법자는 산재법 제42조 제2항에서 '장해보상연금 또는 장해보상일시금은 수급권자의 선택에 따라 이를 지급한다.'라고 하여 피재근로자가 그 선택권을 행사하는 데 아무런 경제적 · 절차적 유인이나 부담을 설정하지 않음으로써 장해보상일시금과 연금간의 등가성을 입법적으로 보장하고 있고, 이를 통하여 장해보상연금과 일시금의 선택이 오로지 수급권자의 자율적 의사에 맡겨짐으로써 양자가 실제로도 단지 장해급여를 지급받는 방법상의 차이에 불과하게 된다. 따라서 이 사건 법률조항의 입법배경 및 장해보상연금과 장해보상일시금의 등가성을 규정한 산재법 제42조 제2항 등 관련 조항의 취지 등에 비추어 볼 때, 장해보상연금액 전부를 공제하지 않고 장해보상일시금 상당을 손해배상액의 산정에서 공제하도록 한 이 사건 법률조항은 근로자에 비하여 사용자를 합리적 이유 없이 차별한다고 할 수 없고, 그로 인하여 사용자의 손해배상책임이 그 책임범위를 넘어 재산권을 침해한다고 보기도 어렵다."

[표 3.3.4.2] 산재보험급여 지급 현황

(단위: 명, 백만 원)

		2001	2002	2003	2004	2005	2006	2007	2008	2009
합 계	인원	-	162,283	180,441	189,275	196,515	206,333	211,284	240,520	252,035
	금액	1,744,560	2,020,335	2,481,814	2,859,914	3,025,771	3,163,769	3,242,276	3,421,885	3,463,141
요양 급여	인원	-	139,646	152,252	157,000	159,815	166,443	160,067	190,119	195,486
	금액	536,464	609,002	709,577	786,792	769,166	800,390	763,003	812,279	800,171
휴업 급여	인원	-	105,135	119,243	123,275	121,180	120,764	123,284	120,699	122,656
	금액	526,306	628,738	819,680	954,612	938,439	848,134	800,304	792,490	786,075
장해 급여 (일시금)	인원	-	24,484	28,105	31,361	33,394	34,150	34,888	33,420	35,250
	금액	278,884	302,844	371,292	429,629	505,783	531,305	503,267	543,319	542,928
장해 급여 (연금)	인원	-	12,499	15,157	18,250	22,427	27,772	32,368	37,174	39,349
	금액	168,120	211,553	254,930	322,658	416,402	536,079	667,379	722,598	748,156
유족 급여 (일시금)	인원	-	2,172	2,376	2,180	1,811	1,761	1,717	1,691	1,535
	금액	116,864	117,777	137,234	132,820	116,274	119,173	119,404	124,492	114,072
유족 급여 (연금)	인원	-	4,232	6,223	8,093	9,776	11,429	13,109	14,662	16,051
	금액	17,711	33,979	55,348	78,013	104,301	134,702	177,393	193,222	218,479
장의비	인원	-	2,602	2,921	2,780	2,464	2,439	2,420	2,428	2,230
	금액	18,255	19,091	22,677	22,811	21,221	22,161	22,753	23,526	21,963
상병 보상 연금	인원	-	4,926	5,258	5,660	5,938	6,182	6,227	6,448	6,532
	금액	80,761	94,134	105,337	123,143	140,345	151,580	162,236	176,158	189,956
간병 급여	인원	-	476	782	1,175	1,653	2,291	2,810	3,738	4,025
	금액	1,192	3,213	5,734	9,433	13,836	20,240	26,533	33,772	39,366
직업 재활 급여	인원	-	-	-	-	-	-	-	32	780
	급여	-	-	-	-	-	-	-	29	1,977

* 직업재활급여는 2008년 7월 법률개정으로 신설.

** 자료: 통계청 국가통계포탈(www.kosis.kr) 및 근로복지공단 웹사이트(www.kcomwel.or.kr).

(3) 비용의 부담과 사업수행기관

산재보험법에 의한 보험사업에 드는 비용에 충당하기 위하여 징수하는 보험료나 그 밖의 징수금에 관하여는 고용보험 및 산업재해보상보험의 보험료징수 등에 관한 법률(이하 '보험료징수법'이라 한다)에서 정하는 바에 따른다. 보험사업에 드는 비용에 충당하기 위하여 보험가입자(사용자)로부터 산업재해보상보험의 보험료를 징수한다(동법 제13조 제1항). 2009년의 경우에 징수가 결정된 보험료(가산금, 연체금 포함)는 4조 9,027억여 원이고, 실제 징수된 수납액은 4조 6751억여 원이다(아래 [표 3.3.4.3] 참조). 보험급여로 지출된 금액이 3조 4,631억여 원이라는 점을 고려하면 산재보험은 높은 수지율을 보이고 있다. 그리고 노동부장관은 보험사업, 산업재해예방사업에 필요한 재원을 확보하고, 보험급여에 충당하기 위하여 산업재해보상보험 및 예방기금을 설치한다(동법 제95조 제1항). 이 기금이 보험급여에도 사용될 수 있음은 원칙적으로 산재보험이 보험급여에 당장 필요한 만큼만 보험료를 징수하는 부과방식을 채택하면서도 장래의 보험급여에 필요한 비용을 미리 징수하는 적립방식을 병용하고 있다는 사실을 보여준다. 노동부장관의 위

[표 3.3.4.3] 산재보험 수입 · 지출 현황

(단위: 백만 원, %)

	2001	2002	2003	2004	2005
징수결정액(A)	2,877,066	3,209,432	3,546,596	3,520,999	3,894,265
수납액(B)	2,364,462	2,715,625	3,029,809	2,959,030	3,247,703
수납률(B/A)	82.18	84.61	85.43	84.04	83.40
급여지급액(C)	1,744,560	2,020,335	2,481,814	2,859,914	3,025,771
수지율(C/A)	60.64	62.95	69.98	81.22	77.70
수지율(C/B)	73.78	74.40	81.91	96.65	93.17
	2006	2007	2008	2009	
징수결정액(A)	4,470,041	4,654,894	5,069,899	4,902,757	
수납액(B)	3,827,266	4,367,341	4,788,650	4,675,150	
수납률(B/A)	85.62	93.82	94.45	95.36	
급여지급액(C)	3,163,769	3,242,276	3,421,885	3,463,141	
수지율(C/A)	70.78	69.65	67.49	70.64	
수지율(C/B)	82.66	74.24	71.46	74.08	

* 자료: 근로복지공단 웹사이트.

탁을 받아 산재보험법의 입법목적을 달성하기 위한 사업을 효율적으로 수행하기 위하여 근로복지공단을 설립한다(동법 제10조).

(4) 불복절차

보험급여에 관한 결정 등 근로복지공단의 결정에 대하여 불복하는 자는 근로복지공단에 심사 청구를 할 수 있다(동법 제103조 제1항). 이러한 심사 청구를 심의하기 위하여 근로복지공단에 관계 전문가 등으로 구성되는 산업재해보상부험심사위원회를 둔다(동법 제104조 제1항). 심사 청구에 대한 근로복지공단의 결정에 불복하는 자는 산업재해보상보험재심사위원회에 재심사 청구를 할 수 있다(동법 제106조 제1항). 재심사 청구를 심리·재결하는 산업재해보상보험재심사위원회는 노동부에 둔다(동법 제107조 제1항). 헌법재판소에 따르면 산재보험급여에 관한 결정에 대하여 필수적 심사·재심사 전치주의는 헌법에 위반되지 않는다고 한다.[67]

67) 헌재결 2000. 6. 1. 98헌바8: "① 산업재해보상보험법이 규정하고 있는 심사청구·재심사청구의 절차와 여기에 보완적으로 적용되는 행정심판법의 심리절차까지 고려하여 살펴보면, 심사청구·재심사청구의 절차는 전체적으로 대심주의 구조에 가깝도록 배려되어 있다고 할 수 있고, 증거조사신청권 등 당사자의 절차적 권리가 상당히 보장되어 있으며, 재결의 절차와 방식, 재결의 효력 등의 면에서도 사법절차를 준용하고 있다. 재결기관의 독립성·공정성에 관하여 보건대, 재심사청구의 재결기관인 산업재해보상보험심사위원회는 그 구성과 운영에 있어서 심의·재결의 독립성과 공정성을 객관적으로 신뢰할 수 있을 만하고, 심사청구의 경우에도 근로복지공단이 그 재결기관으로 되어 있다는 점만으로 심의·재결의 독립성과 공정성이 본질적으로 배제되어 있다고 하기 어려우며 심사청구에 관한 결정에 불복이 있는 자는 재심사청구의 기회가 보장되어 있다. 그렇다면 전체적으로 볼 때 위 법에서 규정한 심사청구·재심사청구제도는 헌법 제107조 제3항에 위반된다고 할 수 없다. ② 헌법 제107조 제3항은 행정심판의 절차를 법률로 정하도록 하고 있으므로 입법자는 행정심판을 통한 권리구제의 효율성, 행정청에 의한 자기시정의 개연성, 문제되는 행정심판사항의 특성 등 여러 가지 요소를 감안하여 입법정책적으로 행정심판절차의 구체적 모습을 형성할 수 있다. 산업재해보상업무에는 업무와 재해간의 의학적 인과관계, 신체장해의 정도, 요양의 필요성 등 고도의 의학적·법학적·보험정책적 전문성과 기술성이 요구되어 이에 관한 행정기관의 전문성을 충분히 살릴 필요가 크므로 다른 일반의 행정처분과는 달리 특수한 전심절차를 둔 것에 합리성을 인정할 수 있고, 심사청구·재심사청구제도는 통상의 소송절차에 비하여 간편한 절차에 의해 시간과 비용을 절약하는 가운데 신속하고도 효율적인 권리구제를 꾀할 수 있다는 장점이 있으며, 비록 국민의 재판청구권을 제약하는 측면이 있는 것도 사실이나, 심사청구·재심사청구의 전치로 인한 노고와 시간, 즉 재판청구권의 제약의 정도는 경미한 데 비하여 그로 인하여 달성되는 공익은 매우 크다고 할 것이므로, 심사청구·재심사청구제도가 행정심판절차 형성에 관한 입법형성권의 한계를 벗어나 국민의 재판청구권을 침해하는 제도라고 할 수 없다."

3. 헌법적 심사기준에 의한 비판과 합헌적 대안

산재보험은 징수된 보험료를 가지고 보험급여를 제공해야 하므로 '고도의 경제적 판단이 필요한 정책적 영역'임에 분명하다. 따라서 산재보험제도에 관한 입법적 설계는 원칙적으로 입법자의 자유로운 형성에 맡겨져 있다. 이것은 징수되는 보험료 또는 지급되는 보험급여의 종류나 금액의 결정이 사실상 전적으로 입법자의 손에 달려 있음을 의미한다. 하지만 산재보험수급권도 단지 법률에 의해서 비로소 창설되는 법률적 권리에 지나지 않는 것이 아니라 비록 그 내용은 잠정적이라도 이미 그 존재는 헌법에 의해 확인된 헌법적 권리인 사회적 기본권의 한 유형으로 이해되는 한 이 권리를 구체화하는 입법자의 재량영역을 무제한적으로 인정할 수는 없다. 더욱이 산재보험수급권은 산재로 인한 손실 또는 손해에 대한 보상/배상청구권의 성격도 포함하기 때문에 입법자에게 인정될 수 있는 형성의 자유는 그만큼 축소될 수밖에 없다. 따라서 산재급여의 범위나 수준을 결정함에 있어서 입법자는 사회적 기본권으로서의 산재보험수급권과 재산권으로서의 산재보험수급권을 동시에 고려해야 한다. 특히 입법자가 헌법적 권리인 사회적 기본권으로서의 성격을 고려하지 않은 채 산재보험수급권의 범위와 수준을 구체화한 경우에는 위헌의 의심을 받을 수밖에 없다. 예를 들어 보험가입자로부터 징수하기로 결정한 보험료나 실제로 징수된 보험료(A)와 보험가입자에게 지급된 보험급여액(B)의 비율(A/B)을 의미하는 수지율은 오로지 산재보험의 경제적 특성만을 고려한다면 높을수록 좋을 것이다(위의 [표 3.3.4.3] 참조). 하지만 산재보험의 수지율이 높다는 것은 그만큼 필요 이상으로 보험료를 징수하였거나 당연히 지급되었어야 할 보험료보다 부족한 금액이 지급되었다는 것을 의미한다. 따라서 과도하게 높은 수지율은 보험료의 과도한 징수로 인한 재산권의 침해 또는 보험급여의 과소한 지급으로 인한 사회적 기본권의 침해에 대한 의심을 가능하게 한다.

V. 고용보험법

1. 개 관

실업도 보편적 위험에 해당한다. 많은 사람들이 임금을 대가로 노동을 제공하기 때문에 실업은 소득의 상실을 의미한다. 그리고 소득의 상실은 자유의 실현을 위한 경제적 토대를 무너뜨리므로 실업은 사회적 기본권과 밀접한 관련을 맺는다. 물론 직장을 잃은 사람에게 가장 중요한 것은 다시 직장을 얻는 것이다. 하지만 다시 직장을 얻을 때까지 생활에 필요한 비용과 새로운 직장을 준비하기 위한 비용이 제공되지 않는다면 실업자가 다시 직장을 얻는 것은 불가능하게 된다. 더 근본적으로 보면 애초에 실업자가 생기지 않도록 안정된 고용을 보장하거나 지속적으로 고용을 창출하는 것이 실업의 문제를 해결하는 최선의 방법이다. 그렇지만 실업은 경기의 변화에 따라 불가피한 현상이고, 소득의 원천을 상실한 실업자를 보호하는 것은 국가의 과제가 된다. 이에 따라 사회보험의 한 유형으로 제도화된 것이 실업보험제도이고, 이를 구체화하고 있는 법률이 고용보험법[68]이다. 물론 고용보험법의 내용에는 실업의 예방이나 고용의 촉진을 위한 고용안정사업 또는 직업능력개발사업 등도 포함되어 있다(동법 제3장). 여기에서는 실업보험으로서 고용보험법의 내용만을 설명하기로 한다.

2. 주요내용

(1) 적용범위 및 보험가입자

고용보험법은 근로자를 사용하는 모든 사업 또는 사업장에 적용하되, 산업별 특성 및 규모 등을 고려하여 대통령령으로 정하는 사업에 대하여는 적용하

68) 고용보험법은 1993년 12월에 제정되었고, 부칙에 따라 1995년 7월 1일부터 시행되었다. 시행 당시에는 30인 이상의 사업장에 적용되었으나 1998년 1월 1일부터 10인 이상의 사업장, 같은 해 3월 1일부터 5인 이상의 사업장, 같은 해 10월 1일부터 1인 이상의 사업장으로 확대 적용되어 지금에 이르고 있다. 이러한 고용보험법의 제정배경에 대해서는 이흥재, "고용보험의 생성과 노동세력의 주장 －미국과 한국의 비교연구－," 「사회보장연구」(한국사회보장학회) 제14권 제1호(1998), 71면 이하 참조. 그리고 고용보험법의 법적 지위와 기본원리에 대해서는 이흥재, "고용보험법의 기본원리와 문제점," 「서울대학교 법학」(서울대학교 법학연구소) 제39권 제2호(1999), 249면 이하 참조.

지 않는다(동법 제8조). 한편 ① 65세 이상인 자, ② 소정(所定) 근로시간이 대통령령으로 정하는 시간 미만인 자, ③ 국가공무원법과 지방공무원법에 따른 공무원[다만, 대통령령으로 정하는 바에 따라 별정직 및 계약직 공무원의 경우는 본인의 의사에 따라 고용보험(제4장에 한한다)에 가입 가능], ④ 사립학교교직원 연금법의 적용을 받는 자 또는 ⑤ 그 밖에 대통령령으로 정하는 자는 고용보험법을 적용하지 않는다(동법 제10조). 고용보험의 피보험자는 고용보험 및 산업재해보상보험의 보험료징수 등에 관한 법률(이하 '보험료징수법'으로 약칭)에 따라 보험에 가입되거나 가입된 것으로 보는 근로자를 뜻한다(동법 제2조 제1호). 2009년을 기준으로 고용보험적용사업장은 138만여 개이고, 고용보험의 피보험자는 965만여 명에 이른다(아래 [표 3.3.5.1] 참조).

고용보험법을 적용받는 사업의 사업주와 근로자는 당연히 고용보험법에 따른 고용보험의 보험가입자가 되고, 고용보험법에 따라 같은 법을 적용하지 않는 사업의 사업주가 근로자(고용보험법 제10조에 따른 적용 제외 근로자는 제외)의 과반수의 동의를 받아 근로복지공단의 승인을 받으면 그 사업의 사업주와 근로자는 고용보험에 가입할 수 있다(보험료징수법 제5조 제1항 및 제2항).

[표 3.3.5.1] 고용보험 적용사업장 및 피보험자 현황

(단위: 개, 명)

	2001	2002	2003	2004	2005
적용사업장	806,962	825,531	845,910	1,002,638	1,148,474
피보험자	6,908,888	7,171,277	7,203,347	7,576,856	7,965,597
	2006	2007	2008	2009	
적용사업장	1,176,462	1,288,138	1,424,330	1,385,298	
피보험자	8,436,408	8,941,639	9,271,701	9,653,678	

* 매년 12월말 기준.

** 2005년 통계부터 이중취득자를 1건으로 계산.

*** 자료: 한국고용정보원 웹사이트(www.keis.or.kr).

(2) 급여의 유형과 내용

실업급여는 구직급여와 취업촉진수당으로 구분되고, 취업촉진수당에는 ① 조기(早期)재취업 수당, ② 직업능력개발 수당, ③ 광역 구직활동비, ④ 이주비가 포함된다(동법 제37조).

구직급여는 이직한 피보험자가 다음 요건을 모두 갖춘 경우에 지급한다(⑤와 ⑥은 최종 이직 당시 일용근로자였던 자만 해당: 동법 제40조 제1항).

① 이직일 이전 18개월간 고용보험법 제41조에 따른 피보험 단위기간이 통산하여 180일 이상일 것

② 근로의 의사와 능력이 있음에도 불구하고 취업(영리를 목적으로 사업을 영위하는 경우를 포함한다. 이하 이 장에서 같다)하지 못한 상태에 있을 것

③ 이직사유가 고용보험법 제58조에 따른 수급자격의 제한 사유에 해당하지 아니할 것

④ 재취업을 위한 노력을 적극적으로 할 것

⑤ 고용보험법 제43조에 따른 수급자격 인정신청일 이전 1개월 동안의 근로일수가 10일 미만일 것

⑥ 최종 이직일 이전 기준기간의 피보험 단위기간 180일 중 다른 사업에서 고용보험법 제58조에 따른 수급자격의 제한 사유에 해당하는 사유로 이직한 사실이 있는 경우에는 그 피보험 단위기간 중 90일 이상을 일용근로자로 근로하였을 것

한편 취업촉진수당들 가운데 조기재취업수당은 수급자격자(외국인근로자의 고용 등에 관한 법률 제2조에 따른 외국인 근로자는 제외)가 안정된 직업에 재취직하거나 스스로 영리를 목적으로 하는 사업을 영위하는 경우로서 대통령령으로 정하는 기준에 해당하면 지급한다(동법 제64조 제1항). 그리고 직업능력개발수당은 수급자격자가 직업안정기관의 장이 지시한 직업능력개발 훈련 등을 받는 경우에 그 직업능력개발 훈련 등을 받는 기간에 대하여 지급한다(동법 제65조 제1항). 또한 광역구직활동비는 수급자격자가 직업안정기관의 소개에 따라 광범위한 지역에 걸쳐 구직 활동을 하는 경우로서 대통령령으로 정하는 기준에 따라 직업안정기관의 장이 필요하다고 인정하면 지급할 수 있다(동법 제66조 제1항). 마지막으로 이주비는 수급자격자가 취업하거나 직업안정기관의 장이 지시한 직업능력개발 훈련 등을 받기 위하여 그 주거를 이전하는 경우로서 대통령령으로 정하는 기준에 따라 직업안정기관의 장이 필요하다고 인정하면 지급할 수 있다(동법 제67조 제1항).

2009년의 경우에 실업급여는 총 152만여 명에게 4조 원이 넘는 금액이 지급되었다(아래 [표 3.3.5.2] 참조). 실업급여 가운데 가장 큰 비중을 차지하는 구직급여는 대략 130만 명에게 3조 6천억 원에 가까운 금액이 지급되었다.

[표 3.3.5.2] 실업급여 지원 현황

(단위: 명, 백만 원)

		2001	2002	2003	2004	2005
합 계	인 원	428,156	416,041	502,211	707,432	812,768
	금 액	845,116	839,315	1,030,304	1,448,306	1,751,974
구직급여	인 원	377,752	366,270	444,061	619,420	706,645
	금 액	783,852	773,856	945,599	1,327,384	1,602,875
조기재취업수당	인 원	44,129	43,690	51,537	81,419	99,925
	금 액	57,122	61,049	79,852	114,859	143,209
상병급여	인 원	6,078	5,872	6,422	6,340	5,801
	금 액	4,099	4,371	4,824	6,025	5,839
직업능력개발수당	인 원	8	2	-	3	39
	금 액	0.2	0.1	-	1	7
광역구직활동비	인 원	12	12	1	9	62
	금 액	2	4	.0	0.3	3
이 주 비	인 원	162	181	188	241	296
	금 액	28	28	27	36	42
		2006	2007	2008	2009	
합 계	인 원	943,542	1,009,180	1,162,534	1,528,407	
	금 액	2,074,004	2,434,032	2,865,256	4,116,404	
구직급여	인 원	816,692	855,749	981,985	1,299,567	
	금 액	1,834,039	2,117,168	2,466,521	3,589,872	
조기재취업수당	인 원	121,232	147,688	174,403	221,389	
	금 액	234,116	310,475	391,613	517,083	
상병급여	인 원	5,179	5,307	5,436	6,585	
	금 액	5,785	6,326	6,867	8,921	
직업능력개발수당	인 원	48	64	52	61	
	금 액	13	16	2	15	
광역구직활동비	인 원	44	25	68	51	
	금 액	2	1	16	2	
이 주 비	인 원	347	347	376	468	
	금 액	50	47	106	330	

* 매년 12월말 기준.

** 자료: 한국고용정보원 웹사이트(www.keis.or.kr).

그 밖에 피보험자가 일정한 요건을 갖춘 경우에는 **육아휴직급여**(동법 제70조 제1항)와 **산전후휴가급여** 및 **유사산휴가급여**(동법 제75조)가 지급된다. 2009년의 경우에 육아휴직급여는 3만 5천여 명에게 1,397억여 원, 산전후휴가급여는 7만 5천여 명에게 1,784억여 원이 지급되었다(아래 [표 3.3.5.3] 참조).

[표 3.3.5.3] 모성보호 급여 현황

(단위: 명, 백만 원)

		2002	2003	2004	2005	2006	2007	2008	2009
산전 후 휴가급여	인 원	22,711	32,133	38,541	41,104	49,539	60,964	72,260	75,047
	금 액	22,601	33,522	41,610	46,041	90,886	132,412	166,631	178,477
육아휴직 급여	신규인원	3,763	6,817	9,303	10,700	13,672	21,185	29,145	35,400
	금 액	3,087	10,576	20,803	28,242	34,521	60,989	98,431	139,724

* 매년 12월말 기준.

** 자료: 한국고용정보원 웹사이트(www.keis.or.kr).

(3) 비용의 부담

국가는 매년 고용보험사업에 드는 비용의 일부를 일반회계에서 부담할 수 있고, 매년 예산의 범위에서 고용보험사업의 관리 · 운영에 드는 비용을 부담할 수 있다(동법 제5조). 또한 고용보험사업에 드는 비용을 충당하기 위하여 보험료와 그 밖의 징수금을 징수할 수 있다. 2009년에 고용보험료로 징수된 수납액은 4조 1,422억여 원이다(아래 [표 3.3.5.4] 참조). 그밖에 노동부장관은 고용보험사업에 필요한 재원에 충당하기 위하여 고용보험기금을 설치한다(동법 제78조 제1항).

[표 3.3.5.4] 고용보험료 징수 현황

(단위: 백만 원)

	2001	2002	2003	2004	2005
징수결정액	2,819,701	3,033,992	2,910,742	3,299,207	3,652,516
수 납 액	2,548,540	2,743,326	2,619,640	2,904,101	3,207,152
수 납 율	90.38	90.42	90.00	88.02	87.81
	2006	2007	2008	2009	
징수결정액	3,865,645	3,734,785	4,071,192	4,266,383	
수 납 액	3,446,703	3,582,904	3,923,258	4,142,259	
수 납 율	89.16	95.93	96.37	97.09	

* 자료: 근로복지공단 웹사이트.

(4) 고용보험심사관 및 고용보험심사위원회

피보험자격의 취득·상실에 대한 확인, 실업급여 및 육아휴직 급여와 산전후휴가 급여 등에 관한 처분에 이의가 있는 자는 고용보험심사관에게 심사를 청구할 수 있고, 그 결정에 이의가 있는 자는 고용보험심사위원회에 재심사를 청구할 수 있다(동법 제87조 제1항).

3. 헌법적 심사기준에 의한 비판과 합헌적 대안

헌법적 권리인 사회적 기본권의 한 유형으로서 고용보험수급권을 구체화해야 하는 입법자는 고용보험수급권에 구속된다. 고용보험수급권은 산재보험수급권과 같이 '근로자인 국민'의 권리로서 인정되지만 손실이나 손해에 대한 보상/배상청구권으로서 재산권적 성격을 가지는 산재보험수급권과는 달리 사회적 기본권의 성격만을 갖는다. 그만큼 산재보험수급권을 구체화하는 입법자의 재량영역이 커진다고 볼 수도 있지만 사회적 기본권에 대한 입법자의 구속을 인정하는 한 고용보험수급권을 구체화하는 입법자는 여전히 헌법에 구속되는 재량영역을 가질 뿐이다. 무엇보다도 납부한 보험료에 대한 재산권적 성격은 여전히 남아 있다는 점을 고려해야 한다. 따라서 헌법적으로 요청되는 범위와 수준보다 과도하게 적은 내용을 보장하는 데 지나지 않은 고용보험법은 위헌이 될 수 있다. 특히 실업은 소득의 상실을 의미하기 때문에 생계에 직접적인 영향을 미친다는 점에서 앞서 살펴본 최저생계비[69]를 고려하여 결정될 필요가 있다. 다만, 고용보험도 사회보험이라는 점에서 수입과 지출의 균형에 관한 '고도의 경제정책적 판단'이 개입될 수밖에 없는 영역이므로 입법자에게 인정되는 형성의 자유에 관한 영역은 확대될 수밖에 없다. 그럼에도 불구하고 고용보험이 실업에 관한 사회적 기본권을 구체화하는 제도이므로 오로지 징수되는 보험료와 제공되는 보험급여의 비율에 따라 결정되는 '수지율'이라는 경제정책적 요소만 고려하여 보험료나 보험급여의 내용이 결정될 수는 없다. 따라서 수지율이 떨어진다고 과도한 보험료를 부과하거나 보험급여를 과도하게 축소하는 것은 실업에 관한 사회적 기본권을 침해하게 된다. 바로 이러한 사실을 고려하여 고용보험에 포함되는 실업급여의 범위에 대한 헌법적 판단이 이루어져야 한다.

69) 최저생계비에 대해서는 이 책 제3장 제2절 II. 2. (2) 최저생계비 참조.

VI. 노인장기요양보험법

1. 개 관

노령으로 인해 발생하는 질병(노인성 질환)은 노인의 신체활동과 가사활동을 심각하게 방해할 수 있다. 따라서 노인성 질환으로 신체활동과 가사활동에서 어려움을 겪고 있는 노인에게는 도움(수발)이 필요하다. 중요한 것은 누구나 시간이 흐르면 노인이 되고, 노령으로 인한 질병이 발생할 수 있다는 점이다. 따라서 노령으로 인한 질병은 사회적 위험으로 이해될 수 있고, 이러한 사회적 위험에 대비하기 위한 사회적 보험이 필요할 것으로 보인다.[70] 물론 노인성 질환에 대해 대처하는 제도로서 오로지 사회보험만 존재하는 것은 아니다. 어쨌든 누구에게나 노인성 질환이 생길 수는 있어도 실제로 모든 사람에게 노인성 질환이 발생하는 것은 아니라는 점에서 국가는 조세의 방식이 아닌 사회보험의 방식을 노인성 질환에 대한 국가적 의무를 실현하는 제도로 선택했다. 적어도 이러한 선택은 국가의 재량영역에 속하므로 위헌 여부를 판단할 대상은 아니다. 다만, 사회보험의 방식은 조세의 방식보다 그 운영과 관리에서 수지타산(수익률)에서 고려해야 하는 고도의 경제정책적 판단이 개입될 수밖에 없으므로 사회보험 방식에 관한 국가의 선택은 재량영역이 넓어지는 선택이지만 그 만큼 운영과 관리에서 발생할 수 있는 위험(리스크)도 증가하는 선택이기도 하다. 국가로서는 조세의 방식을 선택함으로써 비록 재량영역은 좀 줄어들더라도 수익률까지 고려해야 하는 부담스러운 상황에서 벗어날 수도 있다. 따라서 국가에게 노인성 질환에 관한 제도로서 사회보험 방식의 선택은 조세에 기반하여 실현되는 일반적인 정책에 관한 책임보다 강화된 책임을 부담하는 선택으로 평가할 수 있다.

70) 노령으로 인한 질병에 대비하는 사회보험제도와 관련하여 독일의 제도에 대해서는 권상로, "공적 노인요양보장제도에 관한 법적 연구," 「공법연구」(한국공법학회), 제32집 제3호(2004), 434면 이하 참조.

2. 주요내용

(1) 수급권자

노인장기요양보험법에 따라 급여를 받을 수 있기 위해서는 우선 노인이거나 노인성 환자이어야 한다. 여기서 노인은 65세 이상의 자를, 그리고 노인성 환자는 65세 미만의 자로서 치매·뇌혈관성질환 등 대통령령으로 정하는 노인성 질병을 가진 자를 의미한다(동법 제2조 제1호). 그리고 수급권자가 되기 위해서는 ① 장기요양보험가입자 또는 그 피부양자이거나 ② 의료급여법에 따른 수급권자[71]이어야 한다(동법 제12조). 의료급여법상의 수급권자를 포함시킨 것은 장기요양보험에 가입할 수 없을 정도로 빈곤한 계층을 고려한 입법적 결정으로 판단된다.

(2) 급여의 내용

노인장기요양급여는 크게 재가급여와 시설급여 및 특별현금급여로 구분된다(동법 제23조 제1항). 우선 재가급여는 ① 방문요양(장기요양요원이 수급자의 가정 등을 방문하여 신체활동 및 가사활동 등을 지원하는 급여), ② 방문목욕(장기요양요원이 목욕설비를 갖춘 장비를 이용하여 수급자의 가정 등을 방문하여 목욕을 제공하는 급여), ③ 방문간호[장기요양요원인 간호사 등이 의사, 한의사 또는 치과의사의 지시서(방문간호지시서)에 따라 수급자의 가정 등을 방문하여 간호, 진료의 보조, 요양에 관한 상담 또는 구강위생 등을 제공하는 급여], ④ 주·야간보호(수급자를 하루 중 일정한 시간 동안 장기요양기관에 보호하여 신체활동 지원 및 심신기능의 유지·향상을 위한 교육·훈련 등을 제공하는 급여), ⑤ 단기보호(수급자를 보건복지부령으로 정하는 범위 안에서 일정 기간 동안 장기요양기관에 보호하여 신체활동 지원 및 심신기능의 유지·향상을 위한 교육·훈련 등을 제공하는 급여), ⑥ 기타재가급여(수급자의 일상생활·신체활동 지원에 필요한 용구를 제공하거나 가정을 방문하여 재활에 관한 지원 등을 제공하는 급여로서 대통령령으로 정하는 것)로 다시 구분된다.[72] 다음으로 시설급여는 장기요양기관이 운영하는 노인의료복지시설(노인전문병원은 제외) 등에 장기간 동안 입소하여 신체활동 지원 및 심신기능의 유지·향상을 위한 교육·훈련 등을 제공하는

71) 의료급여법상의 수급권자에 대해서는 이 책 제3장 제2절 Ⅲ. 1. (2) 수급권자 참조.

72) 재가급여의 문제점에 대해서는 이준우/서문진희, "노인장기요양보험 재가서비스의 문제점과 개선방안," 「한국노년학」(한국노년학회) 제29권 제1호(2009), 165면 이하 참조.

급여를 의미한다. 마지막으로 특별현금급여는 ① 가족요양비(가족장기요양급여),[73] ② 특례요양비(특례장기요양급여),[74] ③ 요양병원간병비(요양병원장기요양급여)[75]로 구분된다.

3. 헌법적 심사기준에 의한 비판과 합헌적 대안

노인장기요양보험의 경우에 노인 또는 노인성 환자(또는 노인성 질환)의 범위 및 요양급여의 수준에 따라 헌법합치성이 평가될 수 있다. 하지만 사회보험의 방식은 수입과 지출의 균형을 고려해야 하는 고도의 경제정책적 판단이 개입되기 때문에 요양급여의 범위와 관련된 내용들에 대해서 입법자의 재량영역을 확대할 수밖에 없다. 따라서 오히려 노인장기요양의 문제를 조세의 방식이 아니라 사회보험의 방식으로 해결하는 부분에 대해서 헌법합치 여부를 물을 수 있다는 견해가 가능하다. 하지만 앞서 언급한 것처럼 사회보험의 방식과 조세의 방식에 관한 입법자의 선택은 정책결단에 관한 정치적(political) 판단의 대상은 될 수 있지만 헌법합치성에 관한 사법적(judicial) 판단의 대상이 될 수는 없다. 재량(권한)과 책임이 동시에 증가하는 정책대안(사회보험)과 재량도 책임도 감소하는 정책대안(조세) 가운데 어느 하나에 헌법적 우월성을 부여할 수는 없기 때문이다. 어떻든 사회가 고령화되는 현실을 고려할 때 조세의 방식은 점차 증가하는 노인세대의 노인성 질환에 대하여 조세부담능력이 있는 건강한 국민, 즉 경제활동을 하는 젊은 국민이 부담하는 방식이라는 점에서 점점 감소하는 젊은 세대의 부담을 가중시킬 수 있다. 물론 사회보험의 방식도 가입이 강제된다면 젊은 세대가 노인세대의 질병비용을 부담하는 내용에서 동일하지만 가입선택이 가능하다

73) 가족요양비는 ① 도서·벽지 등 장기요양기관이 현저히 부족한 지역으로서 보건복지부장관이 정하여 고시하는 지역에 거주하는 자, ② 천재지변이나 그 밖에 이와 유사한 사유로 인하여 장기요양기관이 제공하는 장기요양급여를 이용하기가 어렵다고 보건복지부장관이 인정하는 자, ③ 신체·정신 또는 성격 등 대통령령으로 정하는 사유로 인하여 가족 등으로부터 장기요양을 받아야 하는 자가 방문요양에 상당한 장기요양급여를 받을 때에 지급된다(노인장기요양보험법 제24조 제1항).

74) 특례요양비는 수급자가 장기요양기관이 아닌 노인요양시설 등의 기관 또는 시설에서 재가급여 또는 시설급여에 상당한 장기요양급여를 받은 경우 대통령령으로 정하는 기준에 따라 당해 장기요양급여비용의 일부로서 당해 수급자에게 지급되는 금액을 말한다(노인장기요양보험법 제25조 제1항).

75) 요양병원간병비는 수급자가 노인복지법에 따른 노인전문병원 또는 의료법에 따른 요양병원에 입원한 때 장기요양에 사용되는 비용의 일부로서 지급되는 것을 뜻한다(노인장기요양보험법 제26조 제1항).

면 차이가 존재한다. 하지만 사회보험의 방식은 사회보험에 가입할 수 없을 만큼 경제적으로 어려운 집단을 노인성 질환에 대한 대비로부터 소외시킬 수 있다는 점도 기억해야 한다. 바로 그런 점에서 의료급여수급권자를 노인장기요양급여수급권자에 포함시킨 것으로 이해된다. 이처럼 사회보험의 방식을 채택하면서도 이러한 방식이 초래할 수 있는 위험성을 최소화하고 있는 현행 입법은 일단 위헌의 의심으로부터 벗어날 수 있다.

제4절 사회복지서비스법

I. 개 관

빈곤과 질병의 퇴치는 국가가 부담해야 하는 사회복지적 과제의 '최소한'(minimum)이다. 따라서 가난한 사람에게는 생활에 필요한 최소한의 생계비용을 지급해야 하고, 아픈 사람에게는 치료에 필요한 최소한의 의료서비스를 제공해야 하는 사회복지적 과제가 국가에 우선적으로 요구된다. 또한 국가는 장애, 재해, 실업, 노령, 사망 등 공동체구성원 누구나 경험하거나 경험할 가능성이 높은 사회적 위험으로 인해 소득이 감소하거나 상실되는 사람들에게 '최소한의 안전망'을 제공해야 하는 시급한 과제를 부담한다. 이러한 최소한의 사회복지국가직 과제들은 공공부조나 사회보험을 통해서 수행된다.

더 나아가 국가는 장애인, 노인, 아동 등 도움을 필요로 하는 사람들에 대해서 '사회적 도움'을 제공해야 할 과제가 부여된다.[1] 이러한 사회적 도움이 필요한 사람들은 흔히 '사회적 약자' 또는 '사회적 소수자'라고 부른다. 사회적 약자나 소수자로 불리는 집단의 공통점은 경제적 약자, 다시 말해 자신의 자유를 실현하기 위한 경제적 여건이 보장되지 않는다는 데 있다. 바로 여기서 사회적 약자나 소수자는 사회적 기본권의 주체가 되고, 국가는 이러한 집단의 사회복지를 증진해야 하는 의무를 부담한다. 물론 가난한 자, 병든 자, 사회적 위험에 처해 있는 자도 사회적 약자나 소수자에 속한다는 점에서 공공부조나 사회보험도 넓은 의미의 사회적 도움에 포함된다. 따라서 가난하거나 병들거나 사회적 위험에 처한 사회적 약자나 소수자는 우선적으로 공공부조나 사회보험을 통해 사회적 도움을 얻게 된다. 그렇지만 공공부조나 사회보험을 통해 사회적 약자나

---

1) 사회적 도움을 필요로 하는 사회적 약자나 소수자로서 '여성'이 포함되기도 한다. 하지만 여성의 복지는 사회적 기본권의 관점보다는 평등권의 관점에서 접근하는 것이 더 바람직하므로 이 책에서는 여성복지에 대해서 다루지 않기로 한다.

소수자에 대한 사회적 도움이 완벽하게 충족되는 것은 아니다. 공공부조나 사회보험 이외에 사회적 약자나 소수자는 각각의 집단이 처해 있는 특수한 사정에 따라 국가로부터 제공되어야 하는 재정과 시설 및 서비스를 필요로 하기 때문이다. 사회적 약자나 소수자가 처한 특별한 사정 때문에 그들에게 제공되어야 하는 이러한 사회적 도움을 총칭해서 '사회복지서비스'라고 부를 수 있다. 넓은 의미의 사회적 도움으로 이해되는 공공부조나 사회보험도 넓은 의미의 사회복지서비스에 포함될 수 있지만 흔히 사회복지서비스는 좁은 의미로 이해되어 공공부조나 사회보험과 병렬적으로 위치한다.

II. 사회복지서비스법의 기초로서 사회복지사업법

1. 개 관

사회복지서비스에 관한 일반법으로 사회복지사업법이 제정되어 있다. 이 법률에 따르면 사회복지서비스는 '국가 · 지방자치단체 및 민간부문의 도움을 필요로 하는 모든 국민에게 상담 · 재활 · 직업소개 및 지도, 사회복지시설의 이용 등을 제공하여 정상적인 사회생활이 가능하도록 제도적으로 지원하는 것'을 의미한다(동법 제2조 제4호). 좀더 구체적으로 정의하면 사회복지서비스는 사회적 약자 또는 사회적 소수자에게 제공되는 것으로서 금전 · 물품 · 서비스 · 시설과 같은 유형적인 것과 편의 · 프로그램 · 정책 · 제도와 같은 무형적인 것을 포함한다고 볼 수 있다.

2. 주요내용

(1) 원 칙

사회복지사업법은 최대봉사의 원칙을 채택하여 복지업무에 종사하는 사람에게 그 업무를 행함에 있어서 사회복지를 필요로 하는 사람을 위하여 차별없이 최대로 봉사해야 하는 의무를 부과하고 있다(동법 제5조). 또한 시설설치방해금지의 원칙에 따라 누구든지 정당한 이유 없이 사회복지시설의 설치를 방해하는 것은 금지되고(동법 제6조 제1항), 시장 · 군수 · 구청장(자치구의 구청장)가 정당한 이유없이 사회복지시설의 설치를 지연시키거나 제한하는 조치를 하는 것도 금지된다(동조 제2항).

(2) 사회복지사제도

보건복지부장관에게는 사회복지에 관한 전문지식과 기술을 가진 자에게 사회복지사의 자격증을 교부할 수 있는 권한이 부여된다(동법 제11조 제1항). 그리고 사회복지법인 및 사회복지시설을 설치 · 운영하는 자는 사회복지사를 그 종사자로 채용해야 하는 의무가 부과된다(동법 제13조 제1항).

(3) 사회복지전담공무원제도

사회복지사업에 관한 업무를 담당하게 하기 위하여 지방자치단체에 사회복지사 자격을 가진 사회복지전담공무원을 둘 수 있다(동법 제14조). 또한 사회복지사업에 관한 업무를 효율적으로 운영하기 위하여 필요한 경우 시 · 군 · 구 또는 읍 · 면 · 동에 복지사무를 전담하는 기구를 따로 설치할 수 있고(동법 제15조), 여기에 사회복지전담공무원을 둘 수 있다.

(4) 사회복지법인과 사회복지시설

사회복지법인을 설립하고자 하는 자는 보건복지부장관의 허가를 받아야 한다(동법 제16조 제1항). 사회복지법인은 법률에서 열거한 내용의 '정관'을 만들고(동법 제17조), 법정수의 '이사'를 두어야 한다(동법 제18조). 사회복지사업법에 의한 사회복지법인이 아닌 자는 사회복지법인이라는 용어를 사용하지 못한다(동일명칭사용금지의 원칙: 동법 제31조). 한편 국가 또는 지방자치단체는 사회복지시설을 설치 · 운영할 수 있고(동법 제34조 제1항), 국가 또는 지방자치단체 외의 자가 시설을 설치 · 운영하고자 하는 때에는 시장 · 군수 · 구청장에게 신고해야 한다(동조 제2항). 그밖에 국가 또는 지방자치단체는 가정봉사서비스나 주간 · 단기보호서비스와 같은 재가복지서비스를 제공받도록 할 수 있다(동법 제41조의2 제1항).

3. 헌법적 심사기준에 의한 비판과 합헌적 대안

사회복지서비스에 관한 일반법으로서 사회복지사업법은 사회복지서비스의 이념과 원칙, 절차와 제도 등에 관하여 가장 기본적인 사항을 규율해야만 한다. 현행 사회복지사업법은 적어도 일반법으로 갖추어야 할 이러한 내용들을 규율하고 있는 것으로 평가된다. 이로써 사회복지사업법은 사회복지서비스에 관한 개별적 법규범이 존재하지 않거나 서로 충돌하는 경우 또는 그 의미내용이 불명확한 경우에 보충적으로 인용될 수 있다.

III. 장애인복지법

1. 개 관

(1) 헌법적 문제로서 장애 및 장애인복지

인간은 누구나 태어나면서부터 선천적으로, 또는 질병이나 사고에 의해 후천적으로 '장애(disability)'를 가질 수 있다. 따라서 인간은 현재적 장애인이거나 잠재적 장애인이라는 점에서 모두가 장애인에 포함될 수 있다고 해도 지나친 말이 아니다. 장애는 여러 가지로 정의될 수 있지만 질병이나 부상 등으로 장기간 동안 일상생활이나 사회생활에 상당한 제약을 받는 상태를 의미한다. 유엔의 장애인권리협약(Convention on the Rights of Persons with Disabilities: 이하 'CRPD'로 약칭)[2]은 '장애인(Persons with disabilities)'을 장기간의 신체적 · 정신적 · 지적 · 감각적 손상으로 인해 다양한 장벽에 부딪혀 다른 사람과 동등하게 완전하고 효과적인 사회참여를 하는 데 방해받는 사람(those who have long-term physical, mental, intellectual or sensory impairments which in interaction with various barriers may hinder their full and effective participation in society on an equal basis with others)으로 정의함으로써 (동협약 제1조) 장애의 개념을 유사하게 정의하고 있다.

장애는 일상생활과 사회생활의 수행을 방해하여 근로능력을 떨어뜨리거나 심지어 고용기회를 박탈함으로써 장애인에게 빈곤을 야기할 수 있다. 따라서 장애를 가진 사람들이 장애를 갖지 않은 사람과 마찬가지로 동등하게 일상생활과 사회생활을 수행하고, 근로능력을 향상시키거나 고용기회를 제공받을 수 있도록

2) 장애인권리협약(CRPD)은 2006년 12월 13일 유엔총회에서 의결되고, 2007년 3월 30일부터 비준이 개시되어 현재 82개국이 가입하였으며 2008년 5월 3일부터 발효되었다.

일정한 급부가 제공되어야 한다. 따라서 헌법은 국가에 대해서 이러한 급부의 제공에 관한 의무를 부담시키고, 그에 상응하는 권리를 국민에게 보장해야만 한다.

(2) 헌법적 근거

1) 장애와 장애인에 관한 헌법적 개념

헌법은 제34조 제5항에서 장애에 관하여 규정하고 있다. 이 규정에 따르면 '신체장애자(는) … 법률이 정하는 바에 의하여 국가의 보호'를 받을 수 있는 권리를 가진다. 물론 헌법이 직접 장애 또는 장애인의 개념을 정의하고 있는 것은 아니다. 따라서 앞서 언급한 일반적으로 인정되고 있는 장애의 개념을 적용하여 헌법상의 장애 또는 장애인의 개념을 정의할 수 있다. 이에 따라 장애 또는 장애인은 신체장애 또는 신체장애인에 국한되지 않는다. 헌법상의 장애 개념은 신체적 장애뿐만 아니라 정신적 장애까지 포함하므로 헌법상 보호를 받는 장애인도 신체장애인과 정신장애인을 포괄한다.

2) 헌법적 보호를 받는 장애인의 범위

여기서 제기되는 해석상의 문제는 헌법적 보호를 받는 '장애인의 범위'다. 다시 말해 장애인은 제34조 제5항에서 나오는 생활무능력자와 병렬적으로 규정된 것인지, 아니면 생활무능력자가 되는 하나의 원인으로서 생활무능력자에 포함되는 것인지에 관한 해석의 문제가 발생한다. 첫 번째의 해석가능성에 따르면 장애인은 생활능력의 유무와 상관없이, 즉 가난한 장애인이든 부유한 장애인이든 모든 장애인은 헌법적 보호를 받는다.[3] 반면에 두 번째의 해석가능성에 따르면 장애로 인해 생활능력이 없는 장애인만이 헌법적 보호를 받을 수 있게 된다. 즉 장애는 질병과 노령 및 그 밖의 사유와 함께 생활능력이 없게 만드는 하나의 사유로 해석된다. 헌법 제34조는 앞서 설명한 것처럼 '일반적인 사회적 기본권'을 규정한다.[4] 그리고 장애인은 대표적인 사회적 약자로서 사회적 기본권을 향유하는 집단에 속한다. 이러한 맥락에서 헌법 제34조 제5항은 생활능력

3) 물론 장애인을 생활무능력자와 병렬적인 것으로 해석한다고 해도 장애인에 관한 문언은 사회적 기본권에 관한 규정 안에 있다는 점에서 생활능력이 없는 가난한 장애인만을 의미하는 것으로 이해될 수도 있다. 하지만 장애인을 생활무능력자와 병렬적으로 해석하는 장점은 아무래도 장애인을 생활무능력자와 구분하여 장애인 전체에 대한 헌법적 보호의 근거를 도출할 수 있다는 점에 있다.

4) 이 책 제1장 제1절 III. 참조.

이 없는 가난한 장애인에 대한 헌법적 보호, 특히 사회국가적 보호를 규정한 것으로 해석될 필요가 있다.

(3) 장애인복지의 특수성

1) 사회복지적 과제와 평등실현적 과제의 중첩

장애인복지는 '사회복지적 과제'와 함께 '평등실현적 과제'를 중첩적으로 갖는다는 점에서 특수한 성격을 가진다. 우선 장애인복지는 생활능력이 없는 가난한 장애인에 대한 사회복지적 과제를 실현하는 것을 내용으로 한다. 다른 어떤 원인보다도 장애는 일상생활과 사회생활의 수행을 방해하여 근로능력을 떨어뜨리고 근로기회를 박탈함으로써 장애인이 생활능력을 잃고 빈곤한 상태로 빠지게 만드는 중요한 원인이 된다. 따라서 국가는 기본적으로 가난한 장애인의 생활을 보호해야 하고, 이 점에서 장애인복지는 다른 생활무능력자에 대한 복지와 다르지 않다.

한편 장애인복지는 장애인에 대한 차별을 금지하고 시정하는 과제를 실현하는 내용도 포함한다. 헌법은 비록 차별금지사유로서 '성별, 종교 또는 사회적 신분'을 열거하고 있지만(헌법 제11조 제1항 제2문) 평등원칙을 선언한 헌법의 이념상 어떠한 사유에 의한 차별도 금지되는 것으로 해석하는 것이 타당하다. 따라서 장애를 사유로 한 차별도 헌법상 금지된다. 이러한 요청을 실현하기 위해 국가는 우선 장애인에 대한 '법적 차별'을 금지하고 시정하는 법률을 제정해야 할 의무가 있다. 따라서 비록 헌법 제34조 제5항에 따라 보호되는 장애인의 범위를 가난한 장애인에 국한한다고 하더라도 헌법상 보호되는 장애인의 범위가 가난한 장애인에 한정되는 것은 아니다. 가난한 장애인이든 부유한 장애인이든 모든 장애인은 평등실현적 국가과제에 의해 평등하게 대우받고 차별적으로 대우받지 않도록 헌법적 보호를 받는다. 결국 헌법의 체계상 가난한 장애인은 우선적으로 국가의 사회복지적 과제와 그에 상응하는 장애인의 사회적 기본권에 따라 사회적 급부에 관한 헌법적 보호를 받고, 생활능력과 상관없이 모든 장애인은 국가의 평등실현적 과제와 그에 상응하는 장애인의 평등권에 따라 평등대우에 관한 헌법적 보호를 받을 수 있다.

더 나아가 장애인에 대한 '사실적 차별'을 제거해야 하는 과제도 평등권에 기초하여 국가에 대해서 부과된다. 단순히 기회와 가능성을 장애인으로부터 박탈하는 차별뿐만 아니라 그러한 기회와 가능성이 결과에서도 실현될 수 있는 사실적 기초가 장애인에게 마련되지 못함으로써 발생하는 차별도 제거되어야만 평등을 실현해야 할 국가의 과제가 충분히 수행되기 때문이다. 바로 이러한 사실적 평등을 실현하는 국가의 과제는 사회복지적 과제와 중첩된다. 사실적 평등을 실현하기 위하여 장애인에게 제공되는 '정당한 편의(reasonable accommodation)'라든지 장애인에게 실시되는 '적극적 조치(affirmative action)'는 대부분의 경우에 경제적 기초를 필요로 하는 사회복지적 과제의 외관을 보이기 때문이다. 우선 '정당한 편의'는 장애인권리협약(CRPD)에 따르면 "장애인이 모든 인권과 기본적 자유를 다른 사람과 동등하게 향유하고 행사할 수 있도록 보장하는 데 필요하고 적합한 조정이나 변경으로서 특정한 사안에서 요구되는 부담이 과도하게 부과되지 않는 것(necessary and appropriate modification and adjustments not imposing a disproportionate or undue burden, where needed in a particular case, to ensure to persons with disabilities the enjoyment or exercise on an equal basis with others of all human rights and fundamental freedoms)"을 의미하고, 이러한 정당한 편의가 장애인에게 제공되지 않으면 장애를 사유로 한 차별이 된다(동협약 제2조). 다음으로 '장애인에 대한 사실적 평등(de facto equality)을 강화하고 달성하기 위하여 필요한 특별한 조치'로 이해되는 적극적 조치는 차별에 해당하지 않는다(동협약 제5조 제4항).

2) 사회복지적 과제와 평등실현적 과제의 차이

장애인복지가 사회복지적 국가과제 및 그에 상응하는 사회적 기본권에 따라 실현되는 경우와 평등실현적 국가과제 및 그에 상응하는 평등권에 따라 실현되는 경우에 서로 중첩되는 영역이 존재한다고 하더라도 양자 사이에는 일정한 차이가 존재한다.[5] 우선 전자의 경우에 발생하는 문제는 사회적 기본권이 주관적 권리가 아니라 객관적 의무로만 이해되어[6] 장애인이 장애인복지에 대한 요구를 개인의 권리로서 주장하는 데 상당한 어려움이 발생하게 된다는 점이다. 한편 후자의 경우에는 평등을 주장하는 자가 아니라 불평등(차별)을 주장하는 자가 자신의 주장을 논증해야 할 부담(논증부담)을 진다는 평등의 요청에 따라[7] 비장애인에 대한 역차별(reverse discrimination)을 발생시키는 사실적 평등을 장애인이

5) 양자의 차이에 대해서는 이준일, 「차별금지법」(2007), 42면 이하 참조.

6) 이 문제에 대해서는 이 책 제1장 제1절 Ⅰ. 3. 참조.

7) 불평등을 주장하는 자에게 논증부담을 부과시키는 요청으로서 평등원칙에 대해서 이준일, 「헌법학강의」(2008), 497면 이하 참조.

요구할 때 논증부담을 지게 됨으로써 사실적 평등에 대한 장애인의 요구가 현실적으로 관철되는 데 상당한 곤란을 일으킨다는 문제가 발생한다. 다만 정당한 편의제공이나 적극적 조치는 일반적으로 합리적인 것이라고 인정되기 때문에 장애인이 논증부담으로부터 완전히 벗어나거나 경감될 수 있다. 결국 장애인복지를 요구하는 장애인은 사회적 기본권의 권리성 여부 또는 사실적 평등권의 주장가능성 여부에 대한 논증부담을 짐으로써 사회적 기본권으로 주장하든 사실적 평등권으로 주장하든 상당한 어려움에 봉착할 수밖에 없지만 일반적으로 인정되는 예외(정당한 편의제공 및 적극적 조치)가 존재한다는 점에서 사실적 평등권으로 주장하는 것이 다소 유리하다고 볼 수 있다.

한편 사회복지적 과제는 국가에 대해서만 요구될 수 있지만 평등실현적 과제는 국가가 아닌 사인에 대해서도 요구될 수 있다는 점에도 양자는 차이가 있다. 특히 평등실현적 과제와 관련하여 중요한 의미를 갖는 정당한 편의 제공은 국가뿐만 아니라 기업이나 사립학교 등 사인에 대해서도 요구된다. 따라서 비록 국가에 대해서 요구될 때에는 사회복지적 과제와 중첩된다고 해도 사인에 대해서 요구될 때에는 사회복지적 과제로 볼 수가 없게 된다. 사회국가적 과제와 그에 상응하는 사회적 기본권은 본질상 사인을 상대방으로 하여 요구될 수 없기 때문이다.

2. 주요내용

장애인복지를 실현하는 법률로는 일반법으로 장애인복지법이 있고,[8] 그밖에도 고용과 교육 및 편의제공과 관련된 법률이 제정되어 있다. 또한 평등실현적 관점에서 복지를 실현하기 위한 법률로서 「장애인차별금지 및 권리구제 등에 관한 법률」도 존재한다. 이 법률은 정당한 편의를 제공하지 않는 것을 차별로 보기 때문에 정당한 편의의 제공에 포함된 사회복지적 내용으로 인해 장애인복지와 밀접한 관련을 맺게 된다. 그 밖에 앞서 설명한 것처럼[9] 국민연금보

8) 장애인복지법에 대한 설명으로는 김한성, "행정법상 장애인복지법에 관한 연구," 「토지공법연구」(한국토지공법학회) 제34집(2006), 394면 이하 참조. 한편 장애인복지법의 개정에 관한 논의로는 조한진, "장애의 이론 모델과 실천 모델의 전환에 입각한 '장애인복지법' 개정 방향," 「특수교육학연구」(한국특수교육학회) 제40권 제4호(2006), 242면 이하 참조. 그 밖에 장애인복지법의 성격에 관한 논의로는 우주형, "장애인 복지법의 이념과 성격," 「중앙법학」(중앙법학회) 제2호(2000), 495면 이하 참조.

9) 이 책 제3장 제3절 참조.

험법, 공무원연금보험법, 사립학교교직원연금보험법, 군인연금보험법에 따라 사회보험인 연금보험의 급여로서 제공되는 장애연금도 장애인복지와 관련된다.

(1) 장애인복지법

1) 장애인의 개념

장애인복지법에 따르면 장애인은 신체적·정신적 장애로 오랫동안 일상생활이나 사회생활에서 상당한 제약을 받는 자를 의미한다(동법 제2조 제1항). 여기서 '신체적 장애'는 주요 외부 신체 기능의 장애, 내부기관의 장애 등을 말하고, '정신적 장애'는 발달장애 또는 정신 질환으로 발생하는 장애를 뜻한다(동조 제2항). 장애인 가운데 '장애 정도가 심하여 자립하기가 매우 곤란한 장애인'은 '중증장애인'로 구분된다(동법 제6조).[10] 장애인에 대한 이러한 개념정의는 장애와 관련된 다른 법률에서 그대로 준용되고 있다. 2008년 말 현재 등록된 장애인의 숫자는 224만여 명으로 등록되지 않은 장애인의 숫자까지 포함하면 전체 인구의 5% 정도를 차지할 것으로 추산된다(아래 [표 3.4.3.3] 참조).

[표 3.4.3.1] 장애인의 개념

장애인복지 관련 법률	장애인의 정의
장애인복지법	신체적·정신적 장애로 오랫동안 일상생활이나 사회생활에서 상당한 제약을 받는 자
장애인고용촉진 및 직업재활법	신체 또는 정신상의 장애로 장기간에 걸쳐 직업생활에 상당한 제약을 받는 자
장애인차별금지 및 권리구제 등에 관한 법률	장애(신체적·정신적 손상 또는 기능상실이 장기간에 걸쳐 개인의 일상 또는 사회생활에 상당한 제약을 초래하는 상태)가 있는 사람
장애인 등에 대한 특수교육법(특수교육대상자)	① 시각장애, ② 청각장애, ③ 정신지체, ④ 지체장애, ⑤ 정서·행동장애, ⑥ 자폐성장애(이와 관련된 장애 포함), ⑦ 의사소통장애, ⑧ 학습장애, ⑨ 건강장애, ⑩ 발달지체, ⑪ 그 밖에 대통령령으로 정하는 장애에 해당하는 사람 중 특수교육을 필요로 하는 사람으로 진단·평가된 사람
중증장애인생산품 우선구매 특별법(중증장애인)	주요 일상생활 활동을 현저히 제한하는 신체적 또는 정신적 손상으로 인하여 장기간에 걸쳐 직업생활에 상당한 제약을 받는 자

10) 중증장애인의 개념에 관한 논의로 우주형, "현행법제상 직업적 중증장애인의 개념 및 범주에 관한 고찰," 「중앙법학」(중앙법학회), 제6집 제3호(2004), 111면 이하 참조.

[표 3.4.3.2] 장애인복지법 시행령 〈별표 1〉

— 장애인의 종류 및 기준(제2조 관련) —

종 류	기 준
1. 지체장애인 (肢體障碍人)	가. 한 팔, 한 다리 또는 몸통의 기능에 영속적인 장애가 있는 사람 나. 한 손의 엄지손가락을 지골(指骨: 손가락 뼈) 관절 이상의 부위에서 잃은 사람 또는 한 손의 둘째 손가락을 포함한 두 개 이상의 손가락을 모두 제1지골 관절 이상의 부위에서 잃은 사람 다. 한 다리를 리스프랑(Lisfranc: 발등뼈와 발목을 이어주는) 관절 이상의 부위에서 잃은 사람 라. 두 발의 발가락을 모두 잃은 사람 마. 한 손의 엄지손가락 기능을 잃은 사람 또는 한 손의 둘째 손가락을 포함한 손가락 두 개 이상의 기능을 잃은 사람 바. 왜소증으로 키가 심하게 작거나 척추에 현저한 변형 또는 기형이 있는 사람 사. 지체(肢體)에 위 각 목의 어느 하나에 해당하는 장애정도 이상의 장애가 있다고 인정되는 사람
2. 뇌병변장애인 (腦病變障碍人)	뇌성마비, 외상성 뇌손상, 뇌졸중(腦卒中) 등 뇌의 기질적 병변으로 인하여 발생한 신체적 장애로 보행이나 일상생활의 동작 등에 상당한 제약을 받는 사람
3. 시각장애인 (視覺障碍人)	가. 나쁜 눈의 시력(만국식시력표에 따라 측정된 교정시력을 말한다. 이하 같다)이 0.02 이하인 사람 나. 좋은 눈의 시력이 0.2 이하인 사람 다. 두 눈의 시야가 각각 주시점에서 10도 이하로 남은 사람 라. 두 눈의 시야 2분의 1 이상을 잃은 사람
4. 청각장애인 (聽覺障碍人)	가. 두 귀의 청력 손실이 각각 60데시벨(dB) 이상인 사람 나. 한 귀의 청력 손실이 80데시벨 이상, 다른 귀의 청력 손실이 40데시벨 이상인 사람 다. 두 귀에 들리는 보통 말소리의 명료도가 50퍼센트 이하인 사람 라. 평형 기능에 상당한 장애가 있는 사람
5. 언어장애인 (言語障碍人)	음성 기능이나 언어 기능에 영속적으로 상당한 장애가 있는 사람
6. 지적장애인 (知的障碍人)	정신 발육이 항구적으로 지체되어 지적 능력의 발달이 불충분하거나 불완전하고 자신의 일을 처리하는 것과 사회생활에 적응하는 것이 상당히 곤란한 사람
7. 자폐성장애인 (自閉性障碍人)	소아기 자폐증, 비전형적 자폐증에 따른 언어·신체표현·자기조절·사회적응 기능 및 능력의 장애로 인하여 일상생활이나 사회생활에 상당한 제약을 받아 다른 사람의 도움이 필요한 사람
8. 정신장애인 (精神障碍人)	지속적인 정신분열병, 분열형 정동장애(情動障碍: 여러 현실 상황에서 부적절한 정서 반응을 보이는 장애), 양극성 정동장애 및 반복성 우울장애에 따른 감정조절·행동·사고 기능 및 능력의 장애로 인하여 일상생활이나 사회생활에 상당한 제약을 받아 다른 사람의 도움이 필요한 사람

9. 신장장애인 (腎臟障碍人)	신장의 기능부전(機能不全)으로 인하여 혈액투석이나 복막투석을 지속적으로 받아야 하거나 신장기능의 영속적인 장애로 인하여 일상생활에 상당한 제약을 받는 사람
10. 심장장애인 (心臟障碍人)	심장의 기능부전으로 인한 호흡곤란 등의 장애로 일상생활에 상당한 제약을 받는 사람
11. 호흡기장애인 (呼吸器障碍人)	폐나 기관지 등 호흡기관의 만성적 기능부전으로 인한 호흡기능의 장애로 일상생활에 상당한 제약을 받는 사람
12. 간장애인 (肝障碍人)	간의 만성적 기능부전과 그에 따른 합병증 등으로 인한 간기능의 장애로 일상생활에 상당한 제약을 받는 사람
13. 안면장애인 (顔面障碍人)	안면 부위의 변형이나 기형으로 사회생활에 상당한 제약을 받는 사람
14. 장루 · 요루장애인 (腸瘻 · 尿瘻障碍人)	배변기능이나 배뇨기능의 장애로 인하여 장루(腸瘻) 또는 요루(尿瘻)를 시술하여 일상생활에 상당한 제약을 받는 사람
15. 간질장애인 (癎疾障碍人)	간질에 의한 뇌신경세포의 장애로 인하여 일상생활이나 사회생활에 상당한 제약을 받아 다른 사람의 도움이 필요한 사람

[표 3.4.3.3.] 등록 장애인 현황

(단위: 명)

1999	2000	2001	2002	2003
697,513	958,196	1,134,177	1,294,254	1,454,215
2004	2005	2006	2007	2008
1,610,994	1,777,400	1,967,326	2,104,889	2,246,965

* 자료: <2009 장애인 통계>(한국장애인고용촉진공단).

2) 장애인에 관한 국가와 지방자치단체의 과제

장애인복지법에 따라 국가와 지방자치단체는 ① 장애발생의 예방책 강구(동법 제17조), ② 장애인의 재활의료에 관한 정책 강구(동법 제18조), ③ 장애인의 사회적응훈련 실시(동법 제19조), ④ 장애인의 교육에 관한 정책 · 제도 강구(동법 제20조), ⑤ 장애인의 직업에 관한 정책 강구(동법 제21조), ⑥ 장애인의 정보접근성을 강화하기 위한 노력(동법 제22조), ⑦ 장애인 이용 편의시설에 관한 정책 강구(동법 제23조), ⑧ 장애인을 위한 안전대책 강구(동법 제24조), ⑨ 장애인에 대한 사회적 인식 개선을 위한 교육과 홍보의 실시(동법 제25조), ⑩ 장애인의 선거권 행사를 위한 편의 제공(동법 제26조), ⑪ 장애인에 대한 주택 보급을 위한 노력(동법 제27조), ⑫ 장애인의 문화환경 정비를 위한 노력(동법 제28조), ⑬ 장애인의 경제적 부담을 경감시키기 위한 정책 강구(동법 제30조)와 같은 과제를 부담한다. 하지만 이러한 과제들은 강제될 수 있는 의무가 아니고, 장애인의 입장에서도 구체적으로 관철될 수 있는 권리가 아니기 때문에 선언적 의미가 강한 일반적 과제로 이해될 수 있다.

한편 장애인복지법은 장애인복지와 관련된 구체적이고 관철가능한 과제로서 ① 장애인등록제도의 실시(동법 제32조), ② 장애인복지상담원의 임용(동법 제33조), ③ 장애인복지실시기관의 검진 · 재활상담 및 입소 등 필요한 조치(동법 제34조), ④ 장애유형 · 장애정도별 재활 및 자립지원 서비스의 제공(동법 제35조), ⑤ 의료비의 지급(동법 제36조), ⑥ 산후조리도우미의 지원(동법 제37조), ⑦ 자녀교육비의 지급(동법 제38조), ⑧ 장애인 사용 자동차에 대한 지원 및 장애인사용표지제도의 실시(동법 제39조), ⑨ 장애인 보조견의 훈련 · 보급 지원(동법 제40조), ⑩ 장애인에 대한 사업자금의 대여(동법 제41조), ⑪ 허가 · 위탁 · 지정사업에 대한 우선제공을 통한 생업 지원(동법 제42조), ⑫ 자립훈련비의 지급(동법 제43조), ⑬ 장애인 생산품의 우선적 구매(동법 제44조), ⑭ 장애인 생산품에 대한 인증제도의 실시(동법 제45조), ⑮ 장애인고용촉진정책의 실시(동법 제46조), ⑯ 공공시설의 우선이용(동법 제47조), ⑰ 국유 · 공유재산의 우선적 매각이나 유상 · 무상 대여(동법 제48조), ⑱ 장애수당의 지급(동법 제49조), ⑲ 장애아동수당 및 보호수당의 지급(동법 제50조),[11] ⑳ 장애인의 재활 및 자립생활의 연구(동법 제52조)를 열거하고 있다. 이 가운데 특별히 중요한 것이 생활이 어려운 장애인에게 지급되

---

11) 장애인복지법 시행령 제30조【장애수당 등의 지급대상자】 ① 법 제49조에 따른 장애수당을 지급받을 수 있는 자는 18세 이상으로서 장애인으로 등록한 자 중 국민기초생활 보장법에 따른 수급자 또는 차상위계층으로서 장애로 인한 추가적 비용 보전이 필요한 자로 한다. 다만, 제2항에 따라 장애아동수당을 지급받는 자는 제외한다.

② 법 제50조 제1항에 따른 장애아동수당을 지급받을 수 있는 자는 다음 각 호의 요건을 모두 갖춘 자로 한다.

1. 18세 미만(해당 장애인이 초 · 중등교육법에 따른 고등학교와 이에 준하는 특수학교 또는 각종학교에 재학 중인 경우에는 20세 이하의 경우를 포함한다)일 것
2. 장애인으로 등록하였을 것
3. 국민기초생활 보장법에 따른 수급자 또는 차상위계층으로서 장애로 인한 추가적 비용 보전이 필요할 것

③ 법 제50조 제2항에 따른 보호수당을 지급받을 수 있는 자는 다음 각 호의 요건을 모두 갖춘 자로 한다.

1. 국민기초생활 보장법에 따른 수급자일 것
2. 중증 장애로 다른 사람의 도움이 없이는 일상생활을 영위하기 어려운 18세 이상(해당 장애인이 20세 이하로서 초 · 중등교육법에 따른 고등학교와 이에 준하는 특수학교 또는 각종학교에 재학 중인 경우는 제외한다)의 장애인을 보호하거나 부양할 것

는 장애수당인데 이것은 국민기초생활급여 외에 지급되는 급여로 2008년을 기준으로 42만 명에 가까운 장애수당수급자에게 대략 3,279억 원의 장애수당이 지급되었다(아래 [표 3.4.3.5] 참조).

[표 3.4.3.4] 주요 장애인복지제도 현황

(단위: 원)

	국민기초생활수급자		차상위계층		보장시설 장애인	
	중증장애인	경증장애인	중증장애인	경증장애인	중증장애인	경증장애인
장애수당(제49조)	월 130,000	월 30,000	월 120,000	월 30,000	월 70,000	월 20,000
장애아동수당(제50조)	월 200,000	월 100,000	월 150,000	월 10,000	-	-
장애인 자녀교육비 (제38조)	- 고등학생의 입학금 및 수업료 전액 및 고등학생의 교과서대 109,000(연1회) - 중학생의 부교재비 33,000(연1회) - 중학생, 고등학생의 학용품비 45,000(학기당, 연2회)					
장애인의료비 (제36조)	◇ 1차 의료급여기관 진료 - 본인부담금 1,000원 중 750원 지원(의약분업 적용) - 본인부담금 1,500원 중 750원 지원(의약분업 예외) ◇ 2차, 3차 의료급여기관 및 국·공립결핵병원 진료 - 의료급여수가적용 본인부담진료비 15%(암, 심장 및 뇌혈관질환은 본인부담진료비 10%) 전액을 지원하되 본인부담금 식대 20%는 지원하지 않음 ◇ 의료급여 적용 보장구 구입시 상한액 범위 내에서 본인부담금(15%) 전액					

* 차상위계층: 소득이 국민기초생활수급자의 120% 이하.

** 중증장애인: 장애등급 1~2급(다른 장애가 중복된 3급 지적장애인 및 자폐성장애인 포함), 경증장애인: 장애등급 3~6급.

*** 자녀교육비: 장애인이 부양하는 자녀 또는 장애인인 자녀의 교육비로서 소득인정액이 일정금액 이하인 가구의 1~3급 장애인인 중학생·고등학생 및 1~3급 장애인의 중학생·고등학생 자녀에게 지급[소득인정액 기준(가구원/월): 1인 → 638,099원 이하, 2인 → 1,086,492원 이하, 3인 → 1,405,542원 이하, 4인 → 1,724,592원 이하, 5인 → 2,043,640원 이하, 6인 → 2,362,690원 이하, 7인 이상 가구 → 1인 증가시마다 319,050원씩 증가].

**** 자료: 보건복지부 웹사이트(www.mw.go.kr).

[표 3.4.3.5] 장애수당 수급자 현황

(단위: 명)

	2000	2001	2002	2003	2004	2005	2006	2007	2008
수급자 수	76,899	98,628	102,539	110,606	126,061	296,565	346,024	398,197	418,812
예산(백만 원)	27,656	33,125	44,780	51,864	66,449	89,683	111,931	313,032	327,891

* 자료: 보건복지부 웹사이트(www.mw.go.kr).

그 밖에도 장애인복지법은 장애인복지와 관련된 구체적 국가과제로서 ① 활동보조서비스 등 중증장애인의 자립생활 지원(동법 제53조 이하), ② 장애인복지시설의 설치 · 운영 · 감독(동법 제57조 이하), ③ 장애인보조기구에 관한 제도 · 정책의 실시(동법 제65조 이하), ④ 장애인복지 전문인력에 관한 정책 · 제도의 실시(동법 제71조 이하)에 대해서 상세하게 규정하고 있다. 이 가운데 특히 주목해야 할 것은 장애인복지시설의 하나인 생활시설로 2008년말 현재 347개의 장애인 생활시설에 2만 2천여 명의 장애인이 생활하고 있다(아래 [표 3.4.3.6] 참조). 이러한 장애인생활시설은 국가의 위탁을 받아 국민기초생활보장법에 의한 수급자에게 국민기초생활급여[12]를 실시한다(동법 제32조 및 동법 시행령 제38조 제1호).

[표 3.4.3.6] 장애인 복지시설 현황

(단위: 개소)

	2002	2003	2004	2005	2006	2007	2008
생활시설	213	225	237	265	288	314	347
직업재활시설	194	222	238	244	319	339	364
지역사회재활시설	336	440	536	1,049	1,125	1,286	1,419

* 자료: 보건복지부 웹사이트(www.mw.go.kr).

[표 3.4.3.7] 장애인 생활시설 현황

(단위: 개소, 명)

	1997	1998	1999	2000	2001	2002
시설 수	180	192	188	195	203	213
수용인원	15,980	16,718	16,823	17,215	17,720	17,959
	2003	2004	2005	2006	2007	2008
시설 수	225	237	265	288	314	347
수용인원	18,432	18,906	19,668	20,598	21,709	22,250

* 매년 연말 기준.

** 자료: 보건복지부 웹사이트(www.mw.go.kr).

12) 국민기초생활보장법상의 급여에 대해서는 이 책 제3장 제2절 II. 참조.

(2) 장애인고용촉진 및 직업재활법

1) 장애인의 고용촉진과 직업재활에 관한 국가와 지방자치단체의 과제

장애인이 자신의 능력에 맞는 직업생활을 할 수 있도록 함으로써 인간다운 생활을 할 수 있게 하기 위한 입법목적으로 제정된 「장애인고용촉진 및 직업재활법」은 고용과 관련된 장애인복지적 과제로서 ① 직업지도(동법 제10조), ② 직업적응훈련의 실시(동법 제11조), ③ 직업능력개발훈련의 실시(동법 제12조), ④ 지원고용의 실시(동법 제13조), ⑤ 보호고용(특정한 근로환경 제공)의 실시(동법 제14조), ⑥ 취업알선(동법 제15조), ⑦ 취업알선기관 간의 연계 도모(동법 제16조), ⑧ 자영업 장애인에 대한 지원(동법 제17조), ⑨ 장애인 근로자에 대한 직업생활자금 지원(동법 제18조), ⑩ 취업후 직업지도(동법 제19조), ⑪ 사업주에 대한 고용지도(동법 제20조), ⑫ 장애인 고용 사업주에 대한 융자 등 지원(동법 제21조), ⑬ 장애인 표준사업장에 대한 지원(동법 제22조), ⑭ 장애인 고용 우수사업주에 대한 지원(동법 제24조), ⑮ 사업주에 대한 장애인관련 정보와 자료의 제공(동법 제25조), ⑯ 장애인 실태조사의 실시(동법 제26조)를 열거하고 있다.

2) 장애인고용의무 및 부담금제도

국가와 지방자치단체 및 사업주에게는 장애인을 반드시 고용해야 하는 의무 또는 장애인을 고용하지 않는 경우에 고용부담금을 납부해야 하는 의무가 부과된다. 이러한 장애인고용의무와 이를 강제하기 위한 고용부담금제도는 장애인에 대한 과거의 차별을 보상하고, 현재의 차별을 시정하는 의미를 가지는 일종의 적극적 조치(affirmative action)로 이해될 수 있다. 이러한 적극적 조치는 일반적으로 합리적 근거가 있는 차별대우로서 차별에 해당하지 않는다.[13)]

13) 헌법재판소는 장애인고용의무제와 고용부담금제도를 사용자의 기본권이라는 관점에서 접근하면서 이는 헌법에 위반되지 않는다고 판시하였다. 헌재결 2003. 7. 24. 2001헌바96: ① 장애인은 그 신체적·정신적 조건으로 말미암아 유형·무형의 사회적 편견 및 냉대를 받기 쉽고 이로 인하여 능력에 맞는 직업을 구하기가 지극히 어려운 것이 현실이므로, 장애인의 근로의 권리를 보장하기 위하여는 사회적·국가적 차원에서의 조치가 요구된다. 이러한 관점에서 볼 때, 자유민주적 기본질서를 지향하는 우리 헌법이 원칙적으로 기업의 경제활동의 자유를 보장(헌법 제119조 제1항)하고 개인의 계약자유의 원칙을 천명(헌법 제10조 전문)하고 있다 하더라도 일정한 범위에서 이러한 자유를 제약하는 것은 불가피한 조치라고 할 수 있다. 청구인이 주장하는 계약자유의 원칙과 기업의 경제상의 자유는 무제한의 자유가 아니라 헌법 제37조 제2항에 의하여 공공복리를 위해 법률로써 제한이 가능한 것이며, 국가가 경제주체간의 조화를 통한 경제의 민주화를 위해 규제와 조정을 할 수 있다고 천명(헌법 제119조 제2항)하고 있는 것은 사회·경제적 약자인 장애인에 대하여 인간으로서의 존엄과 가치를 인정하고 나아가 인간다운 생활을 보장하기 위한 불가피한 요구라고 할 것이어서, 그로 인하여 사업주

우선 국가와 지방자치단체는 소속 공무원 정원의 3% 이상을 장애인으로 고용해야 한다(동법 제27조 제1항). 그리고 사업주는 상시 50명 이상의 근로자를 고용하고 있는 경우에 그 근로자 총수의 5% 범위 안에서 대통령령이 정하는 의무고용률 이상을 장애인으로 고용해야 한다(동법 제28조 제1항). 현행 「장애인 고용촉진 및 직업재활법 시행령」에서 정하고 있는 의무고용률은 상시 근로자의 2%이다(동시행령 제25조). 하지만 공공기관의 경우에는 공기업 및 준정부기관으로 지정받은 공공기관에 적용되는 의무고용률은 상시 고용하고 있는 근로자 수의 3%로 한다(동법 제28조의2). 한편 장애인을 고용한 사업주에게는 고용장려금이 지급될 수 있다(동법 제30조 제1항). 반면에 의무고용률에 못 미치는 장애인을 고용하는 사업주(상시 50명 이상 100명 미만의 근로자를 고용하는 사업주는 제외)는 매년 노동부장관에게 장애인 고용부담금을 납부해야 한다(동법 제33조 제1항).[14] 2008년

의 계약의 자유 및 경제상의 자유가 일정한 범위 내에서 제한된다고 하여 곧 비례의 원칙을 위반하였다고는 볼 수 없다. ② 구법은 장애인이 그 능력에 맞는 직업생활을 통하여 인간다운 생활을 할 수 있도록 장애인의 고용촉진과 직업재활 및 직업안정을 도모함을 목적으로 장애인고용의무 및 고용부담금 제도를 마련하고 있다. 고용부담금제도는 이러한 장애인고용의무제의 실효성을 확보하는 수단이므로 입법목적의 정당성이 인정된다. 한편, 고용부담금이 부과되는 집단은 일반국민이 아닌 특정집단인 '사업주'고, 부담금은 장애인의 고용을 촉진하기 위하여 전액이 '장애인고용촉진기금'으로 귀속되며, 이 기금은 주로 고용지원금, 장려금 그리고 사업주의 장애인고용을 위한 시설·장비의 설치·수리에 필요한 비용과 융자·지원 등에 지출되고 있다. 즉, 이 부담금은 장애인고용의 경제적 부담을 조정하고 장애인을 고용하는 사업주에 대한 지원을 위해 사용되고 국가의 일반적 재정수입에 포함되는 것이 아니므로 방법의 적정성도 인정할 수 있다. 나아가, 고용부담금의 부담기초액은 최저임금의 100분의 60 이상으로 규정되어 있는바, 2003년도의 경우에 85%에 불과한 실정이다. 따라서 이 정도의 부담금이라면 사업주의 재산권 등을 과도하게 침해하는 것이라고 할 수 없고, 헌법상 요구되는 장애인의 고용촉진이라는 공익에 비추어 볼 때 법익의 균형성을 크게 잃었다고 볼 수도 없다.

14) 장애인 고용촉진 및 직업재활법 제33조【장애인 고용부담금의 납부 등】 ① 의무고용률에 못 미치는 장애인을 고용하는 사업주(상시 50명 이상 100명 미만의 근로자를 고용하는 사업주는 제외한다)는 대통령령으로 정하는 바에 따라 매년 노동부장관에게 장애인 고용부담금(이하 "부담금"이라 한다)을 납부하여야 한다.

② 부담금은 사업주가 의무고용률에 따라 고용하여야 할 장애인 총수에서 매월 상시 고용하고 있는 장애인 수를 뺀 수에 제3항에 따른 부담기초액을 곱한 금액의 연간 합계액으로 한다.

③ 부담기초액은 장애인을 고용하는 경우에 매월 드는 다음 각 호의 비용의 평균액을 기초로 하여 고용정책심의회의 심의를 거쳐 노동부장관이 정하여 고시하되, 장애인 고용률(매월 상시 고용하고 있는 근로자의 총수에 대한 고용하고 있는 장애인 총수의 비율)에 따라 부담기초액의 2분의 1 이내의 범위에서 가산할 수 있다. 다만, 부담기초액은 이를 고시하는 그 연도 최저임금액의 100분의 60 이상이어야 한다.

1. 장애인을 고용하는 경우 필요한 시설·장비의 설치, 수리에 드는 비용
2. 장애인의 적정한 고용관리를 위한 조치에 필요한 비용
3. 그 밖에 장애인을 고용하기 위하여 특별히 드는 비용 등

④ 노동부장관은 장애인복지법 및 산업재해보상보험법에 따른 직업재활시설 또는 장애인표준사

[표 3.4.3.8] 장애인 고용률 현황

(단위: %)

	2001	2002	2003	2004	2005	2006	2007	2008
정부기관	1.61	1.66	1.87	2.04	2.25	1.50	1.60	1.76
민간기업	0.87	0.99	1.08	1.31	1.49	1.35	1.51	1.72

* 자료: 통계청 <e-나라지표>.

을 기준으로 정부기관이든 민간기업이든 장애인 고용률은 2%에 미치지 못하고 있다(위 [표 3.4.3.8] 참조).

3) 한국장애인고용공단 및 장애인고용촉진 · 직업재활기금

장애인이 직업생활을 통하여 자립할 수 있도록 지원하고, 사업주의 장애인 고용을 전문적으로 지원하기 위하여 한국장애인고용공단이 설립된다(동법 제43조). 한국장애인고용공단은 법인으로 하고(동법 제44조), 이사장 1명을 포함한 10명 이상 15명 이하의 이사 및 감사 1명을 둔다(동법 제48조 제1항). 노동부장관은 한국장애인고용공단의 운영, 고용장려금의 지급 등 장애인의 고용촉진 및 직업재활을 위한 사업을 수행하기 위하여 장애인 고용촉진 및 직업재활 기금을 설치한다(동법 제68조).

(3) 장애인 등에 대한 특수교육법

장애인 및 특별한 교육적 요구가 있는 사람에게 통합된 교육환경을 제공하

업장, 그 밖에 노동부장관이 정하는 장애인자립작업장에 생산설비와 원료 · 기술 등을 제공하고 생산관리 및 생산품의 판매를 전담하는 사업주 또는 직업재활시설 및 장애인자립작업장에 도급을 주어 그 생산품을 납품받는 사업주에 대하여 부담금을 감면할 수 있다.
⑤ 사업주는 다음 연도의 첫날부터 90일(연도 중에 사업을 그만두거나 끝낸 경우에는 그 사업을 그만두거나 끝낸 날부터 60일) 이내에 노동부장관에게 부담금 산출에 필요한 사항으로서 대통령령으로 정하는 사항을 적어 신고하고 해당 연도의 부담금을 납부하여야 한다.
⑥ 노동부장관은 사업주가 제5항에서 정한 기간에 신고를 하지 아니하거나 부담금을 납부하지 아니하였을 때에는 이를 조사하여 부담금을 징수할 수 있다.
⑦ 노동부장관은 사업주가 납부한 부담금의 금액이 실제로 납부하여야 할 금액과 다르거나 거짓된 신고에 따른 것이라고 인정하는 때에는 이를 조사하여 그 차액을 추징하거나 환급하여야 한다.
⑧ 부담금은 대통령령으로 정하는 대로 분할 납부를 하게 할 수 있다. 이 경우 분할 납부를 할 수 있는 부담금을 제5항에 따른 납부 기한에 모두 납부하는 경우에는 그 부담금액의 100분의 5 이내의 범위에서 대통령령으로 정하는 금액을 공제할 수 있다.
⑨ 제4항에 따른 도급의 기준, 그 밖에 부담금 감면의 요건 · 기준 등에 필요한 사항은 노동부장관이 정한다.

고 생애주기에 따라 장애유형·장애정도의 특성을 고려한 교육을 실시하여 이들이 자아실현과 사회통합을 하는 데 기여함을 목적으로 「장애인 등에 대한 특수교육법」이 제정되어 있다. 장애인을 비장애인과 분리하여 교육하는 것은 비록 그 내용이 동일하다고 하더라도(separate but equal) 장애인을 열등한 집단으로 낙인찍는 효과가 있기 때문에 차별일 수 있다. 따라서 평등권에 근거하여 장애인은 원칙적으로 비장애인과 통합된 교육을 받을 수 있다.

특수교육대상자는 ① 시각장애, ② 청각장애, ③ 정신지체, ④ 지체장애, ⑤ 정서·행동장애, ⑥ 자폐성장애(이와 관련된 장애를 포함), ⑦ 의사소통장애, ⑧ 학습장애, ⑨ 건강장애, ⑩ 발달지체, ⑪ 그 밖에 대통령령으로 정하는 장애[15] 가운

15) 장애인 등에 대한 특수교육법 시행령[별표] 특수교육대상자 선정 기준(제10조 관련)

1. 시각장애를 지닌 특수교육대상자 : 시각계의 손상이 심하여 시각기능을 전혀 이용하지 못하거나 보조공학기기의 지원을 받아야 시각적 과제를 수행할 수 있는 사람으로서 시각에 의한 학습이 곤란하여 특정의 광학기구·학습매체 등을 통하여 학습하거나 촉각 또는 청각을 학습의 주요 수단으로 사용하는 사람
2. 청각장애를 지닌 특수교육대상자 : 청력 손실이 심하여 보청기를 착용해도 청각을 통한 의사소통이 불가능 또는 곤란한 상태이거나, 청력이 남아 있어도 보청기를 착용해야 청각을 통한 의사소통이 가능하여 청각에 의한 교육적 성취가 어려운 사람
3. 정신지체를 지닌 특수교육대상자 : 지적 기능과 적응행동상의 어려움이 함께 존재하여 교육적 성취에 어려움이 있는 사람
4. 지체장애를 지닌 특수교육대상자 : 기능·형태상 장애를 가지고 있거나 몸통을 지탱하거나 팔다리의 움직임 등에 어려움을 겪는 신체적 조건이나 상태로 인해 교육적 성취에 어려움이 있는 사람
5. 정서·행동장애를 지닌 특수교육대상자 : 장기간에 걸쳐 다음 각 목의 어느 하나에 해당하여, 특별한 교육적 조치가 필요한 사람
   가. 지적·감각적·건강상의 이유로 설명할 수 없는 학습상의 어려움을 지닌 사람
   나. 또래나 교사와의 대인관계에 어려움이 있어 학습에 어려움을 겪는 사람
   다. 일반적인 상황에서 부적절한 행동이나 감정을 나타내어 학습에 어려움이 있는 사람
   라. 전반적인 불행감이나 우울증을 나타내어 학습에 어려움이 있는 사람
   마. 학교나 개인 문제에 관련된 신체적인 통증이나 공포를 나타내어 학습에 어려움이 있는 사람
6. 자폐성장애를 지닌 특수교육대상자 : 사회적 상호작용과 의사소통에 결함이 있고, 제한적이고 반복적인 관심과 활동을 보임으로써 교육적 성취 및 일상생활 적응에 도움이 필요한 사람
7. 의사소통장애를 지닌 특수교육대상자 : 다음 각 목의 어느 하나에 해당하여 특별한 교육적 조치가 필요한 사람
   가. 언어의 수용 및 표현 능력이 인지능력에 비하여 현저하게 부족한 사람
   나. 조음능력이 현저히 부족하여 의사소통이 어려운 사람
   다. 말 유창성이 현저히 부족하여 의사소통이 어려운 사람
   라. 기능적 음성장애가 있어 의사소통이 어려운 사람
8. 학습장애를 지닌 특수교육대상자 : 개인의 내적 요인으로 인하여 듣기, 말하기, 주의집중, 지각(知覺), 기억, 문제해결 등의 학습기능이나 읽기, 쓰기, 수학 등 학업 성취 영역에서

데 하나에 해당하는 사람 중 교육장 또는 교육감이 특수교육을 필요로 하는 사람이라고 진단 · 평가하여 선정한 자이다(동법 제15조 제1항).

특수교육대상자에 대한 유치원 · 초등학교 · 중학교 및 고등학교 과정의 교육은 의무교육으로 하고, 진로 · 직업교육을 위한 전공과[16]와 만 3세 미만의 장애영아교육[17]은 무상으로 한다(동법 제3조 제1항). 교육장 또는 교육감은 특수교육대상자로 선정된 자를 해당 특수교육운영위원회의 심사를 거쳐 ① 일반학교의 일반학급, ② 일반학교의 특수학급, ③ 특수학교 가운데 하나에 배치하여 교육해야 한다(동법 제17조 제1항). 대학의 경우에는 장애학생에 대한 지원을 위하여 특별지원위원회를 설치 · 운영해야 하고(동법 제29조 제1항), 장애학생의 교육 및 생활에 관한 지원을 총괄 · 담당하는 장애학생지원센터를 설치 · 운영해야 한다

[표 3.4.3.9] 특수교육대상자 현황

(단위: 명)

		2000	2001	2002	2003	2004	2005	2006	2007	2008	2009
특수학교		26,627	26,815	26,925	26,868	28,002	29,803	32,506	35,340	37,857	39,380
일반학교	특수학급	24,196	24,380	24,276	24,192	23,762	23,449	23,291	22,963	23,400	23,801
	일반학급	3,909	2,701	3,269	2,344	3,610	5,110	6,741	7,637	10,227	12,006

* 자료. <2009 장애인 통계>(한국장애인고용촉진공단).

현저하게 어려움이 있는 사람

9. 건강장애를 지닌 특수교육대상자 : 만성질환으로 인하여 3개월 이상의 장기입원 또는 통원치료 등 계속적인 의료적 지원이 필요하여 학교생활 및 학업 수행에 어려움이 있는 사람

10. 발달지체를 보이는 특수교육대상자 : 신체, 인지, 의사소통, 사회 · 정서, 적응행동 중 하나 이상의 발달이 또래에 비하여 현저하게 지체되어 특별한 교육적 조치가 필요한 영아 및 9세 미만의 아동

16) 장애인 등에 대한 특수교육법 제24조【전공과의 설치 · 운영】 ① 특수교육기관에는 고등학교 과정을 졸업한 특수교육대상자에게 진로 및 직업교육을 제공하기 위하여 수업연한 1년 이상의 전공과를 설치 · 운영할 수 있다.
②~④ 생략.

17) 장애인 등에 대한 특수교육법 제18조【장애영아의 교육지원】 ① 만 3세 미만의 장애영아의 보호자는 조기교육이 필요한 경우 교육장에게 교육을 요구할 수 있다.
② 제1항에 따른 요구를 받은 교육장은 특수교육지원센터의 진단 · 평가결과를 기초로 만 3세 미만의 장애영아를 특수학교의 유치원과정, 영아학급 또는 특수교육지원센터에 배치할 수 있다.
③ 제2항에 따라 배치된 장애영아가 의료기관, 복지시설 또는 가정 등에 있을 경우에는 특수교육교원 및 특수교육 관련서비스 담당 인력 등으로 하여금 순회교육을 제공하도록 할 수 있다.
④~⑤ 생략.

(동법 제30조 제1항). 또한 장애학생의 교육활동의 편의를 위한 수단을 적극적으로 강구하고 제공해야 하고(동법 제31조 제1항), 장애학생의 지원 등에 관하여 필요한 내용을 학칙에 규정해야 한다(동법 제32조). 평생교육과 관련하여 장애인을 위한 평생교육과정 및 평생교육시설이 설치 · 운영될 수 있다(동법 제33조 및 제34조). 2009년을 기준으로 특수학교에 3만 9천여 명, 일반학교에 3만 5천여 명 등 7만 5천여 명이 특수교육대상자로 재학 중에 있다(위 [표 3.4.3.9] 참조).

(4) 장애인 · 노인 · 임산부 등의 편의증진보장에 관한 법률

장애인은 거동이 불편하기 때문에 시설물을 이용함에 있어서 방해를 받을 수 있다. 이에 따라 장애인이 생활하는 데 안전하고 편리하게 시설 및 설비를 이용하고 정보에 접근하도록 보장함으로써 장애인의 사회활동참여와 복지증진에 이바지함을 목적으로 「장애인 · 노인 · 임산부 등의 편의증진보장에 관한 법률」(이하 '편의증진법'으로 약칭)이 제정되어 있다. 장애인에게 시설 · 설비의 이용과 정보의 접근을 위하여 편의시설[18]을 제공하는 것은 장애인에게 유리한 차별행위로서 합리적인 근거가 있는 차별행위에 해당한다. 오히려 장애인에게 이러한 편의를 제공하지 않는 것이 불합리한 차별이 될 수 있다.

이 법률에 따라 원칙적으로 시설주는 장애인이 공공건물 및 공중이용시설을 이용함에 있어 가능한 최단거리로 이동할 수 있도록 편의시설을 설치해야 할 의무가 부과된다(동법 제3조). 구체적으로 장애인의 이용이 많은 공공건물 및 공중이용시설의 시설주는 휠체어 · 점자안내책자 · 보청기기 등을 비치하여 장애인이 당해 시설을 편리하게 이용할 수 있도록 하는 편의제공의무를 부담한다(동법

[표 3.4.3.10] 장애인 편의시설 설치율

(단위: 개소, %)

	1998	2003	2005
설치대상수	667,471	877,257	3,760,792
실제 설치수	316,614	665,293	2,915,369
평균 설치율(%)	47.4	75.8	77.5

* 자료: 보건복지부 웹사이트(www.mw.go.kr).

18) 편의시설은 '장애인 등이 생활을 영위함에 있어 이동과 시설이용의 편리를 도모하고 정보에의 접근을 용이하게 하기 위한 시설과 설비'로 정의된다(편의증진법 제2조 제2호).

제16조). 또한 공공건물 및 공중이용시설의 시설주는 주차장법령이 정하는 설치 비율에 따라 장애인전용주차구역을 설치해야만 한다(동법 제17조 제1항). 한편 장애인은 인간으로서의 존엄과 가치 및 행복을 추구할 권리를 보장받기 위하여 장애인이 아닌 사람들이 이용하는 시설과 설비를 동등하게 이용하고 정보에 자유롭게 접근할 수 있는 접근권을 가진다(동법 제4조). 구체적으로 장애인은 공공건물 및 공중이용시설을 이용하고자 할 때에는 시설주에 대하여 안내서비스 · 수화통역 등의 편의제공을 요청할 수 있는 권리가 있고(동법 제16조의2 제1항), 장애인으로부터 편의제공을 요청받은 시설주는 정당한 사유가 없는 한 이에 응해야 할 의무가 있다(동조 제2항).

시설주가 편의시설제공에 관한 의무를 위반한 경우에 시설주관기관은 시정명령을 발할 수 있고(동법 제23조 제1항), 시정명령을 받고도 시실주가 이행하지 않은 경우에는 형사적 제재(벌금)가 가해진다(동법 제25조). 시정명령을 이행하지 않은 시설주에 대해서는 이행강제금이 부과될 수도 있다(동법 제28조 제1항).

(5) 교통약자의 이동편의 증진법

장애인은 또한 이동에서도 많은 장벽을 만날 수밖에 없다. 이에 따라 장애인을 포함한 교통약자[19]가 안전하고 편리하게 이동할 수 있도록 교통수단 · 여객시설 및 도로에 이동편의시설을 확충하고 보행환경을 개선하여 인간중심의 교통체계를 구축함으로써 교통약자의 사회참여와 복지증진에 이바지함을 목적으로 교통약자의 이동편의 증진법(이하 '이동편의증진법'으로 약칭)이 제정되어 있다.

이동편의시설을 설치해야 되는 대상은 ① 교통수단, ② 여객시설, ③ 도로이다(동법 제9조). 특히 노선버스는 장애인을 포함한 교통약자에게 충분한 승 · 하차시간을 보장해야 하고, 일정 대수 이상의 저상버스를 운행하면 사업면허를 취득할 수 있다(동법 제14조). 또한 도시철도는 일정 비율의 차량을 교통약자전용구역으로 할당해야 한다(동법 제15조). 그리고 시장 · 군수는 특별교통수단을 운행해야 하고(동법 제16조), 보행우선구역을 지정할 수 있다(동법 제18조). 그 밖에 국가 및 지방자치단체는 장애인 등이 자가운전을 통하여 안전하고 편리하게 이동할 수 있도록 운전면허제도의 정비 등 필요한 시책을 강구하여 지원해야 한다(동법 제27조).

---

19) 교통약자는 '장애인, 고령자, 임산부, 영유아를 동반한 자, 어린이 등 생활을 영위함에 있어 이동에 불편을 느끼는 자'로 정의된다(이동편의증진법 제2조 제1호).

교통행정기관은 대상시설에 이동편의시설을 설치하지 않거나 설치한 이동편의시설을 설치기준에 적합하지 않게 유지·관리한 교통사업자에 대하여 이동편의시설을 설치하도록 하거나 설치기준에 적합하도록 이동편의시설을 개선할 것을 내용으로 하는 시정명령을 할 수 있다(동법 제29조). 시정명령을 받고도 그 시정기간 이내에 이를 이행하지 않은 자는 형사처벌(벌금형)되거나(동법 제31조) 이행강제금을 부과받을 수 있다(동법 제34조).

(6) 장애인차별금지 및 권리구제 등에 관한 법률

장애인에 대한 차별금지의 요청은 이미 앞서 설명한 장애인복지법에서 원론적으로 선언되고 있다.[20] 이에 따라 누구든지 장애를 이유로 정치·경제·사회·문화 생활의 모든 영역에서 차별을 받지 않고, 누구든지 장애를 이유로 정치·경제·사회·문화 생활의 모든 영역에서 장애인을 차별하는 것은 금지된다(동법 제8조 제1항). 이러한 장애차별금지의 원칙을 구체화한 법률이 「장애인차별금지 및 권리구제 등에 관한 법률」(이하 '장애인차별금지법'으로 약칭)이다.

1) 장애인차별의 금지

① 장애인차별의 유형

「장애인차별금지 및 권리구제 등에 관한 법률」은 장애를 사유로 한 차별을 금지한다(장애인차별금지법 제6조). 금지된 차별행위에는 직접차별과 간접차별이 모두 포함된다. 따라서 장애인을 장애를 사유로 정당한 사유 없이 제한·배제·분리·거부 등에 의하여 불리하게 대하는 경우(직접차별)뿐만 아니라 장애인에 대하여 형식상으로는 제한·배제·분리·거부 등에 의하여 불리하게 대하지 아니하지만 정당한 사유 없이 장애를 고려하지 아니하는 기준을 적용함으로써 장애인에게 불리한 결과를 초래하는 경우(간접차별)도 금지된다(동법 제4조 제1호 및 제2호). 그리고 장애인에 대하여 정당한 편의의 제공을 거부하는 행위도 차별에 해당한다(동조 제3호). 그밖에 광고에 의한 장애인차별행위(동조 제4호)와 장애인을 대리하거나 동행하는 자에 대한 차별행위(동조 제5호) 및 장애인을 위한 보조견이나 보조기구에 대한 방해행위도 차별로 간주된다(동조 제6호).

---

20) 장애인에 대한 차별 가운데 특히 여성장애인에 대한 차별을 심도있게 논의한 것으로 차선자, "장애여성의 차별과 인권보호 – 장애인복지법을 중심으로 –," 「민사법연구」(대한민사법학회), 제13집 제2호(2005), 133면 이하 참조.

② 정당한 편의의 내용

이 가운데 특히 정당한 편의는 "장애인이 장애가 없는 사람과 동등하게 같은 활동에 참여할 수 있도록 장애인의 성별, 장애의 유형 및 정도, 특성 등을 고려한 편의시설 · 설비 · 도구 · 서비스 등 인적 · 물적 제반 수단과 조치"(동법 제4조 제2항)를 뜻하는 것으로 본질적으로 평등실현적 국가과제에 속하지만 사회복지적 국가과제와 중첩되는 외관을 보이기 때문에 장애인복지와 관련하여 중요한 의미를 갖는다. 이러한 정당한 편의는 이미 편의증진법에서 공공건물이나 공중이용시설에 대해서 요구되는 편의와 중첩되기도 한다.

여기서 우선 장애인에게 편의를 제공하는 '목적'은 '장애인이 장애가 없는 사람과 동등하게 같은 활동에 참여할 수 있도록' 하는 데 있다. 장애인이 참여할 수 있는 '활동의 범위'는 어디까지인지, 그리고 동등한 참여를 실현하는 '참여의 정도(수준)'에 대해서는 다양한 해석이 가능하지만 '장애인의 완전한 사회참여와 평등권 실현'이라는 입법목적(동법 제1조)을 고려할 때 그 범위와 정도는 가능한 한 넓게 이해되는 것이 타당하다. 한편 제공되는 편의는 '정당한' 것이어야 하므로 편의제공의 목적에 적합하고 효과적인 것이어야 한다. 그리고 장애인의 성별과 장애의 유형 · 정도 · 특성 등 장애와 장애인의 개별적이고 구체적인 사정을 고려했을 때 정당한 것이어야 한다. 마지막으로 제공되는 정당한 편의에는 편의시설, 설비, 도구, 서비스 등과 같은 모든 인적 · 물적 수단과 조치 등 유형적 편의뿐만 아니라 정책이나 제도 등 무형적 편의도 포함된다.

장애인차별이 금지되는 구체적인 영역과 관련하여 우선 고용영역에서 제공되어야 하는 정당한 편의로는 ① 시설 · 장비의 설치 또는 개조, ② 재활, 기능평가, 치료 등을 위한 근무시간의 변경 또는 조정, ③ 훈련 제공 또는 훈련에 있어 편의 제공, ④ 지도 매뉴얼 또는 참고자료의 변경, ⑤ 시험 또는 평가과정의 개선, ⑥ 화면낭독 · 확대 프로그램, 무지점자단말기, 확대 독서기, 인쇄물 음성변환 출력기 등 장애인보조기구의 설치 · 운영과 낭독자, 수화 통역자 등의 보조인 배치가 포함된다(동법 제11조 제1항).[21] 다음으로 교육영역에서 제공되어야

21) 장애인차별금지 및 권리구제 등에 관한 법률 시행령 제5조【사용자 제공 정당한 편의의 내용】 법 제11조 제3항에 따라 사용자가 제공하여야 할 정당한 편의의 구체적 내용은 다음 각 호와 같다.
1. 직무수행 장소까지 출입가능한 출입구 및 경사로
2. 작업수행을 위한 높낮이 조절용 작업대 등 시설 및 장비의 설치 또는 개조
3. 재활, 기능평가, 치료 등을 위한 작업일정 변경, 출 · 퇴근시간의 조정 등 근로시간의 변경 또는 조정

하는 정당한 편의로는 ① 장애인의 통학 및 교육기관 내에서의 이동 및 접근에 불이익이 없도록 하기 위한 각종 이동용 보장구의 대여 및 수리, ② 장애인 및 장애인 관련자가 필요로 하는 경우 교육보조인력의 배치, ③ 장애로 인한 학습 참여의 불이익을 해소하기 위한 확대 독서기, 보청기기, 높낮이 조절용 책상, 각종 보완 · 대체 의사소통 도구 등의 대여 및 보조견의 배치나 휠체어의 접근을 위한 여유 공간 확보, ④ 시 · 청각 장애인의 교육에 필요한 수화통역, 문자통역(속기), 점자자료, 자막, 큰 문자자료, 화면낭독 · 확대프로그램, 보청기기, 무지점자 단말기, 인쇄물 음성변환 출력기를 포함한 각종 장애인보조기구 등 의사소통 수단, ⑤ 교육과정을 적용함에 있어서 학습진단을 통한 적절한 교육 및 평가방법의 제공, ⑥ 그 밖에 장애인의 교육활동에 불이익이 없도록 하는 데 필요한 사항으로서 대통령령으로 정하는 사항이 포함된다(동법 제14조 제1항).[22] 그밖에도 장애인차별이 금지되는 모든 영역에서 구체적으로 요구되는 정당한 편의가 제공되어야 한다.[23]

---

4. 훈련 보조인력 배치, 높낮이 조절용 책상, 점자자료 등 장애인의 훈련 참여를 보조하기 위한 인력 및 시설 마련
5. 장애인용 작업지시서 또는 작업지침서 구비
6. 시험시간 연장, 확대 답안지 제공 등 장애인의 능력 평가를 위한 보조수단 마련

22) 장애인차별금지 및 권리구제 등에 관한 법률 시행령 제8조【정당한 편의의 내용】 법 제14조 제1항 제6호에 따라 교육책임자가 제공하여야 하는 사항은 다음 각 호와 같다.
1. 원활한 교수 또는 학습 수행을 위한 지도자료 등
2. 통학과 관련된 교통편의
3. 교육기관 내 교실 등 학습시설 및 화장실, 식당 등 교육활동에 필요한 모든 공간에서 이동하거나 그에 접근하기 위하여 필요한 시설 · 설비 및 이동수단

23) 장애인차별금지 및 권리구제 등에 관한 법률 시행령 제14조【정보통신 · 의사소통에서의 정당한 편의 제공의 단계적 범위 및 편의의 내용】 ① 생략
② 법 제21조 제1항에 따라 제공하여야 하는 필요한 수단의 구체적인 내용은 다음 각 호와 같다.
1. 누구든지 신체적 · 기술적 여건과 관계없이 웹사이트를 통하여 원하는 서비스를 이용할 수 있도록 접근성이 보장되는 웹사이트
2. 수화통역사, 음성통역사, 점자자료, 점자정보 단말기, 큰 활자로 확대된 문서, 확대경, 녹음테이프, 표준텍스트파일, 개인형 보청기기, 자막, 수화통역, 인쇄물 음성변환 출력기, 장애인용 복사기, 화상전화기, 통신중계용 전화기 또는 이에 상응하는 수단

③~④ 생략
제15조【문화 · 예술활동의 차별금지】 ① 생략
② 법 제24조 제2항에 따른 정당한 편의의 구체적인 내용은 다음 각 호와 같다.
1. 장애인의 문화 · 예술활동 참여 및 향유를 위한 출입구, 위생시설, 안내시설, 관람석, 열람석, 음료대, 판매대 및 무대단상 등에 접근하기 위한 시설 및 장비의 설치 또는 개조
2. 장애인과 장애인 보조인이 요구하는 경우 문화 · 예술활동 보조인력의 배치
3. 장애인의 문화 · 예술활동을 보조하기 위한 휠체어, 점자안내책자, 보청기 등 장비 및 기기 제공
4. 장애인을 위한 문화 · 예술활동 관련 정보 제공

③ 장애인에 대한 괴롭힘

법률상 차별에 해당하지는 않지만 장애인에 대한 괴롭힘은 금지된다. 따라서 ① 장애를 이유로 학교, 시설, 직장, 지역사회 등에서 장애인 또는 장애인 관련자에게 집단따돌림을 가하거나 모욕감을 주거나 비하를 유발하는 언어적 표현이나 행동(동법 제32조 제3항), ② 장애를 이유로 사적인 공간, 가정, 시설, 직장, 지역사회 등에서 장애인 또는 장애인 관련자에게 행해지는 유기, 학대, 금전적 착취(동조 제4항), ③ 장애인의 성적 자기결정권을 침해하거나 수치심을 자극하는 언어표현, 희롱, 장애 상태를 이용한 추행 및 강간 등(동조 제5항)은 금지된다. 이와 같은 괴롭힘 등의 피해를 당한 장애인은 상담 및 치료, 법률구조, 그 밖에 적절한 조치를 받을 권리를 가지며, 괴롭힘 등의 피해를 신고하였다는 이유로 불이익한 처우를 받지 않는다(동조 제2항).

2) 장애인차별금지의 영역

장애인에 대한 차별이 금지되는 영역에는 ① 고용(동법 제10조 이하),[24] ② 교육

제16조【체육활동의 차별금지】 ① 법 제25조 제2항에 따라 국가 및 지방자치단체가 제공하여야 하는 정당한 편의의 내용은 다음 각 호와 같다.
1. 장애인의 체육활동에 필요한 시설 설치 및 체육용 기구 배치
2. 장애인이 참여할 수 있는 체육활동 프로그램 운영
3. 장애인이나 장애인의 보조인이 요구하는 경우 체육지도자 및 체육활동 보조 인력의 배치
4. 장애인 체육활동의 편의를 위한 장비 등의 사용설명 내용이 포함된 영상물 및 책자의 배치
5. 장애인을 위한 체육활동 관련 정보 제공
6. 장애인의 체육활동을 지도할 수 있는 장애인체육 지도자의 양성
7. 장애인들이 사용할 수 있는 체육용 기구 생산 장려
8. 장애인 체육활동을 위한 의료서비스 제공

② 생략

제17조【사법·행정절차 및 서비스에 있어서의 편의 제공 등】 ① 공공기관 및 그 소속원은 법 제26조 제8항에 따라 장애인이 사법·행정절차 및 서비스를 이용하거나 그에 참여하기 위하여 요구할 경우 보조인력, 점자자료, 인쇄물 음성출력기기, 수화통역, 대독(代讀), 음성지원시스템, 컴퓨터 등의 필요한 정당한 편의를 제공하여야 하고, 장애인의 장애 유형 및 상태를 고려하여 교정·구금시설에서 계구(戒具)를 사용하거나 고충 상담, 교도작업 또는 직업능력개발훈련을 실시할 수 있다.
② 검사나 사법경찰관이 제1항에 따라 장애인인 피의자를 신문하는 경우에는 형사소송법 제244조의5에 따른다.

24) 장애인차별금지 및 권리구제 등에 관한 법률 시행령 제6조【사업장의 단계적 범위】 법 제11조 제3항에 따라 장애인 근로자에게 정당한 편의를 제공하여야 하는 사업장의 단계적 범위는 별표 1과 같다.

[별표 1] 사업장의 단계적 범위 (제6조 관련)

1. 상시 300명 이상의 근로자를 사용하는 사업장과 국가 및 지방자치단체: 2009년 4월 11일

(동법 제13조 이하),[25] ③ 재화와 용역의 제공 · 이용(동법 제15조 이하),[26] ④ 사법 · 행정절차 · 공공서비스와 참정권(동법 제26조 이하), ⑤ 모 · 부성권과 성(동법 제28조 이하), ⑥ 가족 · 가정 · 복지시설과 건강권(동법 제30조 이하)과 같은 포괄적인 영역이 포함된다. 한편 장애여성의 경우에는 특히 임신 · 출산 · 양육 · 가사 등의 영역에서 차별이 금지된다(동법 제33조). 또한 장애아동의 경우에는 특히 교육, 훈련, 건강보호서비스, 재활서비스, 취업준비, 레크리에이션 및 의무교육의 영역에서 차별이 금지된다(동법 제35조).

부터 적용
2. 상시 100명 이상 300명 미만의 근로자를 사용하는 사업장: 2011년 4월 11일부터 적용
3. 상시 30명 이상 100명 미만의 근로자를 사용하는 사업장: 2013년 4월 11일부터 적용

25) 장애인차별금지 및 권리구제 등에 관한 법률 시행령 제9조【교육기관의 단계적 범위】 법 제14조 제3항에 따른 교육기관의 단계적 범위는 별표 2와 같다.

[별표 2] 사교육기관의 단계적 범위 (제9조 관련)
1. 다음 각 목의 시설: 2009년 4월 11일부터 적용
   가. 국 · 공 · 사립 특수학교
   나. 유아교육법에 따른 국 · 공립 유치원 중 특수반이 설치된 유치원
   다. 초 · 중등교육법에 따른 각급 학교 중 특수학급이 설치된 국 · 공립 각급 학교
   라. 영유아보육법에 따라 장애아를 전담하는 보육시설
2. 다음 각 목의 시설: 2011년 4월 11일부터 적용
   가. 제1호 나목 외의 유아교육법에 따른 국 · 공립 유치원
   나. 초 · 중등교육법에 따른 국 · 공 · 사립 각급 학교(제1호 다목의 학교는 제외한다)
   다. 고등교육법에 따른 국 · 공 · 사립 각급 학교
   라. 보육하는 영유아의 수가 100명 이상인 국 · 공립 및 법인 보육시설(제1호 라목의 시설은 제외한다)
   마. 영재교육진흥법 제2조에 따른 영재학교 및 영재교육원
3. 다음 각 목의 시설: 2013년 4월 11일부터 적용
   가. 유아교육법에 따른 사립 유치원
   나. 평생교육법 제31조에 따른 학교형태의 평생교육시설 및 같은 법 제30조에 따른 학교부설 평생교육시설
   다. 나목 외의 평생교육시설, 학점인정 등에 관한 법률에서 정한 평가인정을 받은 교육훈련기관 및 직업교육훈련 촉진법에 따른 직업교육훈련기관 중 연면적 1,000제곱미터 이상 규모의 교육기관. 다만, 원격대학형태의 평생교육시설은 연면적 2,500제곱미터 이상 규모의 평생교육시설만 해당한다.
   라. 국 · 공립 보육시설 및 법인이 설치한 보육시설
   마. 교원 등의 연수에 관한 규정 제2조 제1항에 따른 연수기관
   바. 공무원교육훈련법 제3조 제1항에 따른 중앙공무원교육원 및 같은 법 제4조 제1항에 따른 전문교육훈련기관

26) 재화와 용역의 제공 · 이용과 관련된 구체적인 영역으로는 토지와 건물의 매매 · 임대(동법 제16조), 금융상품 · 서비스의 제공(동법 제17조), 시설물의 접근 · 이용(동법 제18조), 이동 · 교통수단의 접근 · 이용(동법 제19조), 정보의 이용 · 접근(동법 제20조), 문화 · 예술활동(동법 제24조), 체육활동(동법 제25조)을 들 수 있다.

3) 장애인차별의 예외

모든 차별행위가 차별에 해당하는 것은 아니다. 합리적인 이유가 없는 차별행위만이 차별에 해당한다. 구체적으로 장애인차별행위를 하지 않는 것이 차별행위자에게 과도한 부담이 된다든지 장애가 없을 것이 특정한 직무의 수행에 필수적인 진정직업요건에 해당하는 경우에 장애인차별행위는 차별이 되지 않는다. 이에 따라 장애인차별금지법도 원칙적으로 '정당한 사유'가 있는 장애인차별행위를 허용하면서(동법 제4조 제3항) ① 금지된 장애인차별행위를 하지 않음에 있어서 과도한 부담이나 현저히 곤란한 사정 등이 있는 경우 또는 ② 금지된 장애인차별행위가 특정 직무나 사업 수행의 성질상 불가피한 경우(특정 직무나 사업 수행의 성질은 교육 등의 서비스에도 적용)에는 차별로 보지 않는다(동법 제3항 제1호에서 제2호). 또한 장애인의 실질적 평등권을 실현하고 장애인에 대한 차별을 시정하기 위하여 장애인차별금지법 또는 다른 법령 등에서 취하는 적극적 조치는 장애인차별금지법에 따른 차별로 보지 않는다(동조 제4항).

4) 장애인차별의 구제와 시정

장애인차별의 피해자는 국가인권위원회와 법무부장관 및 법원을 통해 구제를 받고, 차별을 시정할 수 있다. 우선 장애인차별행위로 인하여 피해를 입은 사람 또는 그 사실을 알고 있는 사람이나 단체는 국가인권위원회에 그 내용을 진정할 수 있다(동법 제38조). 또한 국가인권위원회는 피해자 등의 진정이 없는 경우에도 법률상 금지된 차별행위가 있다고 믿을 만한 상당한 근거가 있고 그 내용이 중대하다고 인정할 때에는 이를 직권으로 조사할 수 있다(동법 제39조).

다음으로 법률상 금지된 차별행위로 국가인권위원회의 권고를 받은 자가 정당한 사유 없이 권고를 이행하지 않고, 그 피해의 정도가 심각하고 공익에 미치는 영향이 중대하다고 인정되는 경우에는 피해자의 신청에 의하여 또는 직권으로 법무부장관은 시정명령을 할 수 있다(동법 제43조 제1항). 다만 이러한 시정명령은 ① 피해자가 다수인인 차별행위에 대한 권고 불이행, ② 반복적 차별행위에 대한 권고 불이행, ③ 피해자에게 불이익을 주기 위한 고의적 불이행, ④ 그 밖에 시정명령이 필요한 경우 가운데 하나에 해당하는 경우로 한정된다. 법무부장관이 발하는 시정명령에는 ① 차별행위의 중지, ② 피해의 원상회복, ③ 차별행위의 재발방지를 위한 조치, ④ 그 밖에 차별시정을 위하여 필요한 조치가 포함된다(동조 제2항). 법무부장관의 시정명령에 대하여 불복하는 관계 당사자는 그 명령서를 송달받은 날부터 30일 이내에 행정소송을 제기할 수 있고 (동법 제44조 제1항), 이 기간 이내에 행정소송을 제기하지 않은 때에는 그 시정 명령은 확정된다(동조 제2항). 그리고 확정된 시정명령을 정당한 사유 없이 이행하지 않은 자에 대해서는 3천만원 이하의 과태료가 부과된다(동법 제50조 제1항).

누구든지 장애인차별금지법을 위반하여 타인에게 손해를 가한 자는 그로 인하여 피해를 입은 사람에 대하여 손해배상책임을 지기 때문에(동법 제46조 제1항) 법률상 금지된 장애차별행위로 인한 피해자는 법원에 가해자를 상대로 손해배상소송을 제기할 수 있다. 그리고 법원은 법률상 금지된 장애인차별행위에 관한 소송을 제기하기 전 또는 소송이 제기되고 있는 중에 피해자의 신청으로 피해자에 대한 차별이 소명되는 경우 본안 판결 전까지 차별행위의 중지 등 그 밖의 적절한 임시조치를 명할 수 있다(동법 제48조 제1항). 또한 법원은 피해자의 청구에 따라 차별적 행위의 중지, 임금 등 근로조건의 개선, 그 시정을 위한 적극적 조치 등의 판결을 할 수 있다(동조 제2항).

한편 법률상 금지된 장애인차별행위를 행하고 그 행위가 악의적인 것으로 인정되는 경우에 법원은 차별을 한 자에 대하여 3년 이하의 징역 또는 3천만원 이하의 벌금에 처할 수 있다(동법 제49조 제1항). 여기서 '악의적'이라 함은 ① 차별의 고의성, ② 차별의 지속성 및 반복성, ③ 차별 피해자에 대한 보복성, ④ 차별 피해의 내용 및 규모를 전부 고려하여 판단하여야 한다(동조 제2항).

(7) 정신보건법

정신적 장애인에 포함될 수 있는 정신질환자를 보호하기 위한 법률로서 정신보건법이 제정되어 있다.[27] 여기서 정신질환자는 '정신병(기질적 정신병을 포함한다) · 인격장애 · 알코올 및 약물중독 기타 비정신병적 정신장애를 가진 자'로 정의된다(동법 제3조 제1항). 물론 정신보건법은 정신질환자의 치료와 사회복귀를 주된 입법목적으로 하면서 정신질환자의 인권보장도 보호내용으로 포함하기 때문에 사회복지적 성격의 법률로만 이해될 수는 없다. 이 점은 정신질환자에 대해서 유기 · 폭행 · 가혹행위를 하거나 정신질환자의 퇴원요구를 거부함으로써 사실상 감금하는 행위에 대해서 강력한 형사처벌을 하는 것을 통해 드러난다(동법 제55조).

27) 정신보건법의 제 · 개정사에 대해서는 이철호, "정신보건법과 정신장애인의 인권," 「헌법학연구」(한국헌법학회) 제13권 제4호(2007), 231면 이하 참조.

(8) 장애인연금법

중증장애인의 생활 안정 지원과 복지 증진 및 사회통합을 도모하기 위하여 장애인연금법이 제정되어 있다. 여기서 중증장애인은 장애인복지법에 따라 등록한 장애인 가운데 근로능력이 상실되거나 현저하게 감소된 사람으로서 제1급 및 제2급의 장애등급을 받은 사람과 제3급의 장애등급을 받은 사람 중 대통령령으로 정하는 사람을 의미한다(동법 제2조 제1호). 18세 이상의 중증장애인으로서 소득인정액이 그 중증장애인의 소득·재산·생활수준과 물가상승률 등을 고려하여 대통령령으로 정하는 금액 이하인 사람은 원칙적으로 장애인연금수급권자가 되지만 20세 이하로서 초·중등교육법에 따른 학교에 재학 중인 사람은 제외된다(동법 제4조). 장애인연금은 기초급여와 부가급여로 구분되는데 전자는 근로능력의 상실 또는 현저한 감소로 인하여 줄어드는 소득을 보전하여 주기 위하여 지급하는 급여를, 후자는 장애로 인하여 추가로 드는 비용의 전부 또는 일부를 보전하여 주기 위하여 지급하는 급여를 뜻한다(동법 제5조). 2010년 7월부터 시행된 이 제도에 따라 처음으로 지급된 장애인연금은 매월 기초급여가 9만원이고, 부가급여로 국민기초생활보장 수급자의 경우에 6만원, 차상위계층의 경우에 5만원이 추가되며, 전체 수급자의 숫자는 종전의 장애수당 수급자 21만 7천여 명을 포함하여 23만 3천여 명에 이르는데 이를 위해 편성된 6개월치 예산은 1,519억여 원에 달한다.[28]

[표 3.4.3.11] 장애인복지 관련 법률의 체계

법 률	대상영역	의무위반에 대한 제재
장애인복지법	복지 일반	형사처벌/과태료
장애인고용촉진 및 직업재활법	고용	과태료
장애인 등에 대한 특수교육법	교육	형사처벌
장애인·노인·임산부 등의 편의증진 보장에 관한 법률	편의(편의시설)	시정명령/형사처벌/이행강제금
교통약자의 이동편의 증진법	이동(교통)편의	시정명령/형사처벌/이행강제금
장애인차별금지 및 권리구제 등에 관한 법률	차별금지	권고/시정명령/과태료/형사처벌
정신보건법	정신장애	형사처벌
장애인연금법	중증장애인의 연금	

28) 보건복지부 국가복지정보포털(www.e-welfare.go.kr) 참조.

3. 헌법적 심사기준에 의한 비판과 합헌적 대안

(1) 장애 또는 장애인의 개념

장애인복지와 관련된 헌법적 문제는 장애 또는 장애인의 개념에서부터 출발한다. 헌법상 보장된 장애인복지에 대한 침해는 장애 또는 장애인의 개념에 대한 축소에서 시작되기 때문이다. 헌법에 의한 국가의 사회복지적 과제는 잠정적으로 최대한 실현되도록 요청받기 때문에 가능한 한 장애 또는 장애인의 개념을 확대하는 것이 바람직하다. 하지만 국가(입법부/집행부)는 경제수준이나 재정규모를 고려하여 장애인에 대한 복지수준을 결정하기 때문에 장애인에 대한 확정적인 범위는 국가에 의해 축소될 수밖에 없다. 여기서 국가의 경제수준이나 재정규모를 고려한다고 해도 국가에 의해 보호되어야 할 장애 또는 장애인의 범위에 관한 최소한에도 미치지 못한 경우에는 헌법에 위반된다.

(2) 장애인복지의 범위

장애인복지와 관련된 헌법적 문제의 핵심은 장애인에게 제공되는 복지수준이다. 헌법에 의해 요청되는 장애인복지의 수준은 가능한 한 최대한이 되는 것이 바람직하다. 하지만 국가(입법부/집행부)는 경제수준이나 재정규모를 고려하여 장애인복지의 수준을 결정할 수밖에 없으므로 확정적인 장애인복지수준은 이상적 수준보다 축소될 수 있다. 다만 국가는 장애인복지수준을 헌법적으로 보장된 장애인보장이 형해화될 정도로 축소할 수는 없다. 여기서 우선 거시적 관점에서는 기본적으로 전체예산에서 복지예산이 차지하는 비율도 중요하겠지만 복지예산에서 장애인복지예산이 차지하는 비율도 중요한 평가의 기준이 될 수 있다.

다음으로 미시적 관점에서는 구체적으로 장애인복지의 수혜자를 어떤 범위로 한정할 것인지, 예를 들어 장애수당을 지급받는 장애인의 범위에 중증장애인만 포함시킬 것인지 아니면 경증장애인도 포함시킬 것인지 또는 국민기초생활수급자인 장애인에게만 장애수당을 지급할 것인지 아니면 차상위계층의 장애인에게도 장애수당을 지급할 것인지도[29] 평가의 기준에 포함될 수 있다.

---

29) 장애수당 수급자의 범위는 2005년에 중증장애인에서 경증장애인으로까지, 2006년에 재가장애인에서 시설수급자로까지, 2007년에 국민기초생활수급자에서 차상위계층으로까지 확대되었다.

[표 3.4.3.12] 장애인복지예산 현황

(단위: 억 원)

1992	1993	1994	1995	1996	1997	1998	1999	2000
330	380	506	628	744	1,022	943	1,036	1,438
2001	2002	2003	2004	2005	2006	2007	2008	2009
2,215	3,130	3,701	4,932	4,020	4,696	6,030	6,631	6,526

* 자료: <2009 장애인 통계>(한국장애인고용촉진공단) 및 <보건복지예산 현황과 전망>(한국보건사회연구원).

(3) 장애인에 대한 차별

장애인에 대한 차별의 문제가 모두 장애인복지와 관련되는 것은 아니다. 평등권의 문제와 사회적 기본권의 문제는 구별되기 때문이다. 하지만 장애인에 대한 차별의 문제는 장애인복지와 밀접하게 관련되어 있다. 무엇보다도 정당한 편의의 제공이나 적극적 조치는 장애인복지와 많은 부분에서 중첩된다. 정당한 편의의 제공이나 적극적 조치는 사회적 기본권의 핵심적 내용인 자유실현의 물적 토대와 긴밀하게 연계되기 때문이다. 따라서 정당한 편의의 제공이나 적극적 조치의 수준이 과도하게 적은 경우에는 헌법위반으로 평가될 여지가 있다.

IV. 아동복지법

1. 개 관

(1) 헌법적 문제로서 아동복지

사회복지와 관련된 중요한 문제로 논의될 수 있는 빈곤, 질병, 장애, 교육 등은 다양한 사회적 약자와 밀접하게 연계되어 있다. 그 중에서도 아동은 사회복지의 다양한 영역에 걸쳐서 연관된다. 따라서 아동의 빈곤, 질병, 장애, 교육 등은 아동의 복지에서도 중요한 과제로 등장한다. 하지만 아동은 신체적, 정신적으로 미성숙한 존재로서 특별한 보호와 배려가 필요하다. 여기서 아동의 사회복지와 관련된 독자적인 영역을 구성해볼 수 있다. OECD는 아동의 복지

[표 3.4.4.1] 아동복지정책의 국제비교(순위)

	물질적 복지	주거/환경	교육복지	건강/안전	위험행동	학교생활의 질
Australia	15	2	6	15	17	NA
Austria	5	9	18	27	27	11
Belgium	11	11	20	26	13	19
Canada	14	NA	3	22	10	16
Czech Republic	18	24	19	5	23	17
Denmark	2	6	7	4	21	8
Finland	4	7	1	6	26	18
France	10	10	23	19	12	22
Germany	16	18	15	9	18	9
Greece	26	19	27	23	7	24
Hungary	20	21	12	11	25	7
Iceland	8	4	14	2	8	1
Ireland	17	5	5	25	19	10
Italy	19	23	28	17	11	20
Japan	22	16	11	13	2	NA
Korea	13	NA	2	10	2	NA
Luxembourg	3	8	17	7	14	23
Mexico	29	26	29	28	30	NA
Netherlands	9	17	4	8	9	3
New Zealand	21	14	13	29	24	NA
Norway	1	1	16	16	4	2
Poland	28	22	8	14	20	15
Portugal	25	20	26	18	6	21
Slovak Republic	27	25	24	1	22	25
Spain	24	13	21	12	16	6
Sweden	6	3	9	3	1	5
Switzerland	7	NA	10	21	5	13
Turkey	30	NA	30	30	29	12
United Kingdom	12	15	22	20	28	4
United States	23	12	25	24	15	14

* 1이 가장 높은 순위.

** 자료: OECD, <Doing Better For Children>(2009).

(well-being)와 관련된 정책영역에 물질적 복지, 주거/환경, 교육복지, 건강/안전, 위험행동, 학교생활의 질을 포함시키고 있다.[30] 아무튼 아동에 대한 보호와 양육 및 교육은 일차적으로 부모와 가족의 과제다. 따라서 아동복지에 관한 국가의 과제가 필요한 대상은 우선적으로 부모나 가족이 없는 아동 또는 부모나 가족이 있어도 그들로부터 버려진 아동이 된다. 그렇지만 아동의 보호와 양육 및 교육은 일반적으로 경제적 여건이 보장되지 않고는 실현될 수 없기 때문에 모든 아동에게 보장되어야 할 사회복지의 영역이 된다.

(2) 헌법적 근거

헌법은 '청소년'의 복지향상을 위한 정책을 실시할 의무를 국가에 부과하고 있다(헌법 제34조 제4항). 여기서 청소년은 이른바 틴에이저(teenager)에 속하는 중·고등학생만을 의미하지 않고, 취학 전 영유아와 초등학생을 아우르는 어린이 및 청소년을 포함하는 넓은 의미의 아동으로 이해되어야 한다. 그리고 이러한 아동은 원칙적으로 국제적 기준인 아동권리협약(Convention on the Rights of the Child)[31]에 따라 18세 미만의 자를 의미하지만 한국적 현실에서 미성년자인 18세 이상 20세 미만의 자도 아동의 범주에 포함시키는 것이 바람직하다. 아무튼 2010년 현재 18세 미만의 아동은 1천만 명에 육박하여 전체 인구(대략 4천9백만 명)의 약 20% 정도를 차지하고 있다(아래 [표 3.4.4.2] 참조). 헌법은 '연소자'의 근로를 보호해야 하는 과제를 국가에 대해서 부과하고 있는데(헌법 제32조 제5항) 여기서 연소자도 청소년과 유사한 의미로 이해된다.

[표 3.4.4.2] 아동의 인구

(단위: 천 명)

	2001	2002	2003	2004	2005	2006	2007	2008	2009	2010
총인구	47,357	47,622	47,859	48,039	48,138	48,297	48,456	48,607	48,746	48,874
18세 미만	11,872	11,665	11,478	11,297	11,105	10,903	10,704	10,490	10,247	9,976
비율 (%)	25.0	24.5	24.0	23.5	23.0	22.6	22.1	21.6	21.0	20.4

* 자료: 통계청 <장래인구추계>.

30) OECD, 「Doing Better For Children」, 2009, 23면 이하 참조.

31) 아동권리협약(CRC)은 1989년 11월 20일 유엔총회에서 채택되어 동협약 제49조에 따라 1990년 9월 2일부터 발효되었고, 한국은 1991년 11월 20일에 비준하였다.

2. 주요내용

(1) 보호아동

아동의 복지향상에 관한 헌법적 요청을 구체화하고 있는 「아동복지법」[32]에서 규정하는 '아동'은 18세 미만의 자를 뜻한다(동법 제2조 제1호). 그리고 아동복지법에 따른 특별한 보호의 대상이 되고 있는 '보호를 필요로 하는 아동(요보호아동)'은 보호자가 없거나 보호자로부터 이탈된 아동, 또는 보호자가 아동을 학대하는 경우 등 그 보호자가 아동을 양육하기에 부적당하거나 양육할 능력이 없는 경우의 아동을 의미한다(동조 제2호). 2009년을 기준으로 요보호아동의 숫자

[표 3.4.4.3] 요보호아동 현황(발생유형별)

(단위: 명)

	2000	2001	2002	2003	2004	2005	2006	2007	2008	2009
합 계	9,085	10,586	10,057	10,222	9,393	9,420	9,034	8,861	10,534	10,153
빈곤/실직/학대	1,716	4,146	4,263	4,463	4,265	4,877	4,925	5,354	6,002	5,106
비행/가출	1,757	728	749	595	581	1,413	802	748	706	707
미혼모	4,190	4,897	4,337	4,457	4,004	2,638	3,022	2,417	3,463	4,075
기 아	1,270	717	634	628	481	429	230	305	212	230
미 아	152	98	74	79	62	63	55	37	151	35

* 자료: e-나라지표(www.index.go.kr).

[표 3.4.4.4] 요보호아동 현황(보호유형별)

(단위: 명)

		2000	2001	2002	2003	2004	2005	2006	2007	2008	2009
합 계		9,085	10,586	10,057	10,222	9,393	9,420	9,034	8,861	10,534	10,153
시설보호		3,267	3,727	4,846	4,383	2,861	3,494	3,900	4,227	4,964	4,767
가정위탁		1,772	2,653	1,152	1,988	2,633	2,364	1,903	1,982	3,016	2,947
입 양	계	4,046	4,206	4,059	3,851	3,899	3,562	3,231	2,652	2,556	2,439
	국 내	1,686	1,770	1,694	1,564	1,641	1,461	1,332	1,388	1,306	1,314
	국 외	2,360	2,436	2,365	2,287	2,258	2,101	1,899	1,264	1,250	1,125

* 자료: e-나라지표(www.index.go.kr).

32) 아동복지법에 관한 국제적 기준에 대해서는 전광석, "사회복지관계법의 국제기준 및 국제적 보장에 관한 연구 – 아동복지법, 노인복지법, 장애인복지법을 중심으로 –," 「공법연구」(한국공법학회) 제30집 제4호(2002), 21면 이하 참조.

는 1만 명을 넘어서고 있다(위 [표 3.4.4.3] 참조). 앞서 언급한 것처럼 아동의 보호와 양육 및 교육은 경제적 여건을 요구하기 때문에 사회복지국가적 과제의 대상은 모든 아동이지만 사회복지국가적 과제가 우선적으로 실현되어야 하는 대상은 여전히 요보호아동일 수밖에 없다.

(2) 아동복지시설

아동복지시설에는 ① 아동양육시설(보호를 필요로 하는 아동을 입소시켜 보호, 양육하는 것을 목적으로 하는 시설), ② 아동일시보호시설(보호를 필요로 하는 아동을 일시보호하고 아동에 대한 향후의 양육대책수립 및 보호조치를 행하는 것을 목적으로 하는 시설), ③ 아동보호치료시설(불량행위를 하거나 불량행위를 할 우려가 있는 아동으로서 보호자가 없거나 친권자나 후견인이 입소를 신청한 아동 또는 가정법원, 지방법원 소년부지원에서 보호위탁된 아동을 입소시켜 그들을 선도하여 건전한 사회인으로 육성하는 것을 목적으로 하는 시설), ④ 아동직업훈련시설(아동복지시설에 입소되어 있는 만 15세 이상의 아동과 생활이 어려운 가정의 아동에 대하여 자활에 필요한 지식과 기능을 습득시키는 것을 목적으로 하는 시설), ⑤ 자립지원시설(아동복지시설에서 퇴소한 자에게 취업준비기간 또는 취업후 일정기간 보호함으로써 자립을 지원하는 것을 목적으로 하는 시설), ⑥ 아동단기보호시설(일반가정에 아동을 보호하기 곤란한 일시적 사정이 있는 경우 아동을 단기간 보호하며 가정의 복지에 필요한 지원조치를 하는 것을 목적으로 하는 시설), ⑦ 아동상담소(아동과 그 가족의 문제에 관한 상담, 치료, 예방 및 연구 등을 목적으로 하는 시설), ⑧ 아동전용시설(어린이공원, 어린이놀이터, 아동회관, 체육, 연극, 영화, 과학실험전시시설, 아동휴게숙박시설, 야영장 등 아동에게 건전한 놀이 · 오락 기타 각종 편의를 제공하여 심신의 건강유지와 복지증진에 필요한 서비스를 제공하는 것을 목적으로 하는 시설), ⑨ 아동복지관(지역사회 아동의 건전육성을 위하여 심신의 건강유지와 복지증진에 필요한 서비스를 제공하는 것을 목적으로 하는 시설), ⑩ 공동생활가정(보호를 필요로 하는 아동에게 가정과 같은 주거여건과 보호를 제공하는 것을 목적으로 하는 시설), ⑪ 지역아동센터(지역사회 아동의 보호 · 교육, 건전한 놀이와 오락의 제공, 보호자와 지역사회의 연계 등 아동의 건전육성을 위하여 종합적인 아동복지서비스를 제공하는 시설이 포함된다(동법 제16조 제1항). 2007년 말 현재 아동복지시설은 전국적으로 282개소가 설치되어 있고, 여기에서 1만 8천여 명이 보호와 복지서비스를 받고 있다(아래 [표 3.4.4.5] 참조). 아동복지시설 가운데 앞의 여섯 종류의 시설(①~⑥)은 국가의 위탁을 받아 국민기초생활보장법상의 수급자에게 국민기초생활급여[33]를 제공한다(동법 제32조 및 동법 시행령 제38조 제3호).

[표 3.4.4.5] 아동복지시설 현황

(단위: 개소, 명)

	2000	2001	2002	2003	2004	2005	2006	2007	2008
시설수	269	273	277	279	279	282	282	282	285
수용인원	17,720	18,808	18,676	18,818	19,014	19,151	18,817	18,426	17,992

* 매년 연말 현재의 수용인원.

** 자료: 보건복지부 웹사이트(www.mw.go.kr).

3. 영유아보육법

아동 가운데 6세 미만의 취학 전 아동을 건강하고 안전하게 보호하고 양육하며 교육하기 위한 목적의 법률로서 「영유아보육법」이 제정되어 있다. 아동 중에서도 영유아에 대해서는 특별한 보호가 필요하기 때문이다. 또한 영유아의 보육과 관련된 사회복지서비스의 제공은 이로 인해 직업생활에 지장을 받는 여성의 사회복지와도 관련된다.[34] 2010년 현재 5세 이하의 영유아는 총 264만여 명으로 추산되어 전체 아동의 4분의 1을 넘어서고 있다(아래 [표 3.4.4.6] 참조).

[표 3.4.4.6] 영유아의 인구

(단위: 명)

	2001	2002	2003	2004	2005	2006	2007	2008	2009	2010
0세	596,105	533,117	494,291	480,092	453,778	442,831	449,027	446,738	443,017	438,169
1세	617,730	594,547	531,559	493,050	478,335	450,503	439,640	445,796	443,528	439,839
2세	624,760	618,455	593,252	530,590	492,066	477,116	449,410	438,576	444,718	442,457
3세	643,272	623,549	619,580	592,274	529,523	491,176	476,281	448,625	437,813	443,947
4세	672,080	642,529	622,535	620,756	591,110	528,586	490,314	475,449	447,843	437,053
5세	692,913	670,407	641,569	621,463	621,879	590,020	527,610	489,413	474,578	447,025
합계	3,846,860	3,682,604	3,502,786	3,338,225	3,166,691	2,980,232	2,832,282	2,744,597	2,691,497	2,648,490

* 자료: 통계청 <장래인구추계>.

33) 국민기초생활법상의 급여에 대해서는 이 책 제3장 제2절 II. 참조.

34) 영유아의 보육에 대한 책임은 여성(母)과 남성(父)이 모두 부담해야 하지만 실제로는 여성이 더 많은 책임을 부담하고 있는 현실에 비추어 영유아의 보육과 관련된 사회복지서비스를 제공하는 것은 자녀의 보육 때문에 직장생활을 포기해야 하는 많은 여성들에 대한 사회복지서비스로도 이해될 수 있다.

(1) 보육시설의 설치 · 운영

영유아의 보육을 위하여 국가나 지방자치단체는 국 · 공립보육시설을 설치 · 운영해야 할 의무가 있다(동법 제12조). 이 경우 국 · 공립보육시설은 도시 저소득 주민 밀집 주거지역 및 농어촌지역 등 취약지역에 우선적으로 설치되어야 한다. 또한 국가나 지방자치단체, 사회복지법인, 그 밖의 비영리법인이 설치한 보육시설과 대통령령으로 정하는 보육시설의 장은 영아 · 장애아 · 「다문화가족지원법」에 따른 다문화가족의 아동 등에 대한 "취약보육"을 우선적으로 실시해야 할 의무를 부담한다(동법 제26조 제1항). 가난한 지역에 살고 있는 아동, 나이가 더 어린 아동, 장애를 가진 아동, 아버지나 어머니가 외국인인 아동에 대한 보육시설의 우선적 제공은 합리적 근거가 있는 차별대우이므로 헌법상 보장된 평등원칙에 위반되지 않는다. 한편 국가나 지방자치단체, 사회복지법인, 그 밖의 비영리법인이 설치한 보육시설과 대통령령으로 정하는 보육시설의 장은 ① 국민기초생활 보장법에 따른 수급자, ② 한부모가족지원법에 따른 보호대상자의

[표 3.4.4.7] 보육시설 및 보육아동 현황

(단위: 명)

		2006 하반기	2007 상반기	2007 하반기	2008 상반기	2008 하반기
보육시설	합 계	29,233	29,823	30,856	32,149	33,499
	국공립	1,643	1,670	1,748	1,769	1,826
	법 인	1,475	1,461	1,460	1,482	1,456
	민 간	13,090	13,958	14,083	14,127	14,275
	부모협동	59	62	61	61	65
	가 정	11,828	12,360	13,184	14,375	15,525
	직 장	298	312	320	335	350
보육아동	합 계	1,040,361	1,062,415	1,099,933	1,091,287	1,135,502
	국공립	114,657	117,126	119,141	122,919	123,405
	법 인	120,551	116,665	118,211	114,629	113,894
	민 간	641,137	651,561	668,390	651,273	669,465
	부모협동	1,238	1,371	1,444	1,389	1,491
	가 정	148,240	160,599	177,623	184,598	210,438
	직 장	14,538	15,093	15,124	16,479	16,809

* 자료: 보건복지부 웹사이트(www.gw.go.kr).

자녀, ③ 국민기초생활 보장법에 따른 차상위계층의 자녀, ④ 장애인복지법에 따른 장애인 중 보건복지부령으로 정하는 장애등급 이상에 해당하는 자의 자녀, ⑤ 그 밖에 소득수준 등을 고려하여 보건복지부령으로 정하는 자의 자녀가 우선적으로 보육시설을 이용할 수 있도록 해야 하는 의무가 있다(동법 제28조). 2008년 말 현재 3만 3천 5백 개에 이르는 보육시설에서 113만 5천여 명의 아동이 보육되고 있다(위 [표 3.4.4.7] 참조). 이것은 전체 영유아 가운데 40% 정도가 보육시설을 이용하고 있음을 의미하고, 이에 따라 이용료(보육료)가 요구되는 보육시설을 이용하는 영유아에 대한 국가의 경제적 지원이 영유아에 대한 사회복지국가적 지원의 우선적 과제임을 확인하게 된다.

(2) 보육비의 부담

국가나 지방자치단체는 국민기초생활보장법에 따른 수급자와 일정소득 이하 가구의 자녀 등의 보육에 필요한 비용의 전부 또는 일부를 부담하여야 한다(동법 제34조 제1항). 또한 국가와 지방자치단체는 보육시설이나 유아교육법에 따른 유치원을 이용하지 않는 영유아에 대하여 영유아의 연령과 보호자의 경제적 수준을 고려하여 양육에 필요한 비용을 지원할 수 있다(동법 제34조의2). 이를 구체화하기 위하여 보육시설을 이용하는 아동에게는 보육료가, 보육시설을 이용하지 않는 아동에게는 양육수당이 지급되고 있다. 한편 초등학교 취학 직전 1년의 유아(幼兒)와 장애아에 대한 보육은 무상으로 하되, 대통령령으로 정하는 바에 따라 순차적으로 실시한다(동법 제35조).

2010년 1월을 기준으로 보육시설을 이용하는 아동의 경우에 가구원수를 반영한 가구별 소득수준에 따라 영유아의 연령별로 차등적으로 최고 38만3천 원까지 보육료가 지급되고, 두 자녀 이상의 가구에 대해서는 둘째 이상의 아동부터 지원단가의 100%가 되도록 추가적인 보육료가 지급된다(아래 [표 3.4.4.9] 참조). 그밖에 소득하위 70% 이하의 가구에 대해서는 만5세아 보육료, 소득수준과 상관없이 12세 이하의 장애아를 둔 가구에 대해서는 장애아 무상보육료가 지급되고, 맞벌이 가구의 소득을 일정 비율 차감해줌으로써 실질적으로 추가적 보육료혜택을 받게 되는 맞벌이가구 보육료 정책도 실시되고 있다. 보육시설을 이용하지 않고 집에서 부모가 직접 양육하는 24개월 미만의 아동(재가아동)의 경우에는 매월 10만원의 양육수당이 지급된다.

[표 3.4.4.8] 보육료 지원유형과 지원금액(2010년 1월 기준)

유 형	자격구분	지원대상	지원비율	연 령	정부지원단가
차등 보육료	영유아 100	영유아가구 소득하위 50% 이하	정부지원단가 100%	만0세	383,000
				만1세	337,000
				만2세	278,000
				만3세	191,000
				만4세	172,000
	영유아 60	영유아가구 소득하위 50% 초과~60% 이하	정부지원단가 60%	만0세	229,800
				만1세	202,200
				만2세	166,800
				만3세	114,600
				만4세	103,200
	영유아 30	영유아가구 소득하위 60% 초과~70% 이하	정부지원단가 30%	만0세	114,900
				만1세	101,100
				만2세	83,400
				만3세	57,300
				만4세	51,600
만5세아 보육료		소득하위 70% 이하		만5세	172,000
두 자녀 이상 보육료	두 자녀 60	소득하위 50%초과~60% 이하	정부지원단가 40%	만0세	153,200
				만1세	134,800
				만2세	111,200
				만3세	76,400
				만4세	68,800
	두 자녀 30	소득하위 60% 초과~70% 이하	정부지원단가 70%	만0세	268,100
				만1세	235,900
				만2세	194,600
				만3세	133,700
				만4세	120,400
장애아 무상보육료		만12세 이하 장애아동	100%	장애아동반	383,000
				일반아동반	반별 보육료 상한액
맞벌이가구 보육료		맞벌이 부모	낮은 소득 차감(25%)	소득산정=(높은 소득) ×100% + (낮은 소득) × 75%	

* 자료: 보건복지부 <'10년도 보육료 · 양육수당 지원대상 선정안내>.

[표 3.4.4.9] 소득인정액 기준(2010년 3월 기준)

가구원수		3인까지	4인	5인	6인
소득 인정액	최저생계비120% 이하	133만원	163만원	193만원	224만원
	소득하위 50% 이하	224만원	258만원	289만원	316만원
	소득하위 60% 이하	294만원	339만원	380만원	415만원
	소득하위 70% 이하	378만원	436만원	488만원	534만원
	만5세아(소득하위70%이하)	378만원	436만원	488만원	534만원
	두 자녀(소득하위70%이하)	378만원	436만원	488만원	534만원
	방과 후 보육료(소득하위 30%이하)	119만원	137만원	154만원	168만원

* 소득인정액 = 소득평가액 + 재산의 월 소득환산액.
** 소득평가액 = 실제소득(근로소득, 사업소득, 재산소득, 공적이전소득 등).
*** 재산의 소득환산액 = {(일반 · 금융재산의 종류별가액 - 기본재산액 - 부채) + 승용차 재산가액} × 재산의 종류별 소득환산율.
**** 7인 이상 가구: 6인가구 기준으로 1인 증가시마다 30만원씩 증가.

4. 입양촉진 및 절차에 관한 특례법

보호자가 없거나 보호자로부터 유기 또는 학대를 받는 등으로 보호가 필요한 아동에 대한 최고의 복지는 새로운 부모(양부모)를 찾아주는 것이다. 따라서 신속한 입양을 가능하게 하는 절차가 필요한데 이를 위하여 입양의 절차를 간소화하는 내용으로 제정된 법률이 「입양촉진 및 절차에 관한 특례법」(이하 '입양촉진법'으로 약칭)이다. 오랫동안 해외입양의 비율이 지나치게 높다는 비판적 지적 속에서 해외입양아 숫자는 급격하게 감소하였고, 2009년의 경우에 입양된 2,439명

[표 3.4.4.10] 입양아동 현황

(단위: 명, %)

	2001	2002	2003	2004	2005	2006	2007	2008	2009
국 내 (비율)	1,770 (42.1)	1,694 (41.7)	1,564 (40.6)	1,641 (42.1)	1,461 (41)	1,332 (41.2)	1,388 (52.3)	1,306 (51.1)	1,314 (53.9)
국 외 (비율)	2,436 (57.9)	2,365 (58.3)	2,287 (59.4)	2,258 (57.9)	2,101 (59)	1,899 (58.8)	1,264 (47.7)	1,250 (48.9)	1,125 (46.1)
합 계	4,206	4,059	3,851	3,899	3,562	3,231	2,652	2,556	2,439

* 자료: e-나라지표(www.index.go.kr).

의 아동 가운데 국내입양의 비율은 54%를 차지하여 국외입양보다 약간 높게 나타나고 있다(위 [표 3.4.4.10] 참조).

(1) 요보호아동

요보호아동, 즉 보호를 필요로 하는 아동은 18세 미만의 자로서 아동복지법에 따라 보호가 필요한 아동을 의미한다(동법 제2조 제1호 및 제2호). 앞서 언급한 대로 2009년의 경우에 1만여 명의 요보호아동이 발생하였다.

(2) 양자될 자격과 양친될 자격 및 입양동의

입양촉진법에 의하여 양자가 될 자는 요보호아동으로서 다음 중 하나의 요건에 해당해야 한다(동법 제4조).

① 보호자로부터 이탈된 자로서 특별시장·광역시장·도지사(이하 '시·도지사') 또는 시장·군수·구청장(자치구의 구청장에 한함)이 부양의무자를 확인할 수 없어 국민기초생활보장법에 의한 보장시설(이하 '보장시설')에 보호의뢰한 자

② 부모(부모가 사망 기타 사유로 동의할 수 없는 경우에는 다른 직계존속) 또는 후견인이 입양을 동의하여 보장시설 또는 제10조의 규정에 의한 입양기관에 보호의뢰한 자

③ 법원에 의하여 친권상실의 선고를 받은 자의 자로서 시·도지사 또는 시장·군수·구청장이 보장시설에 보호의뢰한 자

④ 기타 부양의무자를 알 수 없는 경우로서 시·도지사 또는 시장·군수·구청장이 보장시설에 보호의뢰한 자

한편 입양촉진법에 의하여 양친이 될 자는 다음 중 하나의 요건을 갖추어야 한다(동법 제5조 제1항).

① 양자를 부양함에 충분한 재산이 있을 것

② 양자에 대하여 종교의 자유를 인정하고 사회의 일원으로서 그에 상응한 양육과 교육을 할 수 있을 것

③ 가정이 화목하고 정신적·신체적으로 양자를 부양함에 현저한 장애가 없을 것

④ 양친이 될 자가 대한민국 국민이 아닌 경우 본국법에 의하여 양친이 될

수 있는 자격이 있을 것

⑤ 기타 양자로 될 자의 복지를 위하여 보건복지부령이 정하는 필요한 요건을 갖출 것

그 밖에 입양촉진법에 따른 양자가 될 자격을 가진 자를 양자로 하고자 할 때에는 부모의 동의를 얻어야 하고, 부모가 사망 기타 사유로 동의할 수 없는 경우에는 다른 직계존속의 동의를 얻어야 하며, 부모나 다른 직계존속을 알 수 없는 경우에는 후견인의 동의를 얻어야 한다(동법 제6조 제1항). 한편 15세 이상인 자를 양자로 하고자 할 때에는 입양동의 외에 양자로 될 자의 동의도 얻어야 한다(동조 제2항).

(3) 입양절차

입양촉진법에 의한 입양은 「가족관계의 등록 등에 관한 법률」이 정하는 바에 의하여 신고함으로써 그 효력이 생기고(동법 제7조 제1항), 이러한 신고는 양친이 될 자가 양자로 될 자의 후견인과 함께 서면으로 한다(동조 제2항). 양자로 되는 자는 양친이 원하는 때에는 양친의 성과 본을 따른다(동법 제8조 제1항). 입양촉진법에 의하여 입양되어 6월이 경과된 때에는 양자 · 양친 · 친부모 기타 관계인은 원칙적으로 입양취소청구의 소를 제기할 수 없고, ① 약취 또는 유인에 의하여 보호자로부터 이탈되었던 자가 양자로 된 때 또는 ② 사기 또는 강박으로 인하여 입양의 의사표시를 한 때는 예외로 한다(동법 제9조).

(4) 입양기관

입양기관을 운영하고자 하는 자는 사회복지사업법에 의한 사회복지법인으로서 보건복지부장관의 허가를 받아야 하되, 국내입양만을 알선하고자 하는 자는 시 · 도지사의 허가를 받아야 한다(동법 제10조 제1항). 외국인은 입양기관의 장이 될 수 없다(동조 제3항).

(5) 국가의 지원

국가 및 지방자치단체는 입양기관의 알선을 받아 아동을 입양한 가정에 대하여 입양아동의 건전한 양육에 필요한 상담, 사회복지시설의 이용 등의 사회복지서비스를 제공하여야 한다(동법 제22조). 국가 및 지방자치단체는 입양기관의

알선을 받아 입양된 장애아동 등 입양아동의 건전한 양육을 위하여 필요한 경우에는 양육수당 · 의료비 그 밖의 필요한 양육보조금을 지급할 수 있다(동법 제23조 제1항). 또한 국가 및 지방자치단체는 입양기관의 운영비와 국민기초생활보장법에 의하여 지급되는 수급품 외에 가정위탁보호비용을 보조할 수 있다(동조 제2항).

5. 헌법적 심사기준에 의한 비판과 합헌적 대안

(1) 아동학대와 아동복지의 구분

아동복지법은 아동학대를 '보호자를 포함한 성인에 의하여 아동의 건강 · 복지를 해치거나 정상적 발달을 저해할 수 있는 신체적 · 정신적 · 성적 폭력 또는 가혹행위 및 아동의 보호자에 의하여 이루어지는 유기와 방임'으로 넓게 정의하면서(동법 제2조 제4호), 이 법률의 중요한 규율영역으로 삼고 있다. 또한 이 법률은 구체적인 학대행위로 ① 아동의 신체에 손상을 주는 학대행위, ② 아동에게 성적 수치심을 주는 성희롱, 성폭행 등의 학대행위, ③ 아동의 정신건강 및 발달에 해를 끼치는 정서적 학대행위, ④ 자신의 보호 · 감독을 받는 아동을 유기하거나 의식주를 포함한 기본적 보호 · 양육 및 치료를 소홀히하는 방임행위, ⑤ 아동을 타인에게 매매하는 행위, ⑥ 아동에게 음행을 시키거나 음행을 매개하는 행위, ⑦ 장애를 가진 아동을 공중에 관람시키는 행위, ⑧ 아동에게 구걸을 시키거나 아동을 이용하여 구걸하는 행위, ⑨ 공중의 오락 또는 흥행을 목적으로 아동의 건강 또는 안전에 유해한 곡예를 시키는 행위, ⑩ 정당한 권한을 가진 알선기관 외의 자가 아동의 양육을 알선하고 금품을 취득하는 행위, ⑪ 아동을 위하여 증여 또는 급여된 금품을 그 목적 외의 용도에 사용하는 행위를 금지하고(동법 제29조), 이러한 금지위반에 대해서는 형사처벌하도록 규정한다(동법 제40조).[35] 하지만 아동학대는 엄밀하게 말하면 아동의 '복지'보다는 아동의 '인권'과 밀접하게 관련되어 있다.[36] 넓은 의미의 복지는 자유권보장(자유

---

35) 아동복지법 제40조【벌칙】 제29조의 규정을 위반한 자는 다음 각 호의 구분에 따라 처벌한다.
1. 제5호 또는 제6호에 해당하는 행위를 한 자는 10년 이하의 징역 또는 5천만원 이하의 벌금에 처한다.
2. 제1호 내지 제4호, 제7호 및 제8호에 해당하는 행위를 한 자는 5년 이하의 징역 또는 3천만원 이하의 벌금에 처한다.
3. 제10호 또는 제11호에 해당하는 행위를 한 자는 3년 이하의 징역 또는 2천만원 이하의 벌금에 처한다.
4. 제9호에 해당하는 행위를 한 자는 1년 이하의 징역 또는 500만원 이하의 벌금에 처한다.

권침해로부터의 보호)도 포함할 수도 있지만 자유권과 사회권을 구분하고 사회권 보장을 복지의 의미로 한정하여 이해한다면 아동의 복지에 아동의 인권보장은 포함될 수 없기 때문이다. 따라서 아동학대는 아동복지법에서 규율되기보다는 특별형법의 하나로서 독립된 법률에서 규율되는 것이 바람직하다.

(2) 아동의 범위

아동의 범위는 다양하게 정의될 수 있지만 18세 미만으로 정의된 현재의 아동 개념은 일단 국제적 기준(아동권리협약)에 합치한다. 다만 18세 미만의 아동 안에서도 다양한 범주로 구분이 가능하고, 각각의 범주에 따른 사회복지적 요청도 다양할 수 있다. 현행법에 따라 6세 미만의 영유아가 구분되어 보육에 관한 사회복지국가적 과제가 요청되는 것과 같다. 따라서 아동 전체를 포괄하는, 아동에 대한 '일반적 복지법'으로서 아동복지법이 제정되어 있다고 하더라도 특별한 사회복지국가적 과제가 요구되는 범주의 아동에 대한 '개별적 복지법'이 제정되어 있지 않다면 해당 아동의 사회적 기본권을 침해하는 것으로 평가될 수 있다.

(3) 아동복지의 수준

아동에게 제공되어야 하는 복지의 수준도 궁극적으로 국가의 경제수준과 재정규모에 의존한다. 하지만 아동의 복지수준을 결정함에 있어서도 아동의 사회적 기본권이 충분히 고려되어야 한다. 따라서 아동의 복지수준의 결정이 오로지 아동의 복지에 관한 입법을 행하는 입법부(법률의 경우)나 집행부(행정입법에 위임된 경우)의 절대적 재량에 맡겨져 있다고 볼 수는 없다. 아동의 사회적 기본권을 충분히 고려하지 않은 입법은 각각의 해당 아동에게 헌법상 보장된 사회적 기본권을 침해하는 위헌적 입법이 된다. 아동의 사회적 기본권에 대한 충분한 고려는 헌법상의 사회복지가 요구되는 아동의 범위를 결정하는 데서부터 시작된다. 여기서 오로지 국가의 경제수준과 재정규모만 고려되어 미리 아동 전체에게 소요되는 복지재정의 비율이나 총액을 결정한 뒤에 아동의 범위를 결정하는 것은 아동의 사회적 기본권을 충분히 고려한 입법이라고 볼 수 없다. 오히려 아동의 사회적 기본권을 충분히 고려한 입법은 사회복지국가적 지원이 필요한 아동의 범위 및 각각의 아동에게 제공되어야 할 복지수준이 합리적 방식에

---

36) 아동의 인권에 대해서는 안주열, "학교교육에서의 아동의 일반인권에 관한 법적 고찰," 「헌법학연구」(한국헌법학회) 제10권 제1호(2004), 591면 이하 참조.

[표 3.4.4.11] 아동복지예산 현황

(단위: 억 원)

2001	2002	2003	2004	2005	2006	2007	2008	2009
736	770	842	984	137	217	702	928	1,265

* 자료: <보건복지예산 현황과 전망 2008>(한국보건사회연구원).

따라 결정되고, 그 급여총액이 국가의 경제수준이나 재정규모를 고려할 때 과도하다고 평가되면 합리적인 방식으로 조정되어 도출되는 입법이다. 예를 들어 아동복지시설이나 영유아 보육시설의 숫자 및 영유아에 대한 보육료나 양육수당의 금액은 먼저 아동의 사회적 기본권을 고려하여 대략적으로 결정된 후에 국가의 재정규모에 따른 조정이 가해져야 하지 오로지 국가의 재정규모만 고려하여 결정되는 것은 아동의 사회적 기본권을 전혀 고려하지 않음으로써 아동의 사회적 기본권을 침해하는 결과를 초래할 수 있다.

V. 노인복지법

1. 개 관

(1) 헌법적 문제로서 노령화

사람은 누구나 나이가 들면서 늙어간다. 이러한 늙음(노령화)은 사람의 신체적·정신적 기능을 감퇴시키거나 상실시킨다. 이로 인해 늙은 사람(노인)은 근로능력의 감퇴나 상실로 일자리를 잃게 된다. 이것은 노인이 빈곤해질 수밖에 없는 원인이기도 하다. 또한 늙는다는 것은 병든다(질병)는 것을 의미하기도 한다. 결국 늙어서 노인이 되면 대부분의 사람은 직장을 잃고, 가난해지며 병들 수밖에 없다. 그래서 국가는 사회적 약자인 노인의 생활을 보호해야 하고, 이러한 노인보호의 과제에 대해서 헌법은 명문화할 필요가 있다.

(2) 노인의 개념

문제는 사람을 언제부터 '늙었다'고, 즉 '노인'이라고 부를 수 있는지 하는 점이다. 노인은 일정한 연령부터 노인(절대적 노인)으로 부를 수 있지만 일정한 연령의 집단과 비교하여 연령이 많다는 의미에서 노인(상대적 노인)을 정의할 수도 있다. 우선 연령을 기준으로 노인이라고 부를 수 있지만 노인의 기준이 되는 연령도 시대마다 공간마다 달라질 수 있고, 수명의 연장은 노인의 연령을 점차 높게 만들 것이 분명하다. 또한 노인의 집단 안에서 일정한 연령에 따라 더 높은 연령의 상위집단과 낮은 연령의 하위집단으로 다시 구분하는 것도 가능하다. 그리고 인간의 활동영역(직업)에 따라 필요한 능력마다 노인을 구분하는 연령은 달라질 수 있다. 심지어 연령이 아니라 신체적 · 정신적 기능의 수준에 따라 노인을 정의한다면 연령은 노인을 구분하는 데 결정적인 기준이 되지 않을 수도 있다.[37] 그럼에도 불구하고 대체로 연령은 노인을 구분하는 중요한 기준임에는 틀림없다. 2010년 현재 65세 이상의 노인은 535만여 명으로 전체 인구의 11%를 차지하고 있는 것으로 추산된다(아래 [표 3.4.5.2] 참조). 이것은 노인인구가 전체 인구의 7%를 넘어서면 도달하는 고령화사회(aging society)에 이미 진입했고, 이제 전체 인구의 14퍼센트를 넘어서면 도달하는 고령사회(aged society)를 향해 달려가고 있음을 의미한다.

[표 3.4.5.1] 법령상 노인(고령자)의 연령

법 령	노인(고령자)의 연령
노인장기요양보험법(노인)	65세 이상
고용상 연령차별금지 및 고령자고용촉진에 관한 법률 시행령(고령자)	55세 이상
형의 집행 및 수용자의 처우에 관한 법률 시행령(노인)	65세 이상

[표 3.4.5.2] 노인의 인구

(단위: 명)

2001	2002	2003	2004	2005	2006	2007	2008	2009	2010
3,578,370	3,772,075	3,968,118	4,165,974	4,366,642	4,585,702	4,810,363	5,016,026	5,192,710	5,356,853

* 자료: 통계청 <장래인구추계>.

37) "나이는 숫자에 불과하다"는 광고카피에 이와 같은 생각이 잘 드러나 있다.

(3) 고령(화)사회에서 노인복지

인간의 노령화는 사회 전체가 고령화됨으로써 더욱 복잡한 문제를 발생시킨다. 이른바 노인의 인구가 전체 인구에서 차지하는 비율이 높아지는 '고령사회' 또는 '고령화사회'[38]가 되면 노인은 더 이상 사회적 약자로만 이해될 수 없다. 노인이 전체 국민에서 많은 비중을 차지하여 사회적 소수자가 아니기 때문이다. 바로 이 지점에서 국가의 사회복지적 과제가 지향해야 하는 대상이 단지 사회적 약자(소수자)에 한정되지 않음을 확인할 수 있다. 물론 사회적 약자는 국가의 사회복지적 과제가 우선적으로 제공되어야 할 대상임에는 분명하다. 특히 가난한 노인과 병든 노인, 상대적으로 경제능력이 더 떨어지는 여성노인과 장애노인에 대해서는 국가가 우선적으로 사회복지적 급부를 제공해야 한다. 하지만 그렇다고 해서 사회적 약자가 국가의 사회복지적 과제가 지향하는 유일한 대상은 아니다. 사람은 누구나 노인이 될 수밖에 없기 때문에 노인에 대한 국가의 사회복지적 과제는 모든 국민에 정향되어 있어야 한다.

여기서 문제는 노인에 대한 국가의 사회복지적 과제가 실현되기 위한 재원을 노인이 아닌 집단이 출연해야 한다는 점이다. 물론 일정한 시점에서 단기적으로만 보면 노인이 아닌 집단이 노인에게 소요되는 비용을 부담하는 것으로 이해할 수도 있지만 공동체 전체를 장기적 관점에서 보면 본인이 나중에 노인이 되어 소요되는 비용을 미리 저축하고 있는 것으로 이해할 수도 있다. 한편, 노인의 인구가 상대적으로 적을 경우에는 노인에게 소요되는 비용이 크지 않기 때문에 노인이 아닌 집단의 부담도 감소하여 그렇게 큰 사회문제가 되지 않을 수 있다. 하지만 노인인구의 비율이 커지는 고령사회나 고령화사회에서는 노인이 아닌 집단이 부담해야 하는 비용이 엄청나게 증가하고, 심지어 부담의 한계를 벗어나는 경우에는 사실상 노인에 대한 사회복지적 과제의 실현은 불가능해질 수도 있다. 따라서 노인에 대한 사회복지적 과제를 실현하는 데 필요한 재원의 조달을 위해서는 무엇보다도 경제활동을 할 수 있는 젊은 집단의 인구비율이 감소되지 않도록 저출산의 경향을 막아야 되는 필요성이 있다. 그러나 출산은 궁극적으로 가족구성원, 특히 여성의 선택에 따라 결정될 수밖에 없고, 출산의 결정은 출산이나 양육과 관련된 여러 가지 사회적 환경에 따라 영향을 받기 때문에 국가는 출산과 양육에 친화적인 사회적 환경이 조성될 수 있도록 노

---

38) 저출산 · 고령사회기본법은 '인구의 고령화'를 전체인구에서 노인의 인구비율이 증가하는 현상으로 정의한다(동법 제3조 제1호).

력하는 것이 중요하다.

2010년 현재 65세 이상의 고령인구는 계속 증가하여 전체 인구의 11%를 넘어서고 있다(아래 [표 3.4.5.3] 참조). 또한 15세 이상의 생산가능한 인구는 3천5백만 명 정도로 몇 년 동안 크게 변동이 없지만 상대적으로 젊은 50세 미만의 생산가능한 인구(2001년 81.4% → 2010년 75%)는 점점 감소하고 있고, 50세 이상의 생산가능한 인구(2001년 18.6% → 2010년 25%)는 점차 증가하고 있는 추세다. 더욱이 평균수명도 2001년과 비교하여 2010년에는 3세 정도가 높아졌고, 2050년이 되면 2001년보다 10세 정도가 높아질 것으로 예상된다(아래 [표 3.4.5.4] 참조). 이것은 한국도 고령화사회를 지나 고령사회로 진입이 급속하게 진행되고 있음을 보여주는 중요한 징표이다.

[표 3.4.5.3] 생산가능인구와 고령인구

(단위: 천 명)

	2001	2002	2003	2004	2005	2006	2007	2008	2009	2010
생산가능인구	33,925	34,103	34,285	34,428	34,530	34,715	34,912	35,133	35,374	35,611
15~24세 (비율:%)	7,547 (22.2)	7,397 (21.7)	7,254 (21.2)	7,073 (20.5)	6,879 (19.9)	6,710 (19.3)	6,583 (18.9)	6,513 (18.5)	6,496 (18.4)	6,515 (18.3)
25~49세 (비율:%)	20,084 (59.2)	20,257 (59.4)	20,424 (59.6)	20,549 (59.7)	20,587 (59.6)	20,648 (59.5)	20,660 (59.2)	20,588 (58.6)	20,426 (57.7)	20,196 (56.7)
50~64세	6,294 (18.6)	6,448 (18.9)	6,608 (19.3)	6,806 (19.8)	7,064 (20.5)	7,358 (21.2)	7,669 (22.0)	8,031 (22.9)	8,452 (23.9)	8,900 (25.0)
고령인구 (65세 이상)	3,578 (7.6)	3,772 (7.9)	3,968 (8.3)	4,166 (8.7)	4,367 (9.1)	4,586 (9.5)	4,810 (9.9)	5,016 (10.3)	5,193 (10.7)	5,357 (11.0)
70세 이상	2,113	2,239	2,374	2,523	2,684	2,855	3,026	3,199	3,373	3,546
80세 이상	513	549	591	636	676	722	772	827	887	952

* 자료: 통계청 <장래인구추계>.

[표 3.4.5.4] 평균수명

(단위: 세)

	2000	2005	2010	2015	2020	2025	2030	2035	2040	2045	2050
전체	76.02	78.63	79.60	80.55	81.45	82.31	83.13	83.91	84.65	85.35	86.02
남성	72.25	75.14	76.15	77.11	78.04	78.93	79.79	80.60	81.39	82.15	82.87
여성	79.60	81.89	82.88	83.80	84.68	85.50	86.27	86.99	87.67	88.31	88.92

* 자료: 통계청 <장래인구추계>.

(4) 헌법적 근거

헌법 第34조 제5항은 국가에 대해서 노인의 복지향상을 위해 노력할 의무를 부과하고 있다. 일반적으로 사람은 노인이 되면 가난해지고, 병들기 때문에 헌법이 국가에 대해서 우선적으로 요구하는 노인에 관한 사회복지적 과제는 노인의 빈곤과 질병을 퇴치해야 하는 과제다. 물론 빈곤과 질병의 퇴치가 노인에 대한 사회복지적 과제의 전부는 아니다. 따라서 노인에 대한 사회복지적 과제는 '가난한 노인'과 '병든 노인'에만 한정되지 않는다. 그렇지만 여전히 가난한 노인과 병든 노인에 대한 사회복지적 과제는 노인에 관한 국가의 사회복지적 과제의 핵심이다. 이러한 과제들은 이미 설명한 것처럼 공공부조로서 기초노령연금[39]과 사회보험으로서 노인장기요양보험[40]을 통해 실현되고 있다. 아무튼 이러한 과제는 앞서 다룬 빈곤이나 질병에 관한 국가의 사회복지적 과제와 중첩되기 때문에 노인과 관련된 국가의 사회복지과제에서만 다루어질 수는 없다. 그 밖에 국가는 헌법에 의해 부여된 노인복지적 과제를 실현하기 위하여 노인의 주거, 교육, 고용 등과 관련된 급부를 제공해야 할 의무를 부담하게 된다.

2. 주요내용

노인의 복지향상에 관한 헌법적 요청을 구체화하는 노인복지법[41]에 따르면 국가와 지방자치단체는 노인의 보건 및 복지와 관련하여 생업지원(동법 제25조), 경로우대(동법 제26조), 건강진단(동법 제27조), 홀로 사는 노인에 대한 지원(동법 제27조의2), 상담 · 입소 등의 조치(동법 제28조), 치매관리사업(동법 제29조), 치매상담센터의 설치(동법 제30조), 노인재활요양사업(동법 제31조)을 실시해야 할 의무를 부담한다.

---

39) 공공부조로서 기초노령연금에 대해서는 이 책 제3장 제2절 III. 3. 참조.

40) 사회보험으로서 노인장기요양보험에 대해서는 이 책 제3장 제3절 VI. 참조.

41) 노인복지법에 대한 자세한 설명으로 홍봉수, "노인복지법 운용에 관한 현실적 고찰," 「교정복지연구」(한국교정복지학회) 제11호(2008), 39면 이하 참조. 그리고 노인복지법의 제정배경과 역사에 대해서는 현외성, "한국 노인복지법의 형성과 변천과정," 「노인복지연구」(한국노인복지학회) 제14호(2001), 68면 이하 참조. 한편, 노인복지법의 국제적 기준에 대해서는 전광석, "사회복지관계법의 국제기준 및 국제적 보장에 관한 연구 －아동복지법, 노인복지법, 장애인복지법을 중심으로－," 「공법연구」(한국공법학회) 제30집 제4호(2002), 21면 이하 참조. 그리고 노인복지법의 문제점에 대해서는 이민표, "노인복지법의 문제점과 개선방안," 「노인복지연구」(한국노인복지학회) 제14호(2001), 108면 이하; 김성순, "고령사회에 대비한 노인복지법의 문제점과 개정방향," 「노인복지연구」(한국노인복지학회) 제15호(2002), 17면 이하 참조.

한편 국가와 지방자치단체는 의무는 아니지만 노인복지시설을 설치하여 노인복지를 향상시킬 수 있다. 노인복지시설로는 ① 노인주거복지시설, ② 노인의료복지시설, ③ 노인여가복지시설, ④ 재가노인복지시설, ⑤ 노인보호전문기관이 있다(동법 제31조). 다시 노인주거복지시설에는 ① 양로시설, ② 노인공동생활가정, ③ 노인복지주택이 있고(동법 제32조 제1항), 노인의료복지시설에는 ① 노인요양시설, ② 노인요양공동생활가정, ③ 노인전문병원이 있으며(동법 제34조 제1항), 노인여가복지시설에는 ① 노인복지관, ② 경로당, ③ 노인교실, ④ 노인휴양소가 있다(동법 제36조 제1항). 또한 재가노인복지시설에는 ① 방문요양서비스, ② 주·야간보호서비스, ③ 단기보호서비스, ④ 방문목욕서비스, ⑤ 그 밖의 서비스가 포함된다(동법 제38조 제1항).[42] 2007년을 기준으로 전국에 노인주거복지시설인 양로시설은 총 384개소, 노인의료복지시설인 노인요양시설은 675개소가 설치되어 있다(아래 [표 3.4.5.5] 참조). 이러한 양로시설과 노인요양시설은 국가의 위탁을 받아 국민기초생활보장법상의 수급자에게 국민기초생활급여[43]를 제공한다(동법 제32조 및 동법 시행령 제38조 제2호).

[표 3.4.5.5] 노인복지시설 현황

(단위: 개소, 명)

연도	구분	양로시설 무료	양로시설 실비	양로시설 유료	노인요양시설 무료	노인요양시설 실비	노인요양시설 유료	노인전문요양시설 무료	노인전문요양시설 실비	노인전문요양시설 유료
2005	시설수	137	64	69	149	123	84	139	5	43
	정 원	6,051	1,126	3,954	10,321	4,819	2,189	10,436	520	1,678
	현 원	4,638	905	2,490	8,868	3,444	1,301	9,143	399	1,040
2006	시설수	145	132	74	174	260	103	184	24	70
	정 원	5,780	2,267	4,462	11,546	9,099	2,381	13,445	1,518	2,600
	현 원	4,565	1,869	2,395	9,965	6,690	1,626	11,433	869	1,731
2007	시설수	147	161	76	202	350	123	273	59	107
	정 원	5,643	2,772	4,599	12,540	11,654	3,169	16,635	3,560	3,752
	현 원	4,454	2,348	2,600	10,672	9,404	1,928	13,880	2,323	2,423

* 자료: 통계청 국가통계포털(www.kosis.kr).

42) 노인복지시설에 관한 노인복지법의 규율이 가지는 문제점에 대해서는 권순정, "노인복지법에 규정된 노인복지시설기준의 문제점 및 개선방향," 「한국의료복지시설학회지」(한국의료복지시설학회) 제7권 제11호(2000년), 131면 이하 참조.

43) 국민기초생활보장법상의 급여에 대해서는 이 책 제3장 제2절 II. 참조.

3. 그 밖의 노인복지 관련법률

(1) 저출산 · 고령사회기본법

노인복지의 문제는 전체 인구에서 노인의 인구가 차지하는 비율이 커지는 고령사회 또는 고령화사회에서 더욱 분명하게 등장한다. 또한 고령사회나 고령화사회는 저출산과도 밀접하게 연계되어 있다. 따라서 고령화와 저출산을 동시에 규율하는 기본법으로서 「저출산 · 고령사회기본법」이 제정되어 있다. 이 법률에 따라 우선 저출산과 관련해서는 국가와 지방자치단체에 대해서 인구정책의 수립 · 시행(동법 제7조), 자녀의 출산 · 보육에 관한 시책의 강구(동법 제8조), 모자보건에 관한 시책의 수립 · 시행(동법 제9조), 출산 · 보육에 관한 경제적 부담 경감 시책의 강구(동법 제10조) 등의 의무가 부과된다. 또한 고령화와 관련해서는 고령자의 고용과 소득보장에 관한 정책 강구(동법 제11조), 노인의 건강증진과 노인을 위한 의료제공(동법 제12조), 노후생활환경의 조성과 노인의 안전에 대한 보장(동법 제13조), 노후의 여가 · 문화생활 및 사회참여 장려(동법 제14조), 모든 세대의 평생교육과 정보화에 관한 시책 강구(동법 제15조), 취약계층 노인에 대한 특별한 배려(동법 제16조), 세대간 교류의 활성화와 세대간 이해의 증진을 위한 사회환경의 조성(동법 제17조), 인구의 고령화에 따른 경제 · 산업 · 노동정책의 수립(동법 제18조), 고령친화적 산업의 육성(동법 제19조) 등의 의무가 국가와 지방자치단체에 부과된다.

(2) 장애인 · 노인 · 임산부 등의 편의증진 보장에 관한 법률

장애인과 마찬가지로 노인은 거동이 불편하여 이동과 시설이용 및 정보에의 접근 등에서 불편을 느낄 수 있기 때문에 노인에 대한 편의시설의 제공이 필요하다. 이에 따라 제정된 법률이 「장애인 · 노인 · 임산부 등의 편의증진 보장에 관한 법률」이다. 이에 관한 자세한 내용에 대해서는 이미 장애인에 대한 편의시설의 제공과 관련하여 설명하였고,[44] 이와 동일한 내용이 노인에게도 적용된다.

(3) 교통약자의 이동편의 증진법

또한 거동이 불편한 노인은 교통수단을 이용할 때도 불편을 느낄 수 있기

44) 이 책 제3장 제4절 III. 2. (4) 참조.

때문에 이와 관련된 편의시설의 제공도 필요하다. 따라서 이와 관련하여 이 법이 제정되어 있다. 이에 관한 자세한 내용도 장애인의 이동과 관련된 편의제공에서 자세하게 설명하였다.45)

(4) 고용상 연령차별금지 및 고령자고용촉진에 관한 법률

1) 연령차별금지

고용의 모든 영역에서 합리적 이유 없이 연령을 이유로 한 차별은 원칙적으로 금지된다(동법 제4조의4 제1항). 연령차별이 금지되는 고용영역에는 ① 모집 · 채용, ② 임금, 임금 외의 금품 지급 및 복리후생, ③ 교육 · 훈련, ④ 배치 · 전보 · 승진, ⑤ 퇴직 · 해고가 포함된다. 이 가운데 모집 · 채용에서 합리적인 이유 없이 연령을 이유로 차별한 사업주는 500만원 이하의 벌금에 처해진다(동법 제23조의3 제2항). 그리고 연령을 이유로 한 간접차별, 즉 합리적인 이유 없이 연령 외의 기준을 적용하여 특정 연령집단에 특히 불리한 결과를 초래하는 경우도 연령차별이 된다(동법 제4조의4 제2항). 하지만 ① 직무의 성격에 비추어 특정 연령기준이 불가피하게 요구되는 경우, ② 근속기간의 차이를 고려하여 임금이나 임금 외의 금품과 복리후생에서 합리적인 차등을 두는 경우, ③ 고용상 연령차별금지법이나 다른 법률에 따라 근로계약, 취업규칙, 단체협약 등에서 정년을 설정하는 경우, ④ 고용상 연령차별금지법이나 다른 법률에 따라 특정 연령집단의 고용유지 · 촉진을 위한 지원조치를 하는 경우는 연령차별에 해당하지 않는다(동법 제4조의5).

연령차별을 당한 피해자는 국가인권위원회에 진정할 수 있고, 국가인권위원회는 가해자 등에 대해서 권리구제 등을 권고할 수 있다. 권고를 받은 사업주가 정당한 사유 없이 권고를 이행하지 않은 경우에 노동부장관은 피해자의 신청에 의하거나 직권으로 시정명령을 할 수 있다(동법 제4조의7 제1항). 시정명령을 할 수 있기 위해서는 ① 피해자가 다수인인 연령차별행위에 대한 권고 불이행, ② 반복적 연령차별행위에 대한 권고 불이행, ③ 피해자에게 불이익을 주기 위한 고의적 권고 불이행, ④ 그 밖에 피해의 내용과 규모 등을 고려하여 시정명령이 필요하다고 노동부령으로 정하는 경우 가운데 어느 하나에 해당하여 그 피해의 정도가 심각하다고 인정되어야 한다. 그리고 시정명령에는 ① 연령차별행위의 중지, ② 피해의 원상회복, ③ 연령차별행위의 재발방지를 위한 조치, ④ 그 밖

---

45) 이 책 제3장 제4절 Ⅲ. 2. (5) 참조.

에 연령차별시정을 위하여 필요하다고 노동부령으로 정한 조치가 포함되어야 한다(동조 제2항). 정당한 사유 없이 시정명령을 이행하지 않은 자에게는 3천만원 이하의 과태료가 부과된다(동법 제24조 제1항).

한편 사업주는 근로자가 고용상 연령차별금지법이 금지하는 연령차별행위에 대한 진정, 자료제출, 답변 · 증언, 소송, 신고 등을 하였다는 이유로 근로자에게 해고, 전보, 징계, 그 밖의 불리한 처우를 하는 보복행위는 금지된다(동법 제4조의9). 이러한 보복행위를 한 사업주에 대해서는 2년 이하의 징역 또는 1천만원 이하의 벌금이 부과된다(동법 제23조의3 제1항).

2) 고령자 취업지원

정부는 고령자의 취업을 지원하기 위하여 구인 · 구직정보수집 · 제공(동법 제5조), 고령자에 대한 직업능력 개발훈련(동법 제6조), 사업주에 대한 고용지도(동법 제7조), 사업주의 고령자 교육 · 훈련 및 작업환경 개선에 대한 지원(동법 제8조), 고령자의 취업알선 기능 강화(제9조), 고령자 고용정보센터의 운영(제10조), 고령자인재은행의 지정(동법 제11조), 중견전문인력 고용지원센터의 지정(동법 제11조의2) 등의 사업을 시행한다. 또한 정부는 고령자의 고용촉진을 위한 사업으로 ① 고령자에게 적합한 사회적 일자리의 창출, ② 고령자의 자영업 창업 지원, ③ 고령자를 대상으로 하는 취업박람회의 지원, ④ 고령자 고용촉진과 고용안정에 관한 정책의 수립과 제도개선에 필요한 조사와 연구, ⑤ 고령자인재은행, 중견전문인력 고용지원센터 등 관련 기관의 종사자에 대한 교육이나 필요한 인력의 양성, ⑥ 고령자 고용 강조기간의 설정과 추진, ⑦ 고령자 고용 우수기업의 선정과 지원, ⑧ 그 밖에 고령자 고용촉진을 위하여 필요한 사업을 할 수 있다(동법 제11조의4 제1항).

3) 고령자 고용촉진 및 고용안정

대통령령으로 정하는 수 이상의 근로자를 사용하는 사업주는 기준고용률 이상의 고령자를 고용하도록 노력하여야 한다(동법 제12조). 사업주가 기준고용률을 초과하여 고령자를 추가로 고용하는 경우에는 조세특례제한법으로 정하는 바에 따라 조세를 감면받는다(동법 제14조 제1항). 한편 사업주가 근로자의 정년을 정하는 경우에는 그 정년이 60세 이상이 되도록 노력해야 할 의무가 있다(동법 제19조).

4. 헌법적 심사기준에 의한 비판과 합헌적 대안

(1) 노인의 개념과 범위

헌법은 국가에 대해서 노인에 대한 사회복지적 과제를 부과하고 있다. 이러한 헌법적 과제를 입법을 통해 실현해야 하는 국가가 헌법에 의해 보장된 노인의 개념과 범위를 축소하는 것은 노인에 대한 사회복지적 과제를 방기하는 것이다. 물론 헌법이 직접 노인의 개념과 범위를 확정하고 있지는 않다. 그렇지만 헌법상 노인이 특별한 보호를 받는다는 사실은 명확하기 때문에 노인에 대한 헌법의 특별한 보호를 사실상 무의미하게 만드는 정도로 노인의 개념과 범위를 과도하게 축소한다면 그러한 내용의 입법은 헌법에 위반된다고 볼 수 있다.

(2) 노인에 대한 복지수준

헌법으로부터 국가에 부여된, 노인에 대한 사회복지적 과제는 가능한 한 최대한 실현되는 것이 바람직하다. 하지만 경제수준과 재정규모를 고려하여 구체적인 사회복지수준을 결정해야 하는 국가는 노인에 대한 복지수준을 이상적 수준보다 축소하여 결정할 수밖에 없다. 여기서 중요한 것은 노인복지의 이상적 수준과 현실적 수준 사이에서 구체적 수준이 결정될 때 국가의 경제수준이나 재정규모와 함께 노인의 사회적 기본권이 동시에 고려되어야 한다는 점이다. 이를 통해서만 노인에게 헌법상 보장된 사회복지의 구체적 수준이 합리적으로 결정될 수 있다. 이러한 합리적인 복지수준의 결정은 우선적으로 노인의 개별적 생활영역에서 요구되는 다양한 필요들이 충분히 반영되는 복지급여의 종류와 내용이 확정된 후에 비로소 전체 예산에서 복지예산이 차지하는 비중 또는 전체 복지예산에서 노인복지예산이 차지하는 비중이 설득력있게 조정되는 경우에만 가능하게 된다.

(3) 노인에 대한 차별

노인에 대한 차별의 문제는 사회복지주의와 관련될 수 있다. 일반적으로 차별은 기회의 차별뿐만 아니라 결과의 차별까지 포함하고, 결과의 차별은 현실적 여건, 특히 경제적 여건의 불평등에서 초래된다. 또한 노인집단에서 나타나는 경제적 불평등은 동시에 노인의 사실적 자유를 제약하게 된다. 따라서 나이가 들어 소득이 감소하거나 상실된 노인은 다른 집단과 비교하여 경제적으로 불평등한 처지에 놓이게 될 뿐만 아니라 사실적 자유도 제약당하게 된다. 하지만 자유와 평등을 구별하는 한 사실적 자유와 사실적 평등은 구분되어야 하고, 특히 평등은 사실적 평등뿐만 아니라 형식적 평등도 포함한다는 점에서 노인에 대한 차별의 문제는 노인에 대한 사회적 기본권의 보장과 구분될 필요가 있다. 그럼에도 불구하고 노인에 대한 편의제공이나 적극적 조치와 같은 차별시정적 내용은 분명히 사회적 기본권을 구체화하는 내용도 동시에 포함한다.

VI. 건강가정기본법

1. 개 관

헌법은 혼인과 가족에 대한 특별한 보호를 보장하고 있다(헌법 제36조 제1항). 여기서 혼인(marriage)은 원칙적으로 공동의 자녀를 출산할 수 있는 이성간의 결합을 의미하고, 가족(family)도 원칙적으로 이성간의 결합으로 이루어진 부부와 그 자녀로 구성된 공동체를 의미한다.[46] 혼인과 가족에 대한 헌법적 보호는 무엇보다도 혼인제도 및 가족제도에 대한 '제도보장'의 성격을 갖지만 동시에 제도보장의 주관적 측면인 '절차권에 대한 보장'의 측면도 함께 갖는다. 또한 혼인과 가족에 대한 헌법적 보장은 사회적 기본권의 측면도 포함한다. 이에 따라 국민은 혼인과 가족의 성립과 유지에 필요한 물적 토대의 제공을 요구할 수 있고, 국가는 이에 상응한 의무를 부담한다. 건강가정기본법은 가족의 성립과 유지에 필요한 물적 토대의 제공에 관한 국민의 권리와 국가의 의무를 구체화하는 법률로 이해된다. 사회복지서비스에 관한 권리가 사회적 약자나 소수자의 권리로 이해되는 경우에 가족의 성립과 유지에 관한 사회적 기본권도 우선적으로 경제적 여건 때문에 가족의 성립이나 유지에서 도움을 필요로 하는 사회적 약자나 소수자에게 보장되어야 한다.

---

46) 한국헌법이 보장한 혼인의 개념에 대해서는 이준일, "헌법상 혼인의 개념," 「공법연구」(한국공법학회) 제37집 제3호(2009), 186면 이하 참조.

2. 주요내용

(1) 가족 및 가정의 개념

「건강가정기본법」[47]에 따르면 '가족'이란 혼인 · 혈연 · 입양으로 이루어진 사회의 기본단위를 의미하고, '가정'이란 가족구성원이 생계 또는 주거를 함께 하는 생활공동체로서 구성원의 일상적인 부양 · 양육 · 보호 · 교육 등이 이루어지는 생활단위를 의미한다(동법 제3조 제1호 및 제2호). 한편 '건강가정'이란 가족구성원의 욕구가 충족되고 인간다운 삶이 보장되는 가정을 의미한다(동조 제3호). 따라서 '건강'이라는 수식어는 가족 또는 가정과 관련된 사회적 기본권 또는 국가의 사회복지적 과제가 실현된 상황을 표현한다.[48]

(2) 건강가정지원사업

국가 및 지방자치단체는 가정이 원활한 기능을 수행하도록 지원해야 할 의무가 있다(동법 제21조 제1항). 이러한 의무는 건강가정지원사업으로 구체화되는데 이러한 사업의 내용으로 ① 가족구성원의 정신적 · 신체적 건강지원, ② 소득보장 등 경제생활의 안정, ③ 안정된 주거생활, ④ 태아검진 및 출산 · 양육의 지원, ⑤ 직장과 가정의 양립, ⑥ 음란물 · 유흥가 · 폭력 등 위해환경으로부터의 보호, ⑦ 가정폭력으로부터의 보호, ⑧ 가정친화적 사회분위기의 조성, ⑨ 그 밖에 건강한 가정의 기능을 강화 · 지원할 수 있는 관련 사항이 포함된다. 이러한 사업들 가운데 사회적 기본권의 내용에 포함될 수 없는 것도 포함되어 있다. 따라서 건강가정지원법의 성격은 오로지 사회복지서비스법으로만 이해될 수는 없다.

3. 그 밖의 가족관련 사회복지법

(1) 한부모가족지원법

배우자 없이 생계를 유지하면서 자녀를 양육해야 하는 한부모가정은 경제

---

47) 건강가족기본법에서 나타나는 법적 쟁점에 대해서는 조은희, "가족관련법의 입법적 동향에 대한 검토," 「고려법학」(고려대학교 법학연구원) 제49(2007), 1036면 이하 참조. 그 밖에 건강가족기본법을 둘러싼 거대담론으로는 김혜경, "「건강가정기본법」의 제 · 개정을 둘러싼 담론에 대한 연구," 「여성과 사회」(한국여성연구소) 제16호(2005), 66면 이하 참조.

48) 건강가정의 개념에 대한 분석으로 송혜림 · 성미애 · 진미정 · 이승미, "건강가정 개념에 대한 논의," 「한국가정관리학회지」(한국가정관리학회) 제23권 제6호(2005), 2면 이하 참조.

[표 3.4.6.1] 한부모가구 비율

(단위: 천 가구, %)

		1985	1990	1995	2000	2005
한부모와 자녀가구		594	662	744	871	1,042
가구주와 혼인상태	사 별	443	498	526	502	501
	이 혼	50	79	124	246	399
	미 혼	101	85	94	123	142
한부모 가구비율		6.2	5.8	5.7	6.1	6.7

* 자료: 보건복지가족부 웹사이트(www.mw.go.kr).

적 어려움에 놓일 수 있으므로 사회적 도움을 필요로 한다.[49] 특히 생활능력이 없는 사별·이혼한 여성이나 미혼모[50]가 어린 자녀를 양육하면서 가사활동을 수행해야 하는 한부모가정의 경우에 해당 여성과 그 자녀는 심각한 경제적 어려움에 봉착할 수 있어 사회적 도움이 절박할 수 있다. 이러한 형태의 가족에 대하여 국가는 직접적인 경제적 지원과 함께 직장, 주거, 편의시설 등 각종 복지서비스를 제공해야 할 의무가 있는데 이를 위하여 제정된 법률이 「한부모가족지원법」이다.[51] 2005년을 기준으로 한부모가구수는 100만 가구를 넘어 전체 가구수의 6.7%를 차지하였다(위 [표 3.4.6.1] 참조).

1) 한부모가족 및 보호대상자

한부모가족은 모자가족 또는 부자가족을 뜻한다(동법 제4조 제2호). 여기서 '모' 또는 '부'는 ① 배우자와 사별 또는 이혼하거나 배우자로부터 유기(遺棄)된 자, ② 정신이나 신체의 장애로 장기간 노동능력을 상실한 배우자를 가진 자, ③ 미혼자(사실혼 관계에 있는 자는 제외), ④ 이에 준하는 자로서 여성가족부령으로 정하는 자이면서 아동(18세 미만의 자)인 자녀를 양육하는 자를 의미한다(동조 제1호).

한부모가족의 모와 부 및 그 18세 미만의 자녀는 한부모가족지원법의 보호

49) 한부모가정의 빈곤 요인에 대한 실증적 분석으로 고은주·김진욱, "한부모 가구의 빈곤요인에 관한 연구," 「사회복지정책」(한국사회복지정책학회) 제36집 제2호(2009), 219면 이하 참조.

50) 미혼모와 관련된 법적 문제에 대해서는 이준일, 「인권법」 제3판(2010), 제24장 참조.

51) 한부모가족지원법은 1989년 제정된 「모자복지법」을 모태로 한다. 모자복지법은 2002년에 「모·부자복지법」으로 법률명칭이 변경되었고, 2007년에 현재의 법률명칭으로 바뀌었다.

대상자가 된다(동법 제5조). 그밖에 ① 출산 후 해당 아동을 양육하지 않는 미혼모가 공동생활가정을 이용하는 경우, ② 부모가 사망하거나 생사가 분명하지 아니한 아동, 부모가 정신 또는 신체의 장애·질병으로 장기간 노동능력을 상실한 아동, 부모의 장기복역 등으로 부양을 받을 수 없는 아동 또는 이에 준하는 자로서 여성가족부령으로 정하는 아동과 그 아동을 양육하는 조부 또는 조모로서 여성가족부령으로 정하는 자, ③ 국내에 체류하고 있는 외국인 중 대한민국 국민과 혼인하여 대한민국 국적의 아동을 양육하고 있는 사람으로서 대통령령으로 정하는 사람도 보호대상자가 된다(동법 제5조의2).

2) 복지서비스의 내용

국가나 지방자치단체가 보호대상자에게 실시하는 복지급여에는 ① 생계비, ② 아동교육지원비, ③ 직업훈련비 및 훈련기간 중 생계비, ④ 아동양육비, ⑤ 그 밖에 대통령령으로 정하는 비용이 포함된다(동법 제12조 제1항). 특히 아동양육비를 지급하는 경우에 미혼모나 미혼부가 5세 이하의 아동을 양육하면 예산의 범위에서 추가적인 복지 급여를 실시할 수 있는데 이 경우 미혼모나 미혼부가 자녀를 양육하지 않고 미혼모나 미혼부의 직계존속이 양육하는 경우에도 추가적인 복지 급여를 실시할 수 있다(동조 제2항).

또한 국가나 지방자치단체는 한부모가족의 생활안정과 자립을 촉진하기 위하여 자금을 대여할 수 있는데 이러한 자금에는 ① 사업에 필요한 자금, ② 아동교육비, ③ 의료비, ④ 주택자금, ⑤ 그 밖에 대통령령으로 정하는 한부모가족의 복지를 위하여 필요한 자금이 포함된다(동법 제13조 제1항). 그리고 국가나 지방자치단체는 한부모가족의 모 또는 부와 아동의 직업능력을 개발하기 위하여 능력 및 적성 등을 고려한 직업능력개발훈련을 실시해야 하고, 한부모가족의 모 또는 부와 아동의 고용을 촉진하기 위하여 적합한 직업을 알선하고 각종 사업장에 모 또는 부와 아동이 우선 고용되도록 노력해야 하는 의무가 있다(동법 제14조). 그밖에 국가나 지방자치단체가 운영하는 공공시설의 장은 그 공공시설에 각종 매점 및 시설의 설치를 허가하는 경우 이를 한부모가족 또는 한부모가족복지단체에 우선적으로 허가할 수 있고(동법 제15조), 한부모가족의 아동이 공공의 아동편의시설과 그 밖의 공공시설을 우선적으로 이용할 수 있도록 노력해야 하며(동법 제16조), 국민주택을 분양하거나 임대할 때에는 한부모가족에게 일정 비율이 우선 분양될 수 있도록 노력해야 할 의무가 있다(동법 제18조). 마지막으로 국가나 지방자치단체는 한부모가족에게 가족지원서비스를 제공하도록 노력해야 하는데 이러한 서비스에는 ① 아동의 양육 및 교육 서비스, ② 장애인, 노인, 만성질환자 등의 부양 서비스, ③ 취사, 청소, 세탁 등 가사 서비스, ④ 교육 · 상담 등 가족 관계 증진 서비스, ⑤ 그 밖에 대통령령으로 정하는 한부모가족에 대한 가족지원서비스가 포함된다(동법 제17조).

한편 국가나 지방자치단체는 한부모가족복지시설을 설치할 수 있고, 시장 · 군수 · 구청장에게 신고하면 국가나 지방자치단체 외의 자도 한부모가족복지시설을 설치 · 운영할 수 있다(동법 제20조). 한부모가족복지시설에는 ① 모자보호시설(생활이 어려운 모자가족을 일시적으로 또는 일정 기간 보호하여 생계를 지원하고 퇴소 후 자립 기반을 조성하도록 지원하는 것을 목적으로 하는 시설), ② 모자자립시설(자립이 어려운 모자가족에게 일정 기간 주택 편의만을 제공하는 것을 목적으로 하는 시설), ③ 부자보호시설(생활이 어려운 부자가족을 일시적으로 또는 일정 기간 보호하여 생계를 지원하고 퇴소 후 자립 기반을 조성하도록 지원하는 것을 목적으로 하는 시설), ④ 부자자립시설(자립이 어려운 부자가족에게 일정 기간 주택 편의만을 제공하는 것을 목적으로 하는 시설), ⑤ 미혼모자시설(미혼 여성의 임신 · 출산시 안전 분만 및 심신의 건강 회복과 출산 후 아동의 양육 지원을 위하여 일정 기간 보호하는 것을 목적으로 하는 시설), ⑥ 미혼모자 공동생활가정(출산 후의 미혼모와 해당 아동으로 구성된 미혼모자가족이 일정 기간 공동으로 가정을 이루어 아동을 양육하고 보호할 수 있도록 지원하는 것을 목적으로 하는 시설), ⑦ 모자 공동생활가정(독립적인 가정생활이 어려운 모자가족이 일정 기간 공동으로 가정을 이루어 생활하면서 자립을 준비할 수 있도록 지원하는 것을 목적으로 하는 시설), ⑧ 부자 공동생활가정(독립적인 가정생활이 어려운 부자가족이 일정 기간 공동으로 가정을 이루어 생활하면서 자립을 준비할 수 있도록 지원하는 것을 목적으로 하는 시설), ⑨ 미혼모 공동생활가정(출산 후 해당 아동을 양육하지 아니하는 미혼모들이 일정 기간 공동으로 가정을 이루어 생활하면서 자립을 준비할 수 있도록 지원하는 것을 목적으로 하는 시설), ⑩ 일시보호시설[배우자(사실혼 관계에 있는 자를 포함)가 있으나 배우자의 물리적 · 정신적 학대로 아동의 건전한 양육이나 모의 건강에 지장을 초래할 우려가 있을 경우 일시적으로 또는 일정기간 그 모와 아동 또는 모를 보호함을 목적으로 하는 시설], ⑪ 여성복지관(모자가족과 미혼여성에 대한 각종 상담을 실시하고 생활지도, 생업지도, 탁아 및 직업보도를 행하는 등 모자가족과 미혼여성의 복지를 위한 편의를 종합적으로 제공하는 것을 목적으로 하는 시설), ⑫ 한부모가족복지상담소(한부모가족에 대한 조사, 지도, 시설 입소 등에 관한 상담 업무를 수행할 것을 목적으로 하는 시설)이 포함된다(동법 제19조 제1항). 대표적인 한부모가족보호시설인 모자보호시설은 2008년 현재 42개소가 설치되어 있다(아래 [표 3.4.6.2] 참조).

[표 3.4.6.2] 모자보호시설 입·퇴소자 현황

(단위: 개소, 명)

		2000	2001	2002	2003	2004	2005	2006	2007	2008
시설수		39	39	39	40	40	40	41	41	42
연중입소자수		618	1,252	678	1,049	885	793	810	840	909
연중퇴소자수		606	1,322	777	953	812	774	909	910	853
연도말 입소자수		2,595	2,533	2,434	2,539	2,643	2,654	2,543	2,473	2,432
입소사유	이 혼	156	305	170	239	230	212	240	237	310
	부의사망	47	102	51	51	47	26	27	21	40
	미혼모	16	29	19	33	26	33	18	29	35
	기 타	21	24	16	43	23	19	21	24	47
퇴소사유	생계독립	178	353	177	231	229	216	278	188	170
	결 혼	17	16	10	17	9	8	11	17	12
	기 타	33	109	102	103	83	58	46	124	115

* 자료: 보건복지가족부 웹사이트(www.mw.go.kr).

(2) 다문화가족지원법

결혼을 위하여 한국에 이주하는 외국인 여성의 수가 계속해서 증가하고 있고,[52] 노동을 위하여 한국에 이주해 와서 한국인 여성과 결혼하는 외국인 남성의 수도 증가하는 추세다(아래 [표 3.4.6.3] 참조). 이처럼 결혼을 목적으로 이주한 외국인과 한국인으로 구성된 다문화가정 또는 노동 등의 다른 목적으로 한국에 이주한 외국인과 한국인으로 구성된 다문화가정의 경우에 사회적 도움이 필요한 사회적 약자로서 특별한 보호와 지원이 필요하다. 이를 위해 제정된 법률이 「다문화가족지원법」이다.[53]

52) 결혼을 위해 한국에 이주한 외국여성의 문제에 대해서는 이준일, 「인권법」, 제3판(2010), 제28장 참조.

53) 다문화가족지원법의 내용과 문제점에 대해서는 최윤철, "다문화 가족 자녀들의 교육을 받을 권리," 「공법연구」(한국공법학회), 제38집 제1호 제2권(2009), 165면 이하 참조.

[표 3.4.6.3] 국제결혼 건수

(단위: 건)

	2001	2002	2003	2004	2005	2006	2007	2008
국제결혼 총건수	14,523	15,202	24,776	34,640	42,356	38,759	37,560	36,204
한국남자/외국여자	9,684	10,698	18,751	25,105	30,719	29,665	28,580	28,163
한국여자/외국남자	4,839	4,504	6,025	9,535	11,637	9,094	8,980	8,041

* 자료: 보건복지가족부 웹사이트(www.mw.go.kr).

1) 다문화가족

다문화가족은 ① 재한외국인 처우 기본법에 따른 결혼이민자와 국적법에 따라 출생시부터 대한민국 국적을 취득한 자로 이루어진 가족 또는 ② 국적법에 따라 귀화허가를 받은 자와 출생시부터 대한민국 국적을 취득한 자로 이루어진 가족을 의미한다(동법 제2조 제1호).

2) 다문화가족에 대한 사회복지

국가와 지방자치단체는 결혼이민자 등이 대한민국에서 생활하는 데 필요한 기본적 정보를 제공하고, 사회적응교육과 직업교육·훈련 등을 받을 수 있도록 필요한 지원을 할 수 있다(동법 제6조 제1항). 또한 국가와 지방자치단체는 다문화가족이 민주적이고 양성평등한 가족관계를 누릴 수 있도록 가족상담, 부부교육, 부모교육, 가족생활교육 등을 추진해야 하고, 이 경우 문화의 차이 등을 고려한 전문적인 서비스가 제공될 수 있도록 노력해야 한다(동법 제8조 제1항). 그리고 국가와 지방자치단체는 다문화가족 내 가정폭력을 방지하기 위하여 노력해야 하고, 가정폭력의 피해를 입은 결혼이민자 등에 대한 보호 및 지원을 위하여 외국어 통역 서비스를 갖춘 가정폭력상담소 및 보호시설의 설치를 확대하도록 노력해야 한다(동법 제8조 제1항 및 제2항). 이와 더불어 국가와 지방자치단체는 결혼이민자 등이 가정폭력으로 혼인관계를 종료하는 경우 의사소통의 어려움과 법률체계 등에 관한 정보의 부족 등으로 불리한 입장에 놓이지 않도록 의견진술 및 사실확인 등에 있어서 언어통역, 법률상담 및 행정지원 등 필요한 서비스를 제공할 수 있다(동조 제3항).

한편 국가와 지방자치단체는 결혼이민자 등이 건강하고 안전하게 임신·출산할 수 있도록 영양·건강에 대한 교육, 산전·산후 도우미 파견, 건강 검진과 그 검진시 통역 등 필요한 서비스를 지원할 수 있다(동법 제9조). 또한 국가와 지방자치단체는 아동 보육·교육을 실시함에 있어서 다문화가족 구성원인 아동을 차별할 수 없고, 다문화가족 구성원인 아동이 학교생활에 신속히 적응할 수 있도록 교육지원대책을 마련하여야 하며 특별시·광역시·도·특별자치도의 교육감은 다문화가족 구성원인 아동에 대하여 학과 외 또는 방과 후 교육 프로그램 등을 지원할 수 있다(동법 제10조 제1항 및 제2항). 동시에 국가와 지방자치단체는 다문화가족 구성원인 아동의 초등학교 취학 전 보육 및 교육 지원을 위하여 노력하고, 그 아동의 언어발달을 위하여 한국어교육을 위한 교재지원 및 학습지원 등 언어능력 제고를 위하여 필요한 지원을 할 수 있다(동조 제3항).

그 밖에 국가나 지방자치단체는 다문화가정에 대한 지원정책을 추진함에 있어서 결혼이민자 등의 의사소통의 어려움을 해소하고 서비스 접근성을 제고하기 위하여 다국어에 의한 서비스 제공이 이루어지도록 노력해야 한다(동법 제11조). 마지막으로 여성가족부장관은 다문화가족 지원 정책의 시행을 위하여 필요한 경우에는 다문화가족 지원에 필요한 전문인력과 시설을 갖춘 법인이나 단체를 다문화가족지원센터로 지정할 수 있다(동법 제12조 제1항).

4. 헌법적 심사기준에 의한 비판과 합헌적 대안

(1) 보호되는 가족의 범위

헌법에 의한 특별한 보호를 보장받는 가족(가정)은 원칙적으로 혼인한 부부와 그 자녀를 구성원으로 하는 공동체를 의미한다. 이러한 가족 가운데 특히 부모의 일방이 존재하지 않는 가족의 경우에는 사회적 도움의 제공이 시급하기 때문에 우선적 보호가 필요하다. 그리고 부모 가운데 일방이 외국인이거나 외국이었던 자로 구성된 가족의 경우에도 사회적 도움이 요청되기 때문에 특별한 보호가 우선적으로 필요하다. 이를 위하여 제정된 법률이 「한부모가족지원법」과 「다문화가족지원법」으로 이해된다. 따라서 가족과 관련된 사회복지서비스를 제공하는 법률의 경우에는 우선적으로 헌법이 요구하는 가족에 대한 특별한 보호를 제공하는 모든 법률들의 전체 체계 안에서 판단될 필요가 있다. 그런 다음에 가족에 대한 특별한 보호를 제공하는 각각의 법률들의 내용이 헌법이 요구하는 사회복지적 과제를 실현하고 있는지에 대해서 평가되어야 한다.

헌법이 특별한 보호를 제공하도록 요구하는 가족의 개념에 따르면 실질적인 공동생활이 이루어지지 않더라도 공동생활의 형태만 유지된다면 가정이 될 수 있지만 실질적인 공동생활이 이루어지더라도 가족의 형태를 갖추지 않으면 가정이 될 수 없다. 여기서 가족이 아니더라도 공동생활이 이루지는 가정에 대한 국가의 사회복지적 지원이 위헌이라고 생각할 수도 있다. 하지만 가족에 대한 헌법의 특별한 보호는 가족에 대한 국가의 사회복지적 지원이 '헌법적 의무'라는 뜻이지 가족은 아니지만 공동생활이 이루어지는 가정에 대한 국가의 사회복지적 지원이 헌법적으로 금지된다는 뜻은 아니다. 다만 헌법상 가족의 개념은 엄격하게 해석될 필요가 있고, 혼인이나 혈연 등으로 결합되지 않은 채 공동생활이 이루어지는 가정까지 가족의 개념에 포함시켜 이러한 넓은 의미의 가족에 대한 헌법의 특별한 보호를 정당화하고, 이러한 보호가 제공되지 않는 것에 대해서 위헌을 주장하기 위해서는 헌법개정이 필요하다고 본다.

(2) 보호되는 가족에 대한 복지의 수준

헌법이 특별한 보호를 요청하는 가족에 대한 사회복지적 과제가 충분한 범위에서 실현되고 있다고 확인되었다면 그 다음은 가족에 대한 사회복지적 지원을 제공하는 각각의 법률들에 대해서 해당 법률들에 의해 제공되는 복지의 수준이 과도하게 적지 않는지 여부를 판단하는 것이다. 여기서도 가족에 관한 사회복지적 지원을 받는 대상들의 사회적 기본권뿐만 아니라 국가의 경제수준과 재정규모가 충분하게 고려되어야 한다. 물론 주어진 경제수준과 재정규모에 현실적으로 구속되는 국가가 가족과 관련된 사회복지적 지원이 필요한 대상들 가운데 지원의 절박성(시급성) 정도에 따라 지원의 우선순위를 결정할 수 있는 권한을 가진 것은 분명하다. 하지만 특정한 집단에 대한 지원을 위하여 다른 특정한 집단에 대한 지원이 완전히 배제된다면 이것은 해당 집단의 사회적 기본권에 대한 침해로 위헌이 될 수 있다는 점이 지적될 필요가 있다.

VII. 기타 사회복지서비스법

1. 유 형

(1) 사회복지공동모금회법

사회적 도움이 필요한 집단에 대한 사회복지서비스의 제공에 필요한 재원은 일반적으로 '조세'나 '보험'의 형태로 조성되지만 조세나 보험은 국가에 의해 법률로써 강제된다는 점이 특징이다. 여기서 사회복지서비스를 제공하는 데 필요한 재원의 조성을 위하여 민간에서 자발적으로 이루어지는 '기부'(donation)의 필요성이 제기된다. 다만 이러한 기부가 조직적이고 체계적으로 이루어질 필요가 있고, 또한 조성된 기부금품이 공정하고 효율적으로 배분될 필요도 있다는 점에서 최소한의 국가 개입은 불가피하다. 바로 이러한 배경에서 1997년 3월에 사회복지공동모금회법이 제정되었고, 이 법률에 근거해서 1998년에 사회복지공동모금회가 설치되었다.

1) 사회복지공동모금

사회복지공동모금회법에 따르면 사회복지공동모금은 사회복지사업 기타 사회복지활동의 지원에 필요한 재원을 조성하기 위하여 기부금품을 모집하는 것을 뜻하고, 사회복지사업은 사회복지사업법에 따른 사회복지사업을 의미한다(동법 제2조).

2) 사회복지공동모금회

사회복지공동모금사업을 관장하기 위하여 사회복지공동모금회가 설치되어 있다(동법 제4조 제1항).[54] 사회복지공동모금회는 ① 사회복지공동모금사업, ② 공동모금재원의 배분, ③ 공동모금재원의 운용 및 관리, ④ 사회복지공동모금에 관한 조사·연구·홍보 및 교육훈련, ⑤ 지회의 운영, ⑥ 사회복지공동모금과 관련된 국제교류 및 협력증진사업, ⑥ 다른 기부금품모집자와의 협력사업, ⑧ 기타 모금회의 목적달성에 필요한 사업을 수행한다(동법 제5조).

---

54) 사회복지공동모금회는 임원으로 1인의 회장, 3인의 부회장, 15인 이상 20인 이하의 이사(회장·부회장 및 사무총장을 포함), 2인의 감사를 두고, 임원의 임기는 3년으로 하되 1회에 한하여 연임할 수 있다(사회복지공동모금회법 제7조).

사회복지공동모금회의 사업에 필요한 경비는 ① 사회복지공동모금에 의한 기부금품, ② 법인 또는 단체가 출연하는 현금·물품·그 밖의 재산, ③ 복권 및 복권기금법에 의하여 배분받은 복권수익금, ④ 기타 수입금을 재원으로 조성한다(동법 제17조). 우선 사회복지공동모금회는 사회복지사업 기타 사회복지활동의 지원을 위하여 연중 기부금품을 모집·접수할 수 있고(동법 제18조 제1항), 효율적인 모금을 위하여 일정한 기간을 정하여 집중모금을 실시할 수 있다(동조 제4항). 2008년의 경우에 사회복지공동모금회가 모금한 액수는 약 2,700억 원 가량이다(아래 [표 3.4.7.1] 참조). 또한 사회복지공동모금회는 사회복지사업 그 밖의 사회복지활동 등을 지원하기 위한 재원의 조성을 위하여 복권을 발행할 수 있다(동법 제18조의2 제1항). 한편 국가 또는 지방자치단체는 사회복지공동모금회에 대하여 기부금품의 모집에 필요한 비용과 모금회의 관리·운영에 필요한 비용을 보조할 수 있다(동법 제33조 제1항).

[표 3.4.7.1] 사회복지공동모금 통계

(단위: 백만 원)

1999	2000	2001	2002	2002	2003	2004	2005	2006	2007	2008
21,374	50,958	62,501	101,746	59,641	138,246	175,630	214,742	217,745	267,406	270,286

* 매년 통계는 전년도 9월부터 해당년도 10월까지 통계.
** 2002년은 회계연도 변동으로 2002년 10월부터 12월까지 통계 추가.
*** 자료: 사회복지공동모금회 웹사이트(www.chest.or.kr).

(2) 식품기부 활성화에 관한 법률

인간의 생존에 가장 필수적인 것은 먹거리다. 따라서 생활이 어려운 빈곤자들이 경제적 여건 때문에 기본적인 먹거리를 제공받지 못하는 것은 매우 비인도적이다. 그럼에도 불구하고 시장에서 구매되지 않은 엄청난 분량의 먹거리들이 폐기되고 있는 것이 현실이다. 이러한 현실을 고려할 때 폐기될 수밖에 없는 먹거리들이 경제적 여건 때문에 먹거리를 구매할 수 없는 사람들에게 무료로 제공될 수 있도록 연결해주는 제도와 절차가 요구된다. 이에 따라 생활이 어려운 사람들에 대한 식품의 기부를 활성화하기 위한 입법목적으로 「식품기부 활성화에 관한 법률」이 제정되어 있다.

이 법률에서 기부식품은 생활이 어려운 자에게 지원할 목적으로 제공된 식품을 말한다(동법 제2조 제2호). 기부식품제공사업의 범위에는 ① 기부식품의 모집 · 관리 및 제공, ② 식품기부를 활성화하기 위한 홍보, ③ 그 밖의 기부식품 제공과 관련된 부수사업이 포함된다(동법 제4조). 기부식품의 취식으로 인하여 이용자가 피해를 입은 때에는 ① 고의 또는 중대한 과실이 있는 경우, ② 식품위생법의 위생적 취급 기준을 위반한 경우, 또는 ③ 식품위생법에 따른 위해식품 등인 경우를 제외하고는 제공자(신고한 사업자는 제외) 및 기부식품 제공활동에 참여한 자는 민사상 책임이 면제된다(동법 제8조 제1항). 또한 기부식품의 취식으로 인하여 이용자가 사상(死傷)에 이른 때에는 제공자 · 사업자 그 밖에 기부식품 제공활동에 참여한 자에게 중대한 과실이 없는 경우에는 그 정상을 참작하여 형법상의 형을 감경하거나 면제할 수 있다(동조 제2항).

(3) 농어촌주민의 보건복지증진을 위한 특별법

농어촌지역은 도시지역과 비교하여 여러 가지 여건이 열악할 수밖에 없다. 특히 의료와 관련된 서비스나 시설은 도시지역에 비하여 양적으로나 질적으로 현저하게 열악한 것이 현실이다. 경제적 여건이 형편없는 농어촌주민은 아파도 병원비가 없어 병원을 찾지 않을 가능성이 높고, 이것은 병원과 의료진의 숫자를 감소시키는 원인이 되며, 이로써 농어촌주민이 향유할 수 있는 의료서비스의 양과 질이 악화되는 악순환이 계속되기 때문이다. 그밖에도 농어촌주민은 열악한 경제적 여건으로 인해 다양한 사회복지의 영역에서 소외될 수밖에 없다. 이러한 배경에서 사회적 약자인 농어촌주민에게 필요한 사회적 도움을 제공하기 위하여 「농어촌주민의 보건복지증진을 위한 특별법」이 마련되었다.

이에 따라 보건의료와 관련하여 농어촌에 있는 공공보건의료기관에 대하여 우선 지원할 수 있고(동법 제10조), 보건진료소를 통합 · 폐지하고자 하는 경우에는 해당 지역주민의 의견을 수렴해야 하며(동법 제11조 제1항), 농어촌의 응급의료체계 구축을 위하여 재정지원을 할 수 있다(동법 제12조). 또한 국가나 지방자치단체는 암조기검진사업, 정신보건사업, 구강보건사업을 농어촌에 우선 실시해야 한다.

한편 농어촌의 사회복지 증진과 관련하여 국민기초생활보장법 수급자 선정기준에서 특례 적용(동법 제19조 제1항), 농어촌주민의 자활 지원(동법 제20조), 농어촌 사회복지시설에 대한 우선 지원(동법 제21조), 농어촌의 영유아 보육지원(동법 제22조 제1항), 보호가 필요한 농어촌 아동에 대한 아동가정보호사업의 확대(동법 제23조), 농어촌 노인을 위한 복합노인복지시설의 설치 · 운영(동법 제24조 제

1항), 농어촌 저소득층 노인의 요양 지원(동법 제25조 제1항), 한부모가족 선정기준에서 특례 적용(동법 제26조)이 시행된다.

그 밖에 건강보험과 관련하여 국가는 농어민이 부담해야 하는 보험료 중 100분의 50 이내의 금액을 예산의 범위 안에서 지원할 수 있고(동법 제27조 제1항), 국민건강보험공단은 부과표준소득의 산정이나 보험료 등의 결손처분에 관한 특례를 적용할 수 있으며(동법 제28조 제1항 및 제29조), 농어민이 재산에 심한 손실을 받은 경우 등 부득이한 사유가 있는 경우에는 보험료의 납부기한을 유예할 수 있다(동법 제30조 제1항). 또한 농어민이 부담해야 하는 국민연금 보험료중 100분의 50 이내의 금액을 예산의 범위 안에서 지원할 수 있다(동법 제31조 제1항). 그리고 농어촌보건복지사업에 대하여 농어촌특별세로 조성된 재원을 우선하여 지원할 수 있고(동법 제32조), 농어촌은 아니지만 농어촌으로 보는 준농어촌에 대한 특례를 적용하여 지원할 수 있다(동법 제33조).

2. 헌법적 심사기준에 의한 비판과 합헌적 대안

사회적 기본권 및 사회복지국가원리는 원칙적으로 국가를 수범자로 하기 때문에 사회복지서비스의 제공에 관한 과제는 우선적으로 국가에 대해서 요구된다. 하지만 사회복지서비스와 관련된 민간의 참여는 대단히 중요한 의미를 갖는다. 무엇보다도 사회복지서비스의 제공에 필요한 비용이 국민의 세금으로 충당되어야 하기 때문에 사회복지서비스의 확대가 조세를 징수당하는 국민의 불만을 제고시킬 수 있다는 점에 주목해야 한다. 바로 이러한 측면에서 일종의 '자발적인 납세'로서 기부는 사회복지서비스의 확대에 크게 기여할 수 있다. 여기서 국가는 국민이 기부를 통해 사회복지적 과제에 참여할 수 있도록 장려하고 조직화해야 하는 과제를 부담한다. 물론 이러한 과제의 이행에 대한 평가에서 엄격한 기준이 적용되기는 어렵다. 그렇지만 「식품기부 활성화에 관한 법률」에서 볼 수 있듯이 생활이 어려움 사람들에 대한 식품기부를 활성화하기 위한 목적으로 기부자의 민사상 · 형사상 책임을 면제하거나 감경시키는 것이 필요하지만 식품을 기부 받는 빈곤자의 건강과 생명에 관한 기본권도 더욱 고려될 필요가 있다고 보인다.

제5절 사회보상법

I. 개　관

범죄로 인해 피해를 입거나 국가에 공헌하다 희생한 사람들에게 일정한 보상이 필요하다. 범죄는 단지 범죄자(가해자)만의 책임이 아니고, 국가에 대한 공헌으로 발생한 희생은 단지 개인의 손해로 방치할 수 없기 때문이다.[1] 우선 범죄로 인해 발생한 피해에 대해서는 원칙적으로 '가해자'에게 책임을 물어야 한다. 하지만 가해자가 범죄에 대한 피해를 배상할 수 없는 경우에, 특히 피해자가 범죄의 피해(예: 신체장애)로 생계가 곤란해지는 경우에 피해자의 처지를 그저 '그 사람 개인의 운명'으로만 치부하는 것은 대단히 가혹하다. 누구나 범죄의 피해자가 될 수 있고, 범죄로 인한 피해의 발생은 일종의 '보편적 위험'에 해당하기 때문이다.[2] 한편 국익을 위해 헌신하다 개인적으로 희생이 따른다고 할지라도 그것은 원칙적으로 개인의 선택에 의한 결과이므로 '해당 개인'이 감당해야 한다. 그러나 국가를 위한 희생으로 발생한 손해를 개인적 선택의 결과로만 돌린다면, 특히 그러한 개인적 선택이 국가에 의해 부과된 의무의 이행을 위한 것이라면 장기적으로 국가를 위한 헌신 또는 의무이행을 감소시켜 국익에 도움이 되지 않을 뿐만 아니라 그러한 개인적 희생으로 해당 개인이나 그 가족의 생계가 막연해진 경우조차 방치하는 것은 그러한 희생의 반사적 결과로 이익을 얻은 다른 구성원의 입장에서 마땅히 해야 할 도리(사회윤리)도 아니다.[3] 여기서 범죄로 인한 피해자와 국가를 위한 희생자를 공동체의 차원에서 보호하고 지원할

1) 사회보상법의 법적 성격에 대해서는 이현수, "민주화보상법상 금전적 구제의 법적 성격 – 보상심의위원회의 심의결정의 법적 성격 및 이에 대한 소송유형을 중심으로 –," 「공법연구」(한국공법학회) 제34집 제1호(2005), 206면 이하, 특히 209면 참조.

2) 보편적 위험에 대한 사회복지적 대응에 대해서는 이 책 제3장 제3절 참조.

3) 국가유공자보상의 법적 성격에 대해서는 전광석, "국가유공자보상에 대한 헌법적 보호의 가능성," 「헌법학연구」(한국헌법학회) 제6권 제4호(2000), 119면 이하 참조.

필요가 있다.

범죄로 인한 피해와 국가를 위한 희생에 대해서 국가가 제공하는 보상이 반드시 사회적 기본권이나 사회복지주의의 요청과 관련되는 것은 아니다. 사회적 기본권이나 사회복지주의가 자유의 실현을 위한 물적 토대와 연관되어 있다. 이러한 점에서 범죄로 인한 피해나 국가를 위한 희생의 결과로 자유의 실현을 위한 물적 토대가 무너져버린 경우에야 비로소 범죄로 인한 피해나 국가를 위한 희생에 대한 국가의 보상은 사회적 기본권이나 사회복지주의의 요청에 의해 정당화될 수 있다. 아무튼 범죄로 인한 피해나 국가를 위한 희생의 결과로 해당 개인과 그 가족은 그들의 자유를 실현하기 위한 물적 토대가 상실될 수 있다는 점에서 범죄로 인한 피해자나 국가를 위한 희생자와 그 가족에 대한 국가의 보상과 지원은 사회적 기본권인 사회복지주의에 따라 요청되는 국가의 과제에 속한다.

[표 3.5.1.1] 한국 사회보상법의 체계

범죄피해자를 위한 사회보상법	국가공헌자를 위한 사회보상법
범죄피해자보호법	국가유공자 등 예우 및 지원에 관한 법률
성매매방지 및 피해자보호 등에 관한 법률	독립유공자 예우에 관한 법률
성폭력범죄의 처벌 및 피해자보호 등에 관한 법률	참전유공자예우 및 단체설립에 관한 법률
가정폭력방지 및 피해자보호 등에 관한 법률	고엽제후유의증 환자지원 등에 관한 법률
일제하 일본군위안부 피해자에 대한 생활안정지원 및 기념사업 등에 관한 법률	민주화운동관련자 명예회복 및 보상 등에 관한 법률
	5·18민주유공자예우에 관한 법률

II. 범죄피해자보호법

1. 개 관

헌법은 범죄피해자에 대해서 국가의 구조를 받을 수 있는 권리인 '범죄피해구조청구권'을 보장하고 있다(헌법 제30조).[4] 범죄피해자에게 보장된 이러한 헌법적 권리는 범죄피해에 대한 '국가의 책임'을 일정 부분 인정하는 동시에 범죄로 인해 피해를 입은 자의 '생활을 보장'하는 의미를 갖는다.[5] 후자의 의미에서 범죄피해구조청구권은 사회적 기본권의 성격을 함유한다. 다른 한편으로 앞서 언급한 것처럼 범죄로 인한 피해는 구성원 모두가 경험할 수 있는 보편적 위험에 해당하기 때문에 범죄피해자에 대한 국가의 보상은 일종의 '사회보험적 성격'도 가진다고 볼 수 있다. 물론 통상의 사회보험처럼 잠재적 범죄피해자인 국민이 범죄피해를 예상하여 미리 일정한 금액을 납부하지는 않지만 일반적으로 납부하는 조세에 이와 같은 의미의 금액이 포함되어 있다고 해석할 수도 있다. 이처럼 사회적 기본권의 성격을 동시에 포함하면서, 특히 사회보험청구권적 성격도 가지는 범죄피해구조청구권을 구체화하는 법률은 오랫동안 「범죄피해자구조법」이었다. 이 법률은 1987년에 제정된 이후에 2010년 5월 「범죄피해자보호법」의 전면개정으로 같은 법에 흡수됨으로써 같은 해 8월 15일부터 효력을 상실하게 되었다. 「범죄피해자보호법」은 범죄피해자구조법에서 구체화하고 있던 범죄피해자의 '구조'에 관한 내용을 범죄피해자의 '보호'에 관한 내용의 하나로 포함시켜 규율하고 있다.

2. 주요내용

(1) 범죄피해자

「범죄피해자보호법」에 따르면 범죄피해자는 타인의 범죄행위로 피해를 당한 사람과 그 배우자(사실혼관계 포함), 직계친족 및 형제자매를 뜻한다(동법 제3조 제1항 제1호). 범죄피해 가운데 '구조의 대상이 되는 범죄피해(구조대상 범죄피해)'는 대한민국의 영역 안 또는 대한민국의 영역 밖에 있는 대한민국 선박 또는 항공기 안에서 행하여진 사람의 생명 또는 신체를 해치는 범죄행위[6]로 인한 '사망이나 장해 또는 중상해'를 의미한다(동조 동항 제4호). 이것은 종전의 범죄피

---

4) 헌법상 보장된 범죄피해구조청구권에 대해서는 이준일, 「헌법학강의」(2008), 843면 이하; 임종훈, "범죄피해자구조청구권에 관한 고찰," 「헌법학연구」(한국헌법학회) 제15권 제4호(2009), 397면 이하 참조.

5) 범죄피해자를 지원해야 하는 근거에 대해서는 김성환, "범죄피해자지원의 헌법적 근거," 「헌법학연구」(한국헌법학회) 제12권 제5호(2006), 468면 이하 참조.

6) 형법 제9조, 제10조 제1항, 제12조, 제22조 제1항의 규정에 의하여 처벌되지 않는 행위는 포함되지만 동법 제20조 또는 제21조 제1항의 규정에 의하여 처벌되지 않는 행위 및 과실에 의한 행위는 제외된다.

해자구조법에 의해 구조대상이었던 '사망이나 중장해'보다 확대된 것이다. 여기서 장해는 범죄행위로 입은 부상이나 질병이 치료(그 증상이 고정된 때를 포함)된 후에 남은 신체의 장해로서 대통령령으로 정하는 경우를, 그리고 중상해는 범죄행위로 인하여 신체나 그 생리적 기능에 손상을 입은 것으로서 대통령령으로 정하는 경우를 의미한다(범죄피해자보호법 제3조 제1항 제5호 및 제6호). 아무튼 모든 범죄로 인한 피해가 아니라 오로지 '생명이나 신체에 대한 범죄행위'로 인한 피해만이 구조대상 범죄피해가 된다.

이러한 구조대상 범죄피해를 입은 자가 피해의 전부 또는 일부를 배상받지 못한 경우에 국가는 피해자 또는 유족에게 범죄피해구조금을 지급한다(동법 제16조 제1호). 종전의 범죄피해자구조법은 피해배상을 받지 못하는 사유로 '가해자의 불명 또는 무자력'을 규정하고 있었는데 이러한 사유의 삭제로 범죄피해자구조금을 받을 수 있는 요건이 완화되었다. 그렇지만 '가해자가 피해에 대한 배상을 전혀 또는 불충분하게 배상할 수밖에 없는 경우'에만 범죄피해자는 범죄피해구조금을 받을 수 있으므로 국가의 구조는 여전히 보충적이다. 한편 국가는 자기 또는 타인의 형사사건의 수사 또는 재판에 있어서 고소 · 고발 등 수사단서의 제공, 진술, 증언 또는 자료제출과 관련하여 피해자로 된 때에도 피해자 또는 유족에게 범죄피해구조금을 지급한다(동법 동조 제2호). 범죄로 인한 직접적 피해자뿐만 아니라 범죄에 대한 수사나 재판으로 인해 간접적으로 피해를 입은 자도 보호한다는 취지로 이해된다.

(2) 범죄피해자의 보호

범죄피해자를 보호하기 위하여 국가 및 지방자치단체는 범죄피해자의 피해정도 및 보호 · 지원의 필요성 등에 따라 상담, 의료 제공, 구조금 지급, 법률구조, 취업 관련 지원, 주거지원, 그 밖에 범죄피해자의 보호에 필요한 대책을 마련해야 한다(동법 제7조 제1항). 구체적으로 국가는 범죄피해자와 그 가족에게 신체적 · 정신적 안정을 제공하고 사회복귀를 돕기 위하여 일시적 보호시설을 설치 · 운영해야 하고(범죄피해자 지원법인에 위탁도 가능), 범죄피해자와 그 가족의 정신적 회복을 위한 상담 · 치료프로그램을 운영해야 한다(동조 제2항 및 제3항). 그밖에도 국가는 범죄피해자가 해당 사건과 관련하여 수사담당자와 상담하거나 재판절차에 참여하여 진술하는 등 형사절차상의 권리를 행사할 수 있도록 보장해야 하고, 범죄피해자가 요청하면 가해자에 대한 수사 결과, 공판기일, 재판 결과,

형 집행 및 보호관찰 집행 상황 등 형사절차 관련 정보를 제공할 수 있다(동법 제8조). 또한 국가 및 지방자치단체는 범죄피해자의 명예와 사생활의 평온을 보호하기 위하여 필요한 조치를 해야 하고, 범죄피해자가 형사소송절차에서 한 진술이나 증언과 관련하여 보복을 당할 우려가 있는 등 범죄피해자를 보호할 필요가 있을 경우에는 적절한 보호조치를 마련해야 한다(동법 제9조).

(3) 범죄피해구조금

다양한 범죄피해자보호제도 가운데 범죄피해구조금은 피해자가 사망한 경우에 유족에게 지급하는 유족구조금 및 피해자 본인에게 지급하는 장해구조금과 중상해구조금으로 구분된다(동법 제17조 제1항). 유족구조금은 피해자의 사망 당시(신체에 손상을 입고 그로 인하여 사망한 경우에는 신체에 손상을 입은 당시)의 월급액이나 월실수입액 또는 평균임금에 18개월 이상 36개월 이하의 범위에서 유족의 수와 연령 및 생계유지상황 등을 고려하여 대통령령으로 정하는 개월 수를 곱한 금액으로 한다(동법 제22조 제1항). 한편 장해구조금과 중상해구조금은 구조피해자가 신체에 손상을 입은 당시의 월급액이나 월실수입액 또는 평균임금에 2개월 이상 36개월 이하의 범위에서 피해자의 장해 또는 중상해의 정도와 부양가족의 수 및 생계유지상황 등을 고려하여 대통령령으로 정한 개월 수를 곱한 금액으로 한다(동조 제2항). 구조금의 금액을 범죄피해자구조법은 피해자나 유족의 생계유지상황과 장해정도를 참작하여 결정하도록 한 것[7]과 달리 범죄피해자보호법은 피해자의 소득에 따라 결정하도록 하여 실질화하였다. 하지만 구조금의 상한이 정해져 있는 한 이러한 실질화는 한계를 가질 수밖에 없다.[8] 실제로 범죄피해자구조법에 따라 지급된 구조금은 2009년의 경우에 22억여 원 정도에 지나지 않는다(아래 [표 3.5.2.1] 참조). 이러한 적은 금액은 205건에 지나지 않는 건수와 함께 범죄피해자에 대한 국가의 구조가 지나치게 미흡하다는 사실을 분명하게 보여준다.

---

7) 범죄피해자구조법 시행령에 따르면 구조금은 피해자 및 그가 부양하는 가족의 숫자에 따라 1,500만원에서 3,000만원까지 차등적으로 지급하였다. 동시행령 [별표3] 참조.

8) 법무부는 장기적으로 구조금의 최고금액을 1억원으로 상향하겠다고 밝히고 있다. 법무부, 「범죄피해자 보호 · 지원에 관한 기본계획(2007~2011): 2010년 시행계획」, 2010, 13면 참조.

[표 3.5.2.1] 범죄피해자구조금 지급 현황

(단위: 천 원)

		2004	2005	2006	2007	2008	2009
합 계	건수	74	118	117	169	155	205
	금액	648,400	1,065,133	1,063,300	1,607,000	1,411,000	2,204,833
유족구조금	건수	65	102	103	157	141	196
	금액	611,000	978,133	1,001,000	1,549,000	1,345,000	2,158,333
장해구조금	건수	9	16	14	12	14	9
	금액	37,400	87,000	62,000	58,000	66,000	46,500

* 자료: 법무부 웹사이트(www.moj.go.kr).

범죄피해구조금을 받을 수 없는 경우로서 우선 피해자와 가해자 사인에 사실혼관계를 포함한 부부, 직계혈족, 4촌 이내의 친족, 동거친족과 같은 친족관계가 있는 경우에는 구조금의 전부를, 그밖의 친족관계가 있는 경우에는 구조금의 일부를 지급하지 않는다(동법 제19조 제1항). 또한 피해자가 ① 해당 범죄행위를 교사 또는 방조하거나 ② 과도한 폭행·협박 또는 중대한 모욕 등 해당 범죄행위를 유발하거나 ③ 해당 범죄행위와 관련하여 현저하게 부정한 행위를 하거나 ④ 해당 범죄행위를 용인하거나 ⑤ 집단적 또는 상습적으로 불법행위를 행할 우려가 있는 조직에 속하거나(그 조직에 속하고 있는 것이 해당 범죄피해를 당한 것과 관련이 없다고 인정되는 경우는 제외) ⑥ 범죄행위에 대한 보복으로 가해자 또는 그 친족이나 그 밖에 가해자와 밀접한 관계가 있는 사람의 생명을 해치거나 신체를 중대하게 침해하는 경우에도 구조금을 받을 수 없다(동조 제3항). 한편 이중으로 보상받는 것을 막기 위하여 범죄피해자 또는 유족이 당해 범죄피해를 원인으로 하여 국가배상법 기타 법령에 의한 급여 등을 지급받을 수 있는 경우에는 구조금을 지급하지 않는다(동법 제20조). 또한 국가는 범죄피해자 또는 유족이 당해 범죄피해를 원인으로 하여 손해배상을 받은 때에도 그 금액의 한도내에서 구조금을 지급하지 않는다(동법 제21조 제1항).

범죄피해구조금의 지급을 받을 권리는 그 구조결정이 당해 신청인에게 송달된 날로부터 2년간 행사하지 않으면 시효로 인하여 소멸된다(동법 제31조). 한편, 범죄피해구조금의 지급을 받을 권리는 양도 또는 담보로 제공하거나 압류할 수 없다(동법 제32조).

(4) 범죄피해구조심의회

범죄피해구조금의 지급에 관한 사항을 심의·결정하기 위하여 지방검찰청에 범죄피해구조심의회를 둔다(동법 제24조 제1항). 범죄피해구조금을 지급받고자 하는 자는 그 주소지·거주지 또는 범죄발생지를 관할하는 범죄피해구조심의회에 신청해야 하는데 이러한 신청은 당해 범죄피해의 발생을 안 날부터 3년 또는 당해 범죄피해가 발생한 날부터 10년이 지나면 할 수 없다(동법 제25조).

3. 개별적 범죄피해자구조법

범죄로 인해 생명이나 신체에 피해를 입은 경우에 보호나 보상을 제공하는 제도 외에 특별한 범죄로 인해 발생하는 피해에 대해서 보호·보상하는 제도가 마련되어 있다. 국가가 보호·보상하는 특별한 범죄에는 성매매범죄, 성폭력범죄, 가정폭력범죄, 일본군의 성학대범죄가 포함된다. 이러한 범죄의 공통점은 피해자가 주로 여성이고, 범죄의 성격이 성적 자기결정권에 대한 침해라는 점이다.

(1) 성매매방지 및 피해자보호 등에 관한 법률

성매매가 형법상 처벌되어야 하는 범죄가 되어야 하는지에 대해서는 논란이 있다.[9] 아무튼 「성매매알선 등 행위의 처벌에 관한 법률」(이하 '성매매처벌법'으로 약칭)[10]은 성매매를 금지하고(동법 제4조 제1호), 성매매를 한 자를 처벌한다(동법 제21조). 따라서 성을 매수한 자뿐만 아니라 성을 판매한 자도 원칙적으로 형사처벌을 받는다. 다만, 대부분의 경우에 성판매자가 사회적 약자인 여성이고, 여성이 성판매를 강요당하거나 성매매를 위해 인신매매를 당하는 현실을 고려하여 강요된 성매매나 인신매매를 통한 성매매에 대해서는 성판매자인 여성을 성매매의 피해자로 규정하여 처벌하지 않는다(동법 제6조 제1항). 중요한 것은 성판매자인 여성이 성매매피해자로 이해되는 경우에 앞서 언급한 범죄피해자로서 국가의 보호와 보상이 필요하게 된다는 점이다. 하지만 성매매는 강요된 경우뿐만 아니라 자발적으로 이루어진 경우도 있고, 강요에 의한 것이든 자발적인 것

9) 이에 대한 자세한 설명은 이준일, 「인권법」 제3판(2010), 제23장 참조.

10) 성매매처벌법은 「윤락행위 등 방지법」을 연원으로 하는데 '윤락행위'라는 명칭이 오로지 성판매자인 여성의 행위에 초점이 맞춰져 있다는 점에서 성판매행위와 성구매행위를 모두 아우르는 '성매매'라는 명칭을 사용하는 새로운 법률로서 2004년에 제정되었다.

이든 성매매로 인해 성매매여성의 인권이 가혹하게 침해될 수 있기 때문에 단지 성매매피해자뿐만 아니라 성매매여성 전체에 대한 국가의 보호와 지원이 필요하다. 어쨌든 특별히 국가의 보호와 지원이 필요한 성매매피해자를 위하여 「성매매방지 및 피해자보호 등에 관한 법률」(이하 '성매매방지법'으로 약칭)이 제정되어 있다.

1) 성매매피해자

성매매는 불특정인을 상대로 금품 그 밖의 재산상의 이익을 수수 · 약속하고 ① 성교행위나 ② 구강 · 항문 등 신체의 일부 또는 도구를 이용한 유사성교행위를 하거나 그 상대방이 되는 것을 뜻한다(성매매처벌법 제2조 제1항 제1호). 그리고 성매매피해자는 ① 위계 · 위력 그 밖에 이에 준하는 방법으로 성매매를 강요당한 자, ② 업무 · 고용 그 밖의 관계로 인하여 보호 또는 감독하는 자에 의하여 「마약류관리에 관한 법률」에 의한 마약 · 향정신성의약품 또는 대마에 중독되어 성매매를 한 자, ③ 청소년, 사물을 변별하거나 의사를 결정할 능력이 없거나 미약한 자 또는 대통령령이 정하는 중대한 장애가 있는 자로서 성매매를 하도록 알선 · 유인된 자, 또는 ④ 성매매 목적의 인신매매를 당한 자를 의미한다(성매매처벌법 제2조 제1항 제4호).

2) 성매매피해자 지원시설 및 성매매피해상담소의 설치 · 운영

국가나 지방자치단체는 성매매피해자를 위한 지원시설을 설치 · 운영할 수 있고, 국가나 지방자치단체 외의 자도 특별자치도지사, 시장 · 군수 · 구청장에게 신고하면 성매매피해자 지원시설을 설치 · 운영할 수 있다(성매매방지법 제6조 제1항 및 제2항). 성매매피해자를 위한 지원시설에는 ① 일반 지원시설(성매매피해자 등을 대상으로 1년 이내의 범위에서 숙식을 제공하고 자립을 지원하는 시설), ② 청소년 지원시설(청소년인 성매매피해자 등을 대상으로 1년 이내의 범위에서 숙식을 제공하고, 취학 · 교육 등을 통하여 자립을 지원하는 시설), ③ 외국인여성 지원시설[외국인여성인 성매매피해자 등을 대상으로 3개월(성매매알선 등 행위의 처벌에 관한 법률 제11조에 해당하는 외국인여성에 대하여는 그 해당 기간) 이내의 범위에서 숙식을 제공하고, 귀국을 지원하는 시설], ④ 자활지원센터(성매매피해자 등을 대상으로 자활에 필요한 지원을 제공하는 이용시설)가 있다(동법 제7조 제1항). 2009년 상반기의 경우에 42개의 성매매피해자 지원시설에 680명이 입소하였다(아래 [표 3.5.2.2] 참조).

[표 3.5.2.2] 성매매피해자 지원시설 현황

(단위: 개소, 명)

	2004		2005		2006		2007		2008		2009
	상반기	하반기	상반기	하반기	상반기	하반기	상반기	하반기	상반기	하반기	상반기
지원시설	35	38	35	39	40	41	41	41	41	43	42
입소자	781	893	684	562	758	747	692	672	676	638	680
퇴소자	758	829	715	552	738	720	750	667	653	557	659
취득자격증	120	112	148	160	158	141	301	87	207	223	305
상담소	9	17	28	29	28	27	28	29	29	29	29
상담건수	12,265	14,159	19,501	22,543	18,811	15,028	16,297	17,628	20,955	21,070	23,324

* 피해자 입 · 퇴소자수, 자격증취득수, 상담건수는 누적개념이 아니라 각 년도 반기(6개월) 동안만의 실적.
** 자료: 여성가족부 웹사이트(www.mogef.go.kr).

한편 국가나 지방자치단체는 성매매피해상담소를 설치 · 운영할 수 있고, 국가나 지방자치단체 외의 자도 특별자치도지사, 시장 · 군수 · 구청장에게 신고하면 성매매피해상담소를 설치 · 운영할 수 있다(동법 제10조 제1항 및 제2항). 2009년을 기준으로 전국에 29개의 성매매피해상담소가 설치되어 있다(위 [표 3.5.2.2] 참조). 그밖에 국가는 성매매방지활동 및 성매매피해자에 대한 지원서비스 전달체계의 효율적인 연계 · 조정 등을 위하여 성매매방지중앙지원센터를 설치 · 운영할 수 있다(동법 제11조의2 제1항).

3) 의료비의 지원 및 전담의료기관의 지정

성매매피해자에게 가장 시급하게 필요한 보호와 지원은 성매매로 인해 피폐해진 신체와 정신의 건강에 대한 치료에 관한 것이다. 이에 따라 국가나 지방자치단체는 성매매피해자 지원시설의 장이 의료기관에 질병치료 등을 의뢰한 경우에는 의료급여법상의 급여가 지급되지 않는 치료항목에 대한 의료비용의 전부 또는 일부를 지원할 수 있다(동법 제14조 제1항). 한편 여성가족부장관 또는 특별자치도지사, 시장 · 군수 · 구청장은 「성폭력범죄의 피해자보호 등에 관한 법률」에 따라 지정받은 전담의료기관 등 필요한 의료기관을 성매매피해자 등의 치료를 위한 전담의료기관으로 지정할 수 있다(동법 제14조의2 제1항).

(2) 성폭력범죄의 피해자보호 등에 관한 법률

모든 범죄의 피해자에 대한 보호와 지원이 필요하지만 특히 성폭력범죄의 피해자에 대한 보호와 지원이 시급하게 요청된다. 현실적으로 성폭력범죄의 피해자는 거의 여성이고, 여성은 사회적 약자로서 특별한 보호와 지원이 필요하기 때문이다. 이를 위해 제정된 법률이 「성폭력범죄의 피해자보호 등에 관한 법률」(이하 '성폭력처벌법'으로 약칭)이다.

1) 성폭력범죄피해자

성폭력처벌법에서 성폭력범죄는 다음 중 하나에 해당하는 범죄를 말한다: ① 형법 제22장 성풍속에 관한 죄 중 제242조(음행매개) · 제243조(음화 등의 반포 등) · 제244조(음화 등의 제조 등) 및 제245조(공연음란)의 죄, ② 형법 제31장 약취와 유인의 죄 중 추행 또는 간음을 목적으로 하거나 추업에 사용할 목적으로 범한 제288조(영리 등을 위한 약취, 유인, 매매 등) · 제292조(약취, 유인, 매매된 자를 수수 또는 은닉. 다만, 제288조의 약취 · 유인이나 매매된 자를 수수 또는 은닉한 죄에 한한다) · 제293조(상습범. 다만, 제288조의 약취 · 유인이나 매매된 자 또는 이송된 자를 수수 또는 은닉한 죄의 상습범에 한한다) · 제294조(미수범. 다만, 제288조의 미수범 및 제292조의 미수범 중 제288조의 약취 · 유인이나 매매된 자를 수수 또는 은닉한 죄의 미수범과 제293조의 상습범의 미수범 중 제288조의 약취 · 유인이나 매매된 자를 수수 또는 은닉한 죄의 상습범의 미수범에 한한다)의 죄, ③ 형법 제32장 강간과 추행의 죄 중 제297조(강간) · 제298조(강제추행) · 제299조(준강간, 준강제추행) · 제300조(미수범) · 제301조(강간 등 상해 · 치상) · 제301조의2(강간 등 살인 · 치사) · 제302조(미성년자 등에 대한 간음) · 제303조(업무상위력 등에 의한 간음) 및 제305조(미성년자에 대한 간음, 추행)의 죄, ④ 형법 제339조(강도강간)의 죄, ⑤ 성폭력범죄의 처벌 및 피해자보호 등에 관한 법률 제5조(특수강도강간 등) 내지 제14조의2(카메라 등 이용촬영)의 죄.

2) 성폭력피해상담소 및 성폭력피해자보호시설의 설치 · 운영

성폭력피해자를 보호 · 지원하기 위하여 국가 또는 지방자치단체는 성폭력피해상담소를 설치 · 운영할 수 있고, 국가 또는 지방자치단체 외의 자도 시장 · 군수 · 구청장에게 신고하면 성폭력피해상담소를 설치 · 운영할 수 있다(동법 제23조 제1항 및 제2항).[11] 한편 국가 또는 지방자치단체는 성폭력피해자보호시설을 설치 · 운영할 수 있고, 사회복지법인 기타 비영리법인도 시장 · 군수 · 구청장에게 신고하

[표 3.5.2.3] 성폭력피해자보호시설 현황

(단위: 개소, 명)

연 도	개소수	입소정원	종사자 수		
			계	상근직	비상근/자원봉사
2005년	16	162	43	43	-
2006년	17	192	72	51	21
2007년	20	211	114	64	50
2008년	19	197	105	57	48
2009년 6월 말	18	207	105	59	46

* 자료: 여성가족부 웹사이트(www.mogef.go.kr).

고 성폭력피해자보호시설을 설치 · 운영할 수 있다(동법 제25조 제1항 및 제2항).12) 2009년 6월말 현재 18개의 성폭력피해자보호시설이 설치되어 있고, 입소정원은 207명이다(위 [표 3.5.2.3] 참조).

3) 의료보호의 제공

성매매여성과 마찬가지로 성폭력피해자에 가장 필요한 국가의 보호와 지원은 성폭력으로 피폐해진 신체와 정신의 건강을 회복하기 위한 의료서비스다. 여성가족부장관 또는 시장 · 군수 · 구청장은 국 · 공립병원 · 보건소 또는 민간의료시설을 성폭력피해자의 치료를 위한 전담의료기관으로 지정할 수 있다(동법 제33조 제1항). 그리고 지정된 전담의료기관은 성폭력상담소 또는 성폭력피해자보호시설의 장의 요청이 있을 경우에는 ① 성폭력피해자의 보건상담 및 지도, ② 성폭력피해의 치료, ③ 기타 대통령령이 정하는 신체적 · 정신적 치료를 제공해야 한다(동조 제2항).

11) 성폭력피해상담소의 업무로는 ① 성폭력피해를 신고받거나 이에 관한 상담에 응하는 일, ② 성폭력피해로 인하여 정상적인 가정생활 및 사회생활이 어렵거나 기타 사정으로 긴급히 보호를 필요로 하는 사람을 병원 또는 성폭력피해자보호시설로 데려다 주는 일, ③ 가해자에 대한 고소와 피해배상청구 등 사법처리절차에 관하여 대한변호사협회 · 대한법률구조공단 등 관계기관에 필요한 협조와 지원을 요청하는 일, ④ 성폭력범죄의 예방 및 방지를 위한 홍보를 하는 일, ⑤ 기타 성폭력범죄 및 성폭력피해에 관하여 조사 · 연구하는 일이 포함된다(성폭력처벌법 제24조).

12) 성폭력피해자보호시설은 ① 성폭력상담소의 일, ② 성폭력피해자를 일시적으로 보호하는 일, ③ 성폭력피해자의 신체적 · 정신적 안정회복과 사회복귀를 돕는 일, ④ 그 밖에 성폭력피해자의 보호를 위한 필요한 일을 주요업무로 한다(성폭력처벌법 제26조).

(3) 가정폭력방지 및 피해자보호 등에 관한 법률

가정 내에서 행해지는 폭력은 더 이상 해당 가정에서 해결되어야 하는 사적인(private) 문제로 취급될 수 없다.[13)] 오히려 가정이라는 폐쇄된 공간에서 은밀하게 이루어지는 폭력에 대해서는 피해자(일반적으로 아내 및 자녀)를 보호하기 위하여 국가의 적극적 개입이 필요하고, 가정폭력으로 인한 피해자에 대해서는 적극적 지원이 요구된다. 이를 위하여 제정된 법률이 「가정폭력방지 및 피해자보호 등에 관한 법률」(이하 '가정폭력방지법'으로 약칭)이다.

1) 가정폭력피해자

가정폭력피해자는 가정폭력으로 인하여 직접적으로 피해를 입은 자를 의미하고, 가정폭력은 「가정폭력범죄의 처벌 등에 관한 특례법」(이하 '가정폭력처벌법'으로 약칭)에서 가정폭력에 포함시키고 있는 행위를 의미한다. 가정폭력처벌법에서 가정폭력은 '가정구성원 사이의 신체적, 정신적 또는 재산상 피해를 수반하는 행위'로 정의된다(동법 제2조 제1호). 그리고 가정구성원에는 ① 배우자(사실상 혼인관계에 있는 자를 포함) 또는 배우자관계에 있었던 자, ② 자기 또는 배우자와 직계존비속 관계(사실상의 양친자관계를 포함)에 있거나 있었던 자, ③ 계부모와 자의 관계 또는 적모와 서자의 관계에 있거나 있었던 자, ④ 동거하는 친족관계에 있는 자가 포함된다(동조 제2호). 또한 가정폭력범죄에는 ① 형법 제2편 제25장 상해와 폭행의 죄 중 제257조(상해, 존속상해), 제258조(중상해, 존속중상해), 제260조(폭행, 존속폭행) 제1항 · 제2항, 제261조(특수폭행) 및 제264조(상습범)의 죄, ② 형법 제2편 제28장 유기와 학대의 죄 중 제271조(유기, 존속유기) 제1항 · 제2항, 제272조(영아유기), 제273조(학대, 존속학대) 및 제274조(아동혹사)의 죄, ③ 형법 제2편 제29장 체포와 감금의 죄 중 제276조(체포, 감금, 존속체포, 존속감금), 제277조(중체포, 중감금, 존속중체포, 존속중감금), 제278조(특수체포, 특수감금), 제279조(상습범)(제276조, 제277조의 죄에 한한다) 및 제280조(미수범)(제276조 내지 제279조의 죄에 한한다)의 죄, ④ 형법 제2편 제30장 협박의 죄 중 제283조(협박, 존속협박) 제1항 · 제2항, 제284조(특수협박), 제285조(상습범)(제283조의 죄에 한한다) 및 제286조(미수범)의 죄, ⑤ 형법 제2편 제33장 명예에 관한 죄 중 제307조(명예훼손), 제308조(사자의 명예훼손), 제309조(출판물 등에 의한 명예훼손) 및 제311조(모욕)의 죄, ⑥ 형법

---

13) 가정폭력을 인권침해로 이해하는 견해로 이금옥, "인권침해로서 가정폭력에 대한 미국에서의 논의," 「헌법학연구」(한국헌법학회) 제12권 제5호(2006), 249면 이하 참조.

제2편 제36장 주거침입의 죄 중 제321조(주거 · 신체 수색)의 죄, ⑦ 형법 제2편 제37장 권리행사를 방해하는 죄 중 제324조(강요) 및 제324조의5(미수범)(제324조의 죄에 한한다)의 죄, ⑧ 형법 제2편 제39장 사기와 공갈의 죄 중 제350조(공갈) 및 제352조(미수범)(제350조의 죄에 한한다)의 죄, ⑨ 형법 제2편 제42장 손괴의 죄 중 제366조(재물손괴등)의 죄, ⑩ 이상의 죄로서 다른 법률에 의하여 가중처벌되는 죄가 포함된다(동조 제3호).

2) 긴급전화센터, 가정폭력상담소 및 가정폭력피해자보호시설의 설치 · 운영

여성가족부장관 또는 특별시장 · 광역시장 · 도지사 · 특별자치도지사는 가정폭력피해자의 신고접수 및 상담, 관련 기관 · 시설과의 연계, 가정폭력피해자에 대한 긴급한 구조의 지원 등의 업무를 수행하기 위하여 긴급전화센터를 설치 · 운영해야 한다(가정폭력방지법 제4조의6 제1항). 또한 국가나 지방자치단체는 가정폭력관련상담소를 설치 · 운영할 수 있다.[14] 2008년을 기준으로 전국에 303개의 가정폭력관련상담소가 설치되어 있고, 총 상담건수는 30만 건을 넘어 평균적으로 1개의 상담소에서 1,000건 정도의 상담을 진행한 것으로 나타나고 있다(아래 [표 3.5.2.4] 참조).

[표 3.5.2.4] 가정폭력상담소 현황

연도별	개소수	종사자수			상담건수			개소당 평균 상담건수
		계	상근직	비상근 자원봉사자	계	가정폭력	기타	
2006년	372	2,311	815	1,496	283,705	138,949	144,756	763
2007년	316	2,828	902	1,926	295,825	135,386	160,439	939
2008년	303	2,407	820	1,587	307,851	130,921	176,930	1,016

* 자료: 통계청(www.kostat.go.kr).

14) 가정폭력관련상담소는 ① 가정폭력을 신고받거나 이에 관한 상담에 응하는 일, ② 가정폭력으로 정상적인 가정생활과 사회생활이 어렵거나 그 밖에 긴급히 보호를 필요로 하는 피해자 및 피해자가 동반한 가정구성원을 임시로 보호하거나 의료기관 또는 가정폭력피해자 보호시설로 인도하는 일, ③ 가정폭력행위자에 대한 고발 등 법률적 사항에 관하여 자문하기 위한 대한변호사협회 또는 지방변호사회 및 법률구조법에 따른 법률구조법인 등에 대한 필요한 협조와 지원의 요청, ④ 경찰관서 등으로부터 인도받은 피해자 등의 임시 보호, ⑤ 가정폭력의 예방과 방지에 관한 홍보, ⑤ 그 밖에 가정폭력과 그 피해에 관한 조사 · 연구 등의 업무를 수행한다(가정폭력방지법 제6조).

그리고 국가나 지방자치단체는 가정폭력피해자보호시설을 설치 · 운영할 수 있는데 이러한 보호시설은 ① 단기보호시설(피해자 등을 6개월의 범위에서 보호하는 시설), ② 장기보호시설(피해자 등에 대하여 2년의 범위에서 자립을 위한 주거편의 등을 제공하는 시설), ③ 외국인보호시설(배우자가 대한민국 국민인 외국인 피해자 등을 2년의 범위에서 보호하는 시설), ④ 장애인보호시설(장애인복지법의 적용을 받는 장애인인 피해자 등을 2년의 범위에서 보호하는 시설)로 구분된다(동법 제7조의2 제1항). 그리고 이러한 보호시설은 ① 숙식의 제공, ② 심리적 안정과 사회적응을 위한 상담 및 치료, 질병치료와 건강관리를 위한 의료기관에의 인도 등 의료지원, ③ 수사기관의 조사와 법원의 증인신문에의 동행, ④ 법률구조기관 등에 필요한 협조와 지원의 요청, ⑤ 자립자활교육의 실시와 취업정보의 제공, ⑥ 다른 법률에 따라 보호시설에 위탁된 사항, ⑦ 그 밖에 피해자 등의 보호를 위하여 필요한 일과 같은 업무를 수행한다(동법 제8조 제1항).

영리를 목적으로 가정폭력과 관련된 상담소 · 보호시설 또는 교육훈련시설을 설치 · 운영하는 것은 금지되고(동법 제15조), 법률에 의해 설치된 가정폭력관련 긴급전화센터 · 상담소 · 보호시설 또는 교육훈련시설 이외에 가정폭력 관련 긴급전화센터, 상담소, 가정폭력피해자 보호시설 또는 가정폭력 관련 상담원 교육훈련시설이나 그 밖에 이와 유사한 명칭을 사용하는 것은 금지된다(동법 제17조). 또한 가정폭력관련 긴급전화센터, 상담소 또는 보호시설의 장이나 이를 보조하는 자 또는 그 직에 있었던 자는 그 직무상 알게 된 비밀을 누설하는 것도 금지된다(동법 제16조).

3) 치료보호

의료기관은 피해자 본인, 가족, 친지나 가정폭력관련 긴급전화센터, 상담소 또는 보호시설의 장 등이 요청하면 피해자에 대하여 보건에 관한 상담 및 지도, 신체적 · 정신적 피해에 대한 치료, 그 밖에 대통령령으로 정하는 의료에 관한 사항과 같은 치료보호를 실시하여야 한다(동법 제18조 제1항). 치료보호에 필요한 일체의 비용은 가정폭력행위자가 부담하지만 피해자가 치료보호비를 신청하는 경우에는 국가나 지방자치단체가 가정폭력행위자를 대신하여 치료보호에 필요한 비용을 의료기관에 지급하여야 한다(동조 제2항 및 제3항).

[표 3.5.2.5] 가정폭력상담 현황

(단위: 개소, 명)

	2002	2003	2004	2005	2006	2007	2008
피해자	177,413	195,286	112,790	139,407	167,362	167,623	158,781
심리 · 정서적 지원	109,329	122,113	69,573	82,442	96,692	104,279	101,624
의료지원	3,111	2,167	1,936	8,888	3,084	3,486	2,844
시설입소연계	3,542	3,851	3,420	3,322	4,670	3,472	3,469
수사 · 법적 지원	-	2,607	34,711	39,726	57,995	46,746	34,488
기 타	61,431	64,548	3,150	5,029	4,921	9,640	16,356

* 자료: 통계청 웹사이트(www.kostat.go.kr)

(4) 일제하 일본군위안부 피해자에 대한 생활안정지원 및 기념사업 등에 관한 법률

일본제국주의의 식민통치하에서 일본군의 위안부로서 성적 학대와 착취를 당한 여성들도 범죄피해자에 속한다. 이들에 대한 보상은 원칙적으로 가해자인 일본에 의해 이루어져야 하지만 그것이 현실적으로 어려운 상황에서 한국 정부가 그들에 대한 보상적 차원에서 경제적으로 지원하는 것이 요구된다. 이를 위해 제정된 법률이 「일제하 일본군위안부 피해자에 대한 생활안정지원 및 기념사업 등에 관한 법률」(이하 '위안부지원법'으로 약칭)이다.

1) 일본군위안부 피해자

일본군위안부 피해자는 일제에 의하여 강제로 동원되어 성적(性的) 학대를 받으며 위안부로서의 생활을 강요당한 피해자를 의미한다(위안부지원법 제2조 제1호). 일본군위안부 피해자로서 국가의 지원을 받으려면 여성가족부장관에게 등록신청을 해야 한다(동법 제3조 제1항). 등록신청을 받은 여성가족부장관은 '일본군위안부 피해자 생활안정지원 및 기념사업 심의위원회'[15)]의 심의를 거쳐 신청인이 생활안정지원대상자인지 여부를 결정한다(동조 제2항).

15) '일본군위안부 피해자 생활안정지원 및 기념사업 심의위원회'는 ① 생활안정지원대상자 등록신청 사항의 사실 여부, ② 생활안정지원대상자의 지원에 관한 사항, ③ 기념사업 등에 관한 사항, ④ 그 밖에 여성가족부장관이 심의위원회의 심의에 부치는 사항을 심의하기 위하여 여성가족부에 설치된다(위안부지원법 제6조).

2) 생활안정지원

일본군위안부 중 생존자로서 여성가족부장관의 결정에 따라 생활안정지원 대상자로서 등록되면 ① 국민기초생활보장법에 따른 생계급여,[16] ② 의료급여법에 따른 의료급여,[17] ③ 생활안정지원금의 지급, ④ 간병인 지원을 받게 된다(동법 제4조 제1항). 그 밖에도 국가 · 지방자치단체 또는 대한주택공사는 주택법에 따라 건설하는 임대주택을 임대하는 경우에는 생활안정지원대상자 중 주택을 소유하지 않은 사람에 대하여 국토해양부장관이 정하는 바에 따라 우선 임대하여야 한다(동법 제5조).

III. 국가유공자 등 예우 및 지원에 관한 법률

국가에 공헌한 사람들을 의미하는 국가유공자에 관하여 헌법은 '국가유공자 · 상이군경 및 전몰군경의 유가족'에게 우선적 근로기회를 제공하도록 규정하고 있다(헌법 제32조 제6항). 종래에 이 규정은 국가유공자(A)와 상이군경(B) 및 그 가족(A의 가족 + B의 가족), 그리고 전몰군경의 유가족(C)에 대한 우선적 근로기회의 제공을 헌법상 허용하는 것으로 해석되었다.[18] 하지만 최근에 헌법재판소는 이 규정의 의미를 제한하여 국가유공자(A)와 상이군경(B) 및 전몰군경의 유가족(C) 외에 국가유공자의 가족(A')과 상이군경의 가족(B')은 우선적 근로기회가 제공되는 대상에 포함되지 않는 것으로 판시하였다.[19] 이에 따라 국가유공자와 상이군경, 그리고 전몰군경의 유가족에 대하여 법률로써 우선적 근로기회를 제공

16) 국민기초생활보장법상의 급여에 대해서는 이 책 제3장 제2절 II. 참조.

17) 의료급여법상의 급여에 대해서는 이 책 제3장 제2절 III. 1. 참조.

18) 헌재결 2001. 2. 22. 2000헌마25 참조.

19) 헌재결 2006. 2. 23. 2004헌마675: 종전 결정에서 헌법재판소는 헌법 제32조 제6항의 "국가유공자 · 상이군경 및 전몰군경의 유가족은 법률이 정하는 바에 의하여 우선적으로 근로의 기회를 부여받는다"는 규정을 넓게 해석하여, 이 조항이 국가유공자 본인뿐만 아니라 가족들에 대한 취업보호제도(가산점)의 근거가 될 수 있다고 보았다. 그러나 오늘날 가산점의 대상이 되는 국가유공자와 그 가족의 수가 과거에 비하여 비약적으로 증가하고 있는 현실과, 취업보호대상자에서 가족이 차지하는 비율, 공무원시험의 경쟁이 갈수록 치열해지는 상황을 고려할 때, 위 조항의 폭넓은 해석은 필연적으로 일반 응시자의 공무담임의 기회를 제약하게 되는 결과가 될 수 있으므로 위 조항은 엄격하게 해석할 필요가 있다. 이러한 관점에서 위 조항의 대상자는 조문의 문리해석대로 '국가유공자', '상이군경', 그리고 '전몰군경의 유가족'이라고 봄이 상당하다.

하는 것은 헌법에 위반되지 않지만 국가유공자의 가족이나 상이군경의 가족에게 법률로써 우선적 근로기회를 제공하는 것은 위헌이 될 가능성이 높아졌다. 한편 우선적 근로기회의 제공 외에 헌법이 국가유공자와 상이군경 및 전몰군경의 유가족에게 어떠한 특권도 부여하고 있지 않으므로 법률로써 이들에게 일정한 지원을 하는 경우에는 평등의 관점에서 위헌의 논란이 발생할 수 있다. 그렇지만 국가유공자와 상이군경 및 전몰군경의 유가족에게 법률로써 제공되는 지원은 헌법의 다른 규정에 근거해서도 이해될 수 있으므로[20] 반드시 위헌이 되는 것은 아니다. 이러한 맥락에서 국가유공자와 상인군경 및 전몰군경의 유가족에 대한 지원을 위하여 제정된 법률이 「국가유공자 등 예우 및 지원에 관한 법률」(이하 '국가유공자예우법'으로 약칭)이다.

1. 국가유공자

법률에 따라 예우와 지원을 받는 국가유공자는 다음과 같다(동법 제4조).

① 순국선열: 독립유공자예우에 관한 법률 제4조 제1호에 따른 순국선열

② 애국지사: 독립유공자예우에 관한 법률 제4조 제2호에 따른 애국지사

③ 전몰군경(戰歿軍警): 다음 각 목의 어느 하나에 해당하는 자[21]

---

20) 예를 들어 헌재결 1995. 7. 21. 93헌가14: 헌법은 전문에서 "… 우리 대한민국은 3 · 1운동으로 건립된 대한민국임시정부의 법통과 불의에 항거한 4·19 민주이념을 계승하고 … 정의 · 인도와 동포애로써 민족의 단결을 공고히 하고"라고 선언하는 한편, 제32조 제6항에서 "국가유공자 · 상이군경 및 전몰군경의 유가족은 법률이 정하는 바에 의하여 우선적으로 근로의 기회를 부여받는다"고 규정하고 있다. 이 규정들은 청사에 길이 빛날 투쟁으로 조국의 광복에 기여한 많은 순국선열과 애국지사, 6 · 25 사변시에 생명과 신체를 희생하면서 국가와 자유를 수호한 전몰군경 · 상이군경, 4 · 19 민주혁명 당시에 목숨을 바쳐 민주이념을 계승시킨 민주투사와 같은 국가유공자 등이 국가와 민족을 위하여 세운 공훈이나 그들이 감수한 특별한 희생에 대한 보훈과 보상의무를 천명한 것이고, 이로써 국민들의 애국심을 함양하고 나아가 민족의 단결을 공고히 하여 국가와 민족의 번영을 이룩하고자 하는 데에 그 목적이 있다고 할 것이다. 헌법은 국가유공자 등에게 우선적으로 근로의 기회를 제공할 국가의 의무만을 명시하고 있지만 이는 헌법이 국가유공자 등이 조국광복과 국가민족에 기여한 공로에 대한 보훈의 한 방법을 구체적으로 예시한 것일 뿐이며, 동 규정과 헌법전문에 담긴 헌법정신에 따르면 국가는 '사회적 특수계급'을 창설하지 않는 범위 내에서(헌법 제11조 제2항 참조) 국가유공자 등을 예우할 포괄적인 의무를 지고 있다고 해석된다. 같은 취지의 결정으로 헌재결 2000. 6. 1. 98헌마216; 2001. 6. 28. 99헌바32; 2003. 5. 15. 2002헌마90 참조.

21) 헌재결 2005. 10. 27. 2004헌바37: 병역의무를 이행하기 위하여 징집 또는 소집되어 지정된 군부대로 입영하는 과정에서 발생한 생명 또는 신체에 대한 사고나 재해의 경우에는 그 자체가 바로 국가공동체의 존속과 유지를 위한 개인의 특별한 희생으로 평가되기는 어렵다고 하겠지만, 입영과정에서의 이동행위는 병역의무의 이행을 위한 군복무와 밀접불가분의 관계에 있는 행위로서 병역의무자 개인의 생활영역에서 발생하는 스스로 책임져야 할 사적 행위

가. 군인이나 경찰공무원으로서 전투 또는 이에 준하는 직무수행 중 사망한 자[군무원(軍務員)으로서 1959년 12월 31일 이전에 전투 또는 이에 준하는 직무수행 중 사망한 자를 포함한다]

나. 군인이나 경찰공무원으로서 전투 또는 이에 준하는 직무수행 중 상이(傷痍)를 입고 전역(퇴역·면역 또는 상근예비역 소집해제를 포함한다. 이하 같다) 또는 퇴직(면직을 포함한다. 이하 같다)한 후 제6조 제1항에 따른 등록신청 이전에 그 상이로 인하여 사망하였다고 의학적으로 인정된 자(군무원으로서 1959년 12월 31일 이전에 전투 또는 이에 준하는 직무수행 중 상이를 입고 퇴직한 후 제6조 제1항에 따른 등록신청 이전에 그 상이로 인하여 사망하였다고 의학적으로 인정된 자를 포함한다)

④ 전상군경(戰傷軍警): 군인이나 경찰공무원으로서 전투 또는 이에 준하는 직무수행 중 상이를 입고 전역(轉役)하거나 퇴직한 자(군무원으로서 1959년 12월 31일 이전에 전투 또는 이에 준하는 직무수행 중 상이를 입고 퇴직한 자를 포함한다)로서 그 상이정도가 국가보훈처장이 실시하는 신체검사에서 제6조의4에 따른 상이등급에 해당하는 신체의 장애를 입은 것으로 판정된 자

⑤ 순직군경(殉職軍警): 다음 각 목의 어느 하나에 해당하는 자

가. 군인이나 경찰공무원으로서 교육훈련 또는 직무수행 중 사망한 자(공무상의 질병으로 사망한 자를 포함한다)

나. 군인이나 경찰공무원으로서 교육훈련 또는 직무수행 중 상이(공무상의 질병을 포함한다. 이하 이 목에서 같다)를 입고 전역하거나 퇴직한 후 제6조 제1항에 따른 등록신청 이전에 그 상이로 인하여 사망하였다고 의학적으로 인정된 자

와는 뚜렷이 구별된다. 그리고 입영과정에서 이동 중에 발생한 사고나 재해라고 하더라도 관계공무원의 인솔하에 단체로 군부대로 입영하는 과정에서 발생한 사고나 재해의 경우 아직 군통수권의 지휘와 통제하에서 군부대의 구성원으로서의 지위에서 발생한 사고나 재해는 아니라고 하더라도, 이미 사실상 군의 지휘와 통제를 받고 있으므로 개별적으로 입영하는 과정에서 발생한 사고나 재해와 그 성격을 달리한다고 볼 것이다. … 물론 국가유공자법이 정하는 보상과 예우의 기준으로서 공헌과 희생의 정도(제7조 제1항)에 비추어 볼 때, 단체로 이동중인 경우와 개별이동중인 경우를 달리 취급할 합리적인 이유가 없으므로 개별이동중인 경우도 보상의 대상으로 삼음이 바람직하지만, 이것이 어렵다면 입법자로서는 국가예산 내지 보상능력, 그 입법목적과 수혜자의 상황 등을 종합적으로 고려하여 스스로 합당하다고 판단하는 범위로 그 대상을 정할 권한이 있다고 할 것이다. 그렇다면, 이 사건 법률조항이 관계공무원의 인솔하에 단체이동중인 경우와 개별적으로 이동하는 경우를 달리 취급한 것에는 나름대로 합리성을 갖추고 있다고 할 것이므로 이를 두고 객관적으로 정의와 형평에 반한다거나 자의적인 차별이라고 하기는 어렵다.

⑥ 공상군경(公傷軍警): 군인이나 경찰공무원으로서 교육훈련 또는 직무수행 중 상이(공무상의 질병을 포함한다)를 입고 전역하거나 퇴직한 자로서 그 상이정도가 국가보훈처장이 실시하는 신체검사에서 제6조의4에 따른 상이등급에 해당하는 신체의 장애를 입은 것으로 판정된 자

⑦ 무공수훈자(武功受勳者): 무공훈장을 받은 자[22]

⑧ 보국수훈자(保國受勳者): 보국훈장을 받은 자

⑨ 6 · 25참전 재일학도의용군인(在日學徒義勇軍人)(이하 '재일학도의용군인'이라 한다): 대한민국 국민으로서 일본에 거주하던 자로서 1950년 6월 25일부터 1953년 7월 27일까지의 사이에 국군이나 유엔군에 지원 입대하여 6 · 25전쟁에 참전하고 제대한 자(파면된 자나 형을 선고받고 제대된 자는 제외한다)

⑨의2. 6 · 25전쟁 참전유공자: 참전유공자예우에 관한 법률 제2조 제2호 가목 및 다목부터 마목까지의 규정 중 어느 하나에 해당하는 사람으로서 같은 법 제5조에 따라 등록된 자. 다만, 라목에 해당하는 사람은 6 · 25전쟁에 참전한 자에 한한다.

⑩ 4 · 19혁명사망자: 1960년 4월 19일을 전후한 혁명에 참가하여 사망한 자

⑪ 4 · 19혁명부상자: 1960년 4월 19일을 전후한 혁명에 참가하여 상이를 입은 자로서 그 상이정도가 국가보훈처장이 실시하는 신체검사에서 제6조의4에 따른 상이등급에 해당하는 신체의 장애를 입은 것으로 판정된 자

⑫ 4 · 19혁명공로자: 1960년 4월 19일을 전후한 혁명에 참가한 자 중 제10호와 제11호에 해당하지 아니하는 자로서 건국포장(建國褒章)을 받은 자

⑬ 순직공무원: 다음 각 목의 어느 하나에 해당하는 자

가. 국가공무원법 제2조 및 지방공무원법 제2조에 규정된 공무원(군인과 경찰공무원은 제외한다)과 국가나 지방자치단체에서 일상적으로 공무에 종사하는 대통령령으로 정하는 직원으로서 공무로 인하여 사망한 자(공무상의 질병으로 인하여 사망한 자를 포함한다)

---

22) 헌재결 2007. 3. 29. 2004헌마207: 물론 국가의 재정여건이 허락하여 국가가 모든 무공수훈자에게 이 사건 수당을 지급할 수 있으면 더할 나위 없이 좋겠지만, 이것이 어렵다면 결국 입법자로서는 이 사건 법률조항의 입법목적과 함께 국가의 재정부담능력이나 전체적인 사회보장 수준 등을 종합적으로 고려하여 합리적인 기준에 따라 그 수혜자의 범위를 정할 권한이 있다고 할 것이다. … 고령의 무공수훈자에 대한 보훈과 생활지원을 목적으로 하는 이 사건 법률조항이 국가 재정부담능력, 전체적인 사회보장 수준 등을 고려하여 무공영예수당의 수급 자격을 60세 이상으로 제한한 것이 입법재량의 범위를 넘는 자의적인 차별이라고 볼 수 없으므로, 이 사건 법률조항으로 인하여 헌법상 평등권이 침해되었다는 청구인의 주장은 이유 없다.

나. 국가공무원법 제2조 및 지방공무원법 제2조에 규정된 공무원(군인과 경찰공무원은 제외한다)과 국가나 지방자치단체에서 일상적으로 공무에 종사하는 대통령령으로 정하는 직원으로서 공무로 인하여 상이(공무상의 질병을 포함한다. 이하 이 목에서 같다)를 입고 퇴직한 후 제6조 제1항에 따른 등록신청 이전에 그 상이로 인하여 사망하였다고 의학적으로 인정된 자

⑭ 공상공무원: 국가공무원법 제2조 및 지방공무원법 제2조에 규정된 공무원(군인과 경찰공무원은 제외한다)과 국가나 지방자치단체에서 일상적으로 공무에 종사하는 대통령령으로 정하는 직원으로서 공무로 인하여 상이(공무상의 질병을 포함한다)를 입고 퇴직한 자로서 그 상이정도가 국가보훈처장이 실시하는 신체검사에서 제6조의4에 따른 상이등급에 해당하는 신체의 장애를 입은 것으로 판정된 자

⑮ 국가사회발전 특별공로순직자(이하 '특별공로순직자'라 한다): 국가사회발전에 현저한 공이 있는 자 중 그 공로와 관련되어 순직한 자로서 국무회의에서 이 법의 적용 대상자로 의결된 자

⑯ 국가사회발전 특별공로상이자(이하 '특별공로상이자'라 한다): 국가사회발전에 현저한 공이 있는 자 중 그 공로와 관련되어 상이를 입은 자로서 그 상이정도가 국가보훈처장이 실시하는 신체검사에서 제6조의4에 따른 상이등급에 해당하는 신체의 장애를 입은 것으로 판정되어 국무회의에서 이 법의 적용 대상자로 의결된 자

⑰ 국가사회발전 특별공로자(이하 '특별공로자'라 한다): 국가사회발전에 현저한 공이 있는 자 중 제15호와 제16호에 해당하지 아니하는 자로서 국무회의에서 이 법의 적용 대상자로 의결된 자

그 밖에 ① 소방공무원법상의 소방공무원, ② 전투경찰대설치법상의 전투경찰대 대원, ③ 교정시설경비교도대설치법상의 교정시설경비교도대 대원, ④ 향토예비군설치법상의 향토예비군, ⑤ 민방위기본법상의 민방위대원, ⑥ 국가정보원직원법상의 국가정보원 직원, ⑦ 병역법상의 공익근무요원, ⑧ 대통령경호실법상의 대통령경호실 직원도 임무수행중에 사망하거나 상이를 입은 경우에는 전몰군경, 전·공상군경, 순직군경으로 본다. 또한 동일한 적용을 받는 대상으로 ⑨ 국가보안법의 죄를 범한 자를 신고 또는 체포하거나 이와 관련하여 상이를

입은 자나 사망한 자, ⑩ 비상대비자원관리법상의 비상대비훈련에 참가하여 임무수행중 상이를 입은 자와 사망한 자, ⑪ 병역법상의 학생군사교육중 그 군사훈련이 직접 원인이 되어 사망한 자와 상이를 입은 자가 있다. 국가유공자예우법의 적용을 받는 대상자는 2009년의 경우에 31만 2천여 명으로 전체 보훈대상자(791,335명) 가운데 40% 가까운 비율을 차지한다(아래 [표 3.5.3.1] 참조). 이 가운데 전상군경이나 공상군경은 아래에서 설명할 참전유공자 또는 고엽제환자와 중첩된다.

[표 3.5.3.1] 국가유공자예우법 적용대상자 현황

(단위: 명)

<table>
<tr><th colspan="2">유 형</th><th>2001</th><th>2002</th><th>2003</th><th>2004</th><th>2005</th><th>2006</th><th>2007</th><th>2008</th><th>2009</th></tr>
<tr><td colspan="2">전체 보훈대상자</td><td>566,810</td><td>616,551</td><td>660,445</td><td>684,836</td><td>706,785</td><td>718,648</td><td>727,116</td><td>736,445</td><td>791,355</td></tr>
<tr><td colspan="2">전체 국가유공자</td><td>223,974</td><td>239,894</td><td>249,557</td><td>258,999</td><td>271,426</td><td>284,554</td><td>295,397</td><td>305,210</td><td>312,876</td></tr>
<tr><td>전몰군경</td><td>유족</td><td>35,561</td><td>36,117</td><td>36,923</td><td>36,908</td><td>37,047</td><td>37,231</td><td>37,249</td><td>37,168</td><td rowspan="7">207,867</td></tr>
<tr><td rowspan="2">전상군경</td><td>본인</td><td>40,237</td><td>46,349</td><td>47,684</td><td>48,861</td><td>49,929</td><td>51,035</td><td>51,274</td><td>51,268</td></tr>
<tr><td>유족</td><td>21,374</td><td>23,263</td><td>25,448</td><td>27,708</td><td>30,073</td><td>32,588</td><td>35,476</td><td>38,675</td></tr>
<tr><td>순직군경</td><td>유족</td><td>18,866</td><td>18,829</td><td>18,768</td><td>18,718</td><td>18,958</td><td>19,008</td><td>19,112</td><td>19,087</td></tr>
<tr><td rowspan="2">공상군경</td><td>본인</td><td>27,307</td><td>29,210</td><td>31,346</td><td>34,309</td><td>37,842</td><td>42,279</td><td>45,646</td><td>48,497</td></tr>
<tr><td>유족</td><td>3,941</td><td>4,333</td><td>4,764</td><td>5,211</td><td>5,675</td><td>6,223</td><td>6,794</td><td>7,441</td></tr>
<tr><td rowspan="2">무공순훈자</td><td>본인</td><td>39,851</td><td>41,941</td><td>41,334</td><td>40,595</td><td>41,446</td><td>41,199</td><td>39,965</td><td>38,414</td><td>36,577</td></tr>
<tr><td>유족</td><td>12,848</td><td>14,484</td><td>16,319</td><td>18,090</td><td>19,970</td><td>22,671</td><td>25,491</td><td>27,668</td><td>30,133</td></tr>
<tr><td rowspan="2">보국수훈자</td><td>본인</td><td>10,253</td><td>11,042</td><td>11,887</td><td>12,762</td><td>13,897</td><td>14,947</td><td>16,371</td><td>18,255</td><td>20,485</td></tr>
<tr><td>유족</td><td>653</td><td>724</td><td>928</td><td>1,041</td><td>1,178</td><td>1,334</td><td>1,464</td><td>1,616</td><td>1,820</td></tr>
<tr><td>재일학도의용군</td><td>본인/유족</td><td>300</td><td>299</td><td>299</td><td>292</td><td>298</td><td>300</td><td>301</td><td>299</td><td>294</td></tr>
<tr><td>4·19혁명 희생자</td><td>본인/유족</td><td>368</td><td>368</td><td>365</td><td>366</td><td>380</td><td>382</td><td>384</td><td>382</td><td>383</td></tr>
<tr><td>4·19혁명 공로자</td><td>본인/유족</td><td>108</td><td>113</td><td>116</td><td>127</td><td>128</td><td>130</td><td>178</td><td>181</td><td>183</td></tr>
<tr><td>순직공무원</td><td>유족</td><td>8,488</td><td>8,728</td><td>9,025</td><td>9,295</td><td>9,571</td><td>9,759</td><td>9,920</td><td>10,023</td><td rowspan="2">15,117</td></tr>
<tr><td>공상공무원</td><td>본인/유족</td><td>3,194</td><td>3,422</td><td>3,604</td><td>3,895</td><td>4,172</td><td>4,578</td><td>4,847</td><td>4,936</td></tr>
<tr><td>특별공로순직자</td><td>유족</td><td>17</td><td>17</td><td>17</td><td>17</td><td>17</td><td>17</td><td>17</td><td>17</td><td>17</td></tr>
<tr><td rowspan="2">준용대상</td><td>6·18자유 상이자</td><td>-</td><td>-</td><td>-</td><td>-</td><td>-</td><td>367</td><td>367</td><td>368</td><td>369</td></tr>
<tr><td>반공귀순 상이자</td><td>-</td><td>-</td><td>-</td><td>-</td><td>367</td><td>-</td><td>-</td><td>-</td><td>-</td></tr>
<tr><td>기타대상</td><td>지원 대상자</td><td>-</td><td>-</td><td>-</td><td>-</td><td>478</td><td>506</td><td>541</td><td>915</td><td>1,469</td></tr>
</table>

* 자료: 통계청 국가통계포털(www.kosis.kr).

2. 보상의 원칙

국가유공자 및 그 유족 또는 가족에게는 국가유공자의 희생과 공헌의 정도에 따라 보상하되, 그 생활 정도를 고려하여 보상의 정도를 달리할 수 있다(동법 제7조 제1항). 특히 국가유공자와 그 가족의 생활수준을 고려하도록 하는 요청은 국가유공자 등에 대한 보상의 사회국가적 성격을 잘 드러내준다. 한편 국가유공자, 그 유족 또는 가족이 되려는 자는 국가보훈처장에게 등록을 신청하고, 보훈심사위원회의 심의의결을 거쳐 국가보훈처장으로부터 결정을 받아야 하는데(동법 제6조) 보상수급권은 이러한 등록신청을 한 날이 속한 날부터 발생한다(동법 제9조).[23]

3. 급여의 내용

보훈급여금(報勳給與金)은 보상금, 수당 및 사망일시금으로 구분한다(동법 제11조 제1항). 첫째, 보상금은 ① 전상군경, 공상군경, 재일학도의용군인, 4·19혁명부상자 및 특별공로상이자 또는 해당자가 사망한 경우에는 그 유족 중 선순위자, ② 전몰군경, 순직군경, 4·19혁명사망자 및 특별공로순직자의 유족 중 선순위자에게 지급한다(동법 제12조 제1항). 이 가운데 유속의 경우에 자녀는 미성년인 자녀로 한정하되, 대통령령으로 정하는 생활능력이 없는 정도의 장애가 있으면 그가 성년이 된 경우에도 미성년인 자녀의 예에 따라 지급한다(동조 제2

23) 헌재결 2006. 11. 30. 2005헌바25: 이 사건 법률조항이 보상금수급권을 취득하기 위하여 등록을 필요로 함과 아울러 등록신청한 날을 기준으로 보상금수급권을 인정한 이유는 첫째, 등록신청을 하도록 하지 아니하면 국가유공자에 해당하는 사람이 있더라도 이를 파악하는 데에 어려움이 있고, 따라서 국가예산을 수립함에 있어서 보훈 목적의 예산이 얼마나 필요한지 알 수 없어 결국 국가재정형편을 감안하여 결정되는 보상수준 자체를 결정하는 데 어려움이 생기게 된다는 점, 둘째, 등록신청시를 기준으로 그 이후부터만 보상금수급권을 인정하는 제도를 채택하지 아니하고 전·공상 및 순직 등의 사유가 발생한 때부터 보상금수급권을 인정하게 되면 등록을 지체한 채 오랜 세월이 지나 전·공상과 여타 사유로 인한 증상이 병발한 경우 그 구별이 어렵게 되는 점, 셋째, 6·25사변이 끝난 지 오래여서 전몰군경유족 및 전·공상자의 대부분이 소정의 등록절차를 밟아 급여금법 등 관계법에 의한 보호를 받아오고 있는 점, 넷째, 예우대상자의 수가 대폭 증가함에 따라 소급지급이 국가재정 형편상 어렵게 된 점 등을 들 수 있다. 이러한 이유들을 고려할 때 국가유공자예우법 제9조 본문은 그 나름대로 합리성을 갖추고 있다고 할 것이고 객관적으로 정의와 형평에 반한다거나 자의적인 것이라고 할 수 없으므로 헌법 제11조에서 보장한 평등의 원칙에 위반되지 않는다. 같은 취지의 결정으로 헌재결 1995. 7. 21. 93헌가14 참조.

항).[24] 둘째, 수당의 경우에 우선 국가유공자와 그 유족 중 보상금 지급순위가 선순위인 자 1명에게는 생활 정도를 고려하여 생활조정수당을 지급할 수 있다(동법 제14조 제1항). 그리고 전상군경, 공상군경, 4 · 19혁명부상자, 공상공무원 및 특별공로상이자로서 상이 정도가 심하여 다른 사람의 보호 없이는 활동이 어려운 자에게는 간호수당을 지급한다(동법 제15조 제1항). 또한 60세 이상 무공수훈자에게는 무공의 영예를 기리기 위하여 무공영예수당을 지급한다(동법 제16조의2 제1항). 그 밖에 1953년 7월 27일 이전 및 참전유공자예우에 관한 법률 별표에 따른 전투기간 중에 전사하거나 순직한 전몰군경 또는 순직군경의 자녀 중 보상금 지급순위가 선순위인 자 1명에게 6 · 25전몰군경자녀수당을 지급한다(다만, 1998년 1월 1일 이후 유족 중 1명이 보상금을 받은 사실이 있는 전몰군경이나 순직군경의 자녀는 제외: 동법 제16조의3 제1항).[25] 셋째, 사망일시금은 보상금을 받고 있는 국가유공자가 사망한 경우에 그 유족에게 보상금 지급순위에 따라 지급하고(동법 제17조 제1항), 보상금을 받고 있는 국가유공자의 유족이 사망한 경우에 지급하는 사망일시금은 그 보상금을 받을 수 있는 다른 유족이 없는 경우에만 지급하되, 사망 당시 생활을 같이 하고 있던 친족 중 상속인이 될 자의 신청에 따라 그

---

24) 헌재결 2003. 11. 27. 2003헌바39: 국가유공자의 자녀라 할지라도 그 자녀가 성년의 나이에 도달한 경우 신체적 · 정신적으로 성숙하여 스스로 생활을 영위할 수 있는 사회적 독립성과 근로능력을 갖춘 것이라 인정될 수 있으므로, 국가가 한정된 재원으로 국가유공자 유족연금제도를 운영하게 되는 것을 고려하면, 그 성년자들을 연금수급 대상에서 제외한 것은 자의적이거나 비합리적인 것이라 보기 어렵다. 이 사건 법률조항은 성년의 자녀인 경우에도 대통령령이 정하는 생활능력이 없는 정도의 장애를 지닌 성년에 대해서는 계속 유족연금을 지급하도록 하고 있으며, 또한 「국가유공자 등 예우 및 지원에 관한 법률」은 국가유공자의 자녀들에 대한 교육보호제도, 취업보호제도, 대부지원제도와 같은 지원제도를 병행하여 실시하고 있고, 또한 청구인과 같은 6 · 25전몰군경자녀가 처해야 했던 사정을 감안하여 성년인 자녀에 대해서도 생활정도를 감안하여 생활조정수당을 지급하며, 성년 여부에 관계없이 매월 6 · 25전몰군경자녀수당을 따로 지급하고 있어 성년의 자녀를 유족연급수급권자로부터 배제함으로 인해 발생할 수 있는 문제점을 보완하고 있다. 그렇다면 위 조항은 자의적이라거나 비합리적인 차별을 하고 있다고 볼 수 없어 평등원칙에 위배되지 않는다.

25) 헌재결 2002. 12. 18. 2001헌마546: 물론 국가의 재정여건이 허락하여 모든 6 · 25전몰군경자녀에게 이 사건 수당을 지급할 수 있으면 더할 나위 없이 바람직하겠지만, 이것이 어렵다면 입법자로서는 국가예산 내지 보상능력, 그 입법목적, 수혜자의 상황 등을 고려하여 스스로 합당하다고 판단하는 범위로 그 대상을 정할 권한이 있다고 할 것이다. 이 사건 단서조항에서 1998. 1. 1. 이후 유족 중 연금을 지급받은 자가 있는 6 · 25전몰군경자녀를 이 사건 수당의 지급대상에서 제외하고 있는 것은 1997. 12. 31. 이전에 연금지급이 종결되어 직접적으로든 간접적으로든 어떠한 혜택도 받지 못하는 6 · 25전몰군경자녀에 대한 보상의 필요성이 우선한다고 입법자가 판단한 것으로 볼 수 있다. 그렇다면, 1998. 1. 1. 이후 유족 중 1인이 연금을 지급받고 있는 6 · 25전몰군경자녀에게 이 사건 수당을 지급하지 아니함으로써 그렇지 아니한 6 · 25전몰군경자녀와의 사이에 생기는 차별은 나름대로 합리성을 갖추고 있다고 할 것이고 객관적으로 정의와 형평에 반한다거나 자의적인 것이라고 할 수 없다.

상속인에게 지급한다(동조 제2항).

국가보훈과 관련된 예산 가운데 가장 많은 부분을 차지하는 보훈급여금의 경우(2008년 기준으로 70%: 아래 [표 3.5.3.2] 참조) 종래에 기본연금과 부가연금으로 구분되어 지급되어 오다가 2007년부터 양자를 통합하여 지급하고 있다. 2009년의 경우에 국가유공자를 포함하여 모든 보훈대상자에게 지급된 보훈급여금은 총 2조 4,845억 원 정도이고, 이 가운데 22만 8천여 명의 국가유공자와 유가족에게 지급된 것은 1조 8천억 원이 넘는다(아래 [표 3.5.3.3] 참조).

[표 3.5.3.2] 국가보훈예산 및 보훈급여예산

(단위: 백만 원)

	2001	2002	2003	2004	2005	2006	2007	2008	2009
보훈예산	1,420,431	1,600,734	1,930,934	2,111,796	2,204,658	2,391,394	2,678,361	2,975,230	3,193,260
보훈급여	1,138,673	1,285,035	1,439,926	1,548,192	1,615,302	1,704,112	1,888,285	2,080,662	2,497,312
비율(%)	80.2	80.3	74.6	73.3	73.3	71.3	70.5	69.9	78.2

* 자료: 국가보훈처 <보훈연감>.

[표 3.5.3.3] 보훈급여금 · 보상금 지급 현황

(단위: 천 명, 억 원)

		2001	2002	2003	2004	2005	2006	2007	2008	2009
국가유공자	인원	146	170	182	189	189	212	222	228	228
	금액	10,302	11,653	13,056	14,011	14,971	16,212	17,519	18,717	19,805
독립유공자	인원	4	5	5	5	5	5	6	6	6
	금액	349	400	426	405	482	524	590	627	624
고엽제환자	인원	26	26	29	31	32	37	40	42	43
	금액	732	794	918	1,066	1,246	1,494	1,745	1,941	2,179
참전유공자	인원	35	205	225	254	253	239	231	226	227
	금액	244	552	1,402	1,812	1,813	2,036	1,978	2,232	2,237
합 계	인원	211	406	441	479	479	493	499	502	504
	금액	11,627	13,399	15,802	17,294	18,512	20,266	21,832	23,517	24,845

* 국가유공자: 보상금, 간호수당, 생활조정수당, 6 · 25전몰군경자녀수당, 무공영예수당, 사망일시금, 재해보상금

** 독립유공자: 보상금, 생활조정수당, 사망일시금, 영주귀국정착금

*** 고엽제환자: 고엽제후유의증수당, 고엽제환자2세수당

**** 참전유공자: 참전명예수당, 장제보조비

***** 자료: e-나라지표(www.index.go.kr)

4. 지원의 내용

국가유공자와 그 유가족은 국가로부터 교육지원, 취업지원, 의료지원, 대부 등의 지원을 받는다. 우선 교육지원의 경우에 초 · 중등교육법에 따른 중학교, 고등학교, 그 밖에 이에 준하는 학교는 학년별로 그 학생정원의 3%의 범위에서 교육지원 대상자를 취학시킬 의무가 있다(동법 제23조 제1항). 그리고 교육기관은 교육지원 대상자에 대하여 교육에 필요한 수업료, 입학금, 기성회비 및 그 밖의 학비를 면제한다(동법 제25조 제1항).[26] 2009년의 경우에 보훈대상자 교

[표 3.5.3.4] 보훈대상자 교육지원 취학자 현황

(단위: 명)

	2001	2002	2003	2004	2005	2006	2007	2008	2009
합 계	45,396	44,806	44,091	43,950	44,730	45,726	46,589	47,331	43,753
중학교	5,910	6,129	6,120	6,199	6,530	6,842	6,648	6,765	6,550
고등학교	10,446	9,676	9,111	8,941	8,631	8,684	8,942	8,431	8,459
대학교	29,040	29,001	28,860	28,810	29,569	30,200	30,999	32,135	28,744

* 자료: e-나라지표(www.index.go.kr).

26) 헌재결 2003. 5. 15. 2001헌마565: 국외 대학에 취학한 국가유공자의 자녀가 수혜의 범위에서 제외되는 것은 근본적으로 국가가 교육보호를 실시함에 있어서 직접 재정적인 부담을 떠안기보다는 교육기관에 수업료 등 면제의무를 부과하는 간접적 보호 방식을 채택하였기 때문이다. 그러나 이러한 교육보호 방식의 채택은 입법자가 국가의 재정부담능력, 교육기관의 공적인 성격 등을 종합적으로 고려하여 입법정책적으로 결정한 것으로서, 입법재량의 영역을 벗어났다고 단정하기 어렵다. 그리고 청구인의 자녀와 같이 국외 대학에 이미 취학 중인 국가유공자의 자녀도 언제든지 국내 대학에 취학하기만 하면 다시 수업료 등을 면제받을 지위에 서게 된다. 반면에, 해외 유학은 그것이 사회 보편적인 교육수준에 해당할 정도로 그렇게 일반화되었다고 할 수 없다. 이러한 점들을 종합적으로 고려할 때, 국가의 재정부담능력 등을 감안한 제도의 단계적 개선의 일환으로서 우선 국내 대학에 취학한 자만을 수혜의 영역에 포함시키는 것이 현저히 합리성을 결여한 자의적 기준에 의한 차별이라고 보기도 어렵다. 한편, 국가가 사립대학에 수업료 등의 반액을 보조하도록 한 취지는 국가유공자의 자녀에 대해서까지 수업료 등을 면제한 사립대학에 부분적으로나마 재정적인 지원을 함으로써 그 사회적 책임 분담을 장려하기 위한 것이다. 이러한 취지에 비추어 볼 때, 입법자가 국가로 하여금 보조금 상당액을 국가유공자의 자녀에게 직접 지원하게 하지 않고 먼저 대학에 의해 수업료 등이 면제된 경우에 한하여 보조금을 지급하도록 규정한 것은 일응 합리성이 있다고 판단된다. 그렇다면 이 사건 법률조항이 대학으로 하여금 국가유공자의 자녀에 대해 수업료 등을 면제할 수 있게 하고 국가에 대하여는 사립대학이 면제한 수업료 등의 반액을 보조하게 하는 간접적인 지원 형식을 취함으로써 결과적으로 국외 대학에 취학한 국가유공자의 자녀를 수혜의 범위에서 배제하고 있다 할지라도, 이를 두고 현저히 합리성을 결여한 자의적 차별이라고 할 수는 없다.

[표 3.5.3.5] 보훈대상자 교육지원비

(단위: 억 원)

	2001	2002	2003	2004	2005	2006	2007	2008	2009
합 계	524.5	548.7	589.2	606.4	624.1	611.8	693.3	761.0	668.0
학습보조비	16.8	16.8	18.7	21.2	22.6	26.9	28.9	30.0	30.0
사립대 국고보조	488.1	514.2	554.8	572.7	590.5	573.3	636.1	686.0	610.0
수업료 국비보전	-	-	-	-	-	-	15.6	33.0	28.0

* 자료: e 나라지표(www.index.go.kr).

육지원으로 취학한 사람은 43,753명이고(위 [표 3.5.3.4] 참조), 이들에게 지원된 교육지원비는 668억여 원에 이른다(위 [표 3.5.3.5] 참조).

다음으로 취업지원과 관련하여 취업지원 실시기관[27]은 취업지원 대상자[28]에 대해서 가산점을 부여하고, 일정한 채용비율의 취업지원 대상자를 우선적으로 고용해야 할 의무가 있다. 취업지원 실시기관은 그 직원을 채용하기 위하여 채용시험을 실시하는 경우에는 그 채용시험에 응시한 취업지원 대상자의 점수에 일정한 가점(加點)을 해야 한다(동법 제31조 제1항).[29] 그리고 채용시험의 합격자를 결정할 때 선발예정인원을 초과하여 동점자가 있으면 동점자 중 취업지원 대상자를 우선하여 합격자로 결정해야 한다(동조 제4항).[30] 또한 국가기관, 지방자치

27) 취업지원을 실시할 취업지원 실시기관에는 ① 국가기관, 지방자치단체, 군부대, 국립학교와 공립학교, ② 일상적으로 하루에 20명 이상을 고용하는 공·사기업체 또는 공·사단체(다만, 대통령령으로 정하는 제조업체로서 200명 미만을 고용하는 기업체는 제외), ③ 사립학교가 포함된다(동법 제30조).

28) 취업지원 대상자는 ① 전상군경, 공상군경, 무공수훈자, 보국수훈자, 재일학도의용군인, 4·19혁명부상자, 4·19혁명공로자, 공상공무원, 특별공로상이자 및 특별공로자와 그 가족, ② 전몰군경, 순직군경, 4·19혁명사망자, 순직공무원 및 특별공로순직자의 유족, ③ 제1호에 해당하는 국가유공자가 사망한 경우의 그 유족을 포함하다(동법 제29조 제1항). 그밖에도 제1항의 유족이나 가족에 해당하지 아니하는 사람 중 ① 사망한 국가유공자에게 배우자와 자녀가 없고 부모만 있는 경우에는 그 부 또는 모가 지정하는, 사망한 국가유공자의 형제자매 중 1명 또는 ② 1953년 7월 27일 이전 및 참전유공자예우에 관한 법률 별표에 따른 전투 중 전사하거나 순직한 군인 또는 경찰공무원의 자녀가 지정한 그의 자녀 중 1명(다만, 전몰군경·순직군경의 배우자나 부모가 1993년 1월 1일 이후 제12조에 따른 보상금을 받은 사실이 있는 경우는 제외)에 대하여는 그를 지정하는 취업지원 대상자인 부 또는 모가 질병·장애 또는 고령으로 취업이 어려운 경우에만 취업지원을 할 수 있다(동조 제2항).

29) 만점의 10%를 가점하는 취업지원 대상자는 제29조 제1항 제1호에 해당하는 자 중 국가유공자 및 제29조 제1항 제2호에 해당하는 자이고, 만점의 5%를 가점하는 취업지원 대상자는 제29조 제1항 제1호에 해당하는 자 중 국가유공자의 가족 및 같은 항 제3호에 해당하는 자 및 제29조 제2항 각 호의 어느 하나에 해당하는 자이다.

30) 헌재결 2006. 6. 29. 2005헌마44: 이 사건 동점자처리조항은 공직취임에서 일반 응시자들을

단체, 군부대, 국립학교와 공립학교는 기관장이 기능직공무원과 기능군무원의 임용권을 가지고 있고 기능직공무원 등의 정원이 5명 이상인 기관은 기능직공무원 등의 정원에 대하여 대통령령으로 정하는 채용비율 이상으로 취업지원 대상자를 기능직공무원 등으로 채용하여야 한다. 그리고 일상적으로 하루에 20명 이상을 고용하는 공·사기업체 또는 공·사단체는 전체 고용인원의 3% 이상 8% 이하의 범위에서 대통령령으로 정하는 대상업체별 고용비율 이상으로 취업지원 대상자를 우선하여 고용하여야 한다(동법 제33조의2 제1항). 1962년 이후 2009년까지 취업지원을 받은 국가유공자와 유가족은 10만 명을 넘어서고 있다(아래 [표 3.5.3.6] 참조).

[표 3.5.3.6] 보훈대상자 취업지원 현황

(단위: 명)

	2001	2002	2003	2004	2005	2006	2007	2008	2009
합 계	80,002	82,199	84,619	85,779	88,945	92,941	95,502	99,414	102,342
본 인	7,934	7,785	7,693	7,207	7,164	7,333	7,494	7,964	8,457
유가족	72,068	74,414	76,926	78,572	81,781	85,608	88,008	91,450	93,885

* 매익년 1월말 기준.

** 자료: e-나라지표(www.index.go.kr).

차별하는 것이며, 이러한 기본권 행사에 있어서의 차별은 차별목적과 수단 간에 엄격한 비례성을 갖추어야만 헌법 제37조 제2항이 정한 과잉금지의 원칙에 합치되어 정당화될 수 있다. 이 사건 동점자처리조항의 목적은 국가에 공헌하면서 신체적, 정신적, 경제적 어려움을 겪어 통상 일반인에 비해 수험준비가 상대적으로 미흡하게 되는 국가유공자와 그 유·가족을 동점자처리에서 우대함으로써 우선적 근로기회를 제공하여 생활안정을 도모하고, 이를 통해 국민의 애국정신함양과 민주사회 발전에 이바지하는 데 있다. 이러한 입법목적은 헌법 제32조 제6항의 취지를 반영한 것이거나, 헌법 제37조 제2항의 공공복리 달성을 위한 것으로서 정당하다. 또한 이 사건 동점자처리조항은 국가유공자와 그 유·가족이 공직에 채용될 수 있도록 지원하는 역할을 함으로써 입법목적의 달성을 촉진하고 있다고 할 것이므로 정책수단으로서의 적합성도 가지고 있다. 일반적으로 차별대우의 필요성은 차별대우가 입법목적을 달성하기에 불가피한 것이어야 한다는 것을 의미하지만, 차별이 관련 기본권에 불리한 효과를 미치는 경우에는, 차별이 최소한의 부담을 가져오는 수단이어야 한다는 차별효과의 최소침해성을 의미한다. 그런데 이 사건 동점자처리조항은 차별효과의 측면에서 일반 응시자의 기본권을 가장 적게 침해하는 형태의 차별에 해당한다. 따라서 차별대우의 필요성의 요건도 충족되었다고 할 것이다. 이 사건 동점자처리조항이 추구하는 공익은, 국가유공자들이 국가와 민족을 위하여 세운 공훈이나 그들이 감수한 특별한 희생에 대한 보훈과 보상의무에 따른 것이고, 이로써 국민들의 애국심을 함양하고 민주사회의 발전에 기여하고자 하는 것임에 비추어 보면, 달성하고자 하는 공익이 일반 응시자들이 받는 국·공립학교 채용시험 동점자처리에서의 상대적 불이익이라는 사익보다는 크다고 할 것이다. 그러므로 이 사건 동점자처리조항은 일반 응시자들의 평등권을 침해하지 아니한다.

또한 의료지원은 건강한 생활을 유지하고 필요한 진료, 정양, 보철구의 지급, 의학적 재활 등을 받을 수 있도록 지원하는 것을 내용으로 한다. 마지막으로 대부지원은 자립과 생활안정을 위하여 장기저리로 금전을 대부하는 것을 내용으로 한다. 2009년의 경우에 국가유공자를 포함하여 누적인원 622만여 명의 보훈대상자에게 제공된 의료지원은 4,863억여 원에 이르고(아래 [표 3.5.3.7] 참조), 2009년까지 누적할 때 59만 5천여 명의 보훈대상자에게 대부지원이 제공되었다(아래 [표 3.5.3.8] 참조).

[표 3.5.3.7] 보훈대상자 의료지원 현황

(단위: 억 원, 천 명)

		2001	2002	2003	2004	2005	2006	2007	2008	2009
합 계	금액	1,604	1,871	2,384	2,832	3,365	3,858	4,258	4,466	4,863
	인원	2,414	2,564	3,265	3,713	4,528	5,466	5,339	5,478	6,221
보훈병원진료	금액	1,278	1,451	1,759	2,053	2,251	2,471	2,711	2,721	2,747
	인원	1,464	1,566	1,716	1,951	2,104	2,163	2,251	2,337	2,429
위탁병원진료	금액	225	303	481	600	888	1,097	1,200	1,351	1,664
	인원	435	471	940	1,095	1,689	2,462	2,153	2,176	2,744
보훈병원감면	금액	101	117	144	179	226	290	347	394	452
	인원	515	527	609	667	735	841	935	965	1,048

* 자료: e-나라지표(www.index.go.kr).

[표 3.5.3.8] 보훈대상자 대부지원 현황

(단위: 명)

	2001	2002	2003	2004	2005	2006	2007	2008	2009
합 계	369,035	383,901	400,498	419,471	441,413	464,031	506,819	564,884	595,659
생업대부	258,280	269,571	282,596	298,341	316,637	334,762	371,473	423,781	449,634
주택대부	110,755	114,330	117,902	121,130	124,776	129,269	135,346	141,103	146,025

* 매익년 1월말 기준.

** 자료: e-나라지표(www.index.go.kr).

5. 기타 사회보상법

(1) 독립유공자예우에 관한 법률

조국의 자주독립을 위하여 공헌한 독립유공자와 그 유족을 지원하기 위하여 제정된 법률이 「독립유공자예우에 관한 법률」(이하 '독립유공자법'으로 약칭)이다. 이 법률의 적용을 받는 독립유공자는 **순국선열**(일제의 국권침탈 전후로부터 1945년 8월 14일까지 국내외에서 일제의 국권침탈을 반대하거나 독립운동을 위하여 일제에 항거하다가 그 반대나 항거로 인하여 순국한 자로서, 그 공로로 건국훈장 · 건국포장 또는 대통령 표창을 받은 자)과 **애국지사**(일제의 국권침탈 전후로부터 1945년 8월 14일까지 국내외에서 일제의 국권침탈을 반대하거나 독립운동을 위하여 일제에 항거한 사실이 있는 자로서, 그 공로로 건국훈장 · 건국포장 또는 대통령 표창을 받은 자)로 구분된다(동법 제4조). 그리고 그 유족 또는 가족의 범위에는 ① 배우자(사실상의 배우자를 포함하되, 배우자 및 사실상의 배우자가 독립유공자와 혼인 또는 사실혼 후 그 독립유공자가 아닌 다른 자와 사실혼 관계에 있거나 있었던 경우는 제외), ② 자녀, ③ 손자녀

[표 3.5.3.9] 독립유공자법 적용대상자 현황(1)

(단위: 명)

		2001	2002	2003	2004	2005	2006	2007	2008
순국선열		590	606	613	642	674	671	673	682
애국지사	본 인	366	341	309	290	279	259	239	208
	유·가족	4,269	4,426	4,541	4,672	5,058	5,351	5,530	5,752

* 매년 12월 31일 현재 기준.

** 자료: 국가보훈처 웹사이트(www.mpva.go.kr).

[표 3.5.3.10] 독립유공자법 적용대상자 현황(2)

(단위: 명)

	2009			2010. 5.		
	본 인	유 족	합 계	본 인	유 족	합 계
건국훈장	141	4,637	4,778	135	4,666	4,801
건국포장	13	522	535	11	545	556
대통령표창	24	1,429	1,453	26	1,463	1,489

* 자료: 국가보훈처 웹사이트(www.mpva.go.kr).

(孫子女), ④ 며느리로서 1945년 8월 14일 이전에 구호적에 기재된 자가 포함된다(동법 제5조 제1항). 2010년 5월 현재 독립유공자법의 적용을 받는 대상자는 총 6,846명(본인 172명, 유족 6,674명)이다(위 [표 3.5.3.10] 참조).

독립유공자와 그 유족 또는 가족에게는 보훈급여금(동법 제11조), 교육지원(동법 제15조), 취업지원(동법 제16조),[31] 생업지원(동법 제16조의2), 의료지원(동법 제17조), 대부(동법 제18조), 양로지원(동법 제19조 및 제21조), 양육지원(동법 제20조), 수송시설이용지원(동법 제22조), 고궁 등의 이용지원(동법 제23조), 주택의 우선분양(동법 제24조) 등과 같은 지원이 제공된다. 이 가운데 보훈급여금은 보상금(동법 제12조), 사망일시금(동법 제13조), 생활조정수당(동법 제14조)으로 구분되어 지급되고, 취업지원은 국가유공자 등에 대한 취업지원에서 설명한 가산점제도로 운용되고 있다. 가장 실질적 급여인 보훈급여금은 기본적으로 본인과 유족/가족으로 구분되어 지급되고, 훈장 · 포장 · 표창에 따라 금액이 달라질 뿐만 아니라, 훈장의 경우에는 다시 등급별로 달리 지급된다(아래 [표 3.5.3.11] 참조). 국가보훈적 성격이 강한 보훈급여금의 경우에 공헌과 희생의 정도에 따라 달리 지급되는 것은 합리적 근거가 있는 차별로서 허용된다. 다만 보훈급여금에는 사회복지적 성격도 포함되어 있으므로 공헌이나 희생의 정도와 상관없이 생활형편에 따른 고려가 필요하다.

---

31) 독립유공자 예우에 관한 법률 제16조【취업지원】 ① 국가는 독립유공자, 그 유족 또는 가족에 대하여 취업지원을 한다.
② 취업지원을 받을 취업지원 대상자는 다음 각 호와 같다.
1. 순국선열의 유족
2. 애국지사와 그 가족 및 유족
3. 독립유공자의 유족 중 장손인 손자녀가 질병 · 장애 또는 고령으로 취업이 어려운 경우 그 손자녀의 자녀 1명. 이 경우 질병 · 장애 또는 고령 등의 기준과 취업지원에 필요한 사항은 대통령령으로 정한다.
③ 국가유공자 등 예우 및 지원에 관한 법률 제30조에 따른 취업지원 실시기관이 그 직원을 채용하기 위하여 채용시험을 실시하는 경우에는 그 채용시험에 응시한 취업지원 대상자의 점수에 다음 각 호의 구분에 따라 가점(加點)하여야 한다.
1. 만점의 10%를 가점하는 취업지원 대상자
가. 순국선열의 유족 및 애국지사
나. 애국지사가 제6조 제1항에 따른 등록신청일 전에 사망한 경우 그 유족
2. 만점의 5%를 가점하는 취업지원 대상자
가. 애국지사의 가족
나. 애국지사가 제6조 제1항에 따른 등록신청일 이후에 사망한 경우 그 유족
다. 제2항 제3호에 해당하는 자
④ 제1항부터 제3항까지의 규정에 따른 취업지원을 할 때 이 법에 특별한 규정이 있는 것을 제외하고는 국가유공자 등 예우 및 지원에 관한 법률 제30조, 제31조 제2항부터 제5항까지, 제31조의2, 제32조, 제33조, 제33조의2, 제33조의3, 제34조, 제34조의2, 제35조의2, 제36조, 제37조, 제37조의2, 제38조 제2항 · 제3항 및 제39조를 준용한다.

[표 3.5.3.11] 독립유공자 보훈급여금 현황

(단위: 천 원)

			2001	2002	2003	2004	2005	2006	2007	2008
본인	기본연금	건국훈장	535	600	642	674	708	744	-	-
		건국포장	360	360	385	404	424	456		
		대통령표창	180	180	193	203	213	234		
	부가연금	건국훈장1	1,841	1,933	2,090	2,236	2,390	2,557	3,502	3,677
		건국훈장2	730	767	829	887	948	1,014	1,865	1,958
		건국훈장3	465	488	528	565	604	646	1,475	1,549
		건국포장	310	326	352	377	411	451	998	1,068
		대통령표창	260	273	295	316	338	362	656	702
유족	기본연금	건국훈장	535	600	642	674	708	744	-	-
		건국포장	360	360	385	404	424	456		
		대통령표창	180	180	193	203	213	234		
	부가연금	건국훈장처	519	545	589	630	673	720	1,553	1,631
		건국훈장1	377	396	428	458	490	524	1,345	1,412
		건국훈장2	223	234	253	271	290	310	1,118	1,174
		건국훈장3	82	86	93	100	107	114	910	956
	포장배우자		75	79	85	91	99	106	618	661
	포장유족		70	74	80	86	94	101	613	656
	표창배우자		65	68	74	79	86	92	359	384
	표창유족		60	63	68	73	80	86	352	377

* 건국훈장1: 건국훈장1~3등급, 건국훈장2: 건국훈장4등급, 건국훈장3: 건국훈장5등급.

** 2007년부터 기본연금과 부가연금이 통합되어 부가연금에 표시.

*** 자료: 국가보훈처 <보훈연감>.

(2) 참전유공자 예우에 관한 법률

6 · 25전쟁[32]과 월남전쟁에 참전한 '참전유공자'에 대한 지원을 위하여 제정된 법률이 「참전유공자예우 및 단체설립에 관한 법률」(이하 '참전유공자법'으로 약칭)이다. 참정유공자에는 ① 6 · 25전쟁에 참전하고 전역(퇴역 또는 면역을 포함)된 군인, ② 병역법 또는 군인사법에 의한 현역복무중 1964년 7월 18일부터 1973년 3월 23일까지 사이에 월남전쟁에 참전하고 전역된 군인, ③ 6 · 25전쟁에 참전하고 퇴직한 경찰공무원, ④ 6 · 25전쟁에 참전(병역의무 없이 참전한 소년지원병

32) 참전유공자의 예우에 관한 법률에서 6 · 25전쟁은 1950년 6월 25일부터 1953년 7월 27일까지 사이에 발생한 전투뿐만 아니라 1948년 8월 15일부터 1955년 6월 30일까지의 사이에 발생한 전투 중 동법의 별표에서 열거하고 있는 전투도 포함한다(동법 제2조 제1호).

을 포함) 또는 월남전쟁에 참전한 사실이 있다고 국방부장관이 인정한 자, ⑤ 경찰서장 등 경찰관서장의 지휘 · 통제를 받아 6 · 25전쟁에 참전한 사실이 있다고 경찰청장이 인정한 자가 포함된다(동법 제2조 제2호). 2009년 12월말 현재 6 · 25 참전유공자는 19만여 명, 월남참전유공자는 13만4천여 명으로 전체 참전유공자는 32만6천여 명에 이른다(아래 [표 3.5.3.12] 참조). 참전유공자는 국가유공자법에 따른 전상군경 또는 고엽제법에 따른 후유(의)증환자와 중첩된다.

[표 3.5.3.12] 참전유공자 현황

(단위: 명)

	2001	2002	2003	2004	2005	2006	2007	2008	2009
6·25참전유공자	177,286	221,934	240,582	240,876	235,140	225,064	214,323	203,430	191,220
월남참전유공자	116,854	99,979	110,193	119,330	126,534	129,749	131,414	133,043	134,899
합 계	294,140	321,913	350,775	360,206	361,674	354,813	345,737	336,473	326,119

* 매년 12월 31일 현재 기준.

** 중첩되는 경우에 6 · 25참전용사로 분류.

*** 자료: 국가보훈처 웹사이트(www.mpva.go.kr).

참전유공자에게는 참전명예수당, 의료지원, 양로보호, 묘지안장, 고궁이용지원 등의 예우와 지원이 제공된다. 우선 65세 이상의 참전유공자에 대하여는 참전의 명예를 기리기 위하여 참전명예수당이 지급된다.[33] 다만, 수당지급대상자가 국가유공자법에 규정된 보훈급여금을 받거나 또는 「고엽제후유의증 환자지원

33) 참전명예수당의 지급연령은 종래에 70세이었다가 2003년에 법률개정으로 65세로 하향되었는데 70세의 지급연령에 대해서 헌법재판소는 합헌결정을 한 바 있다. 2003. 7. 24. 2002헌마522: ① 이 사건 법률조항의 입법취지와, 현행 각 예우법상의 금전급부가 국가에 대한 공헌에 있어 사망이나 부상 등 특별한 희생이나 현저한 무공에 대하여 이루어지고 있는 전반적인 사회보장의 수준에서 특별한 희생이나 무공을 요건으로 하지 않는 이 사건 참전명예수당을 신설하면서 새로이 창출되는 국가 재정부담을 고려하여 70세 이상 참전유공자에게만 지급하도록 한 이 사건 법률조항이 헌법상 사회보장 · 사회복지의 이념에 명백히 반하는 입법형성권의 행사로서 70세가 되지 않은 청구인들의 평등권을 침해한다고 보기 어렵다. ② 인간다운 생활이라고 하는 개념이 사회의 경제적 수준 등에 따라 달라질 수 있는 상대적 개념이고 이 사건 참전명예수당이 소득수준을 기준으로 하는 것이 아니며 단지 70세 이상 노령의 참전유공자에게 경제적 지원을 하는 것이라는 점을 고려하면, 이 사건 법률조항이 있다 하여 70세가 되지 않은 참전유공자의 생계보호에 관한 입법이 전혀 없다고 볼 것은 아니므로 인간다운 생활을 할 권리가 침해당하였다고 보기는 어렵고, 그밖에 일정한 금전급부의 수급기준을 정하고 있는 이 사건 법률조항이 청구인들의 행복추구권을 침해한다고도 할 수 없다.

등에 관한 법률」에 규정된 수당을 지급받는 때에는 본인이 택일하게 하여 지급한다(동법 제6조 제1항).[34] 그리고 참전유공자가 국가 또는 지방자치단체가 설치 · 운영하는 의료시설에서 진료를 받거나 국가에 의해 국가 또는 지방자치단체가 설치 · 운영하는 의료시설 외의 의료시설에 위탁되어 진료를 받는 경우에 진료비를 감면하고, 진료비 감면에 소요되는 비용은 국가가 부담한다(동법 제7조). 또한 65세 이상인 참전유공자로서 부양의무자가 없는 자(부양의무자가 있으나 대통령령이 정하는 부양능력이 없는 경우를 포함)에 대하여는 국가 또는 지방자치단체가 설치 · 운영하는 양로시설에서 보호하거나 국가는 이러한 양로보호를 국가 또는 지방자치단체가 설치 · 운영하는 양로시설 외의 양로시설에 위탁하여 행할 수 있고, 이에 소요되는 비용은 국가가 부담한다(동법 제8조). 그밖에 참전유공자로 등록된 사람의 유골은 본인 또는 유족이 원하면 국가가 위탁하여 조성하거나 조성할 묘지나 국가 또는 지방자치단체가 조성경비의 100분의 50 이상을 부담한 시설에 안장 또는 안치할 수 있다(동법 제9조 제1항). 마지막으로 참전유공자에 대하여는 국가 또는 지방자치단체에서 관리하는 고궁 · 공원 등의 시설을 무료로 이용하게 하거나 그 요금을 할인하여 이용하게 할 수 있다(동법 제10조). 특별히 참전명예수당과 관련하여 헌법재판소가 국가보훈적 성격과 함께 사회보장적 성격을 동시에 인정하고 있는 점에 주목할 필요가 있다.[35] 이러한 참전명예수당은 2008년의 경우에 1인당 매월 8만원씩 지급되어 총 2,214억여 원에 이르렀다(아래 [표 3.5.3.13] 참조).

34) 헌재결 2010. 2. 25. 2007헌마102: 구 참전유공자법 제6조 제1항에서 국가유공자에 해당하는 참전유공자에게 국가유공자법에 의하여 보훈급여금과 참전명예수당 중 하나를 선택하여 지급받도록 하고 있는 것은, 두 지급금의 성격이 유사하다는 고려에서 이루어진 것이고, 한정된 재원으로 금전적 보상을 받지 못하고 있는 참전유공자를 우선적으로 배려하기 위한 것으로 볼 수 있으므로 이로 인한 차별이 객관적으로 정의와 형평에 반한다거나 자의적인 것으로서 청구인의 평등권을 침해한다고 보기 어렵다.

35) 2003. 7. 24. 2002헌마522: 참전명예수당은 국가를 위한 특별한 공헌과 희생에 대한 국가보훈적 성격과 고령으로 사회활동능력을 상실한 참전유공자에게 경제적 지원을 함으로써 참전의 노고에 보답하고 아울러 자부심과 긍지를 고양하며, 장기적인 측면에서 수급권자의 생활보호를 위한 사회보장적 의미를 동시에 갖는 것이다. 따라서 이 사건 참전명예수당의 수급권도 다른 국가보상적 내지 국가보훈적 수급권이나 사회보장수급권과 마찬가지로 구체적인 법률에 의하여 비로소 부여되는 권리라고 할 것이고, 참전명예수당 지급 대상과 내용에 관한 사항은 구체적으로는 국가의 재정부담능력과 전체적인 사회보장의 수준, 참전유공자에 대한 평가기준 내지 사회적 가치관 등에 따라 달라질 수 있으므로 이는 우리 헌법상의 사회보장 · 사회복지 증진 이념에 명백히 어긋나는 것이 아닌 한 입법자의 광범위한 입법형성의 자유에 속하는 것으로서 기본적으로는 입법정책에 달려있는 것이다.

[표 3.5.3.13] 참전명예수당

(단위: 천 원)

2000	2001	2002	2003	2004
2,966,730	24,420,110	55,163,070	140,207,065	181,223,655
2005	2006	2007	2008	2009
180,291,384	202,542,835	196,774,825	221,405,275	224,063.072

* 자료: 국가보훈처 <보훈연감>.

(3) 고엽제후유의증 환자지원 등에 관한 법률

월남전쟁 등에서 고엽제후유증을 얻은 환자와 그 자녀에 대한 보상과 지원을 위한 법률로써 「고엽제후유의증 환자지원 등에 관한 법률」(이하 '고엽제환자법'으로 약칭)이 제정되어 있다. 여기서 고엽제는 월남전 또는 대한민국 비무장지대 남방한계선의 인접지역에서 나뭇잎 등을 제거하기 위하여 사용된 제초제로서 다이옥신이 들어 있는 것을 뜻한다(동법 제2조 제1호). 그리고 고엽제후유증환자는 ① 1964년 7월 18일부터 1973년 3월 23일 사이에 월남전에 참전하여 고엽제 살포지역에서 군인이나 군무원으로서 복무하고 전역·퇴직한 자와 정부의 승인을 받아 전투나 군의 작전에 종군한 기자로서 동법에서 고엽제후유증으로 열거하는 질병[36]을 얻은 자 또는 ② 1967년 10월 9일부터 1970년 7월 31일 사이에 남방한계선 인접지역에서 군인이나 군무원으로서 복무하였거나 고엽제 살포업무에 참가하고 전역·퇴직한 자로서 동법에서 열거하는 질병을 얻은 자를 의미한다(동조 제2호). 또한 고엽제후유의증환자는 월남전에 참전하고 전역한 자 등 또는 남방한계선 인접지역에서 복무하고 전역한 자 등으로서 동법에서 고엽제후유의증으로 열거하는 질병[37]을 얻은 자를 말한다(동조 제3호). 고엽제후유증

36) 고엽제후유의증 환자지원 등에 관한 법률 제5조 제1항: ① 비(非)호지킨임파선암, ② 연조직육종암, ③ 염소성여드름, ④ 말초신경병, ⑤ 만발성피부포르피린증, ⑥ 호지킨병, ⑦ 폐암, ⑧ 후두암, ⑨ 기관암, ⑩ 다발성골수종, ⑪ 전립선암, ⑫ 버거병, ⑬ 당뇨병(선천성 당뇨병은 제외), ⑭ 만성림프성백혈병, ⑮ 만성골수성백혈병, ⑯ 그 밖에 역학조사 또는 연구의 결과 고엽제후유증에 해당된다고 밝혀진 질병으로서 대통령령으로 정하는 질병.

37) 고엽제후유의증 환자지원 등에 관한 법률 제5조 제2항: ① 일광과민성피부염, ② 심상성건선, ③ 지루성피부염, ④ 만성담마진, ⑤ 건성습진, ⑥ 중추신경장애, ⑦ 뇌경색증, ⑧ 다발성신경마비, ⑨ 다발성경화증, ⑩ 근위축성신경측색경화증, ⑪ 근질환, ⑫ 악성종양, ⑬ 간질환(B형 및 C형 감염으로 인한 것은 제외), ⑭ 갑상선기능저하증, ⑮ 고혈압, ⑯ 뇌출혈, ⑰ 허혈성심혈질환, ⑱ 동맥경화증, ⑲ 무혈성괴사증, ⑳ 고지혈증, ㉑ 그 밖에 고엽제로 발생할 수 있다고 밝혀진 질병으로서 대통령령으로 정하는 질병.

환자 또는 고엽제후유의증환자로서 동법의 적용대상자가 되려면 국가보훈처장에게 등록을 신청해야 한다(동법 제4조 제1항).[38] 등록의 신청을 받은 국가보훈처장은 국방부장관의 사실확인과 보훈병원장의 검진결과를 받아(동조 제2항에서 제6항) 신청자가 적용대상자인지를 결정하고(동조 제7항), 적용대상자로 결정된 자를 등록부에 등록해야 한다(동조 제8항). 2009년 말 현재 고엽제환자법의 적용을 받는

[표 3.5.3.14] 고엽제환자 현황

(단위: 명)

	2001	2002	2003	2004	2005	2006	2007	2008	2009
후유증	3,654	16,865	20,019	22,443	25,723	28,599	25,908	29,413	32,414
국가유공자	-	-	-	-	-	-	-	18,714	20,756
등급미달자	-	-	-	-	-	-	-	10,699	11,658
후유의증	-	-	-	-	-	-	-	80,578	85,599
장애등급자	24,821	25,489	29,237	32,532	36,434	40,287	43,566	46,643	49,851
등급미달자	-	-	-	-	-	-	-	33,935	35,748
후유증2세	13	37	41	47	51	58	60	45	49
합 계	28,488	42,391	49,297	55,022	62,208	68,944	69,534	110,036	118,062

* 매년 12월 31일 현재 기준.

** 자료: 국가보훈처 웹사이트(www.mpva.go.kr).

38) 헌재결 2000. 7. 20. 98헌가4: 고엽제로 인한 후유증은 1991년경까지는 그 질병의 원인이 명백히 밝혀지지 아니하여 구 고엽제법이 제정될 때까지 등록신청을 할 수 없었던 사정이 있었던 것은 사실이다. 그러나 그와 같은 사정이 고엽제후유증환자와 일반 전상군경 사이에 보상수급권 발생시기를 반드시 다르게 정하여야 할 사유가 된다고 보기는 어렵다. 일반 전상군경이라 하더라도 상이의 원인과 경과가 항상 명확하다고 단정할 수 없고 그 상이의 원인과 경과가 명백히 밝혀지지 아니하여 상당한 기간 등록신청을 할 수 없었던 경우가 있으므로 고엽제후유증환자가 등록신청을 할 수 없었던 사정은 보상수급권의 발생시기를 정함에 있어 일반 전상군경과 고엽제후유증환자를 달리하여야 할 사유가 된다고 할 수 없다. 뿐만 아니라 고엽제후유증환자의 보상수급권도 등록신청을 한 때부터 발생하는 것으로 규정한 데에는 다음과 같은 합리적 이유가 있다. 즉, 등록신청을 하기 전에는 그 보상에 소요되는 예산을 수립하여 보상수준을 결정하기가 어렵고, 고엽제후유증은 그 발생시기와 진행속도가 환자와 질병의 종류에 따라 다르고 장기간에 걸쳐 완만하게 나타나는 특성이 있으므로 보상수급권의 발생시기를 발병한 때를 기준으로 하는 경우에는 그 발병시기와 상이등급에 관한 진단의 정확성, 신뢰성, 보상대상자의 검진체계와 보상금 지급체계에 문제가 생기게 될 뿐만 아니라 상이의 원인과 경과가 뒤늦게 밝혀져 발병시점으로부터 상당한 기간이 경과한 후에 등록신청을 한 다른 일반 전상군경과 사이에 불균형을 초래하게 된다. 따라서 입법자가 그 입법형성권의 범위 내에서 고엽제후유증환자의 보상수급권 발생시기를 일반 전상군경과 동일하게 「국가유공자예우 등에 관한 법률」 제9조 본문을 적용하여 등록신청을 한 때부터 발생하는 것으로 결정한 것이 헌법상의 평등원칙에 반한다거나 자의적인 것이라고 할 수 없으므로 이 사건 법률조항은 헌법에 위반되지 아니한다.

대상은 11만 8천여 명에 이르고(위 [표 3.5.3.14] 참조), 이들은 국가유공자법에 따른 전상군경 또는 공상군경 및 참전유공자법에 따른 참전유공자와 중첩된다.

고엽제후유증환자로 결정 · 등록된 자 중 그 장애정도가 국가보훈처장이 실시하는 신체검사에서 국가유공자법에 따른 상이등급에 해당하는 장애를 입은 것으로 판정된 자로서 월남전에 참전하고 전역한 자 등은 같은 법에 따른 전상군경으로, 남방한계선 인접지역에서 복무하고 전역한 자 등은 같은 법에 따른 공상군경으로 보고 같은 법으로 정하는 바에 따라 보상을 한다(고엽제환자법 제6조 제1항). 따라서 고엽제환자법의 적용대상자는 국가유공예우법에 의한 전 · 공상군경과 중첩된다. 한편 고엽제후유증환자로 결정 · 등록된 자 중 그 장애 정도가 「국가유공자 등 예우 및 지원에 관한 법률」에 따른 상이등급에 해당되지 않는 자로 판정된 자는 「제대군인지원에 관한 법률」에 따른 의료지원 대상자로 보고 같은 법으로 정하는 바에 따라 의료지원을 한다(동조 제2항).

한편 국가보훈처장은 고엽제후유의증환자 또는 고엽제후유증 2세환자로 결정 · 등록된 자 중 대통령령에서 정하는 장애등급에 해당되는 것으로 판정된 자에 대하여는 모든 질병(부상을 포함)을 진료하고, 그 외의 자에 대하여는 그 결정 · 등록의 사유가 된 질병만을 진료한다(동법 제7조 제1항). 또한 국가보훈처장은 고엽제후유의증환자 또는 고엽제후유증 2세환자로서 대통령령으로 정하는 장애등급에 해당하는 것으로 판정된 자에게는 예산의 범위에서 수당을 지급할 수 있다(동조 제7항). 이러한 수당으로 2009년에 지급된 총액은 2,179억여 원으로 4만 3천여 명에게 지급되었다(위의 [표 3.5.3.3] 참조).

(4) 5 · 18민주유공자예우에 관한 법률

1980년 광주에서 발생한 5 · 18민주화운동과 관련하여 사망하거나 부상당한 자 및 그 유족과 가족을 지원하기 위하여 「5 · 18민주유공자예우에 관한 법률」이 제정되어 있다.[39] 이 법률의 적용을 받은 대상자에는 ① 5 · 18민주화운동 사망자 또는 행방불명자(5 · 18민주화운동과 관련하여 사망하거나 행방불명된 자 또는 5·18민주화운동으로 인한 질병의 후유증으로 사망한 자로서, 5 · 18민주화운동 관련자 보상 등에 관한 법률에 따라 보상이 된 자), ② 5 · 18민주화운동 부상자(5 · 18민주화운동과 관련하여 상이를 입은 자 또는 5 · 18민주화운동으로 인하여 질병을 앓고 있는 자로서, 5 · 18

39) 「5 · 18민주유공자예우에 관한 법률」은 2002년 제정 당시에 「광주민주유공자예우에 관한 법률」이었으나 2004년에 법률이 개정되면서 현재의 법률명으로 변경되었다.

[표 3.5.3.15] 5 · 18민주유공자 현황

(단위: 명)

	2002	2003	2004	2005	2006	2007	2008	2009
사망·행불자	205	208	207	205	204	207	207	201
부상자	2,354	2,513	2,529	2,559	2,572	2,595	2,619	2,623
기타 희생자	948	1,104	1,139	1,190	1,202	1,210	1,216	1,238
합 계	3,507	3,825	3,875	3,954	3,978	4,012	4,042	4,062

* 매년 12월 31일 현재 기준.

** 자료: 국가보훈처 웹사이트(www.mpva.go.kr).

민주화운동 관련자 보상 등에 관한 법률에 따라 장해등급의 판정을 받고 보상을 받은 자), ③ 그 밖의 5 · 18민주화운동 희생자(5 · 18민주화운동과 관련하여 5 · 18민주화운동 관련자 보상 등에 관한 법률 제22조에 따라 지원을 받은 자)가 포함된다(동법 4조). 그리고 동법에 따라 예우를 받는 유족과 가족의 범위에는 ① 배우자, ② 자녀, ③ 부모, ④ 성년인 직계비속이 없는 조부모, ⑤ 60세 미만의 직계존속과 성년인 형제자매가 없는 미성년 제매(弟妹)가 포함된다(동법 제5조 제1항). 5 · 18민주유공자와 그 유족 또는 가족에게는 교육지원, 취업지원, 의료지원, 대부 등의 지원이 제공된다. 2009년말을 기준으로 4천여 명의 5 · 18민주유공자가 지원을 받고 있다(위 [표 3.5.3.15] 참조).

(5) 민주화운동관련자 명예회복 및 보상 등에 관한 법률

독재정권에 저항하기 위하여 민주화운동을 하다 희생된 자와 그 유족에 대한 보상을 제정된 법률이 「민주화운동관련자 명예회복 및 보상 등에 관한 법률」(이하 '민주화운동보상법'으로 약칭)이다.[40] 여기서 민주화운동은 1964년 3월 24일 이후[41] 자유민주적 기본질서를 문란하게 하고 헌법에 보장된 국민의 기본권을 침해한 권위주의적 통치에 항거하여 헌법이 지향하는 이념 및 가치의 실현과 민주헌정질서의 확립에 기여하고 국민의 자유와 권리를 회복 · 신장시킨 활동을

40) 민주화운동보상법의 의미와 내용 및 문제점에 대해서는 명재진, "민주화운동관련자명예회복 및 보상 등에 관한 법률의 헌법적 문제점 －독일 동독불법청산법과의 비교연구－," 「공법연구」(한국공법학회) 제34집 제1호(2005), 176면 이하 및 188면 이하 참조.

41) 대표적인 민주화운동인 4 · 19혁명의 경우 앞서 살펴본 바와 같이 국가유공자예우법에 따라 보상을 받는다.

뜻한다(동법 제2조 제1호). 그리고 민주화운동관련자는 ① 민주화운동과 관련하여 사망하거나 행방불명된 자, ② 민주화운동과 관련하여 상이를 입은 자, ③ 민주화운동으로 인해 대통령령이 정하는 질병을 앓거나 그 후유증으로 사망한 것으로 인정되는 자, ④ 민주화운동을 이유로 유죄판결 · 해직 또는 학사징계를 받은 자 가운데 하나에 해당하는 자로서 민주화운동관련자 명예회복 및 보상심의위원회에서 심의 · 결정된 자를 의미한다(동조 제2호).[42] 한편 민주화운동보상법에서 유족은 민법에 의한 민주화운동관련자의 재산상속인을 말한다(동법 3조 제1항). 민주화운동관련자와 그 유족에 대해서는 보상금(동법 제7조),[43] 의료지원금(동법 제8조), 생활지원금(제9조)이 지급된다.

---

42) 민주화운동관련자 명예회복 및 보상심의위원회의 심의결정과 관련된 법적 쟁점에 대해서는 이현수, "민주화보상법상 금전적 구제의 법적 성격 – 보상심의위원회의 심의 · 결정의 법적 성격 및 이에 대한 소송유형을 중심으로 –," 「공법연구」(한국공법학회) 제34집 제1호(2005), 210면 이하 참조. 그밖에 보상심의위원회의 활동에 대해서는 이영재, "민주화보상법 운용의 현황과 과제," 「공법연구」(한국공법학회) 제24집 제1호(2005), 156면 이하 참조.

43) 민주화운동보상법 제7조【보상금】 ① 관련자 또는 그 유족에 대하여는 다음 각 호의 구분에 따라 산출한 금액에 보상결정시까지의 법정이율에 의한 이자를 가산한 보상금을 지급한다.
1. 민주화운동과 관련하여 사망하거나 행방불명으로 확인된 자의 유족에 대하여는 사망하거나 행방불명된 때를 기준으로 그 당시의 월급액 · 월실수액 또는 평균임금에 장래의 취업가능기간을 곱한 금액에서 법정이율에 의한 단할인법으로 중간이자를 공제한 금액
2. 민주화운동과 관련하여 상이를 입은 자 또는 그 유족에 대하여는 다음의 금액을 합한 금액
가. 필요한 요양으로 인하여 월급액 · 월실수액 또는 평균임금의 수입에 손실이 있는 경우에는 그 요양기간의 손실액
나. 상이를 입은 자가 신체에 장해가 있는 경우에는 그 장해로 인한 노동력 상실정도에 따라 상이를 입은 때를 기준으로 그 당시의 월급액 · 월실수액 또는 평균임금에 노동력상실률 및 장래의 취업가능기간을 곱한 금액에서 법정이율에 의한 단할인법으로 중간이자를 공제한 금액
② 민주화운동과 관련하여 상이를 입은 자가 그 상이 외의 원인으로 사망한 경우에는 그가 생존하는 것으로 보아 제1항 제2호의 규정에 따라 보상금을 지급한다.
③ 제1항의 규정에 의한 월급액 · 월실수액 또는 평균임금은 주소지를 관할하는 시장 · 군수 · 구청장 · 세무서장의 증명이나 기타 공신력 있는 증명에 의하고 이를 증명할 수 없을 때에는 대통령령이 정하는 바에 의한다.
④ 제1항의 규정에 의한 보상금을 산정함에 있어서는 월급액 · 월실수액 또는 평균임금에서 대통령령이 정하는 생활비를 공제하여야 한다.
⑤ 제1항의 규정에 의한 취업가능기간과 장해등급 및 노동력상실률에 관하여 필요한 사항은 대통령령으로 정한다.

Ⅳ. 헌법적 심사기준에 의한 비판과 합헌적 대안

1. 사회보상수급권의 법적 성격

헌법재판소는 사회보상수급권이 사회적 기본권으로서 가지는 성격을 인정하지만[44] 구체적 권리성을 부인하고 있다.[45] 같은 맥락에서 사회보상수급권의 재산권적 성격은 인정하지만 구체적 권리가 되기 전까지는 헌법상 보장된 재산권으로 보지 않고[46] 단순한 '기대이익'[47]으로 본다. 사회보상수급권에 대한 이러한 이해는 이를 구체화하는 입법자에게 '광범위한 입법형성의 자유영역'[48]을 인정하는 결론에 이르게 된다. 하지만 사회보상청구권이 사회적 기본권으로 이해된다면 구체적 권리로 인정되어야 한다. 사회적 기본권도 기본권으로서 확정

---

44) 헌재결 1995. 7. 21. 93헌가14: 예우법이 정하고 있는 전몰군경의 유족 및 전공사상자의 수급권은 수급자측의 금전적 기여가 전제되어 있지 아니하나 생명 또는 신체의 손상이라는 특별한 희생에 대한 국가보상적 내지 국가보훈적 성격을 띠는 한편, 장기간에 걸쳐 수급권자의 생활보호를 위하여 주어진다고 하는 특성도 가지고 있으므로 사회보장적 성질도 겸하고 있다고 하지 않을 수 없는 것이다. 같은 취지의 결정으로 헌재결 2000. 6. 1. 98헌마216; 2001. 6. 28. 99헌바32; 2002. 12. 18. 2001헌마546; 2003. 5. 15. 2002헌마90; 2009. 3. 26. 2008헌바105 참조.

45) 헌재결 1995. 7. 21. 93헌가14: 이와 같은 국가의 의무를 이행함에 있어 가능하다면 그들의 공훈과 희생에 상응한 예우를 충분히 하는 것이 바람직할 것이지만, 국가재정능력에 한계가 있으므로 국가보훈적인 예우의 방법과 내용 등은 입법자가 국가의 경제수준, 재정능력, 국민감정 등을 종합적으로 고려하여 구체적으로 결정해야 하는 입법정책의 문제로서 폭넓은 입법재량의 영역에 속한다고 할 것이고, 따라서 국가보훈 내지 국가보상적인 수급권도 법률에 규정됨으로써 비로소 구체적인 법적 권리로 형성된다고 할 것이다. 같은 취지의 결정으로 헌재결 1998. 2. 27. 97헌가10; 2000. 6. 1. 98헌마216; 2003. 5. 15. 2002헌마90; 2007. 4. 26. 2004헌바60 참조.

46) 헌재결 1995. 7. 21. 93헌가4: 보상금수급권은 법률에 의하여 비로소 인정되는 권리이지만 법정요건을 갖춘 후 발생하는 보상금수급권은 구체적인 법적 권리로 보장되고, 그 성질상 경제적·재산적 가치가 있는 공법상의 권리라 할 것인데, 헌법 제23조 제1항, 제13조 제2항이 보장하고 있는 재산권이란 경제적 가치가 있는 공·사법상의 모든 권리를 포함하는 것이므로, 예우법에 의한 보상금수급권도 위 헌법조항들에 의하여 보호받는 재산권의 하나로 보아야 할 것이다. 그러나 보상금수급권 발생에 필요 절차 등 수급권 발생요건이 법정되어 있는 경우에는 이 법정요건을 갖추기 전에는 헌법이 보장하는 재산권이라고 할 수 없다.

47) 헌재결 1995. 7. 21. 93헌가4; 2007. 4. 26. 2004헌바60.

48) 헌재결 2000. 6. 1. 98헌마216: 국가가 국가유공자에게 지급할 구체적인 보상의 내용 등에 관한 사항은 국가의 재정부담능력과 전체적인 사회보장의 수준, 국가유공자에 대한 평가기준 등에 따라 정하여질 수밖에 없으므로 입법자의 광범위한 입법형성의 자유영역에 속하는 것으로 기본적으로는 국가의 입법정책에 달려 있는 것이다. 같은 취지의 결정으로 헌재결 2001. 6. 28. 99헌바32; 2002. 12. 18. 2001헌마546; 2003. 5. 15. 2002헌마90; 2009. 3. 26. 2008헌바105 참조.

적 권리는 아니지만 잠정적 권리이고, 비록 잠정적 권리라고 하더라도 헌법상 보장된 권리(헌법적 권리)이지 법률에 의해서 비로소 보장되는 권리(법률적 권리)가 아니기 때문이다. 따라서 헌법적 권리(기본권)로서 사회보상수급권을 구체화하는 입법자에게 원칙적으로 광범위한 입법형성의 자유가 인정된다고 하더라도 사회보상수급권을 완전히 형해화할 정도의 권한이 보장된다는 의미로 이해될 수는 없다.

물론 사회보상수급권에는 국가보상적 성격 또는 국가보훈적 성격도 포함된다. 중요한 것은 국가보상적 성격의 경우에는 피해에 대한 합리적 범위의 보상이 요구되지만 국가보훈적 성격의 경우에는 보상의 범위를 정하기가 쉽지 않다는 점이다. 이것은 국가보훈적 성격의 사회보상 영역에서 더 넓은 입법형성의 자유가 인정되어야 함을 의미한다. 다만 국가보상적 사회보상이든 국가보훈적 사회보상이든 사회복지적 성격과 결합되어 있고, 전체 급여 가운데 사회보상적 부분과 사회복지적 부분이 차지하는 비중이 명확하게 구분되지 않는 경우에는 입법형성의 자유가 보장되는 영역은 줄어들 수밖에 없다.

2. 보상대상의 범위

사회보상법의 영역에서도 과소금지원칙을 적용하여 헌법적 정당성을 평가할 수 있다. 여기서 범죄로 인한 피해자든 국가를 위한 희생자든 국가의 보상을 받을 수 있는 대상의 범위를 어디까지로 할 것인지가 판단기준이 될 수 있다. 범죄피해자의 경우에 우선 일반적인 범죄피해자구조제도에 따라 범죄로 인해 생명이나 신체에 피해를 입은 자로 대상범위를 한정하는 부분에 대해서 문제제기를 해볼 수 있다. 또한 성매매피해자, 성폭력피해자, 가정폭력피해자, 일본군위안부로만 한정하여 범죄피해자에 대한 보호와 지원이 이루어지는 부분에 대해서도 동일한 문제제기가 가능하다. 한편 국가공헌자의 경우에도 같은 맥락에서 어떤 범위의 대상을 국가공헌자로 인정할 것인지가 쟁점이 된다. 현재 국가유공자, 독립유공자, 참전유공자, 고엽제환자, 5 · 18민주유공자, 민주화유공자 등 80만 명에 가까운 사람이 국가공헌자에 포함되어 있는데(아래 [표 3.5.3.16] 참조) 새로운 집단이 역사적 평가에 따라 유공자의 개념에 새롭게 포함될 수 있다. 결국 범죄피해자의 경우든 국가유공자의 경우든 국가(입법자)는 보상하고 지원하는 대상의 범위를 최소한은 정하고 있다고 주장할 수 있다. 하지만 단지 범죄피해자나 국가유공자에 대한 보상과 지원이 전혀 없는 것은 아니라는 점만

[표 3.5.3.16] 보훈대상자 현황

(단위: 명)

근거법률	2001	2002	2003	2004	2005	2006	2007	2008	2009
국가유공자예우법	223,974	239,894	249,557	258,999	271,426	284,554	295,397	305,210	312,876
독립유공자예우법	5,225	5,373	5,463	5,604	6,011	6,281	6,442	6,642	6,766
참전유공자예우법	294,140	321,913	350,775	360,206	361,674	354,813	345,737	336,473	326,119
고엽제후유증지원법	24,834	25,526	29,278	32,579	36,485	40,345	43,626	46,688	118,062
5·18민주유공자예우법	-	3,507	3,825	3,875	3,954	3,978	4,012	4,042	4,062
특수임무수행자지원법	-	-	-	-	1,775	1,917	2,271	2,333	2,302
제대군인지원법	18,637	20,338	21,547	23,573	25,460	26,760	29,631	35,057	40,086
합 계	566,810	616,551	660,445	684,836	706,785	718,648	727,116	736,445	791,355

* 참전유공자 및 고엽제환자 중 전상군경 및 공상군경으로 인정된 자는 국가유공자예우법의 적용대상자에 중첩적으로 포함됨.

** 자료: 국가보훈처 <보훈연감> 및 웹사이트(www.mpva.go.kr).

을 강조하여 헌법적 요청이 과소금지원칙을 위반하지 않았다고 단정할 수는 없다. 전혀 없는 것과 최소한 사이에는 여전히 헌법적 요청에 위반되는 영역이 남아 있기 때문이다.

3. 보상수준의 내용

사회보상법에 따라 보상과 지원을 받는 대상범위가 헌법적 요청에 맞게 정해졌다고 하더라도 그러한 대상에 대한 보상수준에 따라 사회보상법의 위헌 여부는 달리 결정될 수 있다.[49] 그러한 보상수준은 국가의 경제수준이나 재정규모를 고려하여 결정될 수밖에 없고, 국가의 경제수준이나 재정규모에 관한 정보나 데이터는 입법부와 집행부가 사법부보다 훨씬 더 많이 가지고 있을 것이므로 사법부는 가능한 보상수준에 대한 입법부와 집행부의 결정(법률/시행령/시행규칙)을 존중할 필요가 있다. 다만 보상범위에서도 언급한 것처럼 단지 보상대상에 대한 보상이 전혀 없는 것은 아니라는 사실만 가지고 위헌의 의심에서 완전히 자유로울 수는 없다. 헌법적으로 요청되는 최소한이 국가의 경제수준이나 재

49) 예를 들어 현행 범죄피해자구조금의 적정성에 대한 의문을 제기하는 견해로 임종훈, "범죄피해자구조청구권에 관한 고찰," 「헌법학연구」(한국헌법학회) 제15권 제4호(2009), 412면 이하 참조.

정규모와 상관없이 절대적으로 정해질 수는 없다고 하더라도 적어도 그러한 최소한이 존재하고, 단지 보상을 했다는 이유만으로 그러한 최소한을 충족했다고 주장할 수는 없기 때문이다. 헌법적 최소한은 전체 복지예산에서 보상급여가 차지하는 비율과 같은 '거시적' 관점 및 각각의 보상급여 대상자에게 지급되는 금액과 같은 '미시적' 관점 모두에서 평가되어야 한다.

[표 3.5.3.17] 보훈급여지급 현황

(단위: 백만 원)

	2001	2002	2003	2004	2005	2006	2007	2008
합 계	1,138,329	1,284,576	1,439,926	1,548,192	1,669,861	1,822,926	1,985,358	2,128,450
상이군경	559,241	617,790	683,111	734,830	789,157	861,562	929,579	995,175
군경유족	443,754	510,161	569,590	551,694	583,319	618,998	657,887	688,924
애국지사유족	34,938	39,953	42,573	40,530	48,223	52,357	58,997	62,861
기 타	100,395	116,670	144,650	221,136	249,161	290,008	338,893	381,488

* 자료: 국가보훈처 <보훈연감>.

제6절 교육복지법

I. 개 관

1. 헌법적 문제로서 교육

교육을 통해 개인은 자신의 인격을 성장시키고, 국가는 문화적 수준을 향상시킬 수 있으므로 교육은 국민에게 보장되어야 할 핵심적인 권리의 대상이자 국가에 부과되어야 할 중요한 과제의 영역에 포함된다. 이러한 교육은 그 자체가 독자적인 영역을 구성하고, 반드시 사회복지와 관련되는 것은 아니다. 하지만 교육은 시장에 충분한 공급이 되고 개인에게 충분한 재정만 제공된다면 개인이 시장에서 구입할 수 있는 대상이기 때문에 대표적인 사회적 기본권의 대상이다. 따라서 교육은 국가의 사회복지적 과제의 내용에 포함될 필요가 있다.[1] 그럼에도 불구하고 교육은 사회복지의 한 내용으로 포함시키기에는 매우 광범위한 영역을 포괄하고 있으므로 이하에서는 사회복지와 관련된 교육복지에 대해서만 논의하기로 한다.

2. 헌법적 근거

헌법은 국민에게 교육을 받을 권리를 보장한다(동법 제31조 제1항).[2] 교육을 받을 권리에는 '교육을 받을 자유'라는 자유권적 의미도 포함되지만 교육에 관

---

1) 교육을 사회복지정책의 관점에서 이해해야 한다는 견해로 노기호, "미국의 교육복지정책과 법제의 동향," 「공법연구」(한국공법학회) 제35집 제3호(2006), 28면 이하 참조. 그밖에 세계 각국의 교육복지와 관련된 정책과 입법에 대해서는 노기호, "현대 교육복지정책의 동향과 법제의 방향," 「법과 정책연구」(한국법정책학회) 제8집 제2호(2008), 3면 이하 참조.

2) 교육을 받을 권리의 의미에 대해서는 윤재만, "헌법이론적 관점에서의 교육관련 기본권의 이해," 「공법연구」(한국공법학회) 제36집 제1호(2007), 507면, 특히 511면 이하 참조.

한 국가의 급부를 요구하는 사회권적 의미가 더 강하다. 또한 헌법은 '균등하게' 교육을 받을 권리를 보장함으로써 교육에 관한 법적 평등과 함께 사실적 평등도 요청한다. 따라서 교육을 받을 권리는 교육에 관한 기회균등을 보장할 뿐만 아니라 교육영역에서의 실질적 평등을 보장한다. 이러한 교육에 관한 사실적 평등은 교육을 받을 권리의 사회권적 측면과 중첩된다.

II. 의무교육

1. 의무교육의 개념

의무교육은 본인의 의사에 상관없이 반드시 이수해야 하는 교육을 의미한다. 따라서 의무교육은 교육을 받을 자유의 소극적 측면, 즉 교육받지 않을 자유를 제한한다. 국가가 국민에게 의무교육을 실시하는 이유는 앞에서 언급한 교육의 의미 때문이다. 다시 말해 교육이 개인의 인격성장과 국가 전체의 문화수준향상에서 가지는 의미 때문에 헌법은 일정한 범위의 교육(초등교육)을 강제로 실시하도록 명시적으로 요구한다. 이러한 교육의 강제는 자녀를 교육시켜야 하는 부모의 의무로 구체화된다(헌법 제31조 제2항). 따라서 부모는 그 자녀에게 법적으로 요구된 의무교육을 시켜야 할 헌법적 의무를 지게 된다.

2. 무상교육의 원칙

의무교육은 무상교육의 원칙이 적용된다(헌법 제31조 제3항). 따라서 의무교육에 필요한 비용에 대해서는 의무교육을 받는 자 또는 의무교육을 시켜야 하는 부모에 대해서 부과될 수 없고, 국가가 그 비용을 부담해야 한다.[3] 여기서

3) 헌법재판소는 무상교육으로서 의무교육의 의미를 다음과 같이 설시하고 있다. 헌재결 2005. 3. 31. 2003헌가20: 의무교육제도는 국민에 대하여 보호하는 자녀들을 취학시키도록 한다는 의무부과의 면보다는 국가에 대하여 인적 · 물적 교육시설을 정비하고 교육환경을 개선하여야 한다는 의무부과의 측면이 보다 더 중요한 의미를 갖는다. 의무교육에 필요한 학교시설은 국가의 일반적 과제이고, 학교용지는 의무교육을 시행하기 위한 물적 기반으로서 필수조건임은 말할 필요도 없다. 따라서 이를 달성하기 위한 비용은 국가의 일반재정으로 충당하여야 한다. 헌법 제31조 제6항은 교육재정에 관한 기본적인 사항을 법률로 정하도록 하고 있는바, 이는 무

문제는 무상원칙이 적용되는, 의무교육에 필요한 비용의 범위다. 의무교육에 필요한 비용은 단지 학비(등록금)뿐만 아니라 교재비와 의무교육 기간 동안 필요한 숙식비, 생활비, 교통비 등도 포함되어야 한다. 또한 의무교육에 필요한 시설이나 인력(교원)에 소요되는 비용도 국가가 부담해야 한다.

의무교육에서 제기되는 또 다른 문제는 의무교육이 적용되는 학교의 범위다. 헌법은 초등교육은 명시적으로 의무교육의 범위에 포함시키고 있지만 그것을 넘는 학교교육(중·고등교육)에 대해서는 법률에 정하도록 위임하고 있다(헌법 제31조 제2항). 여기서 초등교육 외에 의무교육의 대상이 되는 학교교육의 범위를 결정하는 권한은 완전히 입법자(국회)에게 맡겨져 있는지가 문제될 수 있다. 헌법재판소는 초등교육에 대한 의무교육은 입법자를 구속하지만 그 밖의 교육에 대한 의무교육은 입법자를 구속하지 않는다고 한다.[4] 하지만 입법자를 구속

상에 의한 교육을 받을 권리의 실효성을 보장하기 위한 최소한의 국가적 책무를 헌법에 정한 것으로서 무상의 의무교육제도가 국민보다는 국가에 대한 의무부과의 측면이 더 강하다는 점을 고려하면, 확보되거나 확보할 일반재정 중 다른 부분을 희생해서라도 헌법과 법률이 정한 의무교육의 무상원칙을 달성하여야 한다는 국가의 의무를 밝힌 것이라고 보아야 한다. 그렇다면, 적어도 의무교육에 관한 한 일반재정이 아닌 부담금과 같은 별도의 재정수단을 동원하여 특정한 집단으로부터 그 비용을 추가로 징수하여 충당하는 것은 의무교육의 무상성을 선언한 헌법에 반한다고 할 것이다.(강조는 필자) 같은 취지의 결정으로 헌재결 2008. 9. 25. 2007헌가1 및 2008. 9. 25. 2007헌가9 참조.

4) 헌재결 1991. 2. 11. 90헌가27: 의무교육의 실시범위와 관련하여 의무교육의 무상원칙을 규정한 헌법 제31조 제3항은 초등교육에 관하여는 직접적인 효력규정으로서 개인이 국가에 대하여 입학금·수업료 등을 면제받은 수 있는 헌법상의 권리라고 볼 수 있다. 그러나 중등교육의 경우에는 초등교육과는 달리 헌법 제31조 제2항에서 직접 중학교교육 또는 고등학교교육 등 중등교육을 지칭하지 아니하고 단지 법률이 정하는 교육이라고 규정하였을 뿐이므로 무상의 의무교육 중 초등교육을 넘는 중학교교육 이상의 교육에 대하여는 국가의 재정형편 등을 고려하여 입법권자가 법률로 정한 경우에 한하여 인정될 수 있는 것이다. 따라서 무상의 중등교육을 받을 권리는 법률에서 중등교육을 의무교육으로서 시행하도록 규정하기 전에는 헌법상 권리로서 보장되는 것은 아니다. 그러나 국회가 교육법 제8조, 제8조의 2 각 규정을 통하여 중등교육 가운데 3년의 중학교 교육을 의무교육으로 실시하되 그 실시방법에 관하여는 이를 순차적으로 확대실시하도록 규정함으로써 비로소 그와 같은 내용의 중등교육을 무상으로 받을 권리가 헌법상 보장되게 된 것이므로 아직은 초등교육을 받을 권리와 같은 수준으로 보장되고 있는 것은 아니다. 왜냐하면 헌법상 초등교육에 대한 의무교육과는 달리 중등교육의 단계에 있어서는 어느 범위에서 어떠한 절차를 거쳐 어느 시점에서 의무교육으로서 실시할 것인가는 **입법자의 형성의 자유에 속하는 사항으로서 국회가 입법정책적으로 판단하여** 법률로 구체적으로 규정할 때에 비로소 헌법상 권리로서 구체화되는 것으로 보아야 하기 때문이다. 따라서 입법자가 중학교교육에 대한 의무교육을 단계적으로 실시하는 것으로 규정함에 따라 아직 중학교교육의 무상 실시라는 혜택을 받지 못하는 지역이 있더라도 이는 그 지역의 주민들에 대하여는 이러한 혜택이 현재로서는 구체적인 헌법상의 권리로서 보장되지 않고 있는 것이며, 그들의 헌법상 보장된 권리가 국가에 의하여 침해되고 있다고 볼 수 없다(강조는 필자).

하는 기본권으로서 무상교육을 받을 권리도 입법자를 구속하고, 그러한 권리는 단지 명시된 초등교육에 국한되지 않는다. 또한 무상교육을 받을 권리는 무상교육의 범위를 입법자에게 완전히 자유로운 형성의 영역을 남겨 놓았다기보다는 초등교육을 넘어선 학교교육에 대해서도 일정한 최소한 기준을 제시하고 있다고 보아야 한다. 따라서 이러한 최소한의 기준을 충족하지 못한 법률은 무상교육을 받을 권리를 침해한다고 보아야 한다. 이러한 최소한의 기준은 국가의 경제규모와 재정수준을 고려하여 판단할 수밖에 없다. 현행 「교육기본법」은 6년의 초등교육과 3년의 중등교육을 의무교육으로 규정하고 있다(동법 제8조 제1항).

3. 무상급식의 문제

의무교육의 범위에는 의무교육기간에 소요되는 급식비가 포함되는 것이 합리적이다. 급식은 원칙적으로 학생 개인의 기호를 고려하여 해당 학생의 가정이 해결해야 하지만 이러한 방법은 번거로움[5]과 위생상의 문제(가정에서 준비해온 음식이 급식시간까지 부패할 수 있는 문제)가 발생할 수 있다. 따라서 학교에서 단체급식을 실시할 수 있고, 물론 이것도 위생상의 문제가 없는 것은 아니지만 비용절감의 효과까지 고려한다면 단체급식이 합리적인 방식이 된다. 문제는 단체급식에 필요한 재료비와 시설비 및 인건비를 충당하는 방식이다. 급식과 교육을 전혀 상관없는 영역으로 구분하다면 무상원칙이 적용되는 의무교육의 경우에도 급식비는 이용자부담원칙에 따라 급식을 받는 학생의 부모가 부담해야 한다. 하지만 급식과 교육을 밀접하게 연관된 영역으로 결합시킨다면 무상원칙이 적용되는 의무교육의 경우에는 국가가 급식비를 부담해야 한다. 결국 급식과 교육의 연관성 여부에 대한 판단이 필요한데 이것은 절대적으로 판단되기보다는 무상교육에 관한 헌법적 원칙, 즉 헌법에 따라 교육에 필요한 가능한 모든 비용을 국가가 부담하도록 요구하는 원칙을 고려한 목적론적 관점에서 판단된다면 급식과 교육이 밀접하게 연관되어 있다고 보는 것이 합리적이다.

이와 관련하여 「학교급식법」은 초 · 중등교육법상의 학교와 근로청소년을 위한 특별학급 및 산업체부설 중 · 고등학교는 학교급식을 실시하도록 하면서(동법 제4조) 해당 학교에 급식시설 · 설비의 설치(동법 제6조 제1항) 및 영양교사와 조리

5) 급식의 번거로움은 대부분 급식을 준비해야 하는 학생의 엄마에게 돌아가고, 특히 맞벌이 가정의 경우에는 번거로움을 넘어 심각한 부담으로 작용할 수도 있다.

사의 배치(동법 제7조 제1항)를 의무화하고 있다. 한편 학교급식의 실시에 필요한 급식시설 · 설비비는 당해 학교의 설립 · 경영자가 부담하되, 국가 또는 지방자치단체가 지원할 수 있고(동법 제8조 제1항), 급식운영비는 당해 학교의 설립 · 경영자가 부담하는 것을 원칙으로 하되, 보호자(친권자, 후견인 그 밖에 법률에 따라 학생을 부양할 의무가 있는 자)가 그 경비의 일부를 부담할 수 있도록 규정한다(동조 제2항). 그리고 학교급식을 위한 식품비는 보호자가 부담하는 것을 원칙으로 하고 있다(동조 제3항). 보호자가 부담할 경비의 전부 또는 일부에 대해서 국가나 지방자치단체가 지원할 수 있는데(동법 제9조 제1항) 이 경우에 우선적 지원의 대상이 되는 것은 ① 학생 또는 그 보호자가 국민기초생활보장법상의 수급권자, 차상위계층에 속하는 자, 한부모가족지원법상의 보호대상자인 학생, ② 도서 · 벽지 교육진흥법상의 도서벽지에 있는 학교와 그에 준하는 지역으로서 대통령령이 정하는 지역의 학교에 재학하는 학생, ③ 농림어업인 삶의 질 향상 및 농산어촌지역 개발촉진에 관한 특별법상의 농산어촌에 있는 학교와 그에 준하는 지역으로서 대통령령이 정하는 지역의 학교에 재학하는 학생, ④ 그 밖에 교육감이 필요하다고 인정하는 학생이다(동조 제2항). 학교급식을 의무화하면서 급식비의 일부를 학생의 보호자에게 부담시키는 것, 특히 급식비에 대한 국가나 지방자치단체의 지원이 이루어지는 경우에 한해서 생활이 어려운 집단에게 우선적 지원만 제공하는 것은 헌법이 요구하는 의무교육에 대한 무상교육원칙의 취지에 위반될 수 있다.

III. 평생교육

1. 평생교육의 개념

평생교육이란 인간의 생애주기에 따라 학습연령이 지난 성인을 대상으로 하는 교육 또는 정규 학교교육 외의 교육을 의미한다. 따라서 '피교육자의 나이'를 기준으로 통상적인 학습연령을 넘은 대상을 교육하거나 '교육의 내용'을 기준으로 정규 학교에서 가르쳐야 하는 내용이 아닌 내용을 교육하는 것은 평생교육에 포함된다. 「평생교육법」은 평생교육을 '학교의 정규교육과정을 제외한 학력보완교육, 성인 기초·문자해득교육, 직업능력 향상교육, 인문교양교육, 문화예술교육, 시민참여교육 등을 포함하는 모든 형태의 조직적인 교육활동'으로 정의한다(동법 제2조 제1호).

2. 평생교육에 관한 헌법적 요청

평생교육에 대해서는 의무교육에 적용되는 무상교육의 원칙이 적용되지 않는다. 따라서 헌법이 평생교육의 진흥을 국가의 의무로서 부과한 것은 비록 평생교육에 필요한 비용은 평생교육을 필요로 하는 개인에게 부담시킨다고 하더라도 적어도 평생교육에 필요한 제도나 시설 또는 인력은 국가가 직접적으로 제공하거나 그러한 시설이나 인력에 대한 지원을 제공하도록 요구하는 것을 의미한다.

3. 평생교육법

평생교육에 관한 헌법적 요청을 구체화하는 「평생교육법」은 국가에 대해서 평생교육진흥기본계획의 수립과 평생교육진흥위원회의 설치를 요구하고 있다(동법 제9조 및 제10조). 또한 국가는 평생교육진흥과 관련된 업무를 지원하기 위한 기관으로서 평생교육진흥원을 설립해야 한다(동법 제19조 제1항). 그리고 국가 및 지방자치단체에 대해서는 ① 평생교육기관의 설치·운영, ② 평생교육사의 양성 및 배치, ③ 평생교육프로그램의 개발, ④ 그 밖에 국민의 평생교육 참여를 촉진하기 위하여 수행하는 사업 등 평생교육진흥사업을 실시 또는 지원할 수 있는 권한이 부여되어 있다(동법 제16조).

한편 국가는 평생교육사에 관한 제도를 실시해야 하고(동법 제24조), 평생교육시설로는 초·중등교육법과 고등교육법에 따른 각급학교(동법 제29조), 학교 부설 평생교육시설(동법 제30조), 학교형태의 평생교육시설(동법 제31조), 사내대학형태의 평생교육시설(동법 제32조), 원격대학형태의 평생교육시설(동법 제33조), 사업장 부설 평생교육시설(동법 제35조), 시민사회단체 부설 평생교육시설(동법 제36조), 언론기관 부설 평생교육시설(동법 제37조), 지식인력개발 관련 평생교육시설(동법 제38조)이 있다.

IV. 헌법적 심사기준에 의한 비판과 합헌적 대안

1. 의무교육의 경우

의무교육의 핵심은 무상교육이다. 그리고 의무교육에 관한 입법의 헌법합치성을 평가함에 있어서 중요한 영역은 무상으로 제공되어야 하는 학교와 그 교육에 소요되는 비용의 범위다. 가장 이상적으로는 개인이 원하는 수준의 학교교육까지 무상으로 제공하는 것, 그리고 그러한 교육에 필요한 최대한의 비용을 제공하는 것이 요구된다. 헌법은 교육에서 '능력'을 강조하고, 이 능력은 경제적 능력을 의미하지 않기 때문에 개인이 교육을 받을 능력(수학능력)만 있다면 본인이 원하는 수준의 학교교육을 받을 수 있어야 한다. 충분한 수학능력이 있음에도 불구하고 경제적 능력이 없어 교육받지 못하는 것은 해당 개인의 인격을 심각하게 침해할 수 있다. 또한 반대로 수학능력도 되지 않는데 오로지 경제적 능력이 있다는 이유만으로 본인이 원하는 교육을 모두 받는 것도 수학능력은 있지만 경제적 능력이 안 되는 자의 상대적인 박탈감을 강화한다. 하지만 사회적 기본권의 실현은 국가의 경제수준이나 재정규모를 고려해야 하기 때문에 그러한 이상적인 것보다 낮은 수준에서 구체적인 무상교육의 내용이 결정될 수밖에 없다. 중요한 것은 입법자가 오로지 국가의 경제수준이나 재정규모만을 고려하지 않고 헌법적으로 요구되는 무상교육에 관한 사회적 기본권을 동시에 고려하여 무상교육의 내용을 구체화하는 것이다.

2. 평생교육의 경우

헌법은 평생교육을 무상교육으로 요구하지 않기 때문에 평생교육과 관련된 국가의 의무는 평생교육에 필요한 비용의 직접적 제공을 내용으로 하지 않는다. 평생교육과 관련된 국가의 의무는 오히려 평생교육에 필요한 제도나 시설 또는 인력을 내용으로 하므로 평생교육과 관련된 입법의 헌법합치성은 이러한 제도나 시설 또는 인력이 과도하게 부족하여 헌법적 요청에 이르지 못하는지 여부를 가지고 판단해야 한다. 평생교육의 경우에도 중요한 것은 헌법이 국가에 대해서 평생교육에 관한 의무를 부과함으로써 그 확정적인 범위와 내용이 결정된 것은 아니지만 적어도 그 존재 및 최소한의 범위와 내용은 결정되어 있다는 점이다. 물론 그러한 최소한의 범위와 내용이 무엇인지가 여전히 불확정적인 것도 사실이지만 이러한 최소한의 범위와 내용을 고려하지 않은 채 입법자가 평생교육의 범위와 내용을 절대적 재량에 따라 결정하도록 방임하는 것은 평생교육에 관한 헌법적 요청을 침해하는 결과에 이를 수 있다.

제7절 노동복지법

I. 개 관

1. 헌법적 문제로서 노동

사회적 기본권을 사실적 자유로 이해할 때 사회적 기본권의 대상은 시장에 충분한 공급이 있고 개인에게 충분한 재정만 보장된다면 개인이 시장에서 구입할 수 있는 것들이다. 여기서 개인이 사실적 자유의 실현을 위한 재정을 확보하기 위하여 필요한 것이 노동이다. 개인은 자신의 노동을 팔아 그 대가로 임금을 얻고, 이 임금은 개인의 사실적 자유를 실현하기 위한 재원이 되기 때문이다. 따라서 노동은 사회적 기본권과 밀접하게 관련된다. 물론 노동에 관한 권리에도 자유권적 의미가 포함된다. 자신이 원하지 않는 노동을 강요당하지 않고, 자신이 원하면 노동할 수 있는 자유도 노동에 관한 권리의 중요한 내용이다. 하지만 노동은 임금과 반드시 연계될 수밖에 없고, 임금은 다른 자유를 실현하기 위한 물적 토대가 된다는 점에서 노동에 관한 권리는 사회적 기본권과의 관련성이 더 밀접하다.

2. 국민의 권리로서 근로기회제공청구권

노동을 팔은 대가로 받은 임금을 자신의 사실적 자유를 실현하기 위한 재정적 기초로 삼아야 하는 개인은 국가에 대해서 노동(일)할 수 있는 기회를 제공해주도록 청구할 수 있는 권리를 갖는다. 이러한 근로기회제공청구권이 헌법상 보장된 근로의 권리(헌법 제32조 제1항 제1문)의 본질을 이룬다. 또한 근로를 제공하는 이유는 임금이므로 이러한 임금은 개인이 인간다운 생활에 필요한 최저임금이어야 하고, 개인이 건강하고 문화적인 생활을 하는 데 필요한 적정임금이어야 한다. 따라서 개인은 국가에 대해서 최저임금과 적정임금을 보장해주도록 요구할 수 있는 권리를 가진다(동조 동항 제2문).

3. 국가의 의무로서 고용증진 및 임금보장에 관한 의무

국민에게 보장된 근로기회청구권에 상응하여 국가는 국민에게 근로기회를 제공하기 위하여 일자리를 창출하고 고용을 증진시킬 의무를 부담한다(헌법 제32조 제1항 제2문). 또한 국가는 최저임금과 적정임금을 보장해야 할 의무도 부담한다(동항 제2문). 사회적 기본권으로서 고용이 가지는 의미는 노동을 대가로 지급받는 임금이기 때문에 고용의 창출과 증진 및 최저임금과 적정임금의 보장에 관한 국가의 의무는 사회복지적 국가과제로 이해된다.

4. 노동 관련 복지법

산업재해나 실업은 노동과 관련된 재해라는 점에서 노동과 밀접한 관련성을 가지므로 앞서 사회보험법으로 다룬[1] 「산업재해보상보험법」과 「고용보험법」도 노동복지법에 포함될 수 있다. 하지만 산재보험이나 고용보험은 사회보험으로서의 의미를 강조하기 위하여 사회보험의 범주에 포함시켜 논의했으므로 이하에서는 다시 설명하지 않기로 한다. 그밖에 「근로자복지기본법」은 근로자의 주거안정, 생활안정 및 재산형성을 위한 지원, 우리사주제도, 근로자 신용보증을 위한 지원, 근로자복지시설의 설치 및 지원, 근로자복지진흥기금의 설치 · 운용에 대해서 규정하고 있다. 하지만 근로자복지기본법은 근로자의 복지향상을 위한 국가의 의무를 규정하기보다 국가의 노력을 촉구하거나 국가가 결정할 수 있는 임의규정의 형식을 가짐으로써 실질적인 구속력은 없는 선언적 규정을 많이 포함하고 있다. 따라서 이하에서는 실질적 구속력을 가진 「최저임금법」을 중심으로 설명하기로 한다.

---

1) 이 책 제3장 제3절 III. 참조.

II. 최저임금법

1. 최저임금의 개념

최저임금은 근로자의 생계비, 유사 근로자의 임금, 노동생산성 및 소득분배율 등을 고려하여 정하되, 사업의 종류별로 구분하여 정할 수 있다(최저임금법 제4조 제1항). 사업의 종류별 구분은 최저임금위원회의 심의를 거쳐 노동부장관이 정한다(동조 제2항). 최저임금액은 시간·일(日)·주(週) 또는 월(月)을 단위로 하여 정하고, 일·주 또는 월을 단위로 하여 최저임금액을 정할 때에는 시간급(時間給)으로도 표시하여야 한다(동법 제5조 제1항). 2010년의 경우에 최저임금은 시급으로 4,110원이고, 일급(8시간 기준)으로 32,880원이다(아래 [표 3.7.2.1] 참조).

2. 최저임금의 효력

최저임금은 사용자가 근로자에게 지급해야 할 최저선이므로 사용자는 최저임금의 적용을 받는 근로자에게 최저임금액 이상의 임금을 지급하여야 한다(동법 제6조 제1항). 그리고 사용자가 최저임금을 이유로 종전의 임금수준을 낮추는 것은 금지된다(동조 제2항). 최저임금의 적용을 받는 근로자와 사용자 사이의 근로계약 중 최저임금액에 미치지 못하는 금액을 임금으로 정한 부분은 '무효'로 하며, 이 경우 무효로 된 부분은 최저임금액과 동일한 임금을 지급하기로 한 것으로 본다(동조 제3항).

3. 최저임금의 결정

최저임금에 대해서는 노동부장관이 매년 8월 5일까지 결정해야 하는데, 이를 위하여 노동부장관은 최저임금위원회에 심의를 요청하고, 최저임금위원회가 심의하여 의결한 최저임금안에 따라 최저임금을 결정하여야 한다(동법 제8조 제1항). 최저임금에 관한 심의와 그 밖에 최저임금에 관한 중요 사항을 심의하기 위하여 노동부에 설치되는 최저임금위원회(동법 제12조)는 ① 근로자를 대표하는 위원(근로자위원) 9명, ② 사용자를 대표하는 위원(사용자위원) 9명, ③ 공익을 대

[표 3.7.2.1] 최저임금 현황

(단위: 원)

	2000	2001	2002	2003	2004	2005	2007	2008	2009	2010
시간급	1,865	2,100	2,275	2,510	2,840	3,100	3,480	3,770	4,000	4,110
일급(8시간)	14,920	16,800	18,200	20,080	22,720	24,800	27,840	30,160	32,000	32,880

* 2005년까지는 9월 1일부터 다음 해 8월 31일까지 적용, 2007년부터는 매년 1월 1일부터 12월 31일까지 적용, 단, 2005년도는 8월 1일부터 다음 해 12월 31일까지 적용.

** 자료: 노동부 웹사이트(www.molab.go.kr)

표하는 위원(공익위원) 9명으로 구성된다.

최저임금위원회로부터 최저임금안을 제출받은 때에 노동부장관은 최저임금안을 고시해야 하고(동법 제9조 제1항), 고시된 최저임금안에 대하여 근로자를 대표하는 자나 사용자를 대표하는 자는 이의가 있으면 고시된 날부터 10일 이내에 노동부장관에게 이의를 제기할 수 있다(동조 제2항). 이의가 이유 있는 경우에는 최저임금위원회에 재심의를 요청하고, 이에 따라 노동부장관은 최저임금을 결정한 때에는 지체 없이 그 내용을 고시해야 하고(동법 제10조 제1항), 고시된 최저임금은 다음 연도 1월 1일부터 효력이 발생한다(동조 제2항). 최저임금의 적용을 받는 사용자는 해당 최저임금을 그 사업의 근로자가 쉽게 볼 수 있는 장소에 게시하거나 그 외의 적당한 방법으로 근로자에게 널리 알려야 하는 주지의무가 부과된다(동법 제11조).

III. 헌법적 심사기준에 의한 비판과 합헌석 내안

법률은 최저임금을 구체적으로 규정하지 않은 채 그것을 결정하는 권한의 주체(노동부장관/최저임금위원회)와 절차를 규정하고 있다. 수시로 변하는 최저임금을 법률에 규정하지 않고 노동부장관의 고시에 의하도록 규정한 것은 헌법적으로 문제가 없다고 보인다. 중요한 것은 최저임금을 실질적으로 결정하는 최저임금위원회의 구성인데 근로자의 이익을 대표하는 근로자위원의 숫자와 사용자의 이익을 대표하는 사용자위원회의 숫자가 동일하기 때문에 사실상 공익위원의 의사에 따라 최저임금이 결정된다고 볼 수 있다. 그렇다면 공익위원의 비율을 어떤 방식으로 결정하는지에 따라 최저임금의 수준이 달라지므로 공익위원의 중립성과 전문성을 반영하는 내용이 입법에 반영되어 있지 않다면 이러한 입법은 최저임금에 관한 사회적 기본권을 침해할 수 있다.

4 결 론

— 사회복지법제에 대한 사법적 심사의 당위성 —

사회복지법제에 대한 사법적 심사(judicial review)는 가능한가? 더 구체적으로 말해서 국민은 특정한 사회복지법제가 헌법상 보장된 자신의 기본권을 침해했다는 소송(재판)을 제기할 수 있으며, 사법부(법원 또는 헌법재판소)는 특정한 사회복지법제가 헌법이 보장하는 기본권을 침해하는지 여부에 대해서 심사하여 위헌으로 선언할 수 있는가? 원론적으로 보면 답변은 매우 간단하다. 헌법의 기본원리인 헌법주의(constitutionalism) 또는 헌법국가원리(Prinzip des Verfassungtaates)에 따라 모든 국가권력은 헌법에 구속되고, 무엇보다도 입법권은 헌법에 구속되므로 입법자가 헌법에 위반되는 사회복지법제, 특히 헌법상 보장된 기본권을 침해하는 사회복지법제를 정립할 수는 없다. 따라서 헌법상의 기본권을 침해하는 위헌적 사회복지법제는 사법적 심사를 거쳐 헌법질서 밖으로 퇴출시킬 수 있다

그렇다면 사회복지법제의 위헌성을 판단하는 헌법상의 기본권은 무엇인가? 그것은 다름 아닌 '사회적 기본권'이다.[1] 추상적으로만 보면 사회적 기본권의 개념과 법적 성격에 대한 이론적 논쟁이 없는 것은 아니다. 하지만 사회적 기본권의 개념은 대체로 경제적 · 재정적 여건이 필수적으로 요구되는 대상(생계 · 주거 · 교육 · 의료 등)을 내용으로 하는 기본권 또는 경제적 · 재정적 여건을 필수적으로 요구할 수밖에 없는 사회적 약자(장애인 · 아동 · 노인 등)를 주체로 하는 기본권으로 이해될 수 있다. 또한 적어도 한국의 헌법상 사회적 기본권은 '국민의 권리'(헌법 제2장)로서 명시적으로 열거되어 있으므로 구체적 권리로서의 법적 성격을 부여받는 데 어려움이 없다고 보인다. 따라서 사회적 기본권은 사회복지법제에 대한 사법적 심사에서 그 위헌성을 판단하는 기준이 될 수 있다.

그러나 헌법상 보장된 사회적 기본권의 존재를 주장하는 것만으로 모든 문제가 끝나는 것은 아니다. 헌법상의 기본권이 모두 그렇듯이 어떤 기본권이 헌법상 보장되어 있다는 사실을 근거로 그것을 확정적으로 주장할 수는 없다. 모

1) 이 책 제1장 제1절 참조.

든 기본권은 잠정적 권리(prima-facie rights)에 지나지 않기 때문이다. 따라서 헌법상 보장된 사회적 기본권도 잠정적 권리로 이해된다. 잠정적 권리는 다른 기본권이나 헌법적 가치 또는 공익을 고려해서만 확정적 권리(definitive rights)가 될 수 있다. 사회적 기본권이 확정적 권리가 되기 위하여 무엇보다도 고려되어야 하는 것은 공익으로서 '국가 전체의 경제수준과 재정규모'다. 경제적 · 재정적 여건을 요구하는 사회적 기본권의 본질상 재원의 조달이 필수적이고, 국가는 한정된 재원을 가지고 사회적 기본권과 더불어 다른 기본권과 공동체 전체의 이익을 동시에 실현해야 하기 때문이다. 주지하다시피 사회적 기본권을 실현하기 위해 제정되는 공공부조법제,[2] 사회보험법제,[3] 사회복지서비스법제,[4] 사회보상법제,[5] 교육복지법제,[6] 노동복지법제[7]는 모두 막대한 재원이 뒷받침되어야 하고, 이러한 사회복지법제의 집행에 필요한 재원은 다른 법제의 집행에 필요한 재원과 함께 제한된 예산을 공유할 수밖에 없다.

사회복지법제에 대한 사법적 심사의 딜레마는 바로 여기에 있다. 심사의 기준은 존재하지만 그 기준의 내용이 경제나 재정에 관한 정책과 긴밀하게 관련되어 있다는 점이다. 다시 말해 심사의 기준에 대한 해석은 원칙적으로 사법부의 권한에 속하지만 그 내용의 확정은 입법부나 집행부의 권한에 속한다. 따라서 사법부가 사법적 심사라는 미명하에 무조건 자신의 권한을 행사하려고 하면 입법부나 집행부의 권한을 침해할 여지가 크다. 이것은 헌법상 요구되는 '권력분립원칙'에 위배됨을 의미한다. 더 정확하게 말하면 사법부는 경제나 재정에 대해서 정확한 지식이나 충분한 정보도 갖고 있지 않고, 경제나 재정에 관한 결정이 가져올 미래의 결과를 예측할 수 있는 능력도 없다. 하지만 그렇다고 모든 권한을 입법부나 집행부에 완전히 넘길 수는 없다. 비록 경제나 재정에 관한 결정이지만 입법부나 집행부가 넘을 수 없는 헌법적 한계가 분명히 존재하고, 사법부는 그러한 한계가 무엇인지를 제시해야 할 뿐만 아니라 그러한 한계를 넘은 법제를 통제하기 위해서 존재하기 때문이다.

여기서 합리적인 균형점(reasonably balanced point)을 찾을 수 있다. 원칙적으로

---

2) 이 책 제3장 제2절 참조.
3) 이 책 제3장 제3절 참조.
4) 이 책 제3장 제4절 참조.
5) 이 책 제3장 제5절 참조.
6) 이 책 제3장 제6절 참조.
7) 이 책 제3장 제7절 참조.

사회적 기본권을 구체화하는 사회복지법제의 정립은 경제나 재정에 관한 정책의 결정과 관련된 과제이므로 입법부나 집행부가 자유롭게 형성할 수 있는 활동영역이 가능한 한 넓게 인정되어야 한다. 따라서 사회복지법제에서 제기될 수 있는 모든 문제점에 대하여 사법적 심사가 허용될 수는 없다. 하지만 사회적 기본권에 근거하여 사법적 심사를 수행해야 하는 사법부의 권한이 완전히 배제될 수는 없다. 사회적 기본권을 구체화하는 사회복지법제에 대한 사법적 심사는 헌법상 요구되는 원칙에 따라 수행하는 것이 가능하고, 실제로 그렇게 수행되어야 한다. 무엇보다도 입법부나 집행부가 사회복지법제를 정립하면서 오로지 국가의 경제수준이나 재정규모만을 고려하고 있지 않은지에 대해서 엄격한 심사가 요구된다. 구체적으로 입법부나 집행부가 단지 전체 예산에서 배정될 수 있는(국가 예산으로 감당할 수 있는) 사회복지예산의 비중만을 고려하거나 전체 사회복지예산에서 개별적 사회복지영역(공공부조 · 사회보험 · 사회복지서비스 · 사회보상 · 교육복지 · 노동복지 또는 장애인복지 · 아동복지 · 노인복지 등)에 배정될 수 있는 예산의 비중만을 고려함으로써 사회적 기본권의 주체가 되는 국민에게 실제로 요구되는 사회복지의 범위와 수준을 전혀 고려하지 않거나 불충분하게 고려하고 있는지에 대해서 사법부는 엄격하게 심사해야만 한다. 사회적 기본권을 구체화하는 사회복지법제가 요구하는 재원의 총합은 사회적 기본권을 주장하는 각 개인의 현실적 · 구체적 필요들로부터 도출되어야지 거꾸로 전체 예산에서 배정된 사회복지예산으로부터 사회적 기본권을 주장할 수 있는 개인의 숫자와 필요가 정해질 수는 없다.

물론 사회보험법제처럼 사회복지법제 가운데서도 경제정책과 더 밀접하게 관련된 개별적 영역이 존재하고, 이러한 영역에서 사법적 심사는 더 멀리 후퇴할 수밖에 없다. 하지만 그렇다고 하더라도 사회복지법제의 영역에서는 사법적 심사가 허용될 수 없다거나 심지어 불가능하다는 주장은 타당하지 못하다. 헌법주의의 이념은 사회복지법제에 대해서도 당연히 관철되어야 하고, '과소금지원칙'[8]이라는 헌법적 원칙에 따라 사회복지법제에 대한 사법적 심사의 윤곽은 제시될 수 있기 때문이다. 바로 이렇게 사회복지법제에 대한 사법적 심사가 수행됨으로써 국민에게 보장된 사회적 기본권을 구체화해야 하는 사회복지법제가 단지 '형식적 입법'에 그치는 것을 막을 수 있다. 입법부와 집행부가 사회적 기

8) 이 책 제2장 제3절 참조.

본권을 구체화한다고 하면서 국민에게 제시하는 사회복지법제는 그저 생색내기에 그치는 경우가 많다. 생색내기에 그치는 형식적 입법의 특징은 사회적 기본권의 주체인 국민이 요구하는 최소한의 수준도 만족시키지 못하는 데 있다. 그럼에도 불구하고 국민의 입장에서 이러한 사회복지법제에 대해서 저항(불복)할 수 없다면 헌법상 보장된 사회적 기본권은 그저 형태만 남아 있고 실제는 존재하지 않는 '종이 위의 권리'로 전락하고 말 것이다. 하지만 사회적 기본권의 주체인 국민의 필요를 최소한조차 충족시키지 못한 사회복지법제로 인해 헌법상 보장된 사회적 기본권이 구체적 권리(실제 존재하는 권리)가 아닌 것처럼 보인 것이지 처음부터 사회적 기본권이 단지 '헌법전의 권리'에 지나지 않는 추상적 권리(실제 존재하지 않는 권리)로서 사회복지법제를 통해 구체적 권리가 되었던 것은 아니다. 오히려 사회적 기본권을 충분하게 구체화하는 사회복지법제는 사회적 기본권이 구체적 권리임을 분명하게 드러내주고, 사회적 기본권을 충분하게 구체화하지 못하는 사회복지법제는 사회적 기본권에 의해 통제됨으로써 사회적 기본권이 구체적 권리임을 확인시켜 준다. 결국 사회복지법제에 '앞서 존재하는' 사회적 기본권에 의해 사회복지법제의 방향이 결정되는 것이지 사회적 기본권을 구체화하는 데 지나지 않는 사회복지법제에 의해 사회적 기본권의 존재 여부가 결정되는 것은 아니다. 이것은 사회복지법제의 내용이 아무리 경제나 재정에 관한 정책결정으로 가득 차 있다고 하더라도 사회복지법제는 사회적 기본권에 근거한 사법적 심사의 대상이 될 수밖에 없음을 의미한다.

국민에게 요구되는 최소한의 경제적 필요마저 간과하는 사회복지법제는 사회적 기본권이 시급하게 필요한 국민의 삶을 더욱 피폐하게 만든다. 따라서 사회적 기본권의 주체인 국민은 헌법상 보장된 사회적 기본권을 주장하고 관철하여 자신의 피폐한 삶으로부터 벗어날 수 있어야 한다. 국민의 대표(representative)가 진정으로 국민을 대표해 국민의 피폐한 삶을 미리미리 알아서 벗겨줄 수만 있다면 가장 이상적일 것이다. 하지만 그것은 민주주의(민주적 절차)에 대한 지나친 기대에서 나오는 허상일 수 있다. 불행하게도 국민의 대표는 다수(majority)의 대표이므로 삶이 피폐해진 소수(minority)의 대표가 될 수 없다. 다수를 대표해야 하는 국민의 대표는 소수의 삶에 대한 배려에 적극적일 수 없기 때문이다. 물론 소수의 삶에 대한 배려를 오로지 사법적 심사라는 절차에 따라 '사법부의 양심'에 맡길 수도 없다. 사법부의 양심도 우선적으로 형식적 정의의 관점에서 이미 불평등하게 배분되어 법과 제도를 통해 확인된 이익의 균형에만 정향되어 있지 불평등한 이익을 법과 제도에 의해 처음부터 다시 분배하는 실질적 정의의 관점에서 소수의 이익을 배려할 수 없기 때문이다. 따라서 무엇보다도 소수자는 자신의 사회적 기본권을 사회복지법제로 구체화시켜 줄 수 있는 자신의 대표를 선출할 수 있어야 한다. 그리고 대표되지 않는 소수를 배려할 수 있는 최후의 통로로서 사법적 심사가 추가되어야 한다. 이러한 맥락에서 사회복지법제에 대한 사법적 심사는 가난하고 병든 소수자의 삶을 위한 '마지막 비상구'가 될 수 있다.

찾아보기

【저자 소개】

이 준 일

고려대학교 법과대학(법학사)
고려대학교 대학원 법학과 석사과정(법학석사) 및 박사과정(과정수료)
독일 킬(Kiel)대학교 법과대학 박사과정(법학박사)
(현재) 고려대학교 법학전문대학원(Law School) 교수

〈저 서〉

<법학입문>(2004)
<헌법학강의>(2005, 2007, 2008)
<인권법 - 사회적 이슈와 인권>(2007, 2009)
<차별금지법>(2007)
<법의 개념과 효력>(역서, 2000, 2007)
<기본권이론>(역서, 2007)
<섹슈얼리티와 법>(2009) 이외에 다수의 논문

헌법과 사회복지법제

2010년 8월 10일 초판 인쇄
2010년 8월 20일 초판 발행

저 자 이 준 일
발행인 이 방 원
발행처 세창출판사
서울 서대문구 냉천동 182 냉천빌딩 4층
전화 723-8660 팩스 720-4579
E-mail: sc1992@empal.com
Homepage: www.sechangpub.co.kr
신고번호 제300-1990-63호

정가 24,000원

ISBN 978-89-8411-315-2 93360